JN279347

モソ人
母系社会の歌世界
調査記録

遠藤耕太郎

大修館書店

口絵1:瀘沽湖（本文p.2）
口絵2:獅子山（本文p.11,58）
口絵3:上炉で悪霊払いをするトディダパ
　　　（本文p.22）

口絵7：ワラビ村全景（本文p.15, 39）

口絵5：柴刈りで歌う女性（本文p.81）

口絵4：祖母とともに成年式を迎える少女（本文p.27）
口絵8：母を偲ぶ歌を歌うアウォ＝ユズミ（本文p.54）

口絵8

口絵4

口絵6：お世話になったアウォアポ家の
人々と筆者たち（本文p.35）

口絵11：歌を掛け合うダシブチとトディ
　　　（本文p.256）
口絵10：歌を掛け合うリジャズ村の女性たち
　　　（本文p.119）
口絵9：歌を掛け合うジャシとスガ
　　　（本文p.84）

モソ人母系社会の歌世界調査記録

●

はじめに

　我が国の文学を遡っていくと、『万葉集』や『古事記』といった8世紀成立の文献資料を最後にそれ以前の資料はなくなる。むろんそれ以前に文学がなかったわけではない。そこには、文字で記されることのないオーラルな（口誦の）文学が豊かに広がっていたはずである。しかし文字を媒介としなかったために、その豊かなオーラルの世界はなかなかイメージされにくく、あるいは近世以降の、極端には現代の民俗から安易に文字以前のオーラルな文学のあり方を想像している場合も少なくない。

　私は歌掛けが、特に男女の歌掛けが、社会とどう関わりあっているのかを、具体的なリアルさとして捉えてみたいと思った。それは日本国内では既に捉えることのできないものであり、それが可能なのは、現在も歌掛けが盛んに行われている地域であった。

　1998年9月より約2年間、雲南大学に籍を置き、中国少数民族モソ人の村（雲南省寧蒗県永寧郷ワラビ村、四川省木里県屋脚郷リジャズ村）に断続的に入って、彼らの歌と神話を中心とする調査を行う機会を得た。モソ人は母系に出自をたどる母系社会を営み、男が夜、女のもとに通うという妻問いを行っていることで有名である。こういう社会において歌掛けや神話がどのように有機的に共同体と関わっているのかを調査した。調査は私の予想を全く裏切られるところから始まった。モソ人の男女は相手に愛情を告白するような恋歌の掛け合いはせず、そのかわりに悪口歌を掛け合うというのである。普段の生活に加え、老人への聞き取り調査、歌詞の分析などを行っていく中で、2年以上たってようやく、こうした特殊な歌掛けがモソ人の社会とどう有機的に関わりあっているのか、その複雑さがだんだんとわかってきた。

　本書は三章から成る。

　第1章では、まず本書の背景となるモソ人の暮らしを紀行文風に概説的に述べた。その後、モソ人の理想的な妻問い関係は、相手とうまくやっていけそうにない場合や子の生産から引退した場合には、互いがいつまでも不満をかこちながら頼り頼られるような関係を回避し、あっさり別れてしまうようなクールな関係（それを男女分立の恋愛観と呼んだ）であることを述べ、そういう関係は経済的にも精神的にも、兄妹の紐帯を中心とした母系家庭によって支えられて

いることを述べた。

　さらに、男女分立の恋愛観を、目には見えないけれどもそれを支えている神話世界や歌世界のあり方を通して分析した。モソにおいても、恋愛は非日常世界に限定されるべきものであるが、その世界において神々は社会的な束縛のない自由な恋愛をしていたことが神話として語られる。恋愛が非日常世界に限定されるべきことは、公開しつつも個的恋愛は隠蔽するという独特な仕組みをもつ誘い歌や偲ぶ歌を歌うことによって、無意識的に確認されていた。

　一方で、憤りなど男女分立の恋愛観からはみ出してしまう感情は確実に存在するが、それは悪口歌の掛け合いとして日常世界に表出される。それは悪口歌の掛け合いが、男女分立の恋愛観からはみ出してしまった感情を再びそこに取り込む装置であるためだと考えた。

　第2章、第3章では、実際の歌掛けの歌詞に国際音声記号、中日両国語による逐語訳、大意、歌い手の解釈を付し、さらに筆者の分析を施した歌謡資料を公開し、悪口歌の掛け合いがどのようにして述べたような装置となりうるのかを、歌掛けの流れ（第2章）、歌掛け持続の論理（第3章）として考察した。

　第2章では、モソの歌掛けに、男女の出会いからいくつかの段階を踏んで永遠の愛の誓約にいたるというような、我々には普遍的に見える歌掛けの流れは存在しないこと、逆に男女は所詮別々に生きる存在（男女分立の恋愛観）であることの確認に収束する流れをもつこと、また掛け合いを持続させるために、あるいは個的な憎しみの感情の深化を回避するために、それとは逆方向のベクトルをもつ誘い歌や偲ぶ歌が挿入されることを述べた。つまり歌掛けは、男女に安定した恋などなく、かといって憎しみ合うものでもなく、男女は一時的に子を生産するために合一するだけだという男女分立の恋愛観を、歌掛け全体の流れとして演技し確認するものであり、男女分立の恋愛観からはみ出してしまう感情は、歌掛けを持続させることにより、再び男女分立の恋愛観という共同性に引き戻されることを述べた。

　第3章では、悪口歌の歌掛けがどのように持続するのかという点を考察した。具体的に歌がどのように連結されているのかは、歌謡資料中の一首一首について分析を施してある。実際の歌掛けは実にさまざまな方法によって連結されている。こうした分析の一部を利用して、歌意の多義性を積極的に利用して歌掛けは持続すること、歌掛けは男女の性差に基づくゆえ、そこに男女は通じ

合えない存在だという男女分立の恋愛観が重ね合わされること、さらに、比喩表現による連結の方法は世界をいかに意味づけるのかという認識の楽しさによっていることなどを論じた。

なお、我が国の古代文学に関連する考察として、各歌謡資料には類似する万葉和歌や記紀歌謡を記した。また第3章では、古代和歌の生態論として、モソ歌謡で考察したようなオーラルな歌文化における歌の多義性や比喩表現による連結のあり方が、我が国の古代歌謡や万葉和歌にどう継承され変容されているのかを分析した。

以上のように本書は、モソ人のオーラルな歌世界が社会、共同性といったものとどのように関わりあっているのかを、筆者の興味や分析の結果に応じて比較的大系的に筋だってまとめてある。しかし本書の中心となるのは、実際の歌掛けから作成した第一次資料の公開とその一首一首に施した分析にある。オーラルな歌世界が複雑に社会、共同性に連なっている様子は、一首一首の歌の分析からしか浮かび上がってこない。

この分析において筆者は、一首について歌い手の解釈（意味づけ）を記し、さらに筆者自身の解釈（意味づけ）を施した。歌い手同士の意味づけのし方が異なっている歌もあるし、ある歌の意味づけが次歌の意味づけによって、破壊されたり、歌い手の意図した意味づけとは異なる歌として更新されたりしていくものもある。また歌い手と筆者が異なる意味づけをする歌もままあるし、筆者の意味づけ、分析によって歌い手の意味づけの意味がわかるところもある。歌の意味づけは絶えず変容するものである以上、これは当然生じる結果であろう。一首の歌意はその前後の歌との関係、つまり歌掛け持続の論理によってしか決まってこない。本書の歌謡資料は一首一首の分析にこだわることによって、このような歌のあり方を描き出すことになった。この歌掛けの流れに身を置いてその複雑さを味わってほしいと思います。

また本書を通して筆者はこの歌謡資料に、述べたような一定の意味づけをしたことになるのであるが、同じこの資料によって全く異なる意味づけを施すことは当然可能だろうと思う。そしてその新たな意味づけにより筆者の意味づけも、破壊されたり、更新されたりしていくことになるのだろう。一首の歌が次歌によってその意味づけを破壊・更新されていくように。

目　次

はじめに ⅱ

第1章　妻問いの様式と悪口歌 1

序説 2
　麗江から濾沽湖洛水村へ 2　　中国民族学（民俗学）における「走婚」の分類 7　　濾沽湖から永寧へ 8　　ワラビ村の温泉 13　　ワラビ村の農事暦・食生活 15　　ワラビ村の住居（炉と柱）21　　ワラビ村からリジャズ村へ 30

第1節　妻問いのあり方——男女分立の恋愛観 34
　母系家庭の系譜 34　　ワラビ村の妻問い概観 38　　個々の事例からみるワラビ村の妻問い 45　　妻問いの様式——男女分立の恋愛観 54

第2節　男女分立の恋愛観を支える神話的世界 57
　恋愛は非日常世界に属する 57　　非日常世界での束縛の無い自由な恋愛 61

第3節　男女分立の恋愛観を支える歌世界 65
　恋歌の全般的規制 65　　男女分立の恋愛観と誘い歌、偲ぶ歌 67

第2章　男女分立の恋愛観に収束する歌掛け 77

序説 78
　歌掛けの流れ 78　　モソ語国際音声記号について 80

第1節　ジャシ・スガ資料の分析 84
　ジャシ・スガ資料本文 89

第2節　リジャズ資料の分析 118
　リジャズ資料本文 123

第3節　男女分立の恋愛観に収束する歌掛け 229

第4節　歌掛け歌の変質 244

第3章　歌掛け持続の論理　251

序説　252
　　歌意の多義性　252　　比喩表現のあり方　254
第1節　トディ・ダシブチ資料の分析　256
　　トディ・ダシブチ資料本文　262
第1節付録　噂封じの呪文　342
第2節　歌意の多義性を楽しむ――歌垣持続の具体相1　345
　　主題の多義性を楽しむ　345　　比喩の多義性を楽しむ　348
第3節　比喩表現による歌掛けの持続――歌掛け持続の具体相2　357
第4節　日本古代和歌の生態論　363
　　比喩の多義性を楽しむ　363　　見えない相手との歌掛け――比喩表現のあり方　368

巻末補足資料　379
　　1、トディ資料　379
　　2、ダシブチ資料　398
　　3、ダシ・ルゾ資料　410

おわりに　419

第1章
妻問いの様式と悪口歌

成人式を迎えた少女

序　説

麗江（リージャン）から瀘沽湖（ルグ）洛水（ルオシュイ）村へ

　麗江から北に300キロほど、雲南省の西北、四川省との省境に瀘沽湖（ルグ）という湖がある。この湖の周囲にモソ人と呼ばれる人々が住んでいる。妻問いによる母系社会を営む人々として文化人類学など学問的にも、また観光客の興味をそそる点においても、さらに日本ではテレビのクイズ番組の題材としても取り上げられ、よく知られた存在となっている。

　このモソ人居住区へ行くルートはいくつかあるが、そして交通手段もいくつかあるが、筆者は雲南省の省都昆明から夜行バスで寧蒗へ行く方法と、一旦麗江に出て、そこから乗合バスで寧蒗に行く方法をとっていた。どちらも寧蒗でバスを乗り換え、さらに40キロほど北上すると瀘沽湖（ルグ）に至る。

　夜行バスは寝ているだけなので、ここでは麗江からの道筋をたどりながら、私の調査地永寧郷ワラビ村（瀘沽湖より北西17キロほど）、四川省側の屋脚郷リジャズ村までの様子を、本書の扱う歌世界の背景として描いていき、本章序説としたいと思う。

　麗江から一口に300キロといっても、乗合バスでの移動では、ほぼまる一日かかる。それもうまい具合に乗り換えバスの接続があれば、そして夏季には日常茶飯事になっている崖崩れによる通行止めがなければの話しである。中国では市場経済の導入により豊かな人々が増え、つまり経済格差が広がり、多くの金持ちたちが日本製ランドクルーザーを飛ばして、我々の乗合バスを平気で追い越して行く。バスは地元の漢族や少数民族の人々の足として、彼らの乗りたいところ、降りたいところでその都度停車し、のんびりと走っていく。そしてバスにすら乗れない人々は歩いていく。

　長江の上流金砂江を渡り、いくつかの峠を越えて、3,000メートルに達する最後の峠を越えると、瀘沽湖（ルグ）が一望できる（口絵1参照）。晴れた日には標高2,700メートルの湖がすぐ近くの空を移してきらきらと紺碧に光っており、まことに爽快である。瀘沽湖（ルグ）は雲南省ではよく知られた観光地である。湖はおよそ50平方キロメートル、平均水深45メートル、透明度11メートル。この湖の中を南北に雲南省、四川省の境界線が走っており、この湖の周囲に両省にま

地図 I

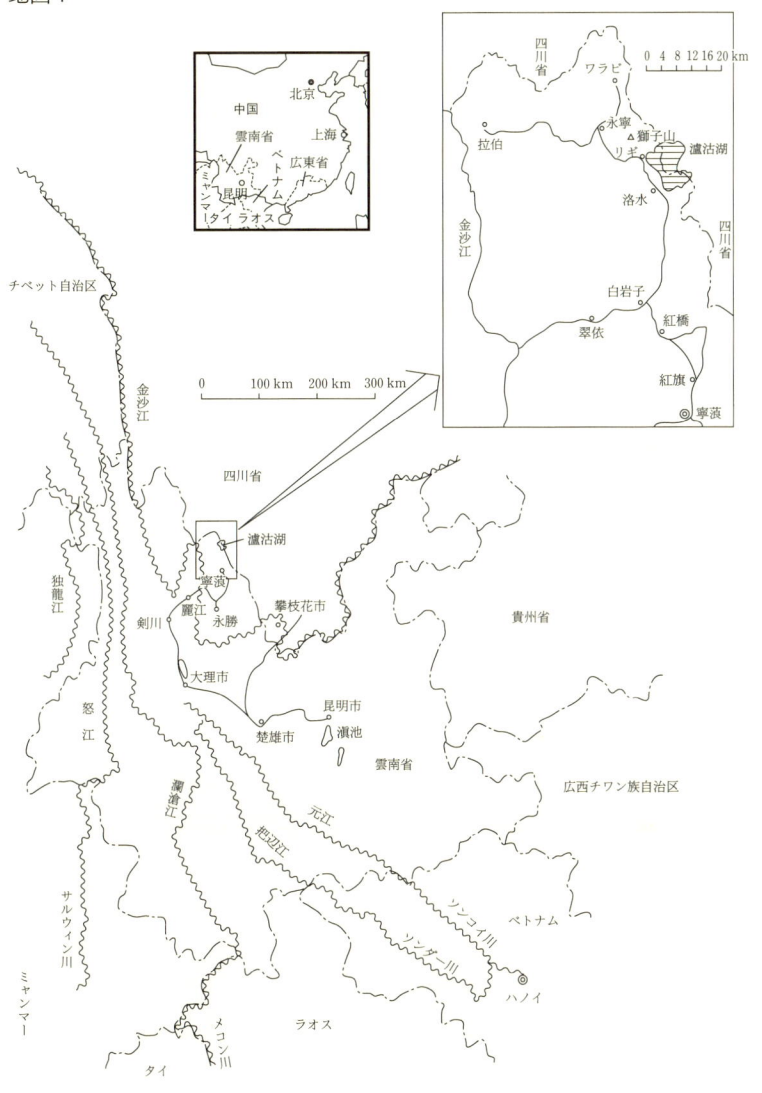

洛水村でのジャッツオ（巫家俊と呉悦の結婚式）

たがってモソ人が暮らしている。人口は全体で四万人弱。雲南省側の湖岸の洛水（ルオシュイ）という村には、都会からの（台湾や香港の人々や日本人、西洋人などの海外からの旅行者もいる）観光客を目当てに民族色を売りにする民宿が十数軒あり、結構繁盛している。民宿はモソ人の伝統的な建物を真似たり、改装したりしたもので、ちょうど北京あたりの四合院と似た形に配列されている。中庭をはさんで、門の正面に一階建の母屋、左右に二階建の建物、門の二階にも部屋があるのが伝統的な民家の建築様式である。左右の一階は家畜小屋、その飼料や薪置き場になっている。二階はチベット仏教を信仰する彼らの仏間、老人男性の部屋、それから妻問いを行っている女性たちの部屋というのが、伝統的な民家の部屋割りであるが、民宿の場合は、左右の建物の一階、二階、門の二階を客室として提供している。（民家の様子は23ページ参照）

　この洛水村は、他のモソの村落と比べ、観光収入の多い村である。雲南省昆明を始めとし、広東省や上海などの都市部から、旧正月や夏休みなどの旅行シーズンには多くの観光客が訪れる。彼らを目当てにして、比較的大きな民宿の前庭では、毎晩モソ人の伝統的な踊りを模倣した踊りが行われる。その民宿の

泊まり客には無料で見せ、その外の泊まり客からは一人10元をとって見せる。10元はおよそ150円であるが、地元のモソ人の感覚からすれば1,500円ほどの感覚である。その観光用の踊りには、洛水村の各家庭から若者または娘一人が駆り出される、というよりも出てもよいとされている。各家庭にとっては、この踊りによって得る報酬は貴重な現金収入源であるため、各家庭一人とあらかじめ決められているのである。昼は、湖畔でモソの衣服を貸して写真を撮らせたり、出店をだして簡単な料理を食わせたり、馬に乗せて散歩したり、また舟に乗せて湖の小島にあるチベット仏教寺院まで案内して、現金収入を得る。夜の踊りと昼の舟や馬などの分担は、村を二組に分け、一ヶ月交代で行うようである。

　観光客の目当ては、母系社会を維持し、妻問いをしている人々への興味である。それに応えて、村人たちも「摩梭人走婚」（モソ人は妻問い）を観光客に積極的に説明してくれる。ある男性が夜道でも懐中電灯なしにすたすた歩いていたので、それを褒めると、彼は初めて我々に会ったにもかかわらず、「我々モソ人は走婚（妻問い）で、毎晩、女のもとに通っているから、道は全て覚えている」などと話しはじめた。「走婚」とは、中国民族学（民俗学）の学術用語であるが、男女はそれぞれの実家で生活・労働しており、夜になると男が女のもとに通うという子の生産の形態を指している。モソ人は、この形態を"セ[se]"、或いは"セセ[se se]"とよぶ。"セ"とは、モソ語で"歩く"という意味である。中国語で"歩く"は「走」であるから、中国民族学の用いる「走婚」とは、"セ"をそのまま、一種の婚姻の名称としたものである。

　現在、就学年齢に達した子供の多くは、小学校に通っているが、小学校では、「漢族は一夫一妻制、モソは走婚」と教えられているようだ。民族のアイデンティティは、他の民族との関わりにおいて必要になるものであるが、モソ人の場合、一夫一婦制の漢民族に対して、「走婚」する民族というのが、学校教育（教員の多くは漢族である）や、さらに観光客などの他民族との関わりにおいて、彼ら自身のアイデンティティとなってきているようだ。後にも触れるが、妻問いは本来秘密にすべきことであり、個人的な妻問いを語ることは恥ずかしいというのが、彼らの伝統的な感覚である。学校教育や漢民族との接触によって、妻問い相手を「妻子」（中国語で「妻」のこと）として紹介されもしたが、こうした新しい感覚ができあがってきている。

観光用の船上で民謡を歌うモソ婦人

　夜に行われる観光客目当ての踊りはもちろん、昼間の湖上の観光用の舟の上でも、モソの歌謡を聞く機会は多い（その一部をビデオ編に収録した）。そのほとんどは漢語に翻訳されたモソの固定歌詞の民謡（獅子山の歌、美麗的瀘沽湖など）や、商業ベースに乗って漢族の作詞家、作曲家が創作した新民謡である。本書を通じて明らかにすることではあるが、これらはモソ人の伝統的な歌のあり方ではない。特に商業ベースに乗った新民謡は、妻問いをしている男女の気持ちを抒情的に歌いあげているが、第2章第4節に記すように、それはあくまでも中央の漢文化の視点から解釈しなおされたモソ人の抒情である。それらが漢語に翻訳されていることに端的に見られるように、そこには自己の民族文化よりも優勢な異民族文化（つまり漢文化）からの視線が働いている。こうした歌が、踊りの場や舟の上で朗々と歌われるのであるが、そこには優勢異文化によって特殊なものと位置づけられた自己の文化を、彼らの文脈に沿って表現し、自慢するというアイデンティティの表出がある。これは少数民族に多く見られるアイデンティティの持ち方であり、我々日本人もまたこうしたアイデンティティをもっているように思われる。

中国民族学（民俗学）における「走婚」の分類

モソ人が"セ [se]"、或いは"セセ [se se]"と呼ぶ妻問いを、中国民族学は「走婚」という学術用語によって表わしていると述べた。中国民族学（民俗学）はモソ人の子の生産の形態を以下の三種類の婚姻形態として分類している。（本書は妻問いを婚姻形態とはみないため、「妻問い」、「子の生産の様式」などと表記する。）

第1に、「アシャ別居婚」。昼間は男女はそれぞれの実家で生活・労働し、夜になると男が女のもとを訪れ、翌朝まだ日が昇らぬうちに実家に帰るという形態である。"アシャ"というのは、現在では、男が妻問い関係にある女性を呼ぶ呼称となっているが、比較的新しく用いられるようになったという。"アシャ"と近似する語に"アドゥ"という呼称がある。現在、"アドゥ"は女から妻問い関係にある男を呼ぶ語として意味づけられているが、古くは妻問い関係にある男女がともに"アドゥ"（友達）という呼称を用いていたようである。"アシャ"、"アドゥ"ともに、「友達」という程度の意味のモソ語であるが、中国民族学ではそのまま「阿夏」「阿肖」、「阿珠」「阿注」などと表記して用いている。そのため、「アシャ別居婚」は「アドゥ別居婚」と呼称される場合もある。日本においては、厳汝嫻主編『中国少数民族婚姻家庭』（中国婦女出版社、1986、北京）の翻訳版である、江守五夫監訳、百田弥栄子、曽士才、栗原悟訳『中国少数民族の婚姻と家庭』などによって、阿注婚、阿肖婚として紹介されている。

第2に、「アシャ同居婚」。これは妻問い関係にある男が、女の家に居住し、女の家の労働に携わるという形態である。第1のアシャ別居婚と第2のアシャ同居婚は、それほど明確に区分けされているわけではない。というのも、アシャ別居婚でも、女家から頼まれれば女家の労働を数日間手伝うこともあり、また同居するのに特に儀式が行われることもないからで、結局女家にいる時間の長短という程度の差になってしまうからである。従って、第1、第2をまとめて、「アシャ婚」または「アドゥ婚」と称する場合もある。

第3は「一夫一妻制」（一夫一婦制）、つまり父系原理によって成り立っている婚姻形態である。

また中国民族学は、これらの婚姻形態を家庭のあり方と対応させて、第1、第2を母系家庭、第3を父系家庭とも呼んでいる。母系家庭には、純母系家庭

と双系家庭とがある。双系とは母系と父系が入り交じっているとの意で、例えば、親世代は妻問いによる母系家庭なのだが、子世代では父系原理により嫁を貰っていたり、或いは親世代は一夫一婦制の父系家庭なのだが子世代が妻問いをしていたりする場合である。

 1983年末から84年初にかけて、陳烈（雲南省文連）の行った調査（『最後的母系家園』、雲南人民出版社、1999）によると、永寧郷の20自然村の全527戸において、総人口3,725人、うち男1,847人、女1,878人であった。女性のうち、成年女子（16歳以上）は1,178人で、全女性の62.7％。成年女子のうち、出産経験のある者が745人で、成年女子の63.24％。出産経験のある者のうち、アシャ婚（別居、同居）による者が393人で、出産経験者の52.75％であったという。また、全527戸のうち、純母系家庭171戸（32.4％）、双系併存家庭144戸（27.6％）、父系一夫一婦制家庭212戸（40％）であったという。

 1956年の調査（厳汝嫻・劉尭漢『雲南省寧蒗彝族自治県永寧納西族社会及其母権社制的調査報告』他）によると、調査対象335戸のうち、母系家庭170戸（50.7％）、双系家庭144戸（43％）、父系家庭21戸（6.25％）である。1956年には妻問いを行う家庭は、母系家庭、双系家庭を含めて90％を越えていたのに対し、ほぼ30年後には60％に減っている。陳烈は、60年代の文化大革命期において、この地でも強制的に一夫一婦制の押しつけが行われていたことをその理由と考えている。それが最大の要因であることは認めてよいだろう。同じく陳の調査によれば、双系家庭のうちの50戸（34.72％）が、親世代が父系一夫一婦制結婚であり、子世代がアシャ婚を行っている。これは陳のいうように文化大革命が終わり、伝統的な母系妻問いが許されるようになったことを表わしていようが、さらに前述したように、「摩梭人走婚」という優勢異文化（漢文化）との接触による少数民族的アイデンティティが広まりつつあることをも反映しているだろう。

瀘沽湖（ルグ）から永寧（ヨンニン）へ

 中国民族学（民俗学）で前節のように分類される妻問いが、どのような恋愛観に支えられているのか、その恋愛観が歌や神話とどう関わりをもっているか。中国民族学（民俗学）にはこうした関心による調査記録や報告はほとんどないため、勢い、現地に入っての調査（フィールドワーク）が必要となる。

崖崩れの修復を待つ

　そこで私が調査地としたのは、濾沽湖から70キロほど北に入った雲南省寧蒗イ族（彝族）自治県永寧郷温泉ワラビ（瓦拉片）村と、そこから四川省側に、馬で3、4時間ほど峠を越えたところの四川省木里チベット族（蔵族）自治県ウォジョ（屋脚）郷リジャズ（利加咀）村である。

　麗江から濾沽湖への道は既に多少触れたが、麗江を出たバスは金砂江（長江の源流のひとつ。ここの標高は1,500メートルに満たないから、このバスの旅は1,500メートルの標高差を体験できる）を越え、ほぼ6時間かけて寧蒗イ族自治県の県城である寧蒗にたどり着く。雨の少ない冬には、「新路」といって、山を刻んでつけた道が通れることもある。この道は麗江―寧蒗を3時間強で結ぶ大変便利な道であるのだが、小石やもう少し大きな岩がころころと山側から落ちてくる危険な道である。そういう時に山側をみると、大抵山羊を放牧している。山羊はこういう今にも崩れそうな山の斜面が大好きだ。谷川にはガードレールなどあるはずもなく、落ちれば一巻の終わり。よく、道の真ん中に人ひとり分ほどの岩が転がっていて、バスの乗客何人かが降りて岩をどかすこともある。そんな状態のこの道は、雨が多い夏（雨季）にはいつも不通になるから、いつまでたっても「新路」だ。夏には、6時間かかる旧路でも頻繁に崖崩れが

第1章　妻問いの様式と悪口歌　　9

起きる。この実状は行政もよく分かっており、ブルドーザーが崖崩れのよく起きる場所の近くに常に待機していて、それきたとばかりに崩れて道をふさいだ土砂をザバザバと谷側に落とす。その間、車は行列を作って、数時間待っていることになる。

　バスの固いシートでそろそろ尻の痛みも限界だと思うころ、ようやく寧蒗に到着する。イ族自治県のため、役人の多くはイ族であるが、副県長のひとりにモソ人がいる。昆明にある雲南大学の卒業者である。彼のほかにも雲南大学や昆明の民族学院、芸術大学などを卒業したエリートたちが役人として働いている。私の友人のモソ人の役人は二人いるが、ひとりは趣味でモソの風俗を油絵にしており、もうひとりはモソの歌を採集して、漢民族を意識した創作歌を創っている。（彼の創作歌は第2章第4節に掲載した。）　彼らと話していて感じるのは、優勢異文化つまり中央の漢文化のシステムのなかで生きる少数民族エリートの葛藤である。モソ文化のすばらしさを、自民族の言葉や発想ではなく、漢語や漢民族的発想で強調しなければならない葛藤とでもいおうか。この点は第2章第4節を参照いただきたい。

　さて、寧蒗でバスを乗り換えて、永寧に向かう。しばらくは平坦な道で、いくつかのイ族の村を通りぬけた後、峠を数回越える。水冷式のバスは途中、水の補給をしてゼーゼーいいながら峠を登る。最後の峠を越えたところで、前述の濾沽湖と獅子山が眺望され、この峠を降りたところが洛水村である。寧蒗から3時間半ほどの道のり。2000年に雲南省が昆明市や麗江を中心に世界博覧会（日本では花博と紹介されたようだ）を行った関係で、麗江から観光地である洛水までの車道はたいへん快適な道に整備された。（それが今後維持されるかどうかは別問題。）　洛水を過ぎると、道はとたんに悪くなる。この先にはめぼしい観光資源が少ないからだろう。まず濾沽湖に流れ込む川をそのまま渡る。特に夏場は水量が多いため、普通自動車はなかなか通れない。ランドクルーザーやジープ、トラック、この乗合バス、つまり車高がある程度高くなければ通れない。あらためて乗合バスの力強さを感じる。いくつかのモソ人の村を通りぬけ（途中、コカコーラ社が建てた希望小学校がある）、地域に根差したバスであるゆえ、手を上げる人を拾いつつ、「下車了（降りるよ）！」の声で下ろしつつ、洛水から1時間半ほどで永寧郷の郷庁のある永寧に到着する。

　モソ人のほか、近辺のイ族、プミ族が集まってくる市場では、肉、野菜、

チベットの仏教寺院扎美寺（ジャメイ）

魚、日用雑貨、衣類、酒、タバコなど大抵のものが売られている。またチベット仏教の祭祀道具である燭台や香炉などを売る店もある。モソ人とプミ族はチベット仏教を信仰しているのだ。冬に一度、馬や驢馬、牛の交換の市も立ってにぎわう。ここから眺める獅子山はとてもきれいだ。特に冬は真っ青な空の中に、くっきりと立ちあがっている。この山はモソ語ではヘディガム、つまり永寧盆地の女神という意味であるが、別名を獅子山という。永寧から見るこの山はまさに獅子が伏しているようにも、或いは女神が天を仰いでいる（59ページの神話A参照）ようにも見える。（口絵2参照）

　また、永寧にはチベット仏教ゲル（Dge-Lugs）派の寺院、扎美寺（ジャメイ）がある。99年の正月（春節）には、モソ人のロサイシ活佛（位の高いラマ僧）のための住居が新築され、その披露の法要が行われた。永寧郷の各家が、それぞれ少なくない喜捨をして建築されたもので、その法要には永寧郷のすべての家の代表がひとりずつ参集した。寺院は周囲の建物と比べて桁違いに壮大で、本殿には多くの仏像や万巻の経典が収められ、ロサイシ活佛の壮大な住居のほか、位の低いラマ僧の宿舎もある。永寧のモソ人は、ダパという呪術も行う民間宗教者を中

第1章　妻問いの様式と悪口歌　　11

心とする元来の民間宗教をもっているが、その上にチベット仏教が深く浸透しており、両者が複雑に絡み合い、分担し合いながら、葬式や祖先祭祀、厄祓いなどを行っている。なお、本書には、この点について紹介、考察する余裕はない。（ビデオ編にはそのほんの一部を紹介した。）改めてダパを中心とするモソ人の宗教世界に関わる報告を公にしたいと考えている。

　1998年、私たちが始めて永寧に来たとき、郷長として案内してくれたのが、楊ギゾ（この地のモソ人は小学校入学に際して、中国風の学名を与えられる。姓は殆どが楊さん、和さん、阿さんとなる）である。大学は出ていないが、人民解放軍を退役後、役人になった人。36歳。ざっくばらんで大仰なモソ人である。役場の中の宿舎に、アシャと子供と暮らしている。ジープを所有しており、それを乗り回すのが趣味らしい。そうとう乱暴な運転をする。「太郎」が日本の男の名であることを知っていて（抗日戦争映画のビデオは永寧でも盛んに放映されてきた。その辺りからの知識だろう）、自分は「中国太郎」（モソ太郎でないところが大仰だ）、著者は「日本太郎」ということになった。一年ほどして、郷長は昆明の大学出の若者に替わっていた。

　中国太郎の紹介で知り合ったのが、郷の科学技術担当の役人である阿洪生である。科学技術の中心は、りんご栽培である。この土地は冬季、乾燥が激しくりんご生産には向いているのだそうだ。彼は日本のりんご生産の技術をなんとか取り入れようと頑張っており、長野県のりんご農家の方を招いての研修にも参加したらしい。彼はアシャの家に住み込み、6人の子を育てている。長男は麗江のチベット系の医学学校に学んでおり、次男、三男はりんご栽培をしている。長女は昆明の民族学院に、次女は麗江の師範学校に、それぞれ親元を離れて通っており、三女は地元で小学生、中学に進学する希望を持っている。彼のアシャの家には、アシャとアシャの兄と母、母の兄、そして彼とアシャの子が現在は3人、居住している。アシャの兄と阿洪生はほぼ同年齢である。アシャの兄は毎晩夕食を終えると自分のアシャの家に行き、翌朝日の昇る前に帰ってくる。阿洪生は、役人として、また地元の知識人として永寧が経済的に発展していないことを真剣に考えているのだが、その理由の一つに、「摩梭人走婚」があるのだという。妻問いと経済発展がどう結びつくのかわからなかったが、優勢異文化のシステム内にいる少数民族エリートの葛藤が感じられる。

　阿洪生のアシャの家のあるバチ村の隣が、ジャシ村である。前に油絵を描く

と紹介した寧蒗の県の役人である和正明（モソ名はボワ＝ゴンガ）の実家はこの村にある。99年の正月に彼の家を訪ねたが、彼の兄は以前、木材の運搬作業の事故で亡くなったのだと聞いた。雲南省と四川省の境界は木材の産地であるが、ジャシ村には木材の集積地がある。大きな大木を山ほど積んだトラックが、よくぬかるみにはまって動けなくなっている。先年の長江の氾濫にみられるように（ここは長江の上流である）、現在、中国の森林伐採による環境問題は相当深刻であるらしい。そのために木材の切り出しを制限したり禁止したりするようになっているのだが、四川省側では、農民個人が山に入って生活用の薪を伐ることも禁止されているらしい。この話は後に紹介するリジャズ村で聞いた話だが、もし本当であればまったく無茶な話である。

　さて、我々の乗ったバスは永寧が終点である。ここから先は公的な交通手段はない。永寧から比較的離れた村の人々が買い出しに来る場合には、荷を運ぶための馬を連れ徒歩で来たり（これはかなり遠方から来ており、泊りがけになることもある）、歩いて来たり、トラックの荷台に乗って来たり、廃車寸前のジープに乗って来たりする。このジープは近くの村の若者が運転するのだが、永寧に行く人や永寧から帰る人を乗れるだけ乗せて行き来する。ひとり5元とるから、けっこういい商売になっている。廃車寸前、よく壊れて立ち往生するが、何もなければ30分ほどで温泉ワラビ村に到着する。ここが我々の調査地のひとつである。

ワラビ村の温泉

　ワラビ村の入り口には温泉がある。この温泉はいわくある温泉で、70年ころまでは露天の温泉であり、男女は混浴していたらしい。農閑期にはその周囲で煮炊きをし、数日間泊りがけで温泉に入っていたという。厳汝嫻・宋兆麟『永寧納西族的母系制』（雲南人民出版社、1983）には、その当時の写真が掲載されている。それはよいのだが、この本の著者はこの風景に集団婚のなごり、野合群婚との説明を施している。これはモルガンの集団婚から氏族外婚に進化するという見方に、モソ人の妻問いを重ね合わせたもので、この温泉場では氏族外婚制のごく初期（低級）の形態としての、集団的な野合群婚が見られ、それが進化して個別に男が女のもとを訪れる妻問いになったというわけである。むろん現在では、こうした進化論的な序列づけ自体が批判されてることは言う

までもない。私の聞き書きでは、農閑期、特に正月には、友だち同士で食料品をもって泊まりがけでいくこともあるというから、こういう機会に妻問いの相手を捜そうとしたこともあるだろうし、夜、温泉から少し離れた畑や山陰で男女が性の営みをすることも当然あったろう。本章第1節以下で述べるように、モソ人にとって村外、しかも夜は恋の空間、恋の時間である。それは妻問いを行う彼らにとっては当然の行為であり、今後進化すべき低級の婚姻形態であるはずはないのである。

　なお、モソ人の妻問いは、やはり今後進化すべき対偶婚であるというのがモルガン流の彼らの立場である。モソ人がいつから妻問いを行っているかは、実際には不明だ。ワラビ村の民間宗教者ダパであるトディは、もともとモソ人は一夫一婦の結婚を行っていたが、いつしか妻問いに変わったのだという。それは彼のダパの師であった彼の母方祖母の兄（ソナタジャ）に教えられたことなのだという。(36ページ系譜参照) また、トディに聞いた説話や昔話には、結婚に関わるものは多いが、妻問いに関わるものは極めて少ない。父系一夫一婦制が母系妻問いに変化することは、現在の双系家庭の35％が子の世代に妻問いを行っているという前掲の陳烈の調査からしてもありうべき方向である。つまり、現在モソ人はなんらかのメリットがあって、母系妻問い社会を維持しているとしか言いようがないわけである。

　露天の男女混浴という温泉の評判は70年代には寧蒗にも聞こえ、県の役人も訪れるようになった。そうした中で、男女隔離の政策がある高官から出され、浴槽に塀が建てられた。この塀はモソ人の手によって一度は壊されたが、再び78年には塀が建てられた。それはモソ人の意見も聞いたもので、1メートルに満たないものだったという。しかし、90年代には現在の立派な建物に建て直された。なお、上述の温泉の歴史については、中国人ジャーナリストによる紀行文（沈澈著、譚佐強訳『西南秘境万里行』、恒文社、1993）によった。現在の温泉は我々が普通に想像する銭湯のようなもの。ただし洗い場はない。湯船には20人ほどなら普通に入れるだろう。湯量は豊富で数週間ぶりの温泉は天国だが、皆が浴槽の中で洗剤で頭や体を洗うため、湯の取り入れ口付近にいたほうがいい。

　温泉のとなりには三軒ほど旅館があり、また夜にはワラビ村の若者目当てに、ビデオを上映するビデオ上映館、ダンス場が開かれる。村の多くの若者は

ほぼ毎晩、ビデオ上映館やダンス場に遊びにくる。一人5角。(1元=15円の半分だが、一月15元は馬鹿にならない。) ビデオ終了がだいたい夜中11時ころ。それから彼らは大声で流行歌(チベット出身の歌手が漢語で歌う、チベットの自然を主題とした歌が流行していた)を歌いながら帰ってくるのが日課となっている。電気は、ワラビ村までは引かれていない。以前から「来年の春節までには通る」という噂はあったが、2年たった2001年の春節にはまだ通っていない。ビデオ上映館もダンス場も発電機で営業しているのであった。冬には、道端に小さな露天の焼き肉屋(焼烤)がでる。鳥の砂肝や足の指の部分、豚の腸などを焼いて食べる。私の友人トディはこの焼き肉屋でモソ人の伝統的な歌、アハバラの掛け合いをして楽しんだといっていた。(なお、本書原稿化を進めている2001年夏に、ワラビ村までの舗装道路が完成し、電気と水道が通じたとの知らせを受けた。)

ワラビ村の農事暦・食生活

温泉場から20分ほど歩くと、ワラビ村の居住区になる。私の調査では2000年1月現在、全37戸、258人が居住する。道路の山側に村人の居住区がある。川側は畑地と水田であるが、小学校や商店がある。そのまわりに広く畑地、放牧地が広がっている。【詳細地図は本章第1節地図Ⅱ (40ページ参照)】(口絵7参照)

ワラビ村は、基本的には全戸が農業を営んでいる。副収入として商店を営んだり、出稼ぎをしたりする者はいる。次にワラビ村の農事暦を掲載しよう。

食生活は自給自足できるものが多い。現在ワラビ村の主食は水稲であるが、ワラビ村の標高は米を栽培できるぎりぎりの高さであり、赤い米を栽培している。それも不作の年が多いようである。そもそもワラビ村で水稲栽培が始まったのは60年代以後であり、それ以前の主食はトウモロコシであったという。なお、ワラビ村より少し標高の高いリジャズ村ではもう水稲栽培はできず、トウモロコシの粉を炊いたり焼いたりしたものを主食にしている。ワラビ村には水田の数がそもそも少なく、半年ほどで食い尽くしてしまうため、ほんの少し標高の低い、永寧郷の村々の米を買うことが多い。また冬は野菜が取れないため、ほとんど食べないが、永寧の市場に出かけていって野菜を買ってくることもある。トウモロコシは現在ほとんどが家畜の餌となっている。(ワラビ村の農

旧月	農事暦	年中行事	備考
1月		正月（クシ） ツロロ（各家庭における祖先祭祀。春節）	
2月	水稲の苗の種まき ジャガイモ種まき		苗はビニールをかけて育てる。ビニールが盗まれないように、子供が水田脇に小屋を建て一晩中見張っている。
3月	トウモロコシ種まき 苦蕎麦種まき		田植えに備えて代掻き。水牛を使う。
4月	水稲の田植え 大豆種まき エンドウ豆種まき		
5月	燕麦収穫 大麦収穫		トウモロコシ除草
6月	小麦収穫	ツロロ（各家庭における祖先祭祀。） ズィハシ（小麦の新嘗）	
7月	苦蕎麦収穫 ジャガイモ収穫 大豆収穫 エンドウ豆収穫 カブ種まき	轉山節（穀物の豊饒や人間繁栄をヘディガムに祈る祭り。チベット仏教の祭りが習合。7月25日）	
8月	トウモロコシ収穫 大麦種まき 小麦種まき 燕麦種まき	イプ（各家庭における祖先祭祀。8月3日）	トウモロコシの収穫日程は村単位で決める。
9月	カブ収穫 水稲収穫		水稲の収穫日程は村単位で決める。 カブの収穫は水稲収穫の2・3日前と決まっている。
10月	柴刈り 猟	ボコツプ（豚を殺しての祖先祭祀。10月中に行う。）	豚を殺して干物を作る
11月	柴刈り 猟	ルァタ（放牧に出る若者及び子供の正月、11月12日） ディプ（各家庭における祖先祭祀、11月30日）	ボコツプで作った豚の脚を子供にやる。
12月	柴刈り 正月の準備		正月準備として竹を二本、山から刈り取ってくる。一本は母屋、一本は前庭に立てる。

作業の一部をビデオ編に収録した。)

　家畜には、豚、牛、水牛、馬や驢馬、鶏がおり、多くの家が猫と犬を飼っている。豚、鶏が食用となり、水牛、牛は田畑での労働に、馬や驢馬は柴刈りなどの運搬などに用いられる。牛は食用にもされるが、水牛、馬、驢馬、そして犬、猫は食用にはならない。

　食用肉の中心は豚である。豚は10月のボコツプ儀礼で殺される。ボは豚、コは殺す、ツは魂、プは送るという意味。豚を殺してその魂を祖先の地へ送り、祖先を祭るのである。(ボコツプの様子をビデオ編に収録した。) この日には、2、3年丹精込めて育てた豚を殺す。心臓に小さな杭を打ち込んで殺した後、大きな釜に湯を沸かし、毛を剃り落とす。その後、腹を裂き、血を丁寧にとり、骨、骨に着いた肉、内臓を取り出し、脚を4本とも付け根から切り離す。頭と皮と脂肪、少々の赤み肉の残ったからだをきれいに洗った後、大量の塩を腹の中にいれ、裂いた部分と脚の付け根をすべて縫い合わせる。腐らないよう目からも塩を十分に入れ、これを5年ほど母屋で乾燥させたものが、豚の干物(ブチャ・猪瓢肉)である。肉は刻み、腸につめて腸詰めとし、また、血と米とをまぜて大腸につめた腸詰めとして保存する。足にも刻み肉をつめ乾燥させ保存。下顎の骨と、膨らませた膀胱は母屋に飾る。豚一頭解体して、ほとんど捨てる部分はない。全く見事な技である。この豚の干物は富の象徴として葬式には最低5枚は欠かせないというし、また毎日の食事の油としても必需品である。正月にはこの干物を輪切り(といっても数年乾燥させた干物はそうとうな硬さであり、鋸を使う場合もある)にする。その輪切りにされたものが、儀礼食となり、また親戚への付け届けとなり、また祖先祭祀に呼んだ宗教者ダパへの返礼となる。いわば貨幣である。

　一般的に客が来たときには、鶏を殺してご馳走する。羽を毟って焼いた後、そのまま煮るという料理である。煮汁は塩をいれてスープとする。

　モソ人の食事は、一日4回。朝起きると、まずジャガイモを囲炉裏に入れて焼き、バター茶と麦こがしとともに食べる。バター茶は沸騰した湯でいれた濃い茶とヤクのバターと塩をまぜて、大きな筒で攪拌したもの、麦こがしはザバといわれるが、ハダカムギや燕麦の粉をフライパンで煎ってつくったものである。これはチベット族の習慣と一緒である。バター茶を飲むための茶碗もチベット族がよく使うものと同じく、木をくりぬいた碗に、銀を張ったもの。ジャ

稲の実り（ワラビ村）

トウモロコシの収穫
（ワラビ村・アウォアポ家）

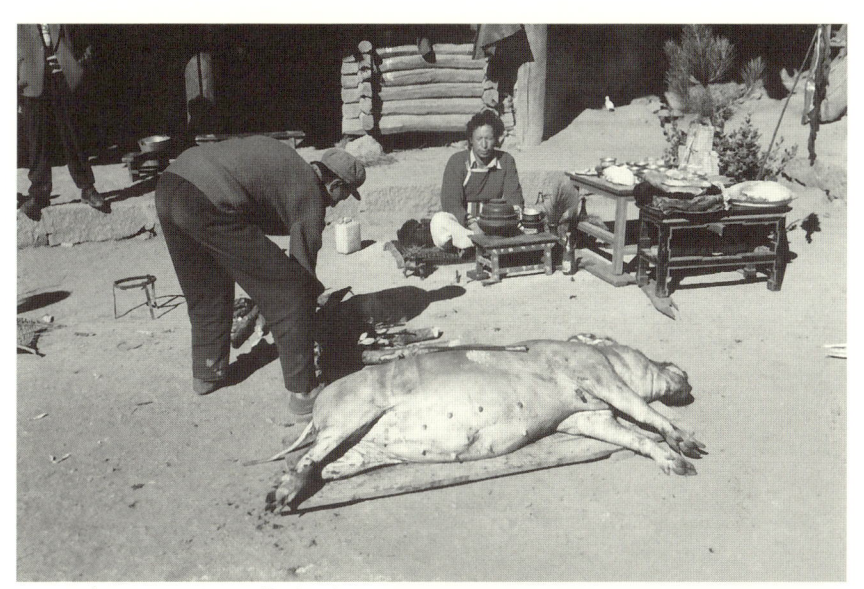

ボコツプにて，豚を祖先に捧げるダパ

ブチャ（豚の干物）

第1章　妻問いの様式と悪口歌

酒造り

正月の儀礼食（ワラビ村・アウォアポ家）

ガイモを食べたあと家畜に餌をやったり、冬であれば柴刈りに出たりしたあと、朝食をとる。朝、昼、夜あまり変わらない炒めものが多い。ほとんどの料理に豚の干物が入れられ、油、調味料として用いられている。柴刈りや家畜の餌やり、また朝食後の放牧、薪割り、赤ん坊の世話など、子どもの仕事は多い。小学校に行きながらも本当に良く働き、そしてまたよく食べる。

　チベット式のバター茶のほかに、特に疲れたときなど、茶を煮詰めて塩を入れて飲むことがある。乾ききった熱暑の中の労働で失われた塩分を補給する意味があるのだろう。

　モソ人には自家製の二種類の酒がある。原料は同じで稗、トウモロコシ、小麦、米など。蒸留したものがブジ、その後10日程発酵させたものがクジ、或いはスリマと呼ばれる。来客の場合などにはまずクジ（スリマ）を出す。こちらは度数もあまり高くはないため、大きな碗でぐいぐいと飲む。また女性はふつうクジ（スリマ）を飲む。蒸留酒のブジは度数が強いため、バター茶を飲む茶碗で飲んでいる。

　ちなみに彼らの儀礼食を紹介しておく。正月一日には、豚の干物（火を通さない）、豚の脚肉、ボコツプで作った腸詰めの肉、豚の骨付き肉、牛タン、牛肉、鳥の腿肉、手羽肉、腿肉、卵巣、鳥の腸の腸結びが一つの皿に盛られている。それに牛の挽肉に唐辛子を入れ、水をいれてかき回した（つまり生肉の）スープがつく。このスープは葬式でも用いられていた。また正月には米（水稲）を蒸して搗いた餅、薄く延ばした蒸した米を屋根で干して乾燥させた後、揚げたものなど米に関わるものもある。前述のようにこの地方の水稲栽培は60年代以後に始まっている。農事暦にあげたように、モソ人の祖先祭祀は小麦の収穫の時、ボコツプ（豚を殺す）の時、そして漢族と同じ春節の時に行われる。また11月12日にルァタという放牧の若者及び子供の正月が行われ、モソ人はルァタを節目として一歳年を取る習慣がある。こうしたことを考え合わせるならば、モソ人の儀礼食に米が用いられるようになったのは、おそらく優勢文化としての漢民族と同じ日に正月をするようになったことと関わりがあるだろう。

ワラビ村の住居（炉と柱）

　ワラビ村の住居は、図1のようになっている。門、門から見て左右対照の建

物は、二階建てで、一階が家畜小屋、飼料置き場、薪置き場などになっており、二階にはチベット仏教の仏間（経堂）、成人女性の部屋、老年男性の部屋などに当てられている。

　門の正面に母屋があるが、これは一階建である。その内面の配置は地域や家によって異なる（図2〜4）。ワラビ村やリジャズ村では入り口の正面に上間と上炉（グァ-ウ、炉-上）、右手に下間と下炉（グァ、炉）がある（図2、3）のに対して、バチ村やリジャズ村では同じく入り口正面に上間と上炉はあるものの、その左側に下間と下炉がある（図4）。

　上炉と下炉の使い方は地方によって異なっており、ワラビ村やバチ村など永寧郷では、上炉のある上間は日常的には使われず、葬式や正月などの祖先祭祀ツロロ、新築儀礼などの際にダパが座ったり、また葬式の際には死体をいれるための棺が置かれる場所となっている。日常的には食事どき、下炉がふさがっているときなどに上炉を使うくらいである。家族は常に下間に集い、客がきても下間に通し、下炉の火を使う。その際、下間の入り口側の上座に家の主人とされる女性が座ることになっている。

　一方、リジャズ村では、客は基本的に上間の上炉わきに通される。家族を代表して客をもてなすものは男である場合も女である場合もあったが、男は上炉わきに座るのに対して女は基本的には座らない。女たちは下の間にて食事をしている。葬式や新築儀礼でダパはやはり上間に座ることになっている。リジャズ村にダパは15人以上いるが、すべてが男であるから、結局上炉に座るのは男たちということになる。

　永寧郷でも葬式などの儀礼の際には、リジャズ村と同じく上炉にダパや客が座る（口絵3参照）から、上炉、下炉の使い分けは、おそらくリジャズ村のあり方が本来的なものだろう。永寧郷でもリジャズ村でも、上の間には、ダパ（全て男）が中心となって祖先を祭るための棚があり、下の間には日月、火炎、ほら貝などを描いたザバラと呼ばれる祭壇（竈神とも言われる）がある。葬式を中心的に行うのがダパと、同氏族の家庭から一人ずつ選ばれた男たちであり、女はしばしば母屋の外に出されることからみて、祖先祭祀に関わるのは男である。つまり上間と上炉はダパを中心として祖先祭祀を担当する男の空間、下間と下炉は、家の中心となる女の席と寝台を含む日常的な女の空間ということになる。（上炉、下炉の周りで行われる儀礼の一部をビデオ編に収録した。）

図1　アウォアポ家見取図

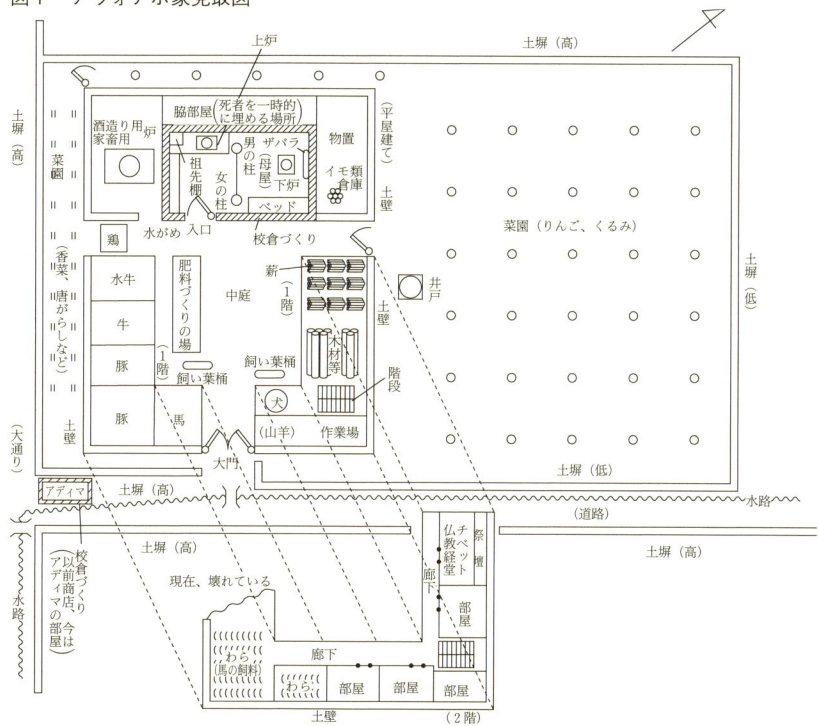

図2　母屋内面図（アウォ家）

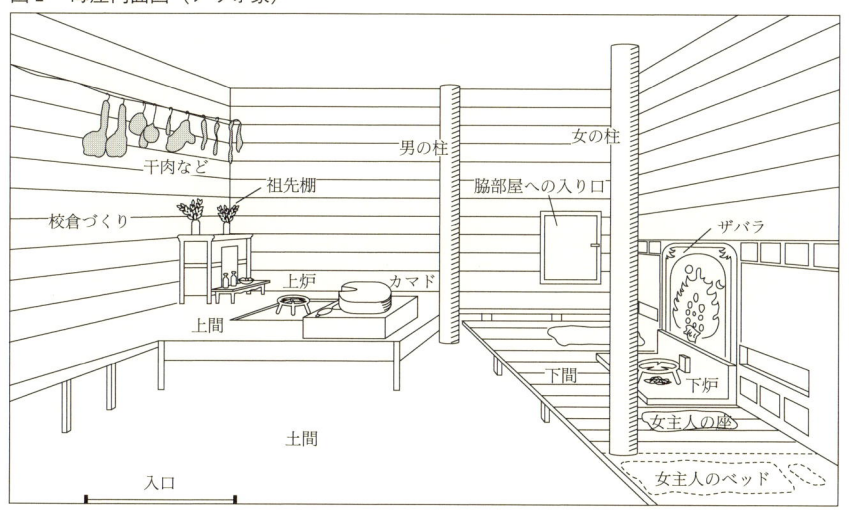

第1章　妻問いの様式と悪口歌

図3　ワラビ村・リジャズ村　　　　　　　　図4　バチ村・リジャズ村

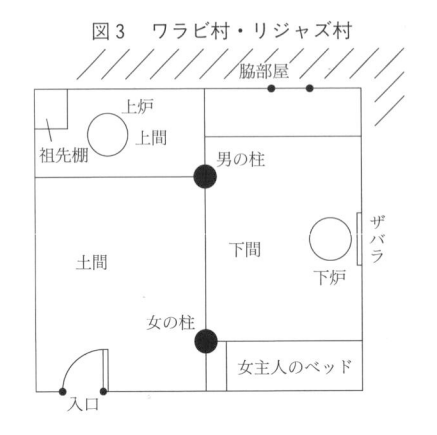

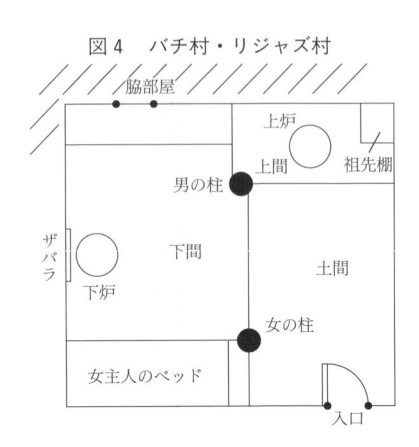

母屋と左右の建物（バチ村）

上間・上炉・祖先棚（ワラビ村・アウォ家） 　　下間・下炉・ザバラ（ワラビ村・アウォ家）

下炉わきで正月の準備（ワラビ村・アウォアポ家）

上炉わきに置かれた棺と呪文を唱えるダパ（ワラビ村・アバ家）

上炉わきで新築儀礼の呪文を唱えるダパ（リジャズ村）

上炉わきで祖先に食べ物を供えるトディダパ（ワラビ村）

下炉わきで孫娘の成人を寿ぐ祖母（ワラビ村・アニ家）

　上炉を中心とする祖先祭祀に関わる男の空間、下炉を中心とする日常の女の空間という区別は、柱の呼称にも見られる。1999年2月の春節、ワラビ村アニ家で成年式が行われた。（口絵4参照）これはその年、数えの13歳になる男女が成年になるという儀式で、我が国の裳着、袴着と同様に、はじめて、女子の場合はスカートを、男子の場合はチベット系のズボン、上着（伝統的には麻で作った丈の長い上着）を着るというものである。アニ家では13歳になる女の子が、女の柱（muzo-dumi、女-柱）のもとに立ち、母や祖母によってスカートをはかされた。女の柱は入り口側の柱で（図2～5参照）、下炉を中心とした女の空間、女主人の側にある柱を指す。一方、2000年2月の春節に、ワラビ村アウォアポ家の末っ子アジドゥジが成年式を行った。彼は上間に接する男の柱（zo-dumi 男-柱）の脇で豚の干物に乗り（将来食料に困らないようにとの意味があるとのこと）、アウォ家のトディダパが呪文を唱えて彼に服を着せた。（アニ家、アウォアポ家の成年式の様子をビデオ編に収録した。）

　述べてきたような居住空間の象徴的なあり方を図示すると以下のようにな

る。

　　祖先祭祀(ダパ＝男)——上の炉——客人(男)——男の柱　　男—公—祖先祭祀

　　ザバラ(竈神)　　——下の炉——寝台(女)——女の柱　　女—私—ザバラ(竈神)

　ところで「雲南省ナシ族母系社会の居住様式と建築技術に関する調査と研究(1)(2)」(1996、住宅総合研究財団)において浅川滋男は、母系社会と居住空間の相関性として、以下のような構成を見出している。

　　男の柱—客人（とくに男）—梯子……上の炉・竈

　　　火神ザバラ—竈（御神体）—下の炉

　　女の柱—家人（とくに女）—寝台

　これはザバラを家の中心として、男の柱側と女の柱側を対比的に捉えたものである。その上で浅川は、『永寧納西族的母系制』(厳汝嫻・宋兆麟著、雲南人民出版社、1983)に、モソ社会では右が左に優越するとある説を受け入れ、ザバラを背に前方の土間領域を見た時の「右」が女で、「左」は男となるから、

　　（＋）　女　右　私

　　（－）　男　左　公

という価値基準を伴った空間のあり方を導いている。

　既に触れたように、モソ人の居住空間は左右反対のものがあるわけで、この左右による男女どちらかの性の優位性は成り立たない。また『永寧納西族的母系制』には右の優位性の根拠などは述べられていない。しかも『永寧納西族的母系制』の例は永寧郷開基村のソナミ家であるが、その図から見る限り、浅川の調べた瀘沽湖洛水下村のソナミ・アナ家とは左右反対である。『永寧納西族的母系制』では、だからザバラに向かって右の女の領域を優位であると説明しているのだと思われる。

　また、浅川の説も『永寧納西族的母系制』の説も、ザバラを中心とした観察を行っており、祖先祭祀棚が全く考慮に入れられていないのは不思議である。私の参加した葬式、新築儀礼において、また毎年のツロロ儀式（祖先祭祀儀礼）で中心となるのは、明らかにダパの座る側にある祖先祭祀棚であり、この棚をモソ人は「家の心臓」といっているからである。ザバラはそういう儀礼において、ほとんど無視されているのが実情である。

　おそらく、母系社会においては女が優位だという、研究者の側の先入観があるのではないか。確かに「私」の領域において家の中心となるのは女性であ

女の柱のわきで衣服を変えて成人するアニ家の孫娘

男の柱のわきで衣服を変えて成人するアウォアポ家アジドゥジ

第1章　妻問いの様式と悪口歌

る。しかし、葬式や祖先祭祀の儀礼において、また子を養育する際のオジとしての権限において、男は女性より劣位にあることは決してなく、むしろその中心となっている。この点について、同じく浅川が同書において以下のような感想を述べている。「（ラマ以外の）成人男性のあつかいは、なかなか悲惨なものである。アチュがいて、彼女の部屋で寝泊りできるうちは、まだいい。アチュがいなくなると、男たちは主屋の脇部屋でひっそりと寝起きすることになる。版築壁にかこまれた暗い粗末な部屋で、年寄りの男たちは余生をおくるのである。このように、寝室ひとつをとっても、母系社会における男のひもじさがありありとあらわれている」。しかし、これは経済的に豊かな日本人の目から見た感想、また母系社会だから男はあわれなのだという先入観による感想でしかないように思われる。その脇部屋には炉がついており、充分暖かい。女たちが母屋で数人が雑魚寝するのに比べて、はたしてその脇部屋を粗末な部屋と言いきれるだろうか。また、そのひもじさの注として、浅川はインドネシアのミナンカバウ族（やはり母系社会を営むが、妻方居住が中心）の「水牛の尻にいるハエ」「風が吹けば飛んでしまう存在」という男のあり方を表す諺をあげているのだが、ミナンカバウにおいて、男がそう呼ばれるのは妻方にいるときなのであって、その男がひとたび実家に戻れば、そこには絶大なオジ権があるのである（須藤健一『母系社会の構造─珊瑚礁の島々の民族誌』、紀伊国屋書店、1989）。

ワラビ村からリジャズ村へ
　ワラビ村の東側はすぐ四川省である。10分ほどのところにメフワ村、ジポワ村というモソ人の村がある（村落の詳細地図は41ページ）。これらの村にもワラビ村の人々と妻問い関係にあるものが多い。ワラビ村の西、歩いて15分ほどの隣村はバワ村である。さらに一時間ほどいくと、プミ族のトォチ村がある。この村のプミ族はモソ人と同じ格好をしており、また基本的にはモソ語が話せる。そのため、ワラビ村のモソ人と妻問い関係にあるものも多い。バワ村の北側を抜けて畑地を越え、遠くにイ族の村を見ながらひどく急な峠、というよりも崖を越え、さらに下っていくと、四川省木里チベット自治県ウォジョ（屋脚）郷リジャズ（利加咀）村に至る。馬で3・4時間の道のりだ。ここもモソ人の村である。全27戸、人口300人（この数字は正確な調査をしたわけではなく、村民に聞いた概数である）ほど。リジャズ村は先にも触れたがワラビ村よ

り少し標高が高いため、もう米は栽培できない。主食はトウモロコシであり、米の飯のように炊いたり、すりつぶしたトウモロコシ粉をお好み焼きのように焼いたりしている。車の通れる道は通じておらず（冬に一時的に車を乗り入れることはできると聞いた）、当然電気も通じておらず、ワラビ村より経済的にはさらに貧しい生活をしている。

　98年11月、はじめてこの村を訪れたとき、村に入る手前の山の中から、女性たちの歌声が響いてきた。とても良く通る地声である。それは柴刈りをしている女性たちが歌の掛け合いをしているのであった。この歌がアハバラであり、本書が考察するモソ人の伝統的な歌謡であった。ワラビ村でも柴刈りにはアハバラを歌うとは聞いていたが、実際に聞いたことはなかった。リジャズ村では農閑期の早朝と夕方、つまり柴刈りの時間にはかならずアハバラがいくつかの山から聞こえてきた（口絵5参照）。ただし、近くに行くと彼女たちは照れてしまって歌ってはくれなかった。アハバラだけでなく流行歌や固定歌詞の民謡が混ざっていることもあった。

　衣服もワラビ村とは多少異なっている。若い男女は春節などの踊りのときには、民族衣装を着るのだが、ワラビ村のそれはラシャのような生地のぴかぴか光る服であるが、リジャズ村の場合にはまだ麻で作った民族衣装を来ているものがいる。（リジャズ村の踊り―麻を紡ぐ踊りをビデオ編に収録した。）99年12月に訪れた時には、麻畑では麻が背丈よりも高く伸びており、川の中に麻の束が浸してあった。浸すことで外の固い皮を剝ぐのである。その後、乾燥した繊維を口で何度も裂き、績んで、長い麻糸を作る。それを煮てから干し、白い麻糸を作るわけである。これを繊維にして衣服を作るのであるが、麻で作った衣服は重く固い。

　さて、リジャズ村を過ぎて半日ほど行くとウォジョ（屋脚）に至る。ここには電気も車道も通っているが、さらに四川省の山並みは深く続く。ワラビ村やリジャズ村の人々が薬草やきのこ（松茸がもっとも高値で売れる。最近は永寧にまで日本人ブローカーが来るのだという）を採りに来るのがこの辺りの山である。バター茶に入れるヤクのバターもこの辺りで仕入れるし、寧蒗で売るために山羊を仕入れるのもこのあたりだし、山では砂金が取れるのだという。つまり木里の山は、ワラビ村やリジャズ村の人々にとっては自然の恵みの宝庫なのである。そして、葬儀の際、ダパは死者に、かつてモソ人の先祖は木里のゴン

麻服の正装でジャッツオを踊る（リジャズ村）

麻を績む（ワラビ村）

麻を干す（リジャズ村）

ガー山から遠い道のりを経て現在の地に至ったのであり、死者は祖先の地であるゴンガー山に帰るよう、その道順を詳しく教えるのである。（死者に道順を教える呪文を一部ビデオ編に収録した。）

第1章第1節　妻問いのあり方——男女分立の恋愛観

母系家庭の系譜

　ワラビ村の人々は基本的に母系に出自を求める母系家庭を営んでいる。まず、1960年の調査に基づき1964年刊行された『雲南省寧蒗彝族自治県永寧納西族社会及其母権制的調査報告（寧蒗県納西族調査材料之三）』（中国科学院民族研究所雲南民族調査組・雲南省歴史研究所民族研究室編）に見られるワラビ村の家系図より、ワラビ村のパミ氏族の一部を36ページ【表1】に引用する。

　これは当時ワラビ村の民間宗教者ダパであったソナタジャ（1960年当時51歳、男）の暗記していたものを調査者が記録したものである。表1のうち、パミアウォ家が我々の住み込ませていただいた家族であり、現在（2000年）、チピが数えで54歳（亥年生まれ）であり、その孫世代までがいる。またソナタジャは、チピの母ナジュの兄である。

　さて、表1をみると、パミ氏族は第3代ルズパミ（男）の名を取っている。パミアウォ家は、第7代までは夫妻とされ、第8代アマ（女）が妻問いし、第9代は夫妻、第10代ナジュ（女）が妻問いで現在世代となる。アウォは本家という意味であり、パミ氏族の本家がパミアウォ家である。グァタ家は第6代でパミアウォ家と別れ、第7代ナジュドゥマ（女）、アク（女）、グァタ（女）の三姉妹がそれぞれ妻問いしたなかで、グァタの名を家名とし、第8代イジュツルァが妻を娶り、第9代が妻問い、第10代が妻を娶る。またヨム家は第7代グァタの娘ヨム（女）が妻問いし、第9代の養女が妻問い、第10代が妻問いで現在世代となっている。こうして見ると、初代から夫妻の関係が続き、7代以降に妻問いによる母系家庭が急増する。

　私の調査の過程で、ワラビ村の各家の構成をアウォ＝ジパに尋ねたことがある。その際、彼は自己世代のおよそ三代上の世代、つまり現在生きている最古世代の老人たちを、夫妻なのだと答えた。ほとんどの家族の老人たちが夫妻だというので、疑問に思い詳しく聞いたところ、実際にある家には年老いた男と女が同居しているのだが、彼らが兄妹であるのか、女キョウダイあるいは男キョウダイが生まれなかったため養女、養子的に結婚したものなのかの判断がつかず、夫妻の関係として説明したのだという。そもそも妻問いは秘密に行うべ

きものであるから、その相手は知られていないというのが建前というか様式である。実際に三世代上の世代について一般の村人は兄妹であっても夫妻と説明できるということである。同じことがダパの唱える系譜でも起こっているのではないかと考えると、第7代以降母系家庭が急増するという不思議が解決できる。もしそうであるならば、それ以前は兄妹か夫妻かを問題にしない神話的な系譜と考えられることになる。むろんモソ社会において、兄妹婚は重大な禁忌であり、これについては後にも述べるが、にもかかわらず系譜的に祖先を暗唱しようとしたとき、そこでは兄妹が子を生産するひとつの単位と捉えられてしまう場合もあるということだ。

　我が国の神話の冒頭、例えば『古事記』には、神代7代の系譜がある。そこには、国之常立神、豊雲野神という「独り神」のあと、宇比地邇神と妹須比智邇神、角杙神と妹活杙神、意富斗能地神と妹大斗乃弁神、於母陀流神と妹阿夜訶志古泥神、そして伊耶那岐神と妹伊耶那美神という「双へる神」が生まれたとの記述がある。伊耶那岐神と妹伊耶那美神がこの後性交して国生みをするため、それが禁忌であるはずの兄妹婚であったのかどうかで現在も議論のあるところである。モソ人の系譜意識を参照するならば、伊耶那岐神と妹伊耶那美神に至る五代の双神は、兄妹であると同時に子を生産する単位として、神話的に語り伝えられてきたものと考えることができるかもしれない。問題は伊耶那岐神と妹伊耶那美神の性交が語られてしまうことだ。

　さて、話を現在のワラビ村に戻そう。パミアウォ家は普通には、アウォ家とよばれている。39ページ【表2】に2000年のアウォ家の系譜をあげておこう（口絵6参照）。

　ソナタジャは妻問いをして子を6人もうけているが、彼らはアウォ家の系譜には入らない。チピはガサワ村のユズミと妻問いしていたが、文化大革命期に強制結婚、分家をさせられ、苦労してアウォ家のすぐ近くにアウォアポ家（アポは新家のこと）を建てた。アウォ家に残ったドゥジドゥマのもとにはワラビ村アニ家のウディが妻問いをし、男二人、女二人の子をもうけた。長男がトディでダパをしている。トディも永寧の村に妻問いに出かけ、子がいる。次男はツルァピツォといい四川省に長期の出稼ぎに行っている。長女は妻問いし、子を一人もうけたが既に亡くなった。次女ツルィゾのもとにはバワ村のアゼ家のスガが通い、娘をひとりもうけている。現在、アウォ家にはドゥジドゥマとト

表1　ワラビ村パミ氏系譜

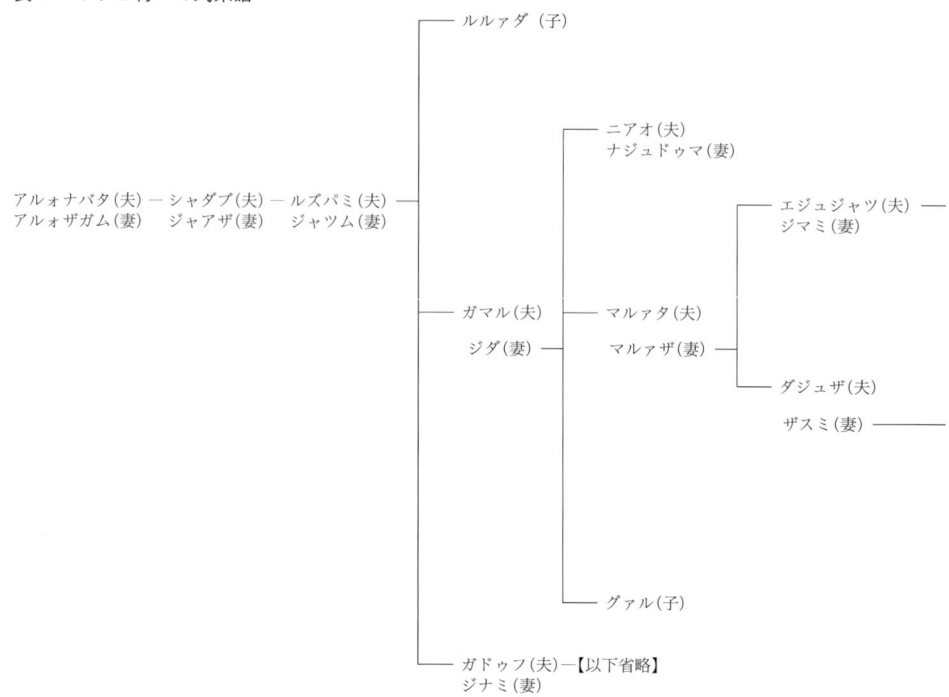

```
                              ┌── ルルァダ(子)
                              │
                              │           ┌── ニアオ(夫)
                              │           │    ナジュドゥマ(妻)
                              │           │                    ┌── エジュジャツ(夫)──
                              │           │                    │    ジマミ(妻)
アルォナバタ(夫)─シャダブ(夫)─ルズパミ(夫)─┤           │
アルォザガム(妻)　ジャアザ(妻)　ジャツム(妻)│           │
                              │           ├── ガマル(夫)─マルァタ(夫)─┤
                              │           │    ジダ(妻)   マルァザ(妻) │
                              │           │                    │    ┌── ダジュザ(夫)
                              │           │                    └────┤
                              │           │                         ザスミ(妻)────
                              │           │
                              │           │
                              │           └── グァル(子)
                              │
                              └── ガドゥフ(夫)─【以下省略】
                                   ジナミ(妻)
```

原注：
1. 系譜は全て口誦による。
2. 同スズ（氏族）相互の関係は、某代祖先の時に分かれたことになるが、その正確な時期は不明。
3. 同代の人々を同一縦列に配置、上下代を横列に配置。母と子女の関係を「──」で示す。子女が複数の場合には「─┤」で示し、同一のカッコ内は同母の兄弟姉妹、その他の縦列の子女とは異母の兄弟姉妹である。また同一カッコ内の上下配置は年齢の長幼により、人名の後に性別を「子」、「女」で示した。
4. 夫婦関係も縦列で示し、上代と血縁のある側を「──」で示し、外から入った側の名をその下に記した。彼（または彼女）は血縁でないため、上代との直線はない。また両者の人名の後に「夫」または「妻」と示した。
5. 阿注（アドゥ）同居は夫婦関係と同様に示すが、人名の後に「男」、「女」と記した。
6. 年齢は1962年当時のものである。

遠藤補注：
　1について、口誦はパミアウォ家ソナタジャによる。彼は民間宗教者ダパであり、各家の系譜を暗記していた。
　3について、第一代から第三代を中心に、(夫)─(夫)という系譜が見られるが原本ママ。
　4について、グァタ家系譜八代目イジュツルァ(夫)には、スガザ(大妻・姉)とドゥジドゥマ(小妻・妹)がいる。ドゥジドゥマは上一代グァタ(女)と血縁関係となっているが、これも原本ママ。

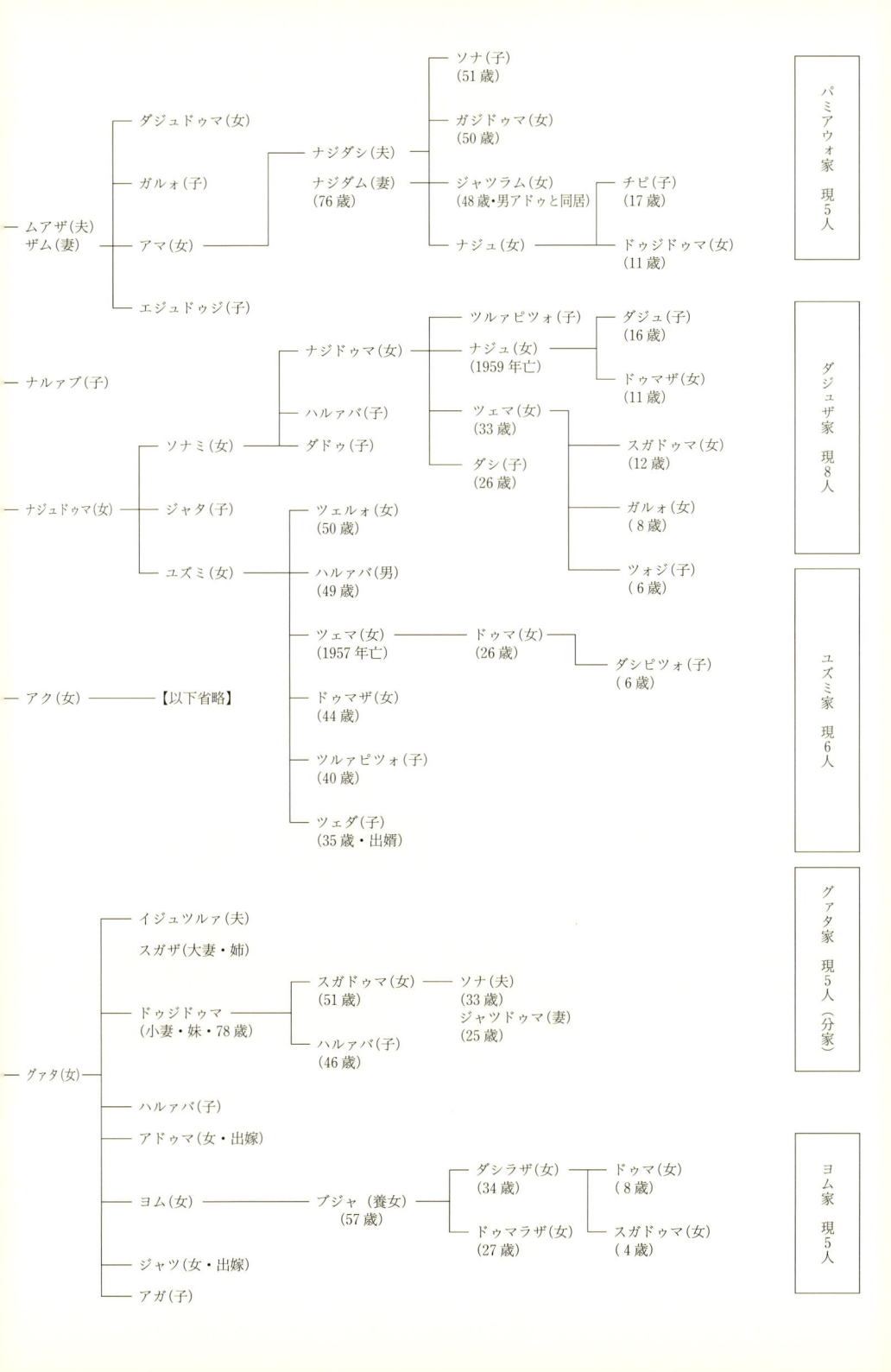

```
─ ムアザ(夫)┬─ ダジュドゥマ(女)
  ザム(妻) │                                                    ┌─ ソナ(子)
           ├─ ガルォ(子)                                         │   (51歳)
           │                                                    ├─ ガジドゥマ(女)
           ├─ アマ(女)─────┬─ ナジダシ(夫)─┤                     │   (50歳)
           │                │  ナジダム(妻) │                     ├─ ジャツラム(女)─┬─ チピ(子)
           │                │   (76歳)      │                     │   (48歳・男アドゥと同居) │   (17歳)
           │                │               │                     └─ ナジュ(女)─────┴─ ドゥジドゥマ(女)
           └─ エジュドゥジ(子)                                                                    (11歳)
```

パミアウォ家　現5人

```
─ ナルァブ(子)
                                                      ┌─ ツルァピツォ(子)   ┌─ ダジュ(子)
                          ┌─ ナジドゥマ(女)──┬─────────┤                     │   (16歳)
                          │                   │        ├─ ナジュ(女)─────────┤
                          │                   │        │  (1959年亡)         └─ ドゥマザ(女)
                          │                   ├─ ハルァバ(子)                     (11歳)
                          │                   │        ├─ ツェマ(女)         ┌─ スガドゥマ(女)
─ ナジュドゥマ(女)──┬─ ソナミ(女)           │        │   (33歳)            │   (12歳)
                    │     │                   └─ ダドゥ(子)                  ├─ ガルォ(女)
                    │     │                            └─ ダシ(子)           │    (8歳)
                    │     │                                (26歳)            └─ ツォジ(子)
                    │     │                                                       (6歳)
                    ├─ ジャタ(子)
                    │                           ┌─ ツェルォ(女)
                    │                           │   (50歳)
                    └─ ユズミ(女)─────────────┤
                                                ├─ ハルァバ(男)
                                                │   (49歳)
─ アク(女)─────【以下省略】                   ├─ ツェマ(女)──── ドゥマ(女)
                                                │  (1957年亡)    (26歳)──── ダシピツォ(子)
                                                │                                 (6歳)
                                                ├─ ドゥマザ(女)
                                                │   (44歳)
                                                ├─ ツルァピツォ(子)
                                                │   (40歳)
                                                └─ ツェダ(子)
                                                    (35歳・出婿)
```

ダジュザ家　現8人

ユズミ家　現6人

```
          ┌─ イジュツルァ(夫)
          │  スガザ(大妻・姉)
          │                      ┌─ スガドゥマ(女)── ソナ(夫)
          │                      │   (51歳)          (33歳)
          ├─ ドゥジドゥマ────────┤                   ジャツドゥマ(妻)
          │  (小妻・妹・78歳)    │                    (25歳)
          │                      └─ ハルァバ(子)
          │                           (46歳)
          ├─ ハルァバ(子)
          │
─ グァタ(女)┤─ アドゥマ(女・出嫁)
          │                                 ┌─ ダシラザ(女)──┬─ ドゥマ(女)
          │                                 │   (34歳)        │   (8歳)
          ├─ ヨム(女)────── ブジャ(養女)──┤                 │
          │                    (57歳)       │                 │
          │                                 └─ ドゥマラザ(女)─┴─ スガドゥマ(女)
          │                                     (27歳)             (4歳)
          ├─ ジャツ(女・出嫁)
          │
          └─ アガ(子)
```

グァタ家　現5人（分家）

ヨム家　現5人

ディ、ツルィゾ、亡くなった長女の娘、ツルィゾの娘の5人が暮らしている。女主人がドゥジドゥマであり、次代にはツルィゾが継承していくことになる。一方、チピはユズミと同居し、アディマ（女）、ジパ（男）、五斤（女）、七斤（男）、八斤（女）、アジドゥジ（男）の三男三女をもうけている。長女アディマが妻問いし、娘ビマをもうけ、現在9人が暮らしている。五斤、七斤、八斤はモソの伝統的な名ではなく、漢語である。ジパの後の子が夭死したため、ダパの勧めでつけたのだという。つまり現在世代では、アウォ家は完全に母系妻問い家庭、アウォアポ家は双系家庭（父系と母系妻問いの並存）ということになる。

ワラビ村の妻問い概観

2000年1月現在、筆者の調査によればワラビ村には全37戸、258人が居住している。寧蒗などに居を構え移り住んでいるものについては除外した。

37ページ【表1】（1960年調査）に子世代として記録されていた世代が、現在、50歳代を中心とする親世代となり、その子世代、及び孫世代とともにそれぞれの家を形成している。現在の親世代と子世代において、ワラビ村全37戸のうち完全な父系一夫一婦制家庭は2戸である。そのほかの35戸はいずれも妻問いを行っている。妻問いは、一般の村人がある程度知っているもので93組。うち村内に相手がいるものが23組、村外に相手がいるものが70組である。この数字には現在は縁が切れているがある程度知られているものも含んでいる。

1960年調査（前掲『雲南省寧蒗彝族自治県永寧納西族社会及其母権制的調査報告（寧蒗県納西族調査材料之三）』）では、ワラビ村にはウァラとウァフという二氏族がおり、ウァラ氏族にはパミ支とヴォゾ支、ゴジョ支があることを報告している。氏族はスズ（漢語でふつう「斯日」と音訳される）といわれ、葬式や子の誕生の際、場合によっては結婚式などに参加する範囲とされている。その下位分類にジドゥ（漢語では「日杜」などと音訳される）という概念がある。これは家族という概念のようだ。そして妻問いの範囲は、ジドゥ内では厳禁で、分家しても三代を経てから始めて可能になるという。特に兄妹間での性的関係はもっとも忌むべきものとされており、それは「獣のすること」、「脚をへし折ってやる」などといわれる。

表2　1999年のアウォ家、アウォアポ家
【アウォ家】

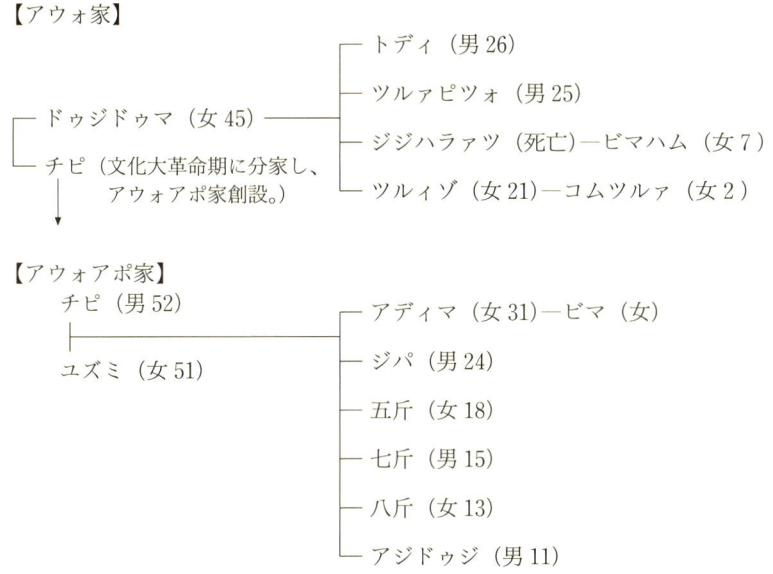

```
┌─ ドゥジドゥマ（女45）─┬─ トディ（男26）
│                      ├─ ツルァピツォ（男25）
│                      ├─ ジジハラァツ（死亡）─ビマハム（女7）
└─ チピ（文化大革命期に分家し、├─ ツルィゾ（女21）─コムツルァ（女2）
    アウォアポ家創設。）
        ↓
```

【アウォアポ家】
```
    チピ（男52）
      ├──────┬─ アディマ（女31）─ビマ（女）
    ユズミ（女51）├─ ジパ（男24）
                 ├─ 五斤（女18）
                 ├─ 七斤（男15）
                 ├─ 八斤（女13）
                 └─ アジドゥジ（男11）
```

　現在のワラビ村の氏族についてアウォ＝トディ（ダパ）に尋ねると、ワラビ村には4つの氏族（スズ）があったが、ゴジョは一軒だけになってしまいウァフ氏族に儀礼をして入れてもらっており、現在はヴォゾ、ウァフ、パミの三氏族より構成されているという。つまりすでにウァラという氏族名は使用されず、1960年当時は支とされていたものが、氏族として認識されているということになる。【40ページ地図Ⅱ参照】（口絵7参照）

　村内での妻問い関係は氏族内、氏族外ともに可能である。ヴォゾーウァフ間での妻問い7例、ヴォゾーパミ間での妻問い2例、ウァフーパミ間での妻問い5例、ヴォゾ氏族内での妻問い3例、ウァフ氏族内での妻問い4例、パミ氏族内での妻問い1例であった。（なおウァフ氏族の女性のもとに通う男は村内の男であることまでしかわからなかった。）

　村外の妻問い範囲に特に決まりはないが、夜訪れ早朝帰るという実際上の問題として、あまり離れた村との間では難しい。確認しえた妻問いの範囲は、アゴワ村、バチ村、トチ村（プミ族の村）、バジャ村（プミ族の村）、ラタディ村（左所）、ビチ村（プミ族の村）、バワ村、ダポ村、ガサワ村、ワドゥ村（プミ族の村）、ゼポ村、アゾワ村、前所村、アゴワ村、ダズ村、リジャズ村、ジポワ

地図II　永寧郷ワラビ村

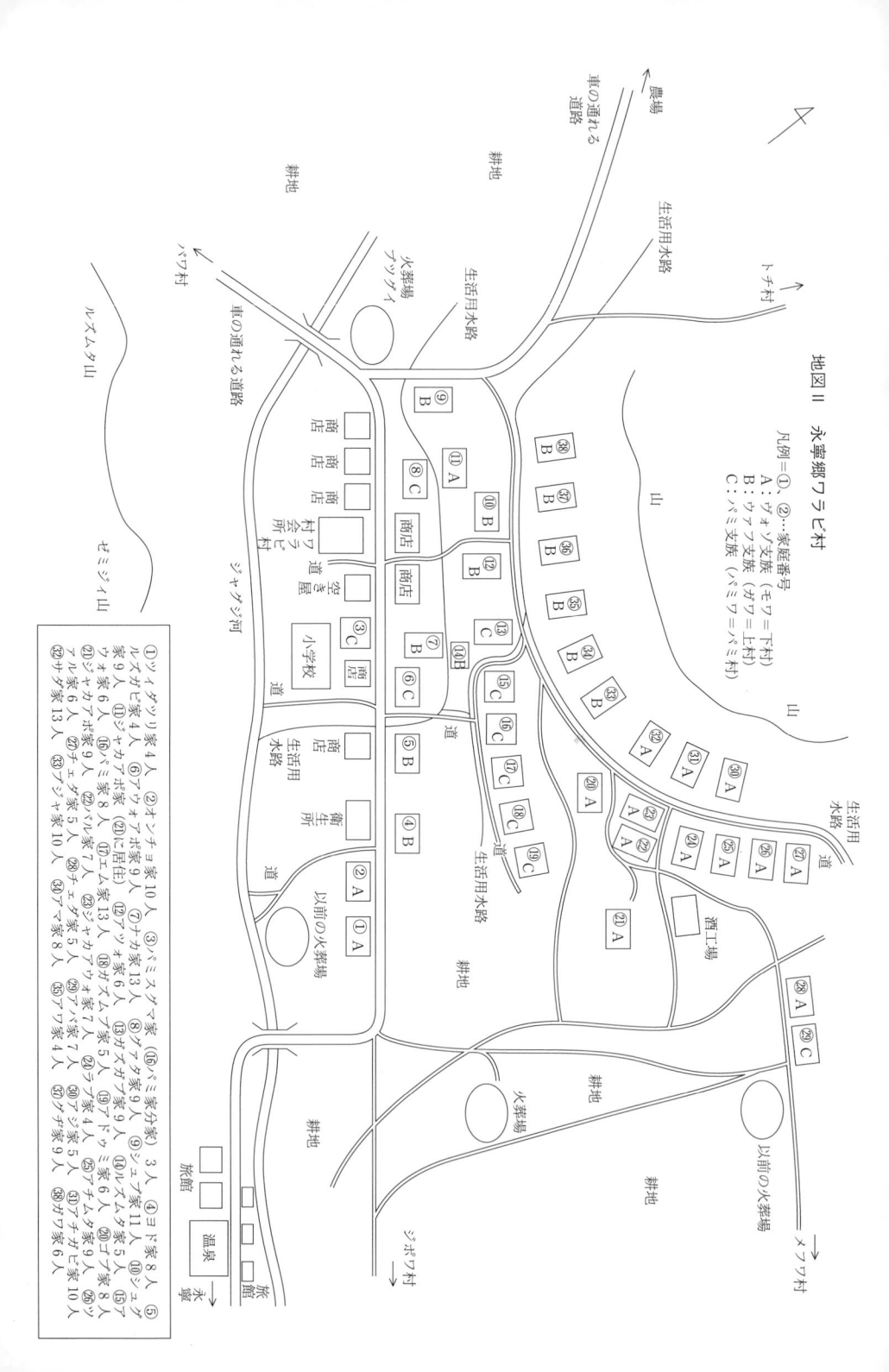

凡例＝①、②…家庭番号
A：ヴァネプ支族（モウニ下村）
B：ヴァエプ支族（ガワニ上村）
C：バミ支族（バミワニ村）

①ツォゲリ家4人、②オシナヨ家10人、③バミスクゲマ家(⑯ミ三家分家)3人、④ヨドゲ8人、⑤ルズガビ家4人、⑥ウケオリボス家9人、⑦ワナカ家13人、⑧ゲブカ家9人、⑨ジュブ家11人、⑩ジュゲルガビ家9人、⑪ジャカブス家(⑳に居住)、⑫ワナミ家6人、⑬ガズカゲ家7人、⑭ルズムタ家5人、⑮ゲブ家6人、⑯バミ三家8人、⑰オズムタ家7人、⑱ゲドミ三家6人、⑲アヂムタ家7人、⑳ジャカブス家7人、㉑エムミ家13人、㉒ジュシャカブミ家6人、㉓チムゲ家5人、㉔アチムタ家8人、㉕ブルガル家9人、㉖バゲル家7人、㉗エヂゲ家5人、㉘アブ家7人、㉙ゲヂガビ家9人、㉚サゲヤ家13人、㉛アーマ家5人、㉜チーガビ家10人、㉝ブジャ家10人、㉞アマ家8人、㉟ブマ家4人、㊱ガマ家6人

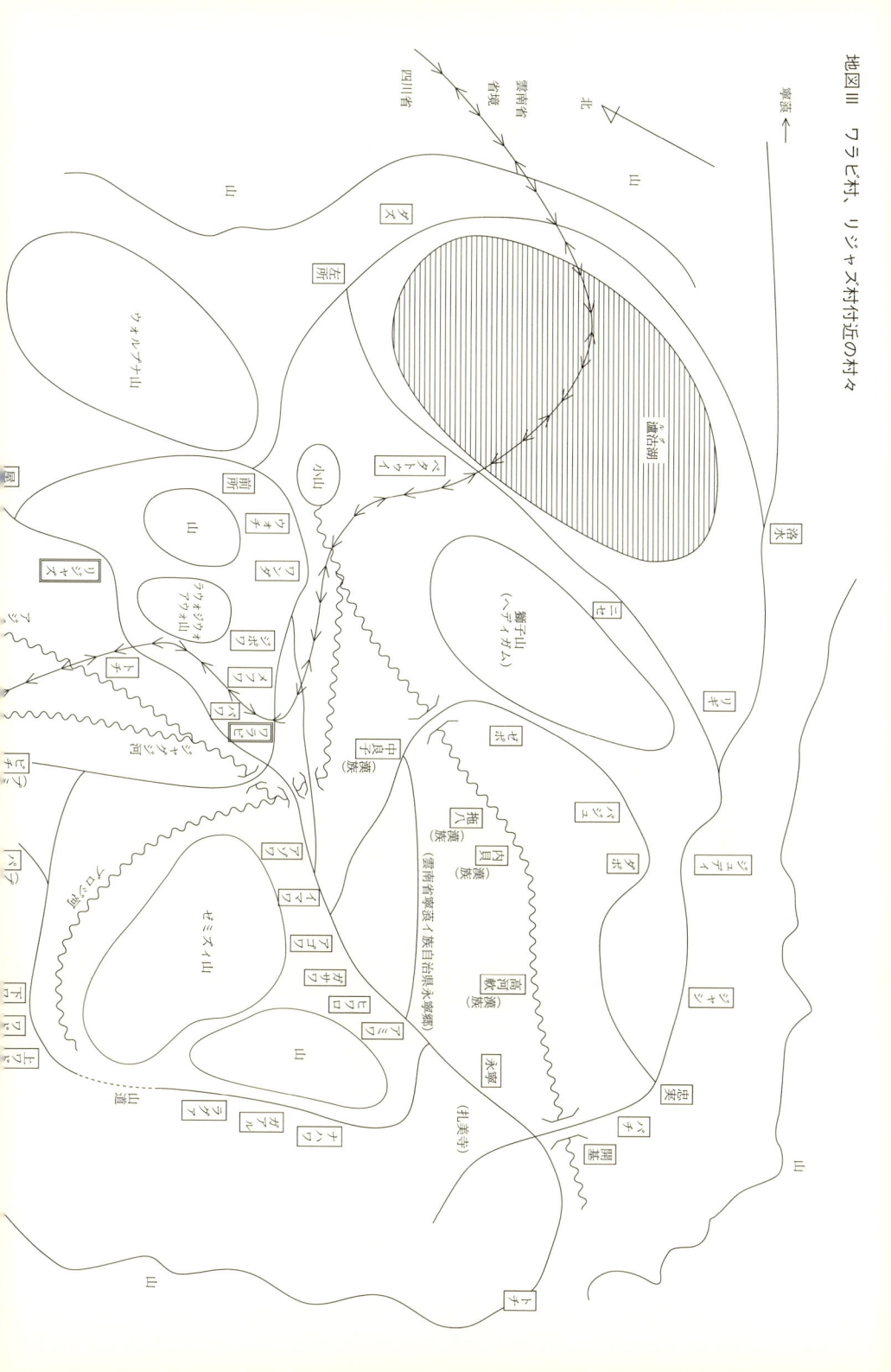

地図Ⅲ ワラビ村、リジャズ村付近の村々

村、ウォジョ（屋脚）、メフワ村、ガルァ村、ラグァ村、バタトゥイ村、永寧となっており、ほぼ歩いて通える村を中心に広がっている。【41ページ地図Ⅲ参照】

　中にはウォジョ（屋脚）のような遠方もあるが、これは男がトラックの運転手をしているという例である。また、トチ村、パジャ村、ビチ村、ワドゥ村はプミ族の村であるが、彼らはおおかたモソ語が話せ、衣食ともに類似しており、積極的に妻問いが行われている。一方、近くにイ族の村もあるが、彼らは非常に厳格な父系家庭を営んでいるため、妻問い対象にはならない。

　なお、村外の女と妻問いする場合には、その村の男たちとの少なからぬ葛藤があったようである。ガワ＝セノ（58歳・午年・男・ワラビ村）への聞き書き（1999年10月14日）より、引用する。

　　問　他村の男があなたの村に妻問いに来た時、あなたの村の男はどうしましたか？
　　答　若い頃、他村の男がこの村に妻問いに来たこともありますが、私たちの村の男は心中穏やかでなく、こっそり彼らを殴って来させないようにしたことがあります。
　　問　反対に、この村の男が他の村に妻問いに行き、殴られることもあったのですか？
　　答　はい、よくありました。ある男がある村の女を好きになったのですが、その村の男は彼を殴って来させませんでした。
　　問　他村の男があなたの村の男たちに何か贈り物をもってきて、妻問いの許しを請うということはありましたか？
　　答　はい、持ってきたこともありました。他村の男は誰かに殴られるとわかると、その人に贈り物をあげました。

シュブ＝ツルァピツォ（79歳・酉年・男・ワラビ村）にも似たような記憶がある。聞き書き（1999年10月15日）より引用する。

　　問　他村の男があなたの村に妻問いに来ることはありましたか？
　　答　村の男の紹介で、彼の友達の他の村の男が妻問いに来ることはありました。
　　問　村の男は他の村の男が自分の村に妻問いに来ることを許さないのではないですか？

ガワ＝セノ（左）へのインタビュー（右は通訳のジパ）

シュブ＝ツルァピツォ
へのインタビュー

第1章　妻問いの様式と悪口歌　43

答　ええ、まず村の若者たちは道に岩を積み重ねて置きます。それでも私の村に妻問いに来たら、殴ってやります。だから、昼間に妻問いに来ることはありません。みんな夜こっそりと来て、朝早く帰ってしまいます。

　問　あなたが他の村へ妻問いに行った時も同様でしたか？

　答　同じです。ある晩私はプミ族の村へ妻問いに行きました。彼女の家でお茶を煮ていたところ、村内の男たちが彼女の家に石を投げました。

　問　そういう時、その村の若者に何か贈り物をあげて許しを請うなどということはありましたか？

　答　いいえ、彼女のお母さんが賢くて、家を出て彼らを追い払いました。その時代には彼らに殴られて怪我をしても仕方ありませんでした。

　問　村内の男たちはどうして他の村の男を来させないよう殴ったりするのですか？

　答　やきもちを焼いて、<u>彼女らを専有する気持ちが強いから</u>、他の村の男が妻問いに来ることを阻むのです。

　こうした習俗には、村の男が村の女を所有するという観念が伺われる。モソ社会は確かに母系に出自を求める母系社会であるが、それがそのまま女が全てを取りしきる社会ではないことをこの習俗は示していよう。なお、鳥越憲三郎・若林弘子『弥生文化の源流考』（大修館書店、1998）によれば雲南省ワ族の母系社会の村でも、「挙式の日が決まると、同輩の若者達に娘との結婚を了解してもらうために、若者頭の家に未婚の若者たちを集めて酒宴が催される」のであり、それは「若者たちは未婚の女性の全てと平等に付き合う権利があった」ためと解釈されている。つまりワ族の母系社会においても、村の男が村の女を所有するという観念が伺われるわけだ。

　なお、妻問いを開始するにあたっては一応の儀式がある。仲人（多く友人）をたてて夜、こっそり女家を訪れ腰帯やスカート、腕輪や指輪を交換する。これは公開のものではなく、妻問いしようとする男と女家のみの儀礼であり、またその後容易に解消される。つまりこの儀式は、他人の長期アシャには通わないという暗黙の了解をとりつけ、それで喧嘩が避けられるという程度の意味しか持たないようだ。我々の結婚儀礼が、二人の関係を社会一般に公開し、その後の二人をがんじがらめに縛るための儀式であるのとは本質的に異なると思わ

れる。

個々の事例からみるワラビ村の妻問い

さて次に、フィールドワークを通じて知りえた何人かの妻問いのあり方、結婚のあり方の具体例を示すことにより、モソ社会の妻問いのあり方を描いてみたい。これらの具体例を強いて分類すれば、固定性のゆるやかな妻問い、固定性の比較的強い妻問い、母系家庭存続のための婿入りと嫁入り、父系一夫一婦制結婚となる。しかし父系一夫一婦制結婚を除いては、分類基準は曖昧である。以下、固定性の緩やかな妻問いの例から掲げていく。

事例①

98年12月4日、初めてリジャズ村を訪れたとき、我々は、いつも通訳を引きうけてくれるジパのほかにR君(男・30歳ほど。案内と通訳を頼んだ)と一緒だった。R君もモソ人である。村に入る手前の山の中から、アハバラが聞こえてきたのだが、録音機の性能の関係で録音はできなかった。そのため、私とR君はこっそりと柴刈りをしながら歌を掛け合っている彼女たちの近くに向かったのだが、結局見つかってしまった。そこでどんな歌を歌っていたのか、もう一度歌ってもらうように頼んだのだが、彼女たちは恥ずかしがって歌わなかった。一人が風邪を引いていたらしく、彼女はR君を介して我々に風邪薬を求めてきた。その場で馬にくくりつけた荷物を開くわけにもいかず、一度村に入ってから薬をR君に渡した。R君はそれを彼女に渡す過程で、リジャズ村在住のLさん(女・19歳)と知り合いになったようだ。その後、彼は二度この村を訪れLさんと妻問いの関係を持ったが、その後R君の訪れはない。それは、R君はリギ(濾沽湖畔の集落。リジャズ村からは遠く、ほぼ一日かかる)のアシャの家に同居しており、そこに子もいるためであるという。R君はLさんを口説く(歌ではない)際に、年を若くごまかしアシャも子もいないと嘘をついたのだという。それでLさんは腹を立てている。この話は、リジャズ村のマカゾ家で歌の取材を行う際、マカゾ＝ビマ(女・48歳)がジパと我々に話してくれた。ビマは今度R君がきたら殴ってやるといっていた。

ただし、ビマが同じ村のLさんのためにR君を殴ってやるという感覚に、我々が類似したような状況下を思い浮かべて想像する男への怒りや、そこから

ゴブ＝ラツォ（右）へのインタビュー（左は通訳のジパ）

生ずる制裁の意味あいを、そのまま感じることはできない。女が、他の村の男と妻問いに関わるトラブルに遭遇すると、その女の姉妹や同じ村の女たちが仲間になってその女を助け、男の村落にまで行って悪口歌を歌いかけることがあったという【ゴブ＝ラツォ（事例②参照）への聞き書き/2000年7月21日】。とすれば、ビマの殴ってやるという感覚は、同じ村のLさんの仲間として、R君に悪口歌を歌いかけるのと等しい感覚だろう。この感覚については第2章、第3章の悪口歌の分析を参照していただきたい。

事例②【ゴブ＝ラツォ（62歳・寅年・女・ワラビ村）への聞き書き/1999年10月14日】

　「昔私が若かった頃、四方八方からの男たちがこの村を通りました。ある人は村外れで一晩休んで翌日また旅に出ました。私は村の娘たちと彼らのところへ遊びに行って、一緒に食事もしました。そうやって私は最初のアドゥ、つまりダズ村の男に出会いました。私の長女は彼との子です。しかし彼は既にほかのアシャと同居していたので、私とは喧嘩もなく縁が切れました。」

これは彼女が20歳ころのことだという。「喧嘩もなく縁が切れました」ということばが、当時、彼女の実際に感じた感覚かどうかはわからない。むしろかなりの葛藤があったと思われる。しかし、この表現からは、喧嘩も葛藤もなくあっさりと男女が別れることが、理想的な男女の恋のあり方であると観念されていることが読み取れるだろう。そういう観念が理想であるためには、子は母方の家庭が養育するのが当然だという母系家族への信頼と、むろん信頼を裏切らない母系家族が必要だ。彼女には男兄弟がいなかったため、25歳ころアゾワ村から婿をとって、長女のほかに5人の子を産み育てた。つまり、父の異なるキョウダイが一緒に育ったわけだが、こういう状況は現在でも見られる。そこに分け隔て様式としては存在しない。

事例③
　T（男・26歳）はかつて、永寧郷のある村の女性のもとに通い、彼女との間に子ができた。その後その女性とうまく行かなくなり、ここ2年間ほど通っていないし、子にも会っていないという。この女性の母とTの母は古くからの知り合いらしく、Tの母はTの子に会いに行ったり、またTに縒りを戻すように説得したりしているらしいが、Tは相当腹を立てていて拒みつづけている。Tの母の行動は、彼女とTのアシャだった女の母との個人的な親しさによるものだろう。Tがその女性と縒りを戻そうと戻すまいと、それは両家にとっては全く、どうでもいいことなのである。それぞれの実家で、Tは姉妹の二人の子を叔父として養育しているし、Tの子はもとのアシャの家で養育されているのである。

事例④
　D（女・25歳）のもとにかつて、永寧の小学校で教師をする漢族男性が妻問をし、子ができた。男性は漢族女性と一夫一婦制の結婚をしており、そちらに子がいるため、現在は妻問いの縁を切ったのだという。Dの子はDの姉の二人の子とともに、Dの実家で育てられている。その漢族男性は、それでもたまに子を見に来るが、そのときはDの母が対応しているという。Dが漢族男性と妻問いしたのは、Dの2人の姉が上海近くの都市の漢族男性と結婚してそちらに移り住んでいることと関わりがあるかもしれない。

第1章　妻問いの様式と悪口歌

事例⑤

　A（女・30歳）のもとにかつて、村内の男が妻問いをし、子ができたが、その後男は通ってこなくなった。男にあらたなアシャができたのだという。Aの子はAの家で、Aの父母（文化大革命期の強制結婚による）とA、Aのキョウダイたちに大切に育てられている。5歳になった。この話しはAと親しくしている遠藤見和が聞いた。その際、Aは涙を見せたという。その涙の意味を遠藤見和は、男や男の新しいアシャに対する悔し涙と感じたという。ビマ＝ラム（55歳・酉年・女・リジャズ村）への聞き書き（1999年12月9日）で、彼女は「女同士はよく悪口歌の掛け合いをします。例えば、男がもとのアシャを棄てて、他の女のもとに通うと、もとのアシャは男を恨まず、自分のアジュを誘惑した女に対して不満を持ち、彼女と悪口歌の掛け合いをします」といっている。本書は、その悔しさが悪口歌の掛け合いによってどう解消されるのかを追求していく。

事例⑥【シュブ＝ツルァピツォ（79歳・酉年・男・ワラビ村）への聞き書き/1999年10月15日】

　（あなたのアシャはどの村の人ですか？）「民国時代には現在のような固定的なアシャを作る習慣がありませんでした。女も男もそれぞれ自分の家で生活していました。私も何人かのアシャがいました。好きだったら行きました。嫌いだったら行きませんでした。私のアシャはワラビ村の人です。子どもはもう死んでしまいました。」

　（あなたには、他の村にもアシャがいたのですか？）「いました。プミ族のビチ村とトチ村、それから四川省のメフワ村にはアシャがいました。でも、一泊か二泊しかしませんでした。どの村の人とアシャになっても構いません。」

　中華民国時代には、固定的なアシャを作る習慣がなく、彼もまたワラビ村内の女性と妻問いする一方で、メフワ村の女性、トチ村、ビチ村のプミ族の女性と妻問いしたという。固定的なアシャはいなかったというのに、「私のアシャはワラビ村の人です」というのには、子のできたアシャを重く見る感覚があるのだろう。ガワ＝セノ（58歳・午年・男・ワラビ村）への聞き書き（1999年10月14日）では、「子どもがいないうちは普通一緒に労働へは行きません」と語っているように、子ができることをもって、その男女関係が公認のものになる

48

という観念はあるようだ。出産の祝いにはその父も出席したともいう。もっとも、事例③、④、⑤のように、公認になったから別れてはならないというような束縛があるわけではない。

事例⑦
　F（55歳ほど・男・ワラビ村）は村内にアシャ（50歳・女・ワラビ村）がおり、男2人女1人の子がいる。現在彼はほとんどアシャの家を訪れることはない。かといって、別段アシャと仲が悪いわけではなく、正月やボコツプなどの行事の際にはやってくる。母系家庭の部屋割りについては序説（22ページ）で述べたが、男に実家での夜の居場所が与えられるのは、原則的には彼がまだ成人する前と老年に入ってからだ。成人前には母あるいは祖母（母の母）や母の女姉妹とともに母屋で寝る。老年になってからは門を入った左右の建物の一室が与えられる。妻問いは子の生産のためのシステムであり、子の生産からの引退は妻問い関係からの引退である。引退後の男はその実家で叔父としての働きを続けていくことになる。妻問いには男女が一生涯愛し合わなければならないという恋愛観は存在しない。

事例⑧
　T（男・40歳・バチ村）は村内、といっても実家のすぐ裏手にあるアシャのもとに毎晩定期的に通っている。Tは夕食が済むと全く自然な雰囲気でいなくなる。はじめ我々は、彼が家を出たことにすら気づかなかった。ちょうどその頃、Tの妹のアジュが現れる。遠藤見和がたまたま日の出前に中庭にいて、彼が帰ってくるところと鉢合わせになった。彼とは普段はよく挨拶するものだからと遠藤見和は「回来了？」(ホイライラ)（お帰りなさい）と声を掛けた。ところが、そのときは何も答えなかったという。本章第3節に述べるように、モソ人にとって妻問いは非日常世界のものであり、人に見られることを恥ずかしいと感じ、人目を避けている。Tもまた偶然ではあるが遠藤見和に声を掛けられ、恥ずかしく感じたのだろう。

事例⑨
　Y（21歳・女・ワラビ村）のもとには、隣村のバワ村からS（29歳・男・バワ

村）が通ってくる。彼との間には女の子（2歳）が一人いる。Ｓは農閑期にはほぼ毎晩Ｙのもとを訪れるが、翌朝になっても帰らないことが多い。昼間はＹの家の労働を何かと手助けしている姿をよく見かけた。またＹの家のボコップでは豚の腸詰を作っていたし、正月の準備のために蒸した米をついて餅を作っていた。

　ゴブ＝ラツォ（事例②参照）への聞き書き（2000年7月21日）で、彼女は、「妻問いでアドゥは夜になってから女の家に行って寝ます。もし女の家で人手が足りないときは、アドゥに頼んで手伝ってもらうこともあるのですが、そういう時には、とても恥ずかしかったのです。昔は恥ずかしかったのです。馬鹿みたいに恥ずかしかったのです。今の若者は恥ずかしがりません。ハハハ」といっている。ブジャ＝ユマ（57歳・未年・女・ワラビ村）への聞き書き（1999年10月17日）でも、彼女は「昔の男は恥ずかしがりやでした。頼まれないと女の家のことを手伝うことはしませんでした。しかし今の若者は用事があってもなくても女の家に何日も泊まることがあります。」という。彼らには子がいるから、事例⑥に記したように、その関係は公認のものであると見られているのだろうが、ゴブ＝ラツォやブジャ＝ユマにしてみれば、彼らは非常に現代的な妻問いをしているということになるわけだ。

事例⑩

　ゴブ＝ラツォ（事例②）は、事例②に記したように、長女出産の後、別のアドゥと同居している。聞き書き（1999年10月14日）で彼女は、「私はモソの習俗に従って結婚しました。25歳のときでした。アドゥとは母方の叔父の紹介で知り合いになりました。アゾワ村の人ですが、もう亡くなりました。私には男兄弟がいなかったので、彼を入り婿として迎えたのです。」と語っている。モソの習俗に従っての結婚というのは、文化大革命期の強制結婚ではなくて、という意味である。彼女は結婚というい方をするが、男兄弟がいないから入り婿をとるというのは、父系一夫一婦制原理による結婚とは明らかに異なる。

　この事例は、ある家族が母系制を維持するためには、女がいればよいというものではないことを如実に語っている。女が、母系の出自集団としての家を存続させていくために、また子の養育のために必要であることはもちろんだが、その女を経済的にも、精神的にも支えていく存在として、また子を叔父として

養育するために男（女の男兄弟）は必要なのである。当然ながら、女しか産まれない、男しか産まれないという家庭はあるはずで、そうした時には他家からの婿入り、または嫁入りというような形が採られることになる。便宜的に婿入り、嫁入りとしたが、婿入りといってもそれは一家を支える叔父の役目を負っているのであり、同様に嫁入りといってもそれは一家の血統をつなぐ母・女主人として入るのである。

事例⑪

　ジャカ＝ツルァ（51歳・丑年・男・ワラビ村）は婿に入った側である。彼はもともとバワ村出身であった。やはりジャカ家に男が生まれなかったために婿に入ったという。ジャカ＝ツルァへの聞き書き（1999年10月17日）によれば、（あなたたちは結婚式を行いましたか？）「モソ人の習俗に則って、私が入り婿にきたとき、妻の氏族の各家族の老人を誘ってきてご馳走してから、みんなに豚の干物の輪切りを一切れずつ贈りました。」という。これは女の家が、女の家の属する氏族（ジャカ家はヴォゾ氏族）の老人を招いて、入り婿を承認する儀式であったようだ。

事例⑫

　ゴブ＝ラツォ（事例②）の長女は、事例②にも記したように、村内のガワ家に嫁入りしている。それはガワ家には女子が産まれなかったためだ。便宜的に嫁入りというが、ガワ家の血統をつなぐためにガワ家に入ったのであり、現在3人の子を育てており、ガワ家の女主人となっている。

事例⑬

　アゼ＝アディマ（61歳・辰年・女・バワ村）も嫁入りしている。聞き書き（1999年10月15日）で彼女は、「……私は永寧郷ラグァ村出身で、このバワ村にもう30年あまりいます。私のアドゥは、姉妹は3人いますが、男は彼しかいません。それで私たちは結婚したのです。ラグァ村の人が私を軽蔑したようなときには、私はラグァ村の人に『私が自分の道を歩く日に、私の後ろをぼんやり眺めるだろう』、『（私が自分の道を歩く日に、）きっと私の後ろでぼんやり所在なく思うだろう』と（悪口）歌を歌います。」と語る。アゼ家には男が一人

ジャカ＝ツルァへのインタビュー　　　　　　アゼ＝アディマへのインタビュー

しかいないため彼女が嫁に入ったという事例である。この事例から伺われるのは、事例⑩にも述べたが、やはり男（子にとっての叔父）の存在が相当重要であることだ。

事例⑭
　1960年代半ばの文化大革命は、永寧郷でも多くの問題を引き起こしたという。これについては中国人ジャーナリストによる紀行文（沈澈著、譚佐強訳『西南秘境万里行』、恒文社、1993）に1983年に寧蒗県人民代表大会常務委員会主任をしていた朱軍如からの聞き書きとして記されている。以下少々引用しておく。

　　「造反」でのしあがった婦人連合会のある頭目は、自分の管轄区域内にいまなお母系氏族制の立ち遅れた部落があると聞き、さっそく一族郎党を引き連れ、意気揚々と「視察」に訪れた。この女は、同地の夫人の多く（ほとんどは年配者）がズボンをはかずに幅の広いスカートをはいているの

を見ると、ただちにすごい剣幕で、すべてのモソ婦人は以後スカートをはいてはならないとする「命令」を発するとともに、省内から大量のズボン下やズボンを取り寄せ、一人一人に配り、ズボンをはかないものは外出してはならないと命じ、人々の失笑を買った。……モソ人が、男は妻を娶らず、女は嫁にいかないという対偶式の「阿注」婚姻をいまだに行っていることを発見すると、女はさらに怒り狂い、この風習を大声で罵った。彼女は同行の者に命じ、村中すべての青年男女を二列に並ばせ、強制的に妻や夫を選ばせるとともに、その場で結婚証明書を発行し、さらに男は女の家に泊まりに行ってはならず、女は法で決められた自分の夫以外の男性をもてなしてはならず、結婚証明書を受けた者は二度と実家に戻って生活してはならず、別に一家を構えなければならず、違反者には食料を配給しない、とする規則を定めた。このため、平和な田園生活を送っていたこの桃源郷は、てんやわんやの大騒ぎとなり、暗雲が立ちこめ、どの家にも連れだされた人や連れこまれた人がおり、村中の家が強制的分家を嘆き悲しんでいた。平穏無事だった永寧平原はめちゃめちゃにされた。この「女帝」が消え失せると、人々はただちにトイレット・ペーパーにもならないこの紙切れを破りすて、すぐさま実家に帰り、一家団欒を取り戻した。こうして永寧平原に晴れた日の濾沽湖のような静けさが戻った。

ワラビ村でも5、6年間、強制結婚の時期があったという。そして現在も、このときに強制的に分家、結婚させられたまま、結婚生活を行っている家族がある。

アウォ＝チピ（51歳・亥年・男・ワラビ村）は、アウォ家の長男であったが、当時ガサワ村のユズミ（現在の妻）のもとに妻問いし、長女がうまれていた。文革時の強制結婚のために、分家をして新家（新家をアポといい、チピの家はアウォアポ家と称される）を作り、ユズミと長女とともに移り住んだ。はじめは、経済的にもそうとう苦労したようである。その後5人の子が産まれ、現在、長女が妻問いを行っている。強制結婚を経て、彼とユズミの運命は大きく変わったにちがいない。彼らはなんとか現在の家庭を築いてきたのであるが、そこには経済的な苦労だけでなく、精神的な苦労も絶えずあったに違いない。ある晩、ユズミのもとを村の二人の友人が訪れ、彼女たち三人はアハバラの掛け合いをした。その殆どは亡き母を偲ぶ歌、労働の辛さを歌う歌であったが、酔っ

たユズミは一人、亡き母への追慕を歌う悲しみの旋律に沈潜していった。彼女の実家は、彼女の妹が継いでいるのであるが、本来彼女が継ぎ、母の面倒をみるはずだったのだろう。すでに母は亡くなっているが、強制とはいえ、母を棄てて結婚したということへの葛藤は今もまだ続いている。(口絵8参照)

事例⑮

本章序説に触れた阿洪生（永寧郷の役人）はアシャの家に同居して、自分の子たちを養育し、特に長男を麗江のチベット系医学校に、長女を昆明の大学に、次女を麗江の師範学校に学ばせるための、多額の教育費を支払っている。彼は漢族的な一夫一婦制を理想としており、モソの経済的発展が遅れているのは妻問いのためだと語る。彼のアシャの家はアシャの母と叔父（母の兄）、アシャの兄、そしてアシャの子5人（うち二人は学業のため不在）である。アシャの兄は妻問いを行っている。アシャはこの家を血統的に存続させる存在であり、阿洪生が漢族的な父系原理に基づく結婚をすること、つまり彼の実家でアシャと暮らしていくことは不可能である。

事例⑯

ワラビ村で診療所を出している医者がいる。この村のエリートで、当然優勢異文化である漢族文化への知識と憧れがある。30歳ほどであるが、村内の実家から分家し、漢族女性と父系原理の結婚している。子ども二人の4人核家族である。

前節で触れた和正明（寧蒗の県役所の役人）もまた、優勢異文化である漢族文化への知識と憧れがある。そして先日（2000年春節）、寧蒗のモソ人女性と父系原理の結婚をした。

妻問いの様式——男女分立の恋愛観

以上、個的な事例をみてきたが、ここではこうした事例から伺えるモソ人の恋愛観（妻問い観）を考えてみたいと思う。まず、理想的な妻問いのあり方としては、第1に、事例②でゴブ＝ラツォが「喧嘩もなく縁が切れました」と主張したように、うまくやっていけそうにない相手とは、あっさりと別れられること、第2に事例⑦のFのアシャや子たちへの接し方のように、子の生産か

らの引退は男女関係からの引退であり、子が成長した後も互いに頼り頼られるような関係をあっさり回避すること、この2点が重要であろう。それを一言で言えば、事例⑥の「好きだったら行きました。嫌いだったら行きませんでした」ということになるだろう。こうした互いがいつまでも不満をかこちながらも頼り頼られる関係にあるのではなく、あっさりと別れてしまうような恋愛観（妻問い観）を、「男女分立の恋愛観」と呼ぶことにする。

　むろんそれは理想であって、実際には、別れに際して相手への憤りは生ずる。事例①、⑤で述べたように、その理想から逸脱してしまう感情を再び理想の様式に引きこむために悪口歌が掛け合われるのだと思われるが、この点については第2章、第3章にて徹底的に分析を行う。

　男女分立の恋愛観に基づく理想的な妻問いは、母系家庭によって支えられている。事例②、③、④、⑤において、うまくやっていけそうにない相手と別れることができるのは、子の母の実家がその子を受け入れて充分養育可能なシステムをもっているからである。この場合、父親の異なる子が同棲することにもなるが（そういう例は複数例ある）、その際に彼ら全てを男として養育していく存在としての叔父がいる必要がある。同様に、年老いた叔父を受け入れる、ハード面（例えば寝る場所や食料など）はもとより、家族側の心のあり方、さらに重要なのは叔父自身が疎外感などを感じないというソフト面が備わっていなくてはならない。それを可能にしているのが、妻問いによる母系家庭である。

　母系家庭は女が中心で、すべてを女がとりしきるという考え方は疑わしい。祖先祭祀に関わる上炉、男の柱を中心とした男の空間に対し、下炉、女の柱を中心とした日常空間が女の空間であり、そこに性差による権力差は存在しないことは序説にて述べた。また他村から自村の女に妻問いをしようとする男を妨害するところに、村の男が村の女を所有するという観念のあることを本節で述べた。さらに母系家庭にあって、家系存続の役目を果たすのはむろん女性であるが、事例⑩、⑪、⑫、⑬にみられるように、その男キョウダイ（つまり子にとっての叔父）の存在が極めて重要なのだ。一家の労働の分担者として、子（つまり自分の女キョウダイの子）の養育者として充分に力を発揮し、また対外的に家を代表して、葬儀その他の儀礼の中心になるのが彼らなのである。

　モソ人においても、事例⑧、⑨にみられるように、恋愛は夜に限られるもの、つまり非日常世界のものである。それに対する昼、つまり日常がこうした

母系家庭における暮らしということになる。この日常世界が、文化大革命における強制結婚や優勢異文化である漢族文化へのあこがれによって変化し始めているのが現在の状況である。事例⑭は、父系原理の結婚を行いつつ、母系と父系との間で葛藤する女性のいることをしめしている。事例⑮、⑯にみられる漢文化へのあこがれが、こうした葛藤とどう折り合いをつけていくかに、今後注目しなければならないだろう。

第1章第2節　男女分立の恋愛観を支える神話的世界

恋愛は非日常世界に属する

　前節では、うまくやっていけそうにない相手の場合や、子の生産を引退した場合には、あっさりと別れてしまえるような男女関係を理想とするモソ人の恋愛観（妻問い観）を、男女分立の恋愛観と呼び、実質的に母系家族がそれを支えていることを述べた。本節、次節では、目にはみえないけれども、男女分立の恋愛観を支えると思われる神話的世界と歌世界について考察を進めようと思う。本節ではまず神話的世界を扱う。

　モソ人の妻問いは夜という非日常世界に限定して行われるのであるが、そのあたりの神話的世界を、ワラビ村の唯一の民間宗教者ダパであるトディに尋ねてみたことがある。以下、その聞き書き（2000年7月30日）の一部を引用する。

　問　昼間妻問いをしないのはどうしてか？
　答　動物じゃないから昼間妻問いはしないのだ。もし昼間妻問いをすると自分の子供に影響が出るのだ。自分の体にも影響が出る。それで昼間妻問いはせず、夜にこっそりするのだ。
　問　子供に影響が出るというのはどういうことか？
　答　子供が奇形児で生まれたりするのだ。自分の体にも罪業の酬いがでる。
　問　なぜそういうことになるのか？
　答　昼間妻問いすると、天神（ムガラ）にはお見通しでそうなるのだ。これは一般の人にはわからないことだ。
　問　二人の男女がとても好きあって寝ていて、鶏が鳴き出して朝になってしまい、天神に怒られて死んでしまったというような話があるのか？
　答　鶏が鳴いて昼間になると、起きて経堂と母屋で水を供え焼香をする。その水は午後捨てて、そうして日が落ちて暗くなると、魔鬼（ツクォミ）の時間になる。妻問いと魔鬼は関係があるのだ。ある男が夜妻問いに行くと仲間が「お前は魔鬼（ツクォミ）のようだ、寝もしないで妻問いに行く」と言うことがある。
　問　それはからかっているのか？

答　そう、からかっているのだ。
　問　昼間は人間だが、夜妻問いする時には魔鬼に変わるというような観念があるのか？
　答　魔鬼に変わってしまうというのではなくて、礼儀を知らず恥を知らないというようになってしまう、それが魔鬼(ツクオミ)に似ているということだ。昼間は一つの社会で、夜はもうひとつ別の魔鬼(ツクオミ)の時間だ。
　問　あなたたちは夜妻問いの時には魔鬼のようになるということだが、その時他の魔鬼は怖くないのか？
　答　変わるというのではなくて、まるで魔鬼(ツクオミ)のようだという意味だが、そういう時、他の魔鬼(ツクオミ)に出会うということは道理としてはない。……
　問　ならば妻問いのため夜道を歩くときは、魔鬼は怖くないということか？
　答　そう、怖くない。
　問　妻問いではなく旅などで夜帰ってくるようなときは怖いだろう？
　答　……旅などで遅くに帰って来たり、用事があって夜外に出たりするときには、よく魔鬼(ツクオミ)と出会うのだ。

　やりとりはこの後、魔鬼の種類やよく出る場所、どうやって人を害するかなどに及んでいくが省略した。このやりとりから伺える妻問いに関わる神話的世界の認識は以下の二点である。
　一、昼間妻問いをすると天神(ムガラ)にはお見通しで、天神(ムガラ)は罰として子供を奇形にしたり自己の体に罪業の酬いが出たりする。
　二、昼は人の社会、夜は魔鬼(ツクオミ)の世界であり、妻問いに行く男は魔鬼(ツクオミ)のようだとからかわれることがある。

　一点目は、昼間の妻問いが、たとえ人目に触れなかったとしても、天の神ムガラから罰が下るという観念である。トディによれば天神(ムガラ)は地神、河神、山神など多くの神々の最高神である。その天神は昼の世界、人間の世界に秩序を与える存在であり、恋愛そのものを認めないばかりでなく、罰をもってそれを排除する。このような天神(ムガラ)との関係で昼間の妻問いを防止する観念は次にあげるヘディガムの神話（序説11ページに述べた獅子山の起源神話、口絵2参照）にも表れている。

轉山節・ガム女神の廟へ参詣する人々

A

　昔、ガムと呼ばれる女神がおり、左手には金の笛、右手には宝石の木を持ち、常に白い山鹿に乗り、きれいなプリーツスカートを穿いて、永寧盆地の上空を巡遊し、人々の生活の安全や五穀豊穣、家畜の繁栄などを見守っていた。

　ある年、ガム女神とロナグア山の男神が出会い、互いを好き合うようになり、すぐに妻問い関係を結んだ。彼らは一目惚れでもう離れられなかった。毎晩日が暮れると、ロナグア男神は栗毛の駿馬に乗って千里の道を飛び越えるようにしてガム女神とひっそりと逢った。しかし彼らは昼も夜も一緒に寄り添っていることはできず、必ず夜に来て夜明け前には別れなければならなかったので、行き来も慌ただしく、時間の尊さを実感していた。

　ある晩、ロナグア男神がガム女神を訪れた際、彼らは心行くまで楽し

第1章　妻問いの様式と悪口歌　59

み、男女の愛情の楽しみに酔いしれて、しばらく時間の経つのを忘れてしまった。ロナグア男神が目を覚ました時、天は既に白みはじめていた。彼は猛烈な勢いで自分の腕の中に寝ているガム女神を呼び起こし、慌てて馬に乗り鞭を当て飛び去った。しかし、天神は既に窪みを設けており、男神の馬の蹄は深くその泥の中にはまり抜けなくなってしまった。そして男神の馬はあっという間に一筋の青い煙となり天に上がってしまい、そこにはただ深々とした馬の蹄の跡だけが残った。

　ガム女神は自分のアドゥ（妻問い関係にある男）が天神に罰せられるのを見て、ひどく心が痛みとても苦しく、男神の後を追いかけたが馬の蹄の跡に行きつく前に、日が昇って天は明るくなってしまった。彼女の目には涙が泉のように溢れ、悲しく大声で泣いていたが、程もなく馬の蹄の跡は涙でいっぱいになり、濾沽湖となった。ガム女神は悲しみが癒えないうちに、獅子山となってしまった。その山は馬の蹄の前に伏し、天をにらみ、永遠に男神が飛んでいってしまった方を見て、動かずにいるのだ。こういうわけで獅子山と濾沽湖は今ここにあるのだ。（陳紅光『寧蒗民俗摩梭風情』、雲南民族出版社、1996より遠藤訳。李子賢編『雲南少数民族神話選』、雲南人民出版社、1990も同神話を掲載する。）

　同構造の神話は広く永寧盆地に流布しており、トディの語った観念と共に昼の妻問いを罰する天神（ムガラ）という様式を成している。

　二点目は、妻問いは魔鬼（ツクォミ）の時間に行うものであり、恋愛する男女は魔鬼（ツクォミ・モーグイ）のようなものとして恋愛しているという観念である。魔鬼は漢語では魔鬼と発音し、人に害を及ぼす、主に異常死をした死者の霊を指すが、モソ語ツクォミもほぼ同様である。魔鬼（ツクォミ）は農作物の見張りをして夜外にいる村人などをさらったり、村の中でも人にとり憑いて狂わせたり病気にしたり殺したりする。様態もさまざまで火葬場の鬼火であったり、人間と似ているが頭がなかったり、髪が異様に長かったりし、また水牛や豚に変身していることもある。私の知るモソ人の多くは大人も含めて、真剣にツクォミを怖れている。妻問いをする男女が魔鬼のようだというのは、夜間、仲間内で発せられた、いくぶんの嫉妬を含んだからかいの言葉であろう。しかし、そこに魔鬼が登場するのは、恋愛を非日常の世界に属するものであって、日常とは峻別しなくてはならないという感覚が働いているからだろう。

水田わきの見張り場

非日常世界での束縛の無い自由な恋愛

このように恋愛が非日常世界に属するものであることは、実は我々の恋愛観とも重なっている。しかし、同じく恋愛は非日常世界に属するといっても、その恋愛観の中身は大きく異なっている。つまり、我々は男女和合を良しとする、いわば男女合一の恋愛観をもつのに対して、モソ人は既に述べてきたように、男女は所詮別々の存在であるとする男女分立の恋愛観をもつのである。非日常世界における男女分立の恋愛観は、以下の神話によっても保証されているように思われる。

B

　ヘディガム（Aのガムと呼ばれる女神）のもっとも愛するアドゥは、今の四川省の托波山神でした。彼は才能のある若者でした。毎日夜になると、托波山神はすばらしい衣服を着て、駿馬に乗り、五色の雲に乗って獅子山に通い、ヘディガムと仲睦まじく過ごしました。そして次の日の朝早く、こっそりと托波山に帰って行くのでした。ヘディガムの美しいという名声は四方に広がり、麗江の玉龍雪山男神にまで伝わり、玉龍雪山男神もヘディガムと妻問いをはじめ、二神は心の底から愛し合いました。しか

第1章　妻問いの様式と悪口歌　　61

玉龍雪山（麗江）

し、この妻問いに対して、周囲の山の神々が反対しました。ヘディガムへの慕わしい気持ちと嫉妬によって、大白山神(ダーバイ)は一本の銀の鎖でヘディガムを縛ってしまいました。それで今も獅子山の腰の辺りには、鎖が山を縛るように山を一回り、白い石の層がついているのです。（李子賢編『雲南少数民族神話選』、雲南人民出版社、1990 より遠藤訳。）

C
　ヘディガムも自分のアドゥを持っていました。長期のアドゥは瓦如卜拉(ワルブナ)男神、短期のアジュは則枝(ゼジ)男神、高沙(ガシャ)男神でした。ある時、瓦如卜拉男神が遠くに旅に出たときに、則枝男神がヘディガムを妻問うていました。夜中になろうとした頃、瓦如卜拉男神が旅に疲れて帰ってきました。彼は、ヘディガムと則枝男神が心底夢中になって逢っているところに出くわし、腰に提げた長刀を引きぬくや、一気に則枝男神の男性器を切り落としてしまいました。そして自らはヘディガムと妻問いを続けたのでした。そうい

ワルプナ山(正面、二峰の山)

うわけで、今に至るまで則枝山はその一角が欠けているのです。
　またある時、高沙男神は、瓦如卜拉男神がいない時に、こっそりとヘディガムに妻問いしました。しかし彼はほどなく、ヘディガムと別れて遠くの蒼山女神と妻問いしたいと考えるようになりました。ヘディガムは彼が自分を離れていくのがつらく、耐えられず、高沙男神の襟首を摑んでそのまま、前に引き後ろに引き彼を行かせないようにしました。夜明けが近づき、鶏が鳴き、彼らはそのまま地に留まるしかありませんでした。それで今に至るまで、高沙男神の襟首はヘディガムの手に摑まれており、彼らはくっついて立っているのです。(流伝地区：永寧、語り手：ウォジマ＝ルゾ、取材・翻訳：拉木＝嘎吐薩、陳烈主編『雲南摩梭人民間文学集成』、中国民間文藝出版社、1990より遠藤訳。)

　Bでは、ヘディガムを慕っている男神により、浮気するヘディガムは縛りつけられてしまうし、Cでは、長期のアドゥである瓦如卜拉男神が短期のアドゥ

である則枝男神の男性器を怒りに任せて切り落としてしまう。浮気するヘディガム自身や、男神は、それなりの制裁を受けるのであるが、制裁を下すのはＡ神話の、昼に恋愛を持ちこもうとするヘディガムらに制裁を下した天神ムガラではなく、恋愛の当事者たちである。それは個的な怒りの爆発というレベルであり、社会的なタブーとして制裁されているわけではない。これらの神話は、男女の合一は所詮その程度のもの、つまり、個人的な怒りの爆発はそれとして、別れるときにはあっさりと別れる神々の奔放さを伝える。こうした奔放な神々の話が、非日常世界での束縛ない恋愛、男女分立の恋愛観に基づく妻問いを保証しているのであろう。

　なお、古代日本においても恋愛は非日常世界に限られるものであった。『常陸国風土記』香島郡の童子女松原の記事によれば、歌垣において知り合った男女（那加の寒田の郎子と海上の安是の嬢子）が、人に知られることを恐れて歌垣の場から離れ愛情を吐露しあっているうちに、急に鶏が鳴き朝になってしまった。そこでどうしようもなく、人に見られることを恥じて松の木となってしまったという。まさに掲載したＡに対応した神話である。一方、非日常世界において神々が奔放な恋愛をしたという神話の痕跡もある。例えば『万葉集』には有名な中大兄の大和三山の歌がある。「香具山は畝傍ををしと耳成と相あらそひき　神代よりかくにあるらし古昔も然にあれこそうつせみも嬬をあらそふらしき」（１―13）。山の性別をどう捉えるかは諸説あるが、香具山を女（ヘディガム）、畝傍を新たな男（玉龍雪山）、耳成をもとの男（托波山）とすれば、Ｂと対応した神話が想定されよう。ちなみに仙覚『万葉集註釈』以降近世の諸注釈書はこのような性別をとっていた。

第1章第3節　男女分立の恋愛観を支える歌世界

恋歌の全般的規制

　前節で見たように、モソ社会において恋愛は非日常世界に属する。それゆえ、恋に関わる歌も基本的に非日常世界に属することになる。本節ではワラビ村やリジャズ村の老人たちへの聞き書き資料の検討を通して、恋に関わる歌がどのように非日常世界に属するのか、そして男女分立の恋愛観とどう関わっているのかを探ってみたい。

　モソ人の伝統的な歌はアハバラと呼ばれる。7音を1句とし、2句（前句・後句）連続で一首をなすのが基本的な形式である。内容的には恋に関わる歌、母を偲ぶ歌、労働の辛さを歌う歌、客迎えの歌など多岐にわたる。また歌唱方法としては、掛け合いでも独唱でも歌われる。なお、本節以後では、主にアハバラについて行った老人への聞き書き資料を適宜引用するが、【　】で話者の名を示した。それぞれの取材状況を掲載しておく。

ワラビ村・リジャズ村における老人への聞き書き取材記録
　【調査日程・場所】
　①1999年10月14日〜17日　雲南省寧蒗県永寧郷温泉ワラビ［瓦拉片］村、
　　　　　　　　　　　　バワ［八瓦］村
　②1999年12月9日、12月18日　四川省木里県屋脚郷リジャズ［利加咀］
　　　　　　　　　　　　村
　【話者】
　ガワ＝ダシラム（74歳・寅年・女・ワラビ村）/1999年10月14日/ワラビ村ガワ
　　　　　　家裏山にて
　ゴブ＝ラツォ（62歳・寅年・女・ワラビ村）/1999年10月14日/ワラビ村ゴブ家
　　　　　　中庭にて
　ガワ＝セノ（58歳・午年・男・ワラビ村）/1999年10月14日/話者の放牧地（ワ
　　　　　　ラビ村落と温泉との境）にて
　アゼ＝アディマ（61歳・辰年・女・バワ村）/1999年10月15日/アゼ家脇の畑にて

シュブ＝ツルァピツォ（79歳・酉年・男・ワラビ村）/1999年10月15日/シュブ家中庭にて

アウォ＝ドゥジマ（50歳・寅年・女・ワラビ村）/1999年10月16日/アウォ家中庭及び母屋にて

ブジャ＝ユマ（57歳・未年・女・ワラビ村）/1999年10月17日/ブジャ家母屋にて

ジャカ＝ツルァ（51歳・丑年・男・ワラビ村）/1999年10月17日/ジャカ家二階経堂まえの廊下にて

ビマ＝ラム（55歳・酉年・女・リジャズ村）/1999年12月9日/村内の話者の畑にて

ダディ＝ラム（57歳・午年・女・リジャズ村）/1999年12月18日/ダディ家付近の土手にて

老人（匿名）（70歳代・男・リジャズ村）/1999年12月18日/村内の話者の畑にて

【聞き手】　遠藤耕太郎・遠藤見和（特記）

【通訳（モソ語⇔中国語）・翻訳（モソ語→中国語）・案内（①、②）】　アウォ＝ジパ［阿翁＝吉覇］（雲南省寧蒗県永寧郷温泉ワラビ村）

【案内（②）】　チャズ＝ジャシ（四川省木里県屋脚郷リジャズ村）

【録音・写真】　遠藤見和

【翻訳（中国語→日本語）】　張正軍・遠藤耕太郎

【整理】　遠藤耕太郎

　まず、すべての恋に関わる歌は、自分の異性キョウダイのいるところや、自分の村や、妻問い相手の女の家で歌ってはならない。そのため恋に関わる歌は、野外での労働、例えば村からある程度はなれたところでの柴刈り、木材の切り出し、各種の草（繊維をとる火草、豚の餌のための草など）を摘む作業、長いときには2〜3ヶ月にも及ぶ旅（馬による運搬労働、砂金掘り、薬草採り、きのこ採り、山羊や羊やその毛皮の買い付けなど）で歌われることとなる。こうした恋に関わる歌の規制は、異性キョウダイ間の性的接触の禁忌によると思われる。

　男は、自分の姉や妹が他の男と恋に関わる歌を歌っているのを聞いたら、恥ずかしくてこっそりとその場を避けます。その近くに寄れずとても恥ず

かしい思いをします。【ジャカ＝ツルァ】

自分の村で歌えないのは異性キョウダイの目があるからであり、妻問い相手の女の家で歌えないのはそこに女の異性キョウダイの目があるからであろう。この規制は異性キョウダイのいるところで、恋に関わる話や出産に関わる話、下品な話をしてはならない、屁をしてはならないなどという生活上一般的な規制と同レベルのものである。モソ社会においてこうした異性キョウダイとの性的接触の禁忌に根ざす規制が強く働くのは、モソ社会が基本的に母系妻問い社会であることと関連していよう。そこでは日常生活を共にする異性キョウダイとの性的接触の可能性が十分高く、規制なくしては家族や社会が成り立たないからであろう。

こうした一般的規制を前提とした上で、モソの恋に関わる歌の世界には、さらに歌うという行為に基づいた規制が働いている。歌を歌うということは、それが掛け合いであろうと独唱であろうと、他人に聞かれるということを前提としており、公開性を持っている。

男女分立の恋愛観と誘い歌、偲ぶ歌

恋に関わるアハバラは歌詞の内容からみると、誘い歌（そこに恋の相手がおり、妻問いへ誘う）、偲ぶ歌（そこにいない恋人を偲ぶ歌）、そして悪口歌に分類できる。以下、歌詞の内容に沿って、恋に関わる歌独特の規制を見ていくことにする。

誘い歌は、

> 冗談として歌の掛け合いをすることはあります。愛する歌はいつも冗談として一つの楽しみとして歌います。【リジャズ村老人（匿名）】

常に冗談を装って掛け合わされる。むろん冗談を装いつつも誘い歌の掛け合いが、

> 冗談の歌の掛け合いで、男は女が歌った歌に自分を愛する意味が含まれていると理解したら、しばらくして女の家に求婚に行くことがあります。
> 【ガワ＝セノ】

妻問いへ移行していく場合も起こりうるのだが、妻問いの開始は当事者間の話し合い、非公開ではあるが指輪や腕輪、腰帯などの交換などによってなされるもので、誘い歌の掛け合いとは明瞭に区別されている。誘い歌はあくまでも冗

談の世界にある。歌はそもそも公開性をもつが、それが冗談を装ってなされるという誘い歌の様式によって、実際には掛け合いの中に個的恋愛が見出されていくとしても、その個的恋愛は社会には公開されない仕組みとなっている。冗談を装ってなされる遊びの一つに、歌による占いカズバチャがある。同性の、または異性の若者が集まったような時に、カズバチャが行われる。参加者はまずそれぞれ指輪など自己のもちものを出し合い、一人がそれらを手に握って隠す。そして参加者はそれぞれの好きな異性の名を発表する。その後、指輪などを一つずつ隠したまま提示し、そこで一人のあるいは二人の歌のうまい人が恋にかかわる歌（誘い歌、偲ぶ歌、悪口歌など）を歌う。その歌がその持ち主と彼（彼女）の公表した異性との関係を表わすのだという。（依頼により遊んでもらったカズバチャの様子の一部をビデオ編に収録した。）

さて、妻問いが開始されると、自己の妻問い相手とは、互いに愛を深めていこうというような愛し合う歌を掛け合うことはない。

> （妻問い相手と、互いに愛し合う内容のアハバラは）普通歌いません。歌うと人にからかわれる場合もあり、恥ずかしくて歌わないのです。【ダディ＝ラム】

実際の妻問い相手と愛し合う内容の歌を歌うことに対して、彼らは「恥ずかしさ」を感じるという。それは社会に秘すべき実際の個的恋愛をそのまま掛け合いとして公開してしまうことへの躊躇の感覚であろう。

モソの歌文化に愛し合う異性を思う内容の歌がないのではない。それは柴刈りや旅に出た際に、また妻問いの性質上、男がある程度離れた村の住人であったり、また通ってこなくなったりした場合など、妻問いの相手がそこにいないという状況下において、偲ぶ歌として歌われるのである。偲ぶ歌は独唱としても、またその場にいる同性の友人などとの掛け合いとしても歌われるが、妻問い関係にある二人が掛け合うことはないということだ。

> アシャと一緒にいる時は恥ずかしいので歌いません。子供がいないうちは普通一緒に労働には行きません。柴刈りとか遠くに旅に出るような時には、アシャのことを歌います。女も恋しいアドゥのことを歌います。【ガワ＝セノ】

妻問いの相手がそこにいないという状況下において、彼らは個的な愛情を、冗談を装うことなく真に歌うことが可能となる。この場合、歌い手の妻問い相手

がそこにいないことによって、聴衆（聞き手）には歌い手が誰に対して歌い掛けているのかは秘されることになる。むろん実際には村内であれば誰が誰と妻問い関係にあるかはよく知られているし、知られていることによって三角関係のような争いも回避され得ているが、それはむやみに口外すべきものではなく、様式の上では知らないことになっている。こうした様式に則ることで、偲ぶ歌もまた個的恋愛を歌によって公開しつつも秘していくということになる。

　恋に関わる歌は異性キョウダイの目を避けるという一般的規制をもっていること、誘い歌や愛し合う内容の歌は冗談を装って歌われ、実際に妻問い関係にある男女によって掛け合わされることはないこと、妻問いの相手がそこにいないという状況下において初めて、妻問い相手を偲ぶ歌が歌われうることを述べた。こうした歌の様式は、本来公開性をもつ歌によりながらも、個的な恋愛を秘すというということを目指している。個的な恋愛を秘すということは、前節の「恋愛は非日常世界に属する」という恋愛観と一致している。ところがそこに公開性をもつ歌が用いられるために恋の歌は、述べたような複雑な仕組みを取らざるをえないわけだが、そうまでしてなぜ歌を用いようとするのだろうか。この点については第二章以下の分析を通して考察すべきだろう。

　ところで、

　　遠くに旅に出る時や野外での労働の際にも歌いますが、自分のアシャの前では恥ずかしくて歌いません。【ガワ＝セノ】

　　（妻問い相手と、互いに愛し合う内容のアハバラは）普通歌いません。歌うと人にからかわれる場合もあり、恥ずかしくて歌わないのです。【ダディ＝ラム】

こうした聞き書きによれば、彼らは、個的恋愛を人目にさらすこと、つまり日常世界に持ち込むことを「恥ずかしい」ことと感じている。これは、恋愛は非日常世界に限定すべきだという恋愛観によって創り出された感覚であろう。また文献資料には、次のようにある。

　　当地に生まれ今はここを出ていったあるモソ人の女性歌手は、もとよりモソ人の誇りであるが、彼女が度々濾沽湖に帰って来ると当地のモソ人は不愉快に感じるようだ。私はジャツマに、どうしてそうなのか、彼女がどういう間違いを犯したのかを尋ねてみた。ジャツマはこう答えた。「私のお兄さんたちを見てみなさいよ、昼間自分のアドゥと出会っても一言も喋

らないでしょう、それに引き換え彼女は、外国の男友達を連れて来て、真っ昼間に村の中を、肩を組んで歩いているのよ、あれがモソ人に見える？」(袁梅『摩梭人—来自中国最後一個"女児国"的報告』、中国文聯出版公司、1997 より遠藤訳。)

本書は北京在住の漢族の女性作家が 1996 年の春節期間、瀘沽湖付近に滞在しての取材をもとに書いた一般的な読み物である。ジャツマは当地出身、北京在住の二十歳のモソ人で、作者の通訳や助手を務めている。本書には多くジャツマを介して彼女の家族や村の人がどう言ったかが紹介されており、貴重である。ここでジャツマは非日常世界に隠匿されるべき個的恋愛を日常世界に持ち込むことの「恥ずかしさ」を、彼女への不愉快な感情として表現しているのであろう。このように、恋愛は非日常世界に限定されるべきという様式が、日常世界での恋愛を人に見られたり、見てしまうことに対して、「恥ずかしい」という感情を創り出している。

男女分立の恋愛観と悪口歌

本章第1節にても触れたが、第1節事例②でゴブ＝ラツォが「喧嘩もなく縁が切れました」と主張したように、うまくやっていけそうにない相手とは、あっさりと別れられることが、彼らの理想的な妻問いのあり方であり、筆者はそれを男女分立の恋愛観と呼んできた。

厳汝嫺（厳汝嫺主編、江守五夫監訳『中国少数民族の婚姻と結婚 下巻』、第一書房、1996、引用部分は百田弥栄子訳）がモソ人の妻問いの恋愛観を、「訪婚生活を送る若い男女の間では、別れは日常的な現象であった。彼らは別離に馴れっこになっていて、泰然と構えている。彼らにとっては別れは悲しいことでもなければつらいことでもなく、まして修羅場を演じるようなこともない。」と報告しているのは、おそらく述べたような理想的な男女分立の恋愛観を踏まえたものであるだろう。

しかしそれはあくまでも理想であって、それほど人間の感情は単純ではなく、以下の事例に見られるように、別れに際して相手への憤りが生ずることは当然ながら起こる。

事例①

　(私のアドゥは同じ村の人ですが) 同じ村の男とは直接、悪口歌の掛け合いはしません。でも、女同士はよく悪口歌の掛け合いをします。例えば、男がもとのアシャを棄てて、他の女のもとに通うと、もとのアシャは男を恨まず、自分のアドゥを誘惑した女に対して<u>不満を持ち</u>、彼女と悪口歌の掛け合いをします。【ビマ＝ラム】

事例②

　ある男が他の村の女と妻問いしながら同時に同村の女のもとに通っている場合などでは、<u>やきもちを焼く</u>二人の女が歌の掛け合いをします。そういう女は一人の男を奪い合って互いに<u>腹を立て</u>ているので、外で出会うといつも悪口歌の掛け合いをします。そういう二人が道で出会うと、話はせずにいつも遠まわしに歌でけなしました。【ブジャ＝ユマ】

事例③

　アドゥが別の女に通ったなどという関係で、<u>やきもちを焼いている女</u>が、よく新しい女と悪口歌の掛け合いをするようです。【アウォ＝ドゥジマ】

事例④

　女と別れたい男が女をけなす歌を歌ったが、女は歌が歌えず泣き泣き帰り、母に話した。そこで母はよく歌の歌える人に頼んでその男と対歌を行わせた。【アゼ＝スガ (男・29歳・バワ村/1999年7月の聞き書き)】

事例⑤

　10年程前、ワラビ村の何人かが連れ立って四川省木里県のシャナゴという山に薬草採りにいった。その中の女二人 (20歳くらい) は同じ村の一人の男 (やはり20歳くらい) の問題で互いに心に不満を抱えていた。要するに男が二股を掛けて妻問いし、その後二人とも棄てたということらしい。薬草採りは彼らの主要な現金収入の方法で、小さなテントを張って泊り込みで行う。女は最初そのテントの中で歌を歌い始めたという。ところがもう一人の女のテントが彼女のテントの付近にあったため、その女が悪口歌を返し、結局は外へ出ての

第1章　妻問いの様式と悪口歌　71

ビマ＝ラムへのインタビュー

ブジャ＝ユマへのインタビュー

悪口歌の掛け合いになった。長い間悪口歌の掛け合いをして最後には喧嘩沙汰になったという。その男もその場に居合わせたのだが、彼は、「恥をかかされたから死んでやる」などと怒鳴っていたという。この騒動は彼女たちの男キョウダイのいない時に行われ、騒動後も彼らに知らされることはなかったという。話者は当時17歳くらいでそれを見ていた。【アウォ＝トディ（男・26歳・ワラビ村/1999年7月の聞き書き）】

事例⑥
　妻問い関係にある二人の気が合わず、関係を続けられないときには、相手をけなす歌を歌ったり、喧嘩をしたりします。……また男に別のアシャ（妻問い関係にある女）ができたら、もとのアシャがその男の新しいアシャに悪口歌を歌い掛けることもあります。例えば「あなたは恥ずかしくなくても私は恥ずかしい。あなたはもともと私を愛していたアドゥを奪い取ったのだから」と歌います。【ガワ＝ダシラム】

事例⑦
　私が若かったころ、アラアジポ（永寧郷ガアル村の地名）へ灌漑用の溝を掘りに行ったことがありました。その時私の友達は永寧の女と悪口歌を掛け合いました。私はその友達に請われて永寧の女と悪口歌を掛け合いました。何人かのゼポ村（永寧郷の村）の女は永寧の女を助けて歌いました。……ある日、彼女は麻袋を体に巻いたまま働きに来ました。私たちはそれを見て、「破れた麻袋を持ってきて、あなたは自分の死体を入れるのか」と歌いました……。（実際に死者は麻袋に入れる）【ゴブ＝ラツォ】

　このように気が合わずやっていけそうにない男女間において、または、もとの女と彼女から男を奪った（男が気を移した）女との間においては、不満を持ち、やきもちを焼き、腹を立てるといった男女分立の様式からはみ出すような感情が働いてしまっている。そして、そうした憤り、つまり共同体的な理想の恋愛観から逸脱してしまうような個的感情を解消するために、悪口歌の掛け合いが行われる。モソ語では"歌の掛け合い"を"グァララ"（[gə]＝歌、[lala]＝喧嘩）という。つまり歌掛けは歌による喧嘩であり、これがモソ人の歌掛

け文化のひとつの中心である。

　前節で述べたように誘い歌や偲ぶ歌は、冗談を装ったり、そこに相手がいないことを条件としたりして、公開性をもつ歌によりながらも、個的恋愛を非日常世界に隠蔽する仕組みを持っていた。これに対し、悪口歌の掛け合いは、異性キョウダイの目を避けるという大前提は守っているものの、聴衆の面前で、相手に向かって歌いかける形で、自身の個的恋愛を公にしてしまう。つまり、悪口歌は非日常世界に隠蔽すべき個的恋愛を日常世界に引きずり出したような危険な形で存在する。それは、ちょうど、男女分立の様式からはみ出すような感情を抱えた歌い手のあり方と重なっている。

　悪口歌を掛け合うことによってその感情はどうなるのか。

事例⑧
　昔、女が男に棄てられても、喧嘩や殴り合いはしませんでした。ただ相手をけなす歌をうたい、腹の虫がおさまればそれで終わりでした。……今の裁判所が婚姻関係のトラブルを仲裁するようなものです。……アハバラで相手を貶すと、心にある憤怒の情が消えてしまいます。【ブジャ＝ユマ】

事例⑨
　今でも意味深い悪口歌で誰々をけなして気持ちがよかったなどと自慢話をする人がいます。【ゴブ＝ラツォ】

事例⑩
　喧嘩の言葉は汚い言葉で聞くに耐えませんし、すぐに殴り合うようになります。ところが、比喩を使った意味深い歌でけなすと、見ていて面白く聞きごたえがあるのです。【アウォ＝ドゥジマ】

　悪口歌の掛け合いは、殴り合いになるような喧嘩に至るのではなく、比喩の面白みによって相手をいかにやり込めるかという歌の質により重点を置いている。そして、悪口歌を掛け合うことによって、腹の虫はおさまり憤怒の情が消えてしまうということになる。またそれを裁判のようなものと表現することもある。これらの事例から、悪口歌が、男女はそもそも別個のものというクール

な感覚、つまり男女分立の恋愛観からはみ出した感情を、その様式へ再びとりこむ装置だとの予想がつく。だから、悪口歌の掛け合いが裁判のようなものに感じられるとしても、それは歌の勝ち負けによってどちらかが社会的な制裁を受けるというものではない。お互いが男女分立の様式からはみ出すような危険な状況にある場合に、それを歌の聴衆を巻き込んで男女分立の様式へと取りこんでいくという意味なのだろう。問題は、悪口歌を掛け合うことがどのようにして、そうした装置となりうるのかである。それは歌詞の分析を含めた悪口歌の掛け合いそのもののあり方として考察する必要があるはずだ。以下、第2章、第3章にて考察を続けたいと思う。

第 2 章
男女分立の恋愛観に収束する歌掛け

歌を掛け合うリジャズ村の女性たち

序　説

歌掛けの流れ

　前章では、モソ人の恋愛観を、男女はそもそも別個のものであるというクールな感覚による男女分立の恋愛観と捉え、老人への聞き書き資料によって、彼らの歌掛け（悪口歌の掛け合い）は、その男女分立の恋愛観からはみ出した感情を再び共同性に掬い上げる装置として機能しているのではないかと考えた。本章以下第2章、第3章では具体的に三つの歌掛け資料を分析することによって、それがどのように述べたような装置となりうるのかを考察するつもりであるが、本章ではそれを「歌掛けの流れ」という側面から分析したいと思う。

　恋歌を掛け合うことによって、男女が意中の相手と知り合い、その愛情が徐々に深まった後、誓いの歌を歌って結婚に至るというロマンティックな構図は、例えば中国各地の少数民族歌舞団などによる舞台ではおなじみのものである。そしてこの構図は歌舞団ばかりでなく、モソ文化を語る中国人ジャーナリストや学者にも、意外と強固に根付いているように思われる。

　例えば厳汝嫻・宋兆麟『永寧納西族的母系制』（雲南人民出版社、1983）には、「女主人…, 直到晩飯后夜幕臨時, 她們才分別回到自己的客房里, 等待男阿肖来访. 初次来房的男子, 有些要由女子引進, 有些还唱情歌, 互相対答. 情歌中最流行的是；…」【（母系家庭の）女主人は…、晩御飯を食べ夜が訪れると、やっと自分の部屋に戻り、アシャ（妻問い関係にある男）の来訪を待つ。初めて女の部屋を訪れる男は、ある者は女が彼を部屋に引き入れ、またある者は情歌（恋歌）を歌い、互いに掛け合う。情歌の中で最も流行しているのは、…】（遠藤訳）などと解説されているが、前章にて述べたように男が妻問いする際に恋歌が掛け合われることはない。またここで筆者の掲げる最も流行している情歌とは固定歌詞の民謡（ジャシ・スガ資料50）であり、掛け合いではなく一般的に歌われるものだ。おそらくこの民謡を聞いた当該書筆者（漢族）の頭には、恋歌を掛け合うことにより互いの愛情を深め結婚に至るという例の構図があったと思われる。

　旅行雑誌のレベルではこの構図はさらに顕わに描かれており、例えばチベット仏教及びダパによる民間宗教の祭日である轉山節（農暦7月21日）におい

て、男女が恋歌を掛け合い、恋人（アシャ、アドゥ）を見つけるなどとなっている。しかしモソ人にとって轉山節は聖なる祭りであり、そこで恋歌（誘い歌、偲ぶ歌、悪口歌を含めて）を掛け合うことは不謹慎であるとの認識がある。老人への聞き書きにおいても、轉山節で恋歌の掛け合いは聞いたことがないというし、筆者も二度訪れたが聞いたことはない。ジャッツォ＝集団舞が踊られることはあるが、これは土地褒めの歌で恋歌の掛け合いではない。（轉山節の様子をビデオ編に収録した。）

また陳烈他による『雲南摩梭人民間文学集成』（中国民間文芸出版社、1990）には、本章、次章に掲載したモソ歌謡と同種の歌謡がいくつか採録されているのだが、同書はそれらを「阿夏初恋」（初めてアシャに恋をする）、「唱給阿夏的賛歌」（アシャを賛美する歌）、「半路的阿夏情意散」（路の途中でアシャの愛情が消えてしまう）、「走訪阿夏」（アシャを妻問いする）、「永駐心中的阿夏」（心の中のアシャは永遠に留まる）という分類のもとに配列している。

こうした配列はモソ以外の少数民族歌謡の説明にも必ずといっていいほど登場するもので、まず男女がはじめて知り合う歌があり、気に入れば相手を賛美する歌を歌い、問題があれば相手の不実を責める歌を歌い、そうして互いを理解すると結婚の約束に至るというような順序によって恋歌が歌われるというのである。工藤隆（「理念の歌垣と現場の歌垣」「文学」2002・3―4）は、このような順序は「実際の歌垣群を整理・分類して抽出された作為性の強い"理念の歌垣"」であるとし、歌垣の現場では、歌掛けがその理念の歌垣どおりに進行することはなく、臨機応変の進行力学がそこにあるのだという。この進行力学とは岡部隆志（「白族『海灯会』における歌掛けの持続の論理」『中国少数民族歌垣調査全記録1998』、大修館書店、2000）が白族の歌掛け調査より得た「歌掛けの持続の理論」を踏まえたものである。岡部はその順序に抗し、停滞させることによって歌掛けは持続しているのだということを、ペー族歌掛けの第一次資料により論じている。

ところで『中国歌謡集成　広西巻上』「壮族」（中国社会科学出版社）には、このような順序を民間では「歌路」というのだと説明されており、辰巳正明（『詩の起源―東アジア文化圏の恋愛詩』笠間書院、2000他）はその「歌路」という用語を用いて中国少数民族の歌掛けや奄美の歌掛け、さらに万葉和歌にも、「歌路」があるという。この場合の「歌路」は工藤前掲書のいう「理念の歌垣」

を言い表す用語であるが、工藤は、中国民族学の用いる「歌路」という用語自体が持つ「厳しい順番」、「『順序』を厳しく守」るという性質が、現場の歌垣の進行力学とはそぐわないことから、その混同を避けるためにこれを「恋愛の諸局面の組み合わせ体系」と称している。

なお、理念と現場の混同ということで言えば、モソ人の恋愛観として男女は所詮別々の存在であるという男女分立の恋愛観は確かに存在するのだが、そこから逸脱する個的感情は当然あるのであり、それを「彼らは別離に馴れっこになっていて、泰然と構えている。彼らにとっては別れは悲しいことでもなければつらいことでもなく、まして修羅場を演じるようなこともない」という中国の民族学者の記述（70ページ）も誤解を誘うものである。

さて『雲南摩梭人民間文学集成』に見られる配列は、「理念の歌垣」のレベルということになるが、以下に述べるようにこの配列は、モソの自然発生の歌掛けに見られるものとは全く異なる。男女がはじめて知り合う歌から最終的に結婚に至るという順序を仮に「男女合一の恋愛観に収束する歌掛け」とすれば、モソの自然発生の歌掛けは、誘い歌から悪口歌や自慢歌にいたる「男女分立の恋愛観に収束する歌掛け」なのである。そしてそこには「男女分立の恋愛観に収束する歌掛け」を持続させる進行力学が見られる。

本書では「理念の歌垣」、「歌路」と称されるような歌掛けの大きな流れを、「歌掛けの流れ」と称して第2章（本章）で考察し、その流れに沿った歌掛けを持続する進行力学を「歌掛け持続の論理」（これは前掲岡部論の用語である）と称して第3章で考察することにする。

モソ語国際音声記号について

本章以下、歌謡資料の分析は国際音声記号、中国語逐語訳、日本語逐語訳、中国語大意、日本語大意、歌い手の解釈、遠藤の解釈を付して作成した歌謡資料に基づいて行うが、ここで資料に用いた国際音声記号について触れておく。

1955年12月に、中国共産党指導のもと、少数民族語言文字科学討論会が開かれ、それぞれの少数民族文字創作を企図して、少数民族語言調査が開始された。1956年6月〜12月にかけて、納西語調査が行われ、納西語東部方言としてモソ語の調査が行われた。その報告が和即仁・和志武「納西族的社会歴史及其方言調査」（雲南省編輯組編『納西族社会歴史調査（三）』、雲南民族出版社、

1988)として出版されている。モソ語に関しては現在までのところもっとも詳しく大系的な資料と思われるため、以下同書を中心に、さらに加治工真市「哈尼語、摩梭語の基礎語彙」(『沖縄と中国雲南省少数民族の基層文化の比較研究』平成10・11・12年度文部省科学研究費補助金研究成果報告書、沖縄県立芸術大学付属研究所、2001)、江口一久「言語からみた西北雲南」(『雲南省ナシ族母系社会の居住様式と建築技術に関する調査と研究(1)(2)』住宅総合研究財団、1996)などにより、モソ語の音声記号を概観しておきたいと思う。

　モソ語は、中国・チベット語系チベット・ビルマ語族ビルマ・イ語小語群イ語支ナシ語の東部方言と位置付けられている。チベット・ビルマ語族は基本的には中国語と近い関係にあるようで、現在両語の同源字は600近くあるようだ。語順はしかし中国語がSVOであるのに対し、チベット・ビルマ語族はSOVが主流である。モソ語もSOVである。モソ語はナシ語東部方言とされているが、以下モソ語(「納西族的社会歴史及其方言調査」において「納西語東部方言永寧土語」として考察されたもの)とナシ語(「納西語西部方言大研鎮土語」として報告されたもの)の音声表を掲載しておく。

モソ語（納西語東部方言永寧土語）

子音
p　pʰ　b　m
　　　　　　f
t　tʰ　d　n　ɬ　　l
k　kʰ　g　ŋ　x　ɣ
ts　tsʰ　dz　　s　z
tʂ　tʂʰ　dʐ　　ʂ　ʐ
tɕ　tɕʰ　dʑ　ɲ　ɕ　ʑ

母音
(普通母音)　i　ɨ　e　ɛ　æ　a　o　u　ɯ　ə　ɚ
(鼻化母音)　ĩ　ɚ̃
(複母音)　　　uæ　ua　uə

声調

33　21　55　13

ナシ語（西部方言大研鎮土語）

子音

p	pʰ	mb	m		
				f	
t	tʰ	nd	n	ɬ	l
k	kʰ	ŋg	ŋ	x	ɣ
ts	tsʰ	ndz		s	z
tʂ	tʂʰ	ndʐ		ʂ	ʐ
tɕ	tɕʰ	ndʑ	ɲ	ɕ	

母音

（普通母音）　ɿ　i　y　ɛ　æ　a　o　u　ɯ　ʊ　ə　ɚ

（複母音）　　iæ　ia　iə　yɛ　uɛ　uæ　ua　uə

声調

33　21　55　13

　以下に掲載する歌謡資料に用いた国際音声記号表記は雲南民族学院教授李国文氏による転写である。モソ語には掲載したように声調があると報告されている。本資料の音声記号は、現地において遠藤の採集した歌謡のビデオ音声を、通訳を務めてくれたアウォ＝ジパ（モソ人）が聞きとり、まず漢字音を用いて仮名書きする。そのメモをもってジパが昆明に赴き、李国文氏にメモを読み上げる。ジパはモソ人であり、実際に遠藤の取材に全て立ち会っているため、正確なモソ語発音をしている。しかし、その転写の際に、歌を一つ一つの単語に区切らず、1首14音を発音してもらって転写するという方法を取ったため（これは時間的原因、また本調査が言語学的なものでないと受け取られたことによるだろう）、ジパの読み上げに歌の旋律が影響してしまい、はっきりと声調がわ

からないことになった。このジパによる読み上げの録音を日本の言語学者（土田滋氏）に聞いてもらったが、やはりこれだけでは声調の有無すら判別できないとのことであった。以上の理由から、李国文氏の転写には全て音声記号は付されていたのだが、本資料においては遠藤の判断により掲載しないことにした。

　もう一点、本書歌謡資料の国際音声記号には、和即仁・和志武「納西族的社会歴史及其方言調査」によれば、西部方言にのみに表れる複母音が表れている。李国文氏は納西族トンバ（民間宗教者）に関わる納西族思想を研究対象としているため、納西語についての基本的知識は有しているが、その中心は西部方言である。おそらく今回の転写においては、西部方言を参考として東部方言（モソ語）を聞き取っていると思われ、こうした原因により西部方言の複母音が現れることになったと考えられる。

　本書歌謡資料の音声記号は以上のような欠点を持つものであるが、歌の研究として一首14音の一音一音がどのような意味を持ち、それらがどう連結して意味をなしているのかを示すために必要と考え、音声記号を掲載した。したがって、音声学的には厳密とは言いがたいが、ビデオ編には実際に歌っている歌謡の録画映像を一部ではあるが取り入れたので、参考にしていただきたい。なお、本書資料において用いる国際音声記号はIPAによる93年度版の音声表により、李国文氏の用いた中国音声学独特の表記を遠藤が書き改めた。また資料作成の過程等は、それぞれの資料冒頭に示してある。

第2章第1節　ジャシ・スガ資料の分析

　本節で扱うのは、ワラビ村で歌の上手として有名な若者二人に、男女の役になってもらって歌掛けをしてもらった際の資料である（口絵9参照）。恋愛に関わる歌を掛け合ってほしいというだけの依頼により、掛け合ってもらったものである。

　歌い手のアゼ＝スガは隣村（バワ村）の青年であるが、私の親しくしているワラビ村のアウォ＝トディの妹のもとに妻問いに来ている関係で知り合った。通訳のジパは彼ともよく薬草採りなどに出かけ野宿したが、そういう時に彼に歌を教えてもらったといっている。アツォ＝ジャシは温泉場にあるビデオ上映場を経営しているが、昼間は農作業に出たり、放牧に出たりしている。

　実は、この二人への取材が、実際に依頼して歌を掛け合ってもらい録音録画し、翻訳するという方法での最初のものであった。この時には筆者自身に、男女の恋歌の掛け合いは一定の流れに沿って男女合一に収束するのだろうという先入観があった。というのは、中国で出版されているモソ人に関わる本には、男女が例えば温泉（第1章序説に述べた）などで恋歌の掛け合いをし、妻問いの相手を探す、あるいは男が夜女のもとに行き、恋歌を歌いかけると女が部屋に案内するなどという記事があったからである。

　ところが、いざ掛け合いを始めてもらい、何首かしてから簡単に内容を通訳してもらうと、私の考えていたものとは全く違う悪口歌、相手をからかう歌を掛け合っているではないか。そこで内容の指示は出さず、一首ずつ通訳を入れるが、やはり悪口歌だ。そこである程度して一旦掛け合いが終わった後、もう一度、愛情に関わる掛け合いをしてほしいと依頼しなおし、今度は一首ずつの通訳をやめた。歌の流れが途絶えてしまうからだ。あとで、全てを通訳してもらうと、やはり始めの二首しか私の考えているような歌はなく、後は悪口歌が続いているだけである。いきなりのことで混乱した。いったいどういうことなのだろう。

　その後、モソ人は歌の掛け合いをグァララ（歌の喧嘩）というように、掛け合いの中心は悪口歌にあり、悪口歌の掛け合いは楽しみのために冗談で掛け合うことも、実際にトラブルを抱えた男女、あるいは女同士が本気で掛け合うこ

ともあること、愛し合う異性を思う歌は、その相手がその場にいないという状況下において、偲ぶ歌として歌われること、実際に愛している相手に直接愛している内容の歌を歌い掛けるのはとても恥ずかしいものであることなどが、老人への聞き書きなどからわかってきた。とすれば、彼らが歌って聞かせてくれたのは、男女が楽しみのために冗談で掛け合う歌掛けとして、ごく自然で典型的なものであったことになる。以下、まず掛け合いの取材状況、資料の見方を記した後、掛け合いの歌詞本文を掲載する。

ジャシ・スガ資料取材状況
［歌い手］
A：アツォ＝ジャシ（男、未年生まれ32歳、寧蒗県永寧郷温泉瓦拉片(ワラビ)村、農業）
B：アゼ＝スガ（男、申年生まれ29歳、寧蒗県永寧郷八瓦(ワガ)村、農業）
［取材］
1999年1月21日、pm12：10～。瓦拉片(ワラビ)村と八瓦村の中間地バワクァ(バワ)の山腹にて。男女の愛情に関わる歌の掛け合いを聞かせてほしいという遠藤の依頼による。アツォ＝ジャシ（A）が男役、アゼ＝スガ（B）が女役として掛け合う。掛け合いが2サイクル終わった後、固定歌詞の民謡と古歌を依頼。
［取材者］
遠藤耕太郎、遠藤見和、アウォ＝ジパ（通訳）
［資料作成］
国際音声記号：李国文（雲南民族学院教授）
翻訳（モソ語→中国語）：アウォ＝ジパ（ワラビ村在住）
翻訳（中国語→日本語）：遠藤耕太郎
写真：遠藤見和
整理・解釈：遠藤耕太郎

［資料作成過程］
① 取材当日の録音をアウォ＝ジパが漢字音にてテープを起こし、中国語に翻訳。
② ①をもとに、遠藤、アウォ＝ジパが歌い手に会って解釈を聞く。
③ ①の漢字音をもとにアウォ＝ジパにモソ語発音してもらい、李国文が

国際音声記号により転写する。

④ 以上①～③をまとめた国際音声記号付中国語資料を、遠藤が日本語に翻訳する。

⑤ 遠藤が④の音声記号及び日本語整理、モソ語との確認を行った後、遠藤の解釈等を施す。

資料の見方

凡例

(14)　A←(歌番号) 歌い手A、Bの区別 前句七音 a dʐə mo　la　a dʐə mo ←国際音声記号 おばさん　(助)　おばさん ←日本語逐語訳 老夫人　(介)　老夫人 ←中国語逐語訳 おばさんよ、おばさんよ、 ←日本語大意 老夫人呀老夫人， ←中国語大意 後句七音 si da　mægo　kʰa i　bi ←国際音声記号 私たち　しっぽ　どうする　行く ←日本語逐語訳 我俩　尾巴　怎么做　去 ←中国語逐語訳 私たち二人のしっぽをどうしよう？ ←日本語大意 我俩之间的尾巴怎么办？ ←中国語大意	(14)　A【誘い歌】 ↑【当該歌の主題】 ↓[歌]…歌い手の解釈（資料作成過程②） [歌]私たち二人のツマドイをどうしよう。 ↓[語]…モソ語の特殊な意味の解説 [語]「おばさん」には女性をからかうニュアンスがあるという。「しっぽ」は二人の切れたようでまだつながっているツマドイ関係をさすという。 ↓[遠]…遠藤の解釈（資料作成過程⑤） [遠]愛情を疑っているのだが、相手をけなす「おばさん」という呼びかけがあるように、けなしのニュアンスをもっている。前歌が誘い歌となったのを受けて、再びツマドイに疑問を呈して掛け合いを続けようとしている。 ↓[類]類似する歌 [類]…トディ・ダシブチ資料(9)、(12)。

資料に用いた用語の説明

- トディ資料：1999年2月14日、ワラビ村アウォ=トディに独唱してもらった資料。（巻末補足資料1）
- ダシブチ資料：1999年2月20日、ワラビ村ゴブ=ダシブチに独唱してもらった資料。（巻末補足資料2）
- リジャズ資料：1999年2月21日、リジャズ村三人の女性による掛け合い・独唱の資料。（第2章第2節）
- ダシ・ルゾ資料：1999年2月17日、ジャシ村ボワ=ダシ、ダシ=ルゾによる掛け合い資料。（巻末補足資料3）
- トディ・ダシブチ資料：1999年9月6日、ワラビ村アウォ=トディ、ゴブ=ダシブチによる掛け合い資料。（第3章第1節）
- 誘い歌：歌詞の上では妻問いに誘う歌であるが、実際には掛け合いに誘う機能を持つと考えられる。
- 悪口歌：相手をからかう歌。自慢することにより相手をからかう自慢歌も広義には悪口歌に含める。実際に妻問い関係の悪くなった男女が掛け合うほか、冗談や遊びとして掛け合わされる。
- 偲ぶ歌（遠藤の用語）：恋人が旅に出ていたりして会えないようなときに、恋人への愛情を表現する歌。実際に妻問い関係にある男女が掛け合うことはなく、旅の際や労働の際に一人で歌うほか、冗談での掛け合いや歌占などの遊びにおいては掛け合わされることもある。掛け合いで歌われる場合には、偲ぶ歌が悪口歌に終始する掛け合いと逆方向の流れをもつことから、掛け合いを持続させる機能を持つと考えられる。
- ツマドイ（遠藤の用語）：モソ社会において、実際の妻問いは男が女のもとを訪れる場合が多いが、歌世界においては男も女も相手を訪れるという表現をする。トディ・ダシブチ資料（1）参照。そこで歌世界の妻問い、夫問(ツマ)いをあわせてツマドイと表記する。
- アドゥ：一般的には妻問い関係にある女が男を呼ぶ呼称。
- アシャ：妻問い関係にある男が女を呼ぶ呼称。
- （助）・（介）：助詞、介詞の略。[la]、[le]、[nɯ]などのように音数を7音に合わせるために用いられる助詞、また中国語に訳せない助詞を表すが、言語学的に正確なものではない。

○ 注：掛け合いの前半部（1）〜（23）においては、一組の掛け合いごとに歌い手から解釈を聞いた。そのため、掛け合いは中断しているが、その中断の時間を「通訳…分」として示した。（24）以降は一サイクル続けてもらっており、中断はない。その他、取材の状況などについて記す。
○ 破線囲み：特に日本古代文学との関わりに言及した部分を破線で囲った。

ジャシ・スガ資料本文

（1）　A（以下49までAは男役）

ŋu　ba ba　la　hæ　ba ba
銀　花　と　金　花
银　花朵　和　金　花朵
銀の花と金の花、
银花朵和金花朵，

ba uo　dɯ kɯ　kʰæ　a　bi
良い花　一緒に　摘む　か　行く
好花　一块儿　摘　（介）　去
一緒に良い花を摘みに行きますか？
在一块儿摘好花，去不去？

（1）　A【誘い歌】

(歌)私たちはツマドイをしましょう、どうですか？

(遠)「金と銀の花を一緒に摘みに行きますか？」という表現は、「金と銀の鳥は一緒に水を飲みますか？」、「金と銀の花は一緒に咲きますか？」などの類型表現をもつ。((類)参照。）それらの解釈が一様に「ツマドイしようか？」となっていることから、当該歌はまずは異性をツマドイに誘う常套的な歌と意味づけることができる。しかし、リジャズ資料にみられるように、女同士の歌の掛け合いにおいても、こうした誘い歌（リジャズ資料11など）が歌われている。ということは、これらの歌は単に男女間で相手を妻問いに誘うというだけでない機能があることになる。このジャシ・スガ資料において、(1)、(3) が掛け合いの冒頭部にあること、また第2サイクルの冒頭 (24) でも「花を摘みに行きますか？」という類歌が歌われていること、リジャズ資料においても、各サイクルの冒頭に類歌（リジャズ資料11等）が歌われることからすれば、誘い歌は相手が異性かどうかに関わらず、歌の掛け合いに誘うという機能を持っていると考えられる。そして相手が誘いを受け、掛け合いに参加すればすぐに悪口歌の掛け合いへと進むのである。この機能については第2章第3節にて論じる。

(類) (3)、(24)。リジャズ資料 (11)、(74)。

（2） B（以下 49 まで B は女役） ŋu ba ba la hæ ba ba 銀 花 と 金 花 银 花朵 和 金 花朵 銀の花と金の花、 银花朵和金花朵， ba uo no kɯ dʐua dzo i 良い花 あなた に あげる 必要だ する 好花 你 （介） 给 需 做 良い花はあなたにあげなくてはいけない。 好的花朵应该给你.	（2） B【誘い歌に同意】 [歌]あなたとツマドイをしたい。 [遠]前歌に同意することにより、掛け合いが始められる。
（3） A ŋu u dzi la hæ u dzi 銀 小鳥 と 金 小鳥 银 小鸟 和 金 小鸟 銀の小鳥と金の小鳥、 银鸟和金鸟， dʑi tʰɯ dɯ tɕʰio i a bi 水 飲む 一緒に する か 行く 水 喝 一起 做 （介） 去 一緒に水を飲みに行きますか？ 喝水一起去，可不可以？	（3） A【誘い歌】 [歌]わたしたちはツマドイをしましょう、どうですか？ [遠]（1）と同じく掛け合いに誘う機能を持つ。 [類]（1）、（24）。リジャズ資料（11）、（74）。
（4） B dʑi tʰɯ dɯ tɕʰio i zi si 水 飲む 一緒に する ～ならば 水 喝 一起 做 的话 もし一緒に水を飲みに行ったら、 如果喝水一起去的话，	（4） B【誘い歌に同意】 [歌]あなたとツマドイをしたい。 [遠]（2）と同じく前歌の誘いに同意し、掛け合いを開始。 [類]リジャズ資料（12）、（147）。

dʑi uo　　no　　kʰɯ　dzua　dzo　i よい水　あなた　に　あげる　必要だ　する 好水　　你　　（介）給　　需　　做 よい水はあなたにあげなくてはいけない。 那好的水应该先让你喝．	
（5）A a du　　go　　hi　　tʰɯ u　　si アドゥ　好き　な　この　（助） 阿珠　喜欢　的　这个　（介） (私を)好きなこのアドゥ、 真心喜欢我的这个阿珠， dʑi　hu　bi　la　nua　ki　gu 水　渇く　言う　（助）ミルク　くれる　はずだ 水　渇　説　（介）奶　　給　会 (私が)喉が渇いたと言えばミルクをくれるはずだ。 我说口渴，她会给我奶喝．	（5）A【愛情を賛美する歌】 ㊕心から私を好きなこのアドゥは、とても私を気にかけている。 ㊙誘い歌への同意を受けての愛情を賛美する歌。自慢のニュアンスがあり、相手による切り返しを期待している。 ㊗トディ・ダシブチ資料（参考4）。リジャズ資料（129）。 注：(1)～(5)は連続して歌われた。ここでそれらの歌詞の大意を通訳してもらった。通訳3分。
（6）A sa　tsɿ　kʰɯ　la　sa　ɲi ɲi 麻　糸の束　と　麻　同じだ 麻　线团　和　麻　一样 麻糸の束と麻糸は同じものだ、 麻线团和麻线是一样的， dʑia na　le　da　ma　ɲi ɲi 腰帯　（助）織る　ない　同じだ 腰帯　（介）织　　不　一样 腰帯に織ったあとは同じではない。 织成腰带之后就不一样．	（6）A【自慢歌】 ㊕私も他の男も人間は同じなのに、娘はみんな私が好きだ。 ㊙「腰帯」は妻問いを開始するのあたって交換する贈り物。 ㊙前歌に引き続きAによる自慢歌。前歌の後、通訳のため中断したので、再びAが自慢歌を歌ったのだと思われる。当該歌においては自己を自慢しているが、トディ資料（33）の類歌では「あなたもほかの女も人間は同じなのに、私のアシャはあなたよりすばらしい」と相手の女をけなす歌として意味づけている。 ㊗トディ・ダシブチ資料（121）。トディ資料（33）。

（7） B

dʑia na ma ɲi ɲi ma gu
腰帯　ない　同じ　ない　はずだ
腰帯　不　一样　不　会
腰帯が同じでないことはありえない、
腰带不会不一样，

bʊ tsi bʊ kʰɯ ma ɲi ɲi
ブツィ　ブク　ない　同じだ
补子　补肯　不　一样
(腰帯を織る) ブツィとブクは同じではない。
(而是纺织腰带时用的) 补子，补肯不同.

（8） A

dʑi ʂua ua ʂua le mu pʰæ
水　高い　山　高い　(助)　忘れる
水　高　山　高　(介)　忘记
(歩いてきた)高い山も大きな川もみな忘れたが、
(我走过的) 高山大河都忘记了，

a du go hi ma mu pʰæ
アドゥ　好き　な　ない　忘れる
阿珠　喜欢　的　不　忘记
(私を) 好きなアドゥのことは忘れていない。
却没有忘记喜欢我的阿珠.

（7） B【切り返し】
㊴人間は同じだが、娘があなたを見る見方がちがうだけだ。
㊵ブツィ、ブクは機織り用具の梭、杼。
㊶前歌の自慢を、腰帯を織ることの関係から機織用具の違いとして切り返す。前歌と同じく自慢歌として、相手と違ってすばらしいことを自慢しているとも意味づけ可能であろうが、Bは㊴のように前歌を切り返す歌として意味づけている。
注：(6)、(7)の通訳の際、突然自慢歌の掛け合いになったためこちらの理解が遅く、通訳に15分も費やしてしまった。

（8） A【偲ぶ歌】
㊷(私を) 好きなアドゥのことは忘れていない。
㊸(6)、(7)の自慢歌と切り返しの掛け合いで悪口歌へ移行しかけたが、通訳に手間取り15分かかってしまった。そのため再び掛け合いを始める意味で、有名な（㊹参照）偲ぶ歌が歌われたのだろう。第1章第3節で述べたように、偲ぶ歌は妻問い関係にある当事者間において掛け合わされることはなく、一方が旅に出ているなどの状況下で歌われる。また掛け合いで歌われる場合には、「冗談として歌う」(第1章第3節、リジャズ老人) ということになるが、誘い歌と同じく、まず掛け合いを始めるために一定の関係を築く必要があるのだろう。
㊹トディ・ダシブチ資料（参考1）は同一歌。

(9) B

a du　　kə tʂi　　tʂɿ　so　kʰuə
アドゥ　約束　この　三　句
阿珠　諾言　这　三　句
アドゥの誓ったこの三句の約束は、
阿珠说过的这三句诺言，

uo gu　ma　ɲi　no　ma　i
枕　　ない　だ　知る　ない　できる
枕头　不　是　知道　不　会
枕でなければ知ることはできない。
不是枕头不会知道.

(10) A

se　hɯ　se　nɯ　ʂæ　hɯ　ʂæ
歩く　さらに　歩く　(助)　長い　さらに　長い
走　越　走　(介)　长　越　长
歩けば歩くほど遠くなる、
路越走越远，

ʐə tʂa　le　kuə　bi　ɲi gu
道の途中　(助)　巻きつける　行く　〜したい
路途　(介)　绕　去　想这样
道の途中を巻きつけてしまいたい。
想把路程绕起来.

(9) B【偲ぶ歌】

㋫あなたが私たちの約束を忘れてしまったかどうかは知らないけれど、枕はきっと覚えているはずだ。

㋲「枕はきっと覚えている」の意味づけは、歌い手たちにとっても必ずしもはっきりしているわけではない。枕は忘れていないから、私たちの約束、つまりツマドイ関係は続くだろうというくらいに意味づけている。前歌と同じく掛け合いを始めるための挨拶であろう。

㋭リジャズ資料 (109)。トディ資料 (2)。
注：通訳5分。

(10) A【拒む歌】

㋫私たち二人の家の道のりはとても遠いから、あなたとはツマドイをしたくない。

㋲道の途中を巻きつけてしまうことは不可能であり、道が遠いことを理由にしてその女とのツマドイを拒んでいる。当該歌を含め類歌はみな、道が遠いからツマドイしたくないと意味づけている。

> 我々の感覚では、当該歌は道が遠くなかなか逢えない男女が、その逢いがたさを嘆く歌と意味づけるのが自然だろう。万葉集にはこれとよく似た発想の歌がある。「君が行く道のながてを繰畳ね焼き亡ぼさむ天の火もがも」(15—3724)。この差はモソ人と我々の恋愛観の違いに起因しているのであろうが、歌の表現とは意味的には完結しないことを示している。

㋭リジャズ資料 (72)、(73)、(127)、(194)。トディ・ダシブチ資料 (113)、(114)。

(11) B

dʑi	ua	kʰo	la	tʰi	mu dʑio
水	呼ぶ	音	(助)	できる	聞こえる
水	喊	声	(介)	能	听见

水の流れる音は聞こえるが、
水流淌的响声听得到,

dʑi	mæ	mu	dʑio	tʂua	ma	tsʰɪ
水	しっぽ	下	辺り	落ちる	ない	来る
水	尾巴	下	边	落	不	来

水の尾は流れてこない。
但水尾却没有流下来.

(12) A

sɪ	la	dɯ	go	sɪ	ma	ɲi
木	(助)	一	山の斜面	木	ない	だ
树	(介)	一	坡	树	不	是

木は同じ一つの山の斜面の木ではないから、
树不是同一个山坡的树,

sɪ ɲia	hua hua	lo	ma	dʑio
枝	交わる	こと	ない	ある
树枝	交错	事	不	有

枝が交わることはない。
树枝互相交错没有意思.

(11) B【けなす歌】

㉞あなたは私とツマドイをしたがっているそうだけれど、全然やって来ない。
㉟前歌を意味的に受けつつ、あなたがやって来ないのは道が遠いからではなく気が弱いからだと相手をけなしている。
㊱トディ資料(5)は同一歌。トディ・ダシブチ資料(20)。
注:通訳5分。

(12) A【拒む歌】

㊲私たちは同じ所の人ではないから、ツマドイは意味がない。
㊳[sɪ ɲia]は[sɪ](木)、[ɲia](眼)からなる。枝の折れたところが眼のように見えるから。
㊴同じ所とは同じ村や近くにある村を指すというが、それは他村の人とツマドイできないということではない。「同じ所の人でなくてもツマドイできる」という次歌があるように、同じ所(同じ山の斜面)とは、それをめぐって歌の掛け合いを持続するための素材として提供されている。
㊵(13)、(41)。リジャズ資料(13)、(39)、(49)、(50)。トディ・ダシブチ資料(34)、(126)。

(13) B	(13) B【誘い歌・切り返し】
sɿ la dɯ go sɿ ma ɲi 木（助）一　山の斜面　木　ない　だ 树（介）一　　坡　　树　不　是 木は同じ一つの山の斜面の木ではないけれど、 树虽然不是同一个山坡的树，	歌 私たちは同じ所の人ではないけれど、愛情があればツマドイすることもできるだろう。 解 前歌と当該歌の連結は、枝が交わるか交わらないかをめぐっての対立、駆け引きであり、前歌を切り返したところで必然的に誘い歌となった。リジャズ資料(49)、(50)はここと逆で、誘い歌を切り返して拒む歌としている。つまり切り返しに意味があるのであり、誘いや拒否は二次的なものである。
sɿ bə le　bo bo　kʰɯ bi 木 枝 （助）　くちづけする　〜させる 树 枝 （介）　　亲吻　　　要让〜这样做 枝を互いにくちづけさせよう。 但要让树枝互相亲吻.	当該歌と似た発想が万葉集東歌にある。「遅早も汝をこそ待ため向つ嶺の椎の小枝の逢ひは違はじ」(14—3493)。小枝が合うか合わないかが恋人に逢えるかどうかの序詞となっている。モソ歌謡当該歌の掛け合いでは、小枝が合うかどうかは等分に可能性があり、それをめぐっての対立が掛け合いを持続させている。万葉東歌はこのようなオーラルな歌世界と素材を共有しながらも、「遅早も汝をこそ待ため」によって、一首を完結させようとする指向性をもっている。
	歌 前歌 解 参照。 注：通訳4分。
(14) A	(14) A【別れを訊ねる歌】
a dzə om　la　a dzə om おばさん　（助）　おばさん 老夫人　　（介）　老夫人 おばさんよ、おばさんよ、 老夫人呀老夫人，	歌 私たち二人のツマドイをどうしよう。 解 「おばさん」には女性をからかうニュアンスがあるという。「しっぽ」は二人の切れたようでまだつながっているツマドイ関係をさすという。

第 2 章　男女分立の恋愛観に収束する歌掛け

si da　mæ go　kʰa i　bi 私たち　しっぽ　どうする　行く 我倆　尾巴　怎么做　去 私たち二人のしっぽをどうしよう？ 我倆之間的尾巴怎么办？	㊴前歌が切り返しにより誘い歌となったのを受けて、ツマドイ関係にある男女の立場で、そのツマドイに疑問を呈し、別れを訊ねている。(1)、(3)の誘い歌と同じく掛け合いへの誘いの機能を持つが、それらに比べて、悪口歌の掛け合いへの誘いという意図が強いと思われる。また、その意図が「おばさん」というからかいの語を選ばせているのだろう。 けなしのニュアンスを含んだ「おばさん」という語によって歌掛けに誘うという表現が、日本書紀の歌謡（124）に見出せる。「打橋の頭の遊びに出でませ子。玉手の家の八重子の刀自。出でましの悔いはあらじぞ、出でませ子。玉手の家の八重子の刀自」。（頭の遊びとは橋のたもとで行われた歌垣。） ㊵トディ・ダシブチ資料 (9)、(12)。トディ資料 (27)、(52)。
(15)　B <u>dʑia na</u>　le　da　so bo　dʑio 腰帯　（助）　織る　三本　ある 腰帯　（介）　织　三根　有 織りあがった腰帯が三本ある、 你送给我的腰帯有三跟， ṣæ　i　bi　nɯ　dʑæ　i　bi 長い　する　行く　（助）　短い　する　行く 长　做　去　（介）　短　做　去 長く切るか短く切るか？（あなた次第だ。） 剪成长的还剪成短的随你的便.	(15)　B【別れを訊ねる歌】 ㊶むかしあなたは私に通ってきたが、今では私を棄てようとしている。関係を切るも切らぬもお前しだいだ。 ㊷「腰帯」は求婚の際に男女双方が交換する儀礼的な品物であることから、「むかしあなたは私に通ってきたが、今では私を棄てようとしている」という意味づけが可能となる。前歌と同じ「別れを訊ねる歌」という主題を、異なる比喩素材によって表現することで連結している。以下の悪口歌の掛け合いへと続く。 ㊸リジャズ資料 (151)。 注：通訳7分。

(16)　A
dzɿ　bi　ma　ɕia　tsʰe　bi　ɕia
木　に　ない　味わう　葉　に　味わう
树　上　不　尝　叶　上　尝
木に未練はないが、その葉には未練が残る、
不留恋树留恋叶,

dzɿ　tʰæ　du　tɕʰi　bo　la　si
木　下　一　涼む　ちょっと　だ
树　下　一　乘凉　才　是
ちょっと木の下で涼んだだけだ。
只不过是到树下乘凉一下而已.

(17)　B
a du　ia ma gu gu　ɲi　la
アドゥ　若い　だ　(助)
阿珠　年纪小　是　(介)
わたしはとても若いのに、
我的年龄还很小的,

dzɿ　bi　lʊ　tʰʊ　tʂʰua　la　ɲi
木　に　実　実る　早い　(助)　だ
树　上　果实　结　快　(介)　是
木に実がなるのは早かった。
只是树上结果结快了.

(18)　A
tʰi　　tsa tsa　la　tʰi　　uə uə
一方で　蹴る　(助)　一方で　積み重なる
一边　　踢　　(介)　一边　　推积
一方で蹴っても一方で積み重なる、
一边踢一边推起来,

(16)　A【けなす歌】
㋲私たちのツマドイ関係はちょっとした遊びで、あなたには何の未練も無いが、私たちの子供に未練が残る。
㋘「葉」に未練が残るのは、葉の作る木陰が涼しいからだが、それを㋲は「私たちの子供」と意味づけている。この㋲は歌い手Bによるものであるため、その場にAもいて同意してはいたが、Aが当該歌を歌ったときにも、「葉」を「子ども」と意味づけていたかはわからない。実際の掛け合いにおいては、Bの次歌の「実がなる」によって当該歌の「葉」が「子ども」の比喩として認識されることになるのであろう。

(17)　B【けなす歌】
㋲私はまだとても若いのに、ただあなたのせいで早くも子を産んでしまった。
㋘前歌の「葉」の比喩を、「子ども」と意味づけての切り返し。
注：通訳5分。

(18)　A【自慢歌】
㋲私の周りには私を好きな女がたくさんいて、蹴っても蹴っても蹴りきれない。私はそういう女とはツマドイをしたくない。
㋘それほど自分はもてるという自慢歌。
㋰トディ・ダシブチ資料（8）。

第2章　男女分立の恋愛観に収束する歌掛け

ɲia　nɯ　ma　bi　bi　hi　ɲi 私　(助)　ない　行く　言う　の　だ 我　(介)　不　去　说　的　是 私自身は行かないと言った。 是我自己说不去的.	
(19)　B <u>tsa do</u>　gə　ts^{h}u　gə　li　lu 雑種　上　跳ぶ　上　見る　(助) 杂种　上　跳　上　看　(介) 雑種が跳ぶように上を向いて奢って歩いている、 杂种你不要跳来跳去, <u>ʂu ʂu</u>　tɕ^{h}i　uo　tso　t^{h}a　k^{h}ɯ 三顆針　刺　上　ひっかかる　～するな　失う 三颗针　刺　上　挂　不要　丢 三顆針の刺にひっかからないように気をつけろ。 担心挂到三颗针的刺上面.	(19)　B【けなす歌】 (歌)雑種よ、そんなに奢っていると、私に及ばないような女でさえひとりもものにすることができないよ、気をつけなさい。 (語)「雑種」は男をけなす呼称。「三顆針」は中国語で「黄蓮」といわれる。枝の葉の生える部分ごとに刺が三本ある木。266ページ参照。 (遠)「跳ぶように上を向いて歩く」は男の奢った態度を表わしているという。前歌の自慢を切り返し、男のツマドイ相手を刺のある木に譬えてけなしている。 (類)トディ・ダシブチ資料 (9)、(10)、(12)、(13)、(77)、(78)。 注：通訳4分。
(20)　A zo　si　<u>ma na</u>　gu　hi　ɲi 息子　(助)　そこそこだ　できる　な　だ 儿子　(介)　差不多　会　的　是 私はそこそこの男である、 我并不是很差的男人, <u>la t^{h}a iə</u>　nɯ　le　hæ　zi 良くない女　(助)　(助)　害する　た 不好的女人　(介)　(介)　害　了 (お前のような)良くない女が(私を)害した。 是你这个不好的女人害了我.	(20)　A【けなす歌】 (歌)もしお前が私を誘い込まなかったら、お前よりもっといい女とツマドイしたのに。 (遠)前歌が「三顆針」の比喩によって表現したところを、具体的に「良くない女」と意味づけることで連結されており、直接的に相手をけなす歌となっている。このように比喩を意味づけることで連結する方法がある。

(21)　B
ȵia　lə　kʰi mi　so　gə gə　si
我　家　大門　三　叩く　（助）
我　家　大門　三　拍打　（介）
あなたが私の家の大門を三度叩いたとしても、
就算你拍下我家的大門,

kʰi mi　a ia　bi　ma　i
大門　アイヤ　言う　ない　はずだ
大門　啊呀　説　不　会
大門はアイヤ(痛い)とはまさか言わないだろう。
大門也不会"啊呀"的叫痛.

(22)　A
tʂʰæ　mi　pæ　kʰua　æ　le　tʊ
鹿　母　顔　銅　（助）　包む
鹿　母　脸面　铜　（介）　包
母鹿の顔はひと塗りの銅に包まれている、
母鹿的脸上象包了一层铜,

dʐu bə　ə go　zo　tʰa　li
土壁　隅　息子　～するな　見る
土墙　角落　儿子　不要　看
こっそりと土壁の隅から私を見るな。
不要躲在墙角来看我.

(23)　B
bʊ　si　dʐio ga　kʰua le a
ヤク　毛糸　マント　肩にかける
牦牛　毛线　毯子　扛在肩
ヤクの毛糸のマントを肩にかけて、
把你的毯子扛在肩上,

(21)　B【けなす歌】
㊌たとえあなたが手を変え品を変え私に迫っても、私もあなたに答えはしないよ。
㊙前歌が直接的に相手をけなす歌になったのに応じて、「私の家」を入れて直接的にけなす歌としている。注：通訳4分。

(22)　A【けなす歌】
㊌お前のように恥知らずな女は、私を誘おうなどと思うな。
㊙再び比喩によって相手をけなす。鹿は出会うとその表情を変えずしばらくじっとこちらを見る。だから何があっても表情を変えない恥知らずな顔の比喩となるという。
㊙トディ・ダシブチ資料 (54)、(128)。

(23)　B【拒む歌】
㊌雑種よ、行ってしまえ。私もあなたもいらない。
㊙「雑種」は男をけなす呼称。
㊙「あなたはあなたの道を行け」には、私は私の道を行くという意味が含まれているだろう。リジャズ資料の「私たちに

tsa do　　no　　ʐə　　no　　tɕʰio　　hu 雑種　あなた　道　あなた　について　行く 杂种　你　路　你　跟着　去 雑種よ、あなたはあなたの道を行け。 杂种你走你的路吧！ (24)　A a du　　　o lo　　le　　tɕʰio tɕʰio アドゥ　私たち　（助）　一緒に 阿珠　我们　（介）　一起 アドゥよ、私たちは一緒に、 阿珠我们一起走， ua　ʂua　ba ba　dʐa　a　bi 山　高い　花　摘む　か　行く 山　高　花朵　摘　（介）　去 高い山に花を摘みに行きますか？ 去不去摘高山上的花朵？ (25)　B ua　ʂua　ba ba　ba　ma　ɲi 山　高い　花　花　ない　だ 山　高　花朵　花　不　是 高い山の花は花ではない、 高山上的花朵不是花， a du　　o zɪ　　ba ba　ɲi アドゥ　私たち　花　だ 阿珠　我俩　花朵　是 アドゥよ、私たち二人が花だ。 阿珠我俩是花朵.	は自分の人生の道があるはずだ」(201) や「白い道と黒い道」(82、202) に通じ る表現。ここには男女は所詮別々に生き るものだという男女分立の恋愛観が象徴 的に表れている。この男女分立への収束 をもって第1サイクル終了。 注：通訳、休憩。 (24)　A【誘い歌】 ㉔私たちは一緒にツマドイしよう、どう ですか？ ㉔新たに掛け合いを始めるための誘い 歌。 ㉔(1)、(3)。リジャズ資料(11)、 (74)。 注：ここから新たな掛け合い（第2サイ クル）を開始。今度はその都度の通訳を 入れず一気に掛け合ってもらう。 (25)　B【愛情を賛美する歌】 ㉕私たち二人の仲は花のようにとても良 い。 ㉕前歌の誘いを受け、男女の仲良さを称 える歌が歌われる。機能的には掛け合い を始めることの承諾を示す。 ㉕リジャズ資料(31)、(150)。

(26) A

a du	bi	la	du	ma	gu
アドゥ	言う	(助)	アドゥ	ない	はずだ
阿珠	说	(介)	阿珠	不	会

口ではアドゥと言ってもアドゥとは限らない、
说是阿珠就并不一定是阿珠,

tʂɪ gə	du	du du	la	ɲi
ここ	一	ふりをする	(助)	だ
这里	一	伴装	(介)	是

ここではちょっと(アドゥの)ふりをしただけだ。
只是在这里伴装一下而已.

(27) B

a çia	bi	la	çia	ma	gu
アシャ	言う	(助)	アシャ	ない	はずだ
阿夏	说	(介)	阿夏	不	会

口ではアシャと言ってもアシャとは限らない、
说是阿夏就并不一定是阿夏,

tʂɪ gə	du	çia çia	la	ɲi
ここ	一	試す	(助)	だ
这里	一	试试	(介)	是

ここではちょっと試してみただけだ。
只是在这里试探一下而已.

(28) A

no	lə	a uo	ɲia	tʰi	tʰo
あなた	家	家の中	私	もう	至る
你	家	家里	我	已	到

私はあなたの家の中にはもう入ったことがある、
你家的家里我到过了,

(26) A【けなす歌】
㊗ただちょっと戯れに、適当に一、二度あなたに通っただけなのだ
㊟第2サイクルは一組の誘い歌とその承諾で始まったが、ここから再び悪口歌の掛け合いとなる。それは誘い歌や愛情を賛美する歌が掛け合いを始めるための挨拶であることをよく示している。当該歌は、(24)、(25) の男女の仲良さを、実は「ふりをしただけだ」として悪口歌へ移行していく。男女の仲良さつまり男女合一のすばらしさは、いきなり疑われていくのであり、それを疑わせるものが男女分立の恋愛観である。

(27) B【けなす歌】
㊗[çia çia] は「試す」という意であり、アシャ [a çia] とは全く意味が異なるが、歌の上で連想が働くという(ジパによる説明)。
㊟前歌と同構造、類似する語によって切り返す。
㊟リジャズ資料 (96)。

(28) A【けなす歌】
㊗相手の家をけなすことで、相手をけなす。

相手の家をけなす悪口歌が、古事記 (清寧天皇条) に記された歌垣記事の歌にある。「大宮のをとつ端手すみ傾けり」【御殿のあっちの隅が傾いてい

第2章 男女分立の恋愛観に収束する歌掛け

ʐa	kʰɯ	tʰi	la la	lu	dʑio
柱	足	もう	ゆらゆらする	(助)	有る
柱子	脚	已	揺晃	(介)	在

柱はゆらゆらして（今にも倒れそうだ）。
你家的房柱摇摇晃晃的象要到了一样.

るぞ】(記歌謡 105) と、相手の建物をけなした歌や、「王の御子の柴垣 八節結り結りもとほし 切れむ柴垣 焼けむ柴垣」【たくさんの結び目でしっかり作ってあっても、切れてしまうし、焼けてしまうぞ】(記歌謡 109) と、ぐらついている垣を素材としての悪口歌である。古代日本にも悪口歌を掛け合う歌垣があったことを示している。なお、これらの掛け合いが頭韻、脚韻を巧みに使った掛け合いであることは別に述べたことがある。(遠藤「海灯会［芘碧湖歌会］に関する報告と考察」。工藤隆・岡部隆志『中国少数民族歌垣調査全記録 1998』、大修館書店、2000 所収。)

(29) B

hi	di	zo	la	ŋu	di	tsʰɪ
別の	所	息子	(助)	私	所	来る
別	地方	儿子	(介)	自己	地方	来

別の所の男が私の所へやってきた、
其他地方的男人到我们地方来,

dʑia na	dʑia	ə	da	ba	tsʰɪ
腰帯	良い	個	織る	持つ	来る
腰带	好	个	织	带	来

とても良い腰帯をもってきた。
带来了很好看的腰带.

(29) B【けなす歌】
㊳遠くの男が私にツマドイにやってきて、求婚にはとても立派な贈り物をもってきた。
㊴正式にツマドイを開始するにあたり、男が腰帯などを持って、夜間女の家に求婚に行く習俗がある。
㊵男（A）が女（B）の家に来たことがあるという前歌の状況を意味的に受けることによって連結している。その上で、遠くの男は腰帯を持ってきたのに、お前は柱をけなすだけで、何も持ってこないじゃないかというけなしとしている。

(30)　A a du　ʂu ʂu　kə na　ɲi アドゥ　紙　鷹　だ 阿珠　纸　老鹰　是 アドゥは紙（で作った）鷹だ、 我是用纸做成的老鹰， dʑi　kʰi　tʰʊ　la　le　ia　ho 水　辺り　至る　(助)　(助)　溶ける　～だろう 水　边　到　(介)　(介)　融化　要 水辺にいたればきっと溶けてしまうだろう。 到了水边就要融化了.	(30)　A【自慢歌】 [歌]私はふらふらした人間だから、大切なときにはお前を棄ててしまうだろうよ。 [遠]「ふらふらした人間」とは、たくさんのツマドイ相手がいるような人間だという。その意味では（32）と同じく自慢歌と思われる。しかし、後句「溶けてしまう」については、ダシブチ資料（巻末補足資料２）（59）に、「往時を思い出さなければ心は落ちついているが、思い出すと溶けてしまうようだ」とあり、ダシブチは「溶けてしまうとは、大変惨めで、悲しい様子をあらわす」と説明している。とすれば、当該歌は女の立場で男をけなす歌とも、男の立場で、女のアドゥをけなすことでその女をけなす歌としても意味づけ可能だ。[歌]は、男の立場で、しかも「溶ける」を「アシャを棄てる」と意味づけて自己の行為としたものである。 [類]（43）。トディ・ダシブチ資料（63）（112）。
(31)　B ɲia　du　mæ kuə　gu tʂɪ　ɲi 私　アドゥ　アメリカ　絹　だ 我　阿珠　美国　丝绸　是 私のアドゥはアメリカの絹だ、 我的阿珠是美国的丝绸， hi　go　tʰʊ　la　ia　ma　gu 雨　中　至る　(助)　溶ける　ない　はずだ 雨　里　到　(介)　融化　不　会 雨の中にいたっても、溶けることはないはずだ。 到了雨里也不会融化.	(31)　B【自慢歌】 [歌]私のアドゥはしっかりした人だから、私に対する悪い噂を誤って信じて私を棄てることなどあるはずがない。 [語]モソ人にはもともと絹はなかったが後に永寧で売られるようになった。それが珍しかったため、アメリカから輸入された舶来品と考えられ、歌詞の中で「アメリカの絹」との歌い方となったという。 [遠]前歌はアドゥを歌い手Ａ自身としているのに対し、当該歌はそれを自己のアドゥとしている。つまり、Ｂは前歌を、前歌[遠]に示した解釈のうち、男の立場で女のアドゥをけなすことで女をけなす歌として解釈し、それを「私のアドゥは」

(32) A
zo　la　ua　ʂua　bʊ tsʰe tʰa
息子（助）山　高い　雄ヤク
儿子（介）山　高　公牦牛
俺は高い山の雄ヤクだ、
儿子是高山上的公牦牛,

ia tsɿ　zi　dʑia　zi　le　bi
ヤズ　どこ　良い　どこ（助）行く
桠子　哪里　好　哪里（介）去
ヤズがあるところにはどこへでも行く。
哪里有"桠子"就去哪里.

(33) B
ia tsɿ　æ　bi　di　hi　tʰɯ
ヤズ　山の崖　～に　生える　の　この
桠子　山崖　上　长　的　这
山の崖に生えるこのヤズは、
生长在山崖上的这个"桠子",

bʊ　zo　ȵia lə　gu　i zi
ヤク　息子　目　痛い　きっと～だろう
牦牛　儿子　眼睛　痛　会这样
ただヤクの目を痛がらせるだけだ。
只会看痛牦牛的眼睛.

と明確化して切り返していることになる。さらに「溶ける」から連想される「雨」を悪い噂と意味づけている

(32) A【自慢歌】
㉞私は雄ヤクと同じように、娘がいる所にはどこへでも行く。
㊙「ヤズ」は小さい花の咲く植物という共通の理解はあるようだが、実物は冬虫花草とも豚の餌になる草ともいわれ不明。
㊗自慢歌。ヤクが歩き回ることを多くの異性とのツマドイと意味づけるのは、㊙に示したように共有されている。
㊙リジャズ資料 (20) (59)。トディ・ダシブチ資料 (4) (5)。トディ資料 (45)。ダシブチ資料 (4)。

(33) B【自慢歌・拒む歌】
㉞私はとてもきれいな娘だからあなたの求愛に応えない。あなたはただいたずらに思い焦がれるだけだ。
㊗前歌の意味づけであるところの、ヤク＝男、ヤズ（花）＝女を共有し、それを踏まえて前歌の自慢を切り返している。

(34) A
sɿ uo	gu	so	æ	bi	di
梢	九	種	山の崖	〜に	生える
树梢	九种		山崖	上	长

すべての木はみな山の崖の上に生える、
所有的树木都生长在山崖上,

li na	tʰɯ	dzi	tʰi	ma	di
茶の木	この	本	(助)	ない	生える
茶树	这棵	(介)		不	长

この茶の木だけは生えない。
只有这棵茶树没生长在山崖上.

(35) B
dʑi	nɯ	ma	dzo	æ	nɯ	dzo
水	(助)	ない	隔てる	山の崖	(助)	隔てる
水	(介)	不	阻挡	山崖	(介)	阻挡

水は隔てないが、山の崖が隔てる、
水不阻挡, 山崖阻挡,

no	kɯ	ma	ʂu du	ni gu
あなた	後ろ	ない	思う	ようだ
你	后面	不	想念	一样

あなたの後ろであなたを思わないようだ。
就象没有你在后面想念你一样.

(36) A
dʑi	du	dzo	ʂua	tsʰi	bi	bi
水	漲る	橋	高い	架ける	行く	言う
水	涨	桥	高	塔	去	说

水が漲るときに高い橋は造るというが、
说水涨的时候塔高的桥,

(34) A【拒む歌】
㊗たくさんの娘がここにいるが、私を好きな娘はここにはいない
㊟相手の女を直接けなすのではなく、「私を好きな娘はここにはいない」として、相手の女を拒む歌である。誘い歌が掛け合いを始める機能を持っているとすれば、拒む歌は機能としては掛け合いを終わらせることになる。

(35) B【誘い歌】
㊗わたしはあなたを思わないというわけではないが、いろいろな障害が邪魔するのだ。
㊟前歌が拒む歌として、機能的には掛け合いを終わらせる方向へ向かったのに対し、それはいろいろな障害が邪魔をするからであり、実際にはあなたを思っていると誘い歌を歌う。誘い歌が機能的には掛け合いを持続する方向へ向かうからである。

(36) A【拒む歌】
㊗あなたのために高い橋を架ける必要はなく、あなたとはツマドイをしたくない。
㊟体重が軽いから橋を架ける必要はないということ。橋を架けることがツマドイの比喩になる例は多い。「水が漲る」に

第2章 男女分立の恋愛観に収束する歌掛け

a du	ZU	liə liə	la	gu
アドゥ	軽い	とても	（助）	はずだ
阿珠	軽	非常	（介）	会

アドゥの体重はとても軽い。
但阿珠的重量却很轻．

(37) B

zə mi	tṣə	ma	di	ma	gu
道	数える	ない	有る	ない	はずだ
路	算	不	有	不	会

数えられない道はあるはずがない、
不能算的道路不会有，

o lə	zə tṣa	i	hi	ɲi
私たち	途中	する	の	だ
我们	路途	做	的	是

道のりは私たちが歩いてできあがるのだ。
路程是我们走出来的．

(38) A

dʑi dʑi	go	bi	mu	le	gæ
ジズ	山の斜面	〜に	火	（助）	焼
吉子	坡	上	火	（介）	烧

ジズのある山の斜面は焼けてしまった、
有"吉子"的山坡被火烧了，

sɪ tṣi	le si	no	kʰi	tʰʊ
積んだ薪	終わる	あなた	上	至る
推柴	完了	你	上	到

薪も使いおわったので、あなたに至った。
推柴也忘了，就到你了．

注目し意味をもたせる歌（リジャズ資料45など）もあるが、当該歌では無視されている。当該歌も拒む歌であり、機能として掛け合いを終わらせようとしている。
㊟リジャズ資料（43）（45）。トディ・ダシブチ資料（55）（56）。

(37) B【誘い歌】
㊌私があなたにつりあわないということはできないはずだ、ただ二人の感情があえばツマドイをしよう。
㊙拒む歌に対して逆方向の誘い歌が歌い出され、掛け合いが持続されていく。

(38) A【けなす歌】
㊌お前が好きというわけではないのだが、近くにいる娘は皆アドゥがいるので、しかたなくお前に通ったのだ。
㊤「ジズ」は低木で、よく燃え、薪の材料とする。
㊙再び悪口歌の掛け合いが始まる。ジズは女の比喩。「あなたに至った」は前歌の誘いを受け、ひとまず歌の上でのツマドイ関係を肯定する。その上で、このツマドイに至ったのは他に女がいなかったからだと、相手の女をけなす。この連結は、(24)(25)に対する(26)(27)のそれと等しい。
㊟トディ・ダシブチ資料（50）。トディ資料（39）。

(39) B dʑi dʑɪ　　go　　bi　　u dʑɪ　　zo ジズ　　山の斜面　上　小鳥　息子 吉子　　　坡　　上　小鸟　儿子 ジズのある山の斜面の小鳥よ、 有"吉子"的山坡上的小鸟, dʑi li ka la　　no　　　tʰa　　ua ジリカラ　　　あなた　～するな　鳴く 几哩咯啦　　　你　　　不要　　鳴叫 あなたは「ジリカラ」と鳴くな。 你不要"几哩咯啦"地鸣叫.	(39) B【拒む歌】 ㊙もうアシャがいるような男よ、適当なことを言って私を騙すな。 ㊙前歌にてジズを女の比喩としているのを踏まえ、男を小鳥、そのアシャをジズと表現している。 ㊙トディ・ダシブチ資料 (39)、(85)。
(40) A zo　　si　　uə　go　ba ba　ɲi 息子　（助）　村　中　　花　　　だ 儿子　（介）　村　里　　花朵　　是 俺は村の花だ、 我是村里的花朵, zo　　kɯ　　uə　　mu ʂu　　i zi 息子　後ろ　　村　悩み煩う　はずだ 儿子　后面　　村　烦闷　　　会这样 俺が去ったあと村中の人が悩み煩うだろう。 我走后, 整个村都会烦闷.	(40) A【自慢歌】 ㊙俺はとても立派な男だ。私が去ってしまった後、やっと私の大切さがわかるだろうよ。 ㊙自慢歌であるが、「俺が去ったあと」という表現は掛け合いを終わらせる方向へ向かう。 ㊙トディ・ダシブチ資料 (3)。リジャズ資料 (37)。
(41) B sɿ　si　　dɯ　　　go　　sɿ　ma　ɲi 木（助）　一　　山の斜面　木　ない　だ 树（介）　一　　坡　　　树　不　　是 木は一つの山の斜面の木ではない（が）、 树不是同一坐山坡的树,	(41) B【誘い歌】 ㊙私たちは同じ所の人ではないが、私たちの間でツマドイをしよう。 ㊙前歌が掛け合いを終わらせる方向性をもつのに対して、掛け合いを持続することを告げる意思表明。(12)、(13) 参照。 ㊙ (12)、(13)。リジャズ資料 (13)、

第2章　男女分立の恋愛観に収束する歌掛け

sɿ kʰɯ le kʰo kʰo kʰɯ bi 木 根 （助） 折りたたむ ～させる 树根 （介） 折叠 要让～这样做 木の根をお互いに絡みつけさせよう。 但要让树根互相缠绕起来．	（39）、（49）、（50）。トディ・ダシブチ資料（34）、（126）。
(42) A dʑi la dɯ dʑi dʑi ma ɲi 水 （助） 一 川 水 ない だ 水 （介） 一 河 水 不 是 水はひとつの川の水ではない（が）、 水不是同一条河的水， dʑi mæ le nu nu iu gu 水 尾 （助） 合流する 来る はずだ 水 尾 （介） 汇合 来 会 水流は合流してきっと一緒に流れるだろう。 但水流会汇合到一起来．	(42) A【誘い歌】 ㊾前歌に同意し、掛け合いを持続。(12)、(13)では同構造、同素材による連結であったが、ここでは同構造、異なる素材によって連結している。 ㊿前歌参照。リジャズ資料（40）。なお、リジャズ資料（39）、（40）の関係は当該（41）、（42）の関係と同じ。
(43) B ua ʂua bi pʰʊ le iə gu sɿ 山 高い 雪 白い （助） 溶ける はずだ ならば 山 高 雪 白 （介） 融化 会 的话 高い山の白い雪はきっと溶けるはずだとしても、 高山上的白雪会融化， ʂu la le iə hi ma i 思う （助）（助） 溶ける できる ない はずだ 想 （介）（介） 融化 会 不 会 私は思い出してすぐ溶けてしまうはずはない。 我却不能象白雪一样一想就融化．	(43) B【自慢歌】 ㊵私は悲しいことを思い出しても、そんなことに傷ついてはいない。 ㊶「溶ける」とは心が極度に傷つき悲しむ様子を表わす。 ㊷前歌が誘いにより掛け合いを持続させたのを受けて、自慢歌が歌われる。 ㊸(30)。トディ・ダシブチ資料（63）、(112)。

(44) A tʂʰæ pʰʊ go tsʰi go dʐæ lu 鹿 雄 山の斜面 跨ぐ 山の斜面 越える (助) 鹿 公 坡 跨 坡 越 (介) 雄鹿は一山一山を越えていく、 公路跨越一座又一座山了, tʂʰæ mi do kʰi tʰɯ i lu 鹿 母 急な坂 辺り 疲れる はずだ (助) 鹿 母 陡坡 边 累 会 (介) 母鹿は急な坂の辺りできっと疲れてしまうだろう。 母鹿会累倒在陡坡边.	(44) A【自慢歌】 [歌]お前は私に及びもしない。 [遠]前歌に対抗する自慢。雄鹿、雌鹿がそれぞれツマドイする男、女を比喩する語として共有されている。 [類]トディ・ダシブチ資料(1)、(2)。リジャズ資料(22)、(23)。
(45) B æ gæ sɪ ɕia ɯ la tsɪ オウム 木 試す 精通する (助) 言う 鹦鹉 树 试 内行 (介) 说 オウムは木を試す目にとても精通しているという、 常说鹦鹉看树很内行, tʰo bə tʂɪ uo ha lʊ dʑio 松 枝 この 上 とまる (助) いる 松树 枝 这 上 栖息 (介) 在 (しかし)松の枝の上にとまっている。 却栖息在松树枝上.	(45) B【けなす歌】 [歌]あなたは女をとてもよくを知っているというくせに、よくない女に通っている。 [遠]松は木材としては評価されない木である(トディ・ダシブチ資料108、リジャズ資料114参照)。オウムは口先だけの浮気な男の比喩として共有されているが、当該歌は前歌の自慢を「オウムは木を試す目に精通している」という比喩によって受け、さらにそのオウムがよくない松(女)にとまっているとしてけなしている。 [類]リジャズ資料(17)、(54)、(55)。トディ・ダシブチ資料(57)。
(46) A sɪ zi ma zi la kʰa zi 木 真っ直ぐ ない 真っ直ぐ 白樺 真っ直ぐ 树 直 不 直 白桦树 直 木は真っ直ぐもそうでないも白樺が真っ直ぐだ、 树直不直白桦树直,	(46) A【けなす歌】 [歌]見た目にはとてもきれいな女も、その心はとても醜い。 [語]白樺は日本のそれとは異なるが、うっすらと白く真っ直ぐに伸びており山の木々の中では目立つ大木である。その中は実際に虫食いが多く、薪にはならない。

ラカ（白樺）

la kʰa　go lo　bʊ　le　dzɯ
白樺　　中　　虫　（助）食べる
白桦树　里面　虫　（介）吃
（しかし）白樺の中は虫に食べられている。
但白桦树里面却被虫吃了．

(47)　B

sɿ　ṣua　ma　ṣua　ʑɿ na　ṣua
木　高い　ない　高い　杉　高い
树　高　　不　　高　　杉　高
木は高いも高くないも杉が高い、
树高不高杉树高，

ʑɿ na　go lo　go le bə
杉　　　中　　空っぽ
杉树　里面　空心

㊶前歌の、松がよくない木であることからの連想だろう。素材の一部をとって軽く連結している。
㊷リジャズ資料（51）、（52）。トディ・ダシブチ資料（106）。

(47)　B【けなす歌】
㊸見た目にはとてもハンサムな男も、その心はとてもよくない。
㊹杉の木の多くは中が空洞であり、薪にはしない。
㊺前歌と同構造、異なる素材による切り返し。
㊻前歌㊷参照。

（しかし）杉の中は空っぽだ。 杉树里面却是空心的.	
（48） A ʐɪ na　ɕi　go　dʑio　bi la 杉　林　中　ある　たとえ～ても 杉树　丛林　里　在　就算 たとえ杉の林の中にいても、 就算杉树林中， ʐɪ p^{h}ʊ　k^{h}a da　la　k^{h}ɯ bi ジプ　ハダ　ゆれる　させる 日普　哈达　飘　要让～这样做 ジプをハダのように揺らそう。 也要让“日普”象“哈达”一样飘动.	（48） A【自慢歌】 [歌]たとえあなたの言うようにわたしは杉のように心がよくなくても、楽しく暮らそう。 [語]「ジプ」は、杉や松などに寄生する緑色のつる草。枝から垂れ下がっており、風が吹くと揺れる。174ページ参照。ハダ（チベット語）は、チベット族が客をもてなす際、客に捧げる絹の細長い布。客はこれを首に巻いておく。これに似た習俗にリジャズ村での新築儀礼、葬送儀礼で出会った。 [遠]前歌では中が空っぽな杉を相手のよくない心と意味づけてけなしていたのだが、ここではあえて開き直ってその意味づけを受け入れ、自己を杉としている。 [類]リジャズ資料（107）（168）。トディ・ダシブチ資料（52）、（109）。
（49） B dʑia　la　ʐɪ　be　dʑia　ɲi　tsɪ よい　（助）　杉　枝　よい　だ　言う 好　（介）　杉树　枝　好　是　说 もっとも良い枝は杉の枝だと言うけれど、 说最好的树枝是杉树枝， t^{h}o　bə　ma　ɲi　bi　ma　bo 松　枝　ない　だ　雪　ない　耐える 松树　枝　不　是　雪　不　承受 松の枝でなければ雪（の圧力）には耐えられない。 但不是松树枝承受不了雪的压力.	（49） B【自慢歌】 [歌]ふだんよいといっている娘が必ずしもよいわけではない、見た目ではたいしたこともない娘が辛く厳しい生活にも耐えられるのだ。 [遠]前歌が自己を杉に譬えて開き直ったのを受けて、当該歌では、自己を一見劣る松に譬えて、しかも雪の圧力に耐えられるかどうかという点で杉より勝るということを主張し、自慢歌としている。 注：ここで掛け合いの第2サイクル終了。

【参考資料1 「長脚蚊」の歌】

(50－1) B

ŋo tʂuə	kʰɯ	ʂæ	mi	nɯ
蚊	足	長い	匹	(助)
蚊子	足	长	只	(介)

脚の長い蚊が、
长脚蚊,

tʰa	zo	ma	tʰa	zi
刺す	(助)	ない	できる	耐える
咬	(介)	不	能	耐

刺して耐えられない、
咬得我受不了啦,

iu	bi	zi	iu	bi	zi
来る	た	(助)	来る	た	(助)
来	了	(介)	来	了	(介)

(私は通いに)来たよ、来たよ。
就来了, 就来了.

(50－2) B

ai	le	i	zi	la
おばあさん	(助)	眠る	た	(助)
奶奶	(介)	睡	了	(介)

おばあさんはもう眠ったが、
奶奶已睡觉了,

a pʰʊ	ma	i	sɿ	la
おじいさん	ない	眠る	まだ	(助)
爷爷	不	睡	还	(介)

おじいさんはまだ眠らない、
但爷爷还没睡觉,

(50－1) B【男が女を誘う・男の立場の歌】
注：(50)は永寧一帯に流布している固定歌詞の民謡「長脚蚊」の歌を歌ってほしいとの遠藤の依頼によりBに歌ってもらったもの。内容の上から(50－1)～(50－4)に分割した。「長脚蚊」の歌は永寧一帯に流布している。老人への聞き書きによる範囲ではリジャズ村には流布していない。
㊳(50－1)は、蚊が刺して耐えられないから入れてくれという歌で、女のもとにツマドイにやってきた男の立場の歌。実際のツマドイはこっそりと行うべきもので、このような歌は歌わないという。ただしツマドイに行く途中に口笛などで吹くことはありえるという(阿洪生談)。

(50－2) B【女が男を拒む・女の立場の歌】
㊴おばあさんは眠ったが、おじいさんは眠っていないから来ないでねという女の立場で男を拒否する歌。ワラビ村の母系家庭において、[a i]は子にとって母の母、及び母の姉妹、[a pʰʊ]は母の母の兄弟、母の兄弟を指すのが一般的。
前歌と当該歌は同構造で、男の誘いと女の拒みになっている。

tʰa	iu	sɿ	tʰa	iu	sɿ
するな	来る	(助)	するな	来る	(助)
不要	来	(介)	不要	来	(介)

来ないでね、来ないでね。
先不要来，先不要来．

(50—3) B

kʰu	mi	ȵia kʰua	mi	nɯ
犬	母	目の縁	匹	(助)
狗	母	眼眶	只	(介)

(よくない)母犬が、
那只不好的母狗，

kʰo	zo	ma	tʰa	zi
賢い	(助)	ない	できる	耐える
灵	(介)	不	能	耐

賢そうにしていて耐えられない、
机灵的没有办法了，

tsɿ da pʊ da	bi	tʰa	kʰɯ
ツダブタ	響く	するな	放っておく
子达不达	响	不要	放

ツダブタという足音を響かせないでね、
不要发出子达不达的声音，

le	iu	le	iu
(助)	来る	(助)	来る
吧	来	吧	来

おいで、おいで！
来吧，来吧！

(50—3) B【女が男を誘う・女の立場の歌】

㊙足音を響かせるとよくない犬が嚙みつくから、そうっと部屋に来てね。
㊗「目の縁」とはからかいの言葉。目の縁が垂れたようなイメージ。ダシブチ資料 (16) に「崖の上にいる目縁（の垂れている）老いた鷹」とある。
㊘女の立場の歌。「…耐えられない」という形は (50—1) と同じであり、当該歌第一、第二句は男の歌としても通じる。しかし、当該歌の歌い手はその下に明らかに女の立場の一句を付け加えて、一首を女の立場の歌としている。

(50－4) B

tsʰa	ga	mæ	du	mi	nɯ
マント		短い	尾		(助)
毯子		尾巴短			(介)

尾の短いマントは、
短尾巴的毛毯,

uo	ga	mæ	ma	ga
頭	被る	尾	ない	被る
头	盖	尾	不	盖

頭に被れば（足の）先は出る、
盖住了头盖不住脚,

ŋo	tʂuə	kʰɯ	ʂæ	mi	nɯ
蚊		足	長い	匹	(助)
蚊子		足	长	只	(介)

脚の長い蚊が、
长脚蚊,

tʰa	zo	ma	tʰa	zi
刺す	(助)	ない	できる	耐える
咬	(介)	不	能	耐

刺して耐えられない、
咬得我受不了啦,

tʰa	iu	sɿ	tʰa	iu	sɿ
するな	来る	(助)	するな	来る	(助)
不要	来	(介)	不要	来	(介)

来ないでね、来ないでね。
先不要来, 不要来.

(50－4) B【女が男を拒む・女の立場の歌】

㊾家には布団もないし蚊もいるから来ないでね。

㊿第一、二句は、1995 年発行の『納西族民間歌曲集成』には、マントが短く寒くて耐えられないから入れてくれという意味での男の歌となっている。

以下、寇邦平主編『納西族民間歌曲集成』（雲南民族出版社）所載の「哎！我来了」(演唱：楊爾車、永寧泥鰍溝、1981 年 3 月、採集：王瓊璧、翻訳：楊爾車) の句訳を日本語訳にて記しておく。

（男）私は来たよ、門の外の脚の長い蚊が刺して耐えられない。
（女）来ないでね、囲炉裏にはまだ火があり、おばあさんは眠っていない。来ないでね、もし来るのなら、門の外で音を出さないでね。
（男）私は来たよ、マントが短くて、寒くて耐えられない。
（女）来ないでね、薪にはまだ火が残っているし、おきもまだ消えていない。
（男）私は来たよ、三角屋根の上で真夜中に鶏がもう鳴こうとしている。早く門を開けてくれ。

マントが短く寒くて耐えられないから入れてくれという意味づけによる男の立場の歌を、当該歌は女の立場の歌として解釈しており、マントも布団の代わりとして意味づけられている。第三、四句は(50－1)と等しく、男の歌として解釈可能。それを歌い手は、私の家で寝たら蚊に刺されて「耐えられない」からとして、男を拒む、女の歌と解釈している。この文字資料は誘う男と拒む女という構

図による統一が取れており、男女の一問一答という体裁も整っている。しかし民間ではこのような意味づけが可能であり、おそらくそこにおもしろさがあるのだろう。

古事記に記された「神語り」（記歌謡2・3）が当該歌と類似している。古事記によれば、これは八千矛神(ヤチホコノカミ)が高志国に沼河比売(ヌナカハヒメ)を婚おうと赴き、彼女の家の前で歌った歌、それに沼河比売が戸を開かず家の中から歌い返した歌とされている。八千矛神の歌は「すばらしい女がいると聞いてやってきて、その戸を押したり引いたりしているうちに、もう鳥が鳴いて夜が開けてしまいそうになった。この鳥を殺してしまおう」というようなもの。比売の歌は「私の心は鳥のようで、今は自分の鳥ですが後にあなたの鳥になりましょう。だから殺さないで下さい。また、夜になったら共寝をしましょう。だから恋焦がれなさいますな。」というような拒否の歌である。

【参考資料2 古歌】
(51)　A
<u>a ha ba la</u>　<u>ma da mi</u>
アハバラ　　マダミ
呵哈吧啦　　玛达咪

<u>ba la ia ha</u>　<u>a li li</u>
バラヤハ　　アリリ
吧啦呀哈　　呵哩哩

(51)　A【掛け合いを始める歌】
注：以下、「古歌」を歌ってほしいとの依頼により、Aに五首の固定歌詞の歌を歌ってもらった。
㊳アハバラを歌い始める際には、まずこの歌を歌うという。「アハバラ」はモソ歌謡のメロディー、及び形式の名称。「マダミ」は悲しい気持ちを表す感動詞といわれるが、深く感動したときにも用いられる感動詞であり、日本語の「あはれ」のようなもの。「バラヤハ　アリリ」は不明。

第2章　男女分立の恋愛観に収束する歌掛け

㊙リジャズ資料 (1)、(32)。ダシ・ルゾ資料 (18)、(19)。

(52) B 【掛け合いを始める歌】
㊥「三」は「多くの」という意味。
㊊アハバラを歌い始める時に歌うという。
㊙(53)、(54)。リジャズ資料 (29)、(30)、(148)、(160)。

(52) B
a ha ba la　tʂɿ　so　dʐu
アハバラ　この　三　歌
呵哈吧啦　这　三　首
アハバラ、この三曲の歌は、
呵哈吧啦这三首歌,

ma da　zo　dʐu　tsæ　hi　ɲi
悲しい　息子　友達　なる　の　だ
悲伤　儿子　朋友　成　的　是
悲しい俺の友になるのだ。
是我悲伤痛苦是的伙伴.

(53) B
a ha ba la　guə　uo　ɲi
アハバラ　歌う　頭　だ
呵哈吧啦　唱　头　是
アハバラは冒頭の歌だ、
呵哈吧啦是起头的歌,

guə　uo　ma　uo　tsʰe　la　ɲi
歌う　できる　ない　できる　ただ　(助)　だ
唱　能　不　能　才　(介)　是
ただうまく歌えるか歌えないかの原因にすぎない。
只不过是唱的了和唱不了的原因.

(53) B 【掛け合いを始める歌】
㊌歌の能力があれば歌えばいいし、なければ歌わなければいい。
㊊歌の掛け合いを始めるときに歌うという。
㊙(52) 参照。

(54)　B a ha ba la　　guə　uo　ɲi アハバラ　　　歌う　頭　だ 呵哈吧啦　　　唱　头　是 アハバラは冒頭の歌だ、 呵哈吧啦是起头的歌， guə　uo　sɪ pʰi　dʑio　ma　　gu 歌う　頭　皇帝　　ある　ない　はずだ 唱　头　皇帝　　有　　不　　会 冒頭の歌に皇帝はいないはずだ。 起头的歌上不会有皇帝.	(54)　B【掛け合いを終わらせる歌】 ㊳掛け合いに負けたときや、掛け合いを終わりにしたいときなどに歌うという。 ㊷（52）参照。
(55)　B guə　uo　sɪ pʰi　dʑio　zi si 歌う　頭　皇帝　　いる　ならば 唱　头　皇帝　　有　　的话 冒頭の歌にもし皇帝がいるならば、 如果起头的歌上有皇帝的话， guə　　mæ　hæ kʰo　dʑio　　i zi 歌う　尾　皇后　　いる　きっと〜だろう 唱　尾　皇后　　有　　会这样 きっと終わりの歌には皇后がいるはずだ。 结尾的歌上肯定会有皇后.	(55)　B【掛け合いを終わらせる歌】 ㊳同前。前歌に同意し、掛け合いを終わらせる歌という。

第2章　男女分立の恋愛観に収束する歌掛け

第2章第2節　リジャズ資料の分析

　98年12月4日、リジャズ村への初めての調査に赴く道で、数人の女性が柴刈りをしながら、歌を掛け合っているのに出会った。彼女たちの歌声はとてもよく通るもので、街道から少し離れた山の中から掛け合いの声だけが響いてくるというものであった。残念なことにこういう声は録音機の性能の問題もあって録音できない。そこでこっそりと彼女たちに近づこうとしたのだが、見つかってしまった。こうなるとたいてい彼女たちは恥ずかしがって歌など歌ってくれない。そこで時期をあらため、99年2月に再訪した際、女性3人に集まってもらい、柴刈りなどでの歌の掛け合いを再現してもらうことにした。

　この日われわれは98年12月にもお世話になったマカズ家に投宿した。既に顔なじみであったこともあるが、マカズ家のガウダシ（男・申年56歳）が民間宗教者ダパであり、神謡や神話関係の調査も行うことにしていたからである。ガウダシは四川省塩源県左所の生まれであるが、20数年前に、この家のビマ（女・辰年48歳）と結婚しこの家に住むことになった。マカズというのはガウダシの家名である。子は五人いるが、男二人は長期出稼ぎに行っており留守であり、家には三男と四男、長女と長女の息子がいる。三男は父についてダパの修行をしており、四男は15歳、長女の息子はまだ1、2歳であった。親世代は結婚しているが、長女は妻問いである。長女の妻問い相手は一度も顔を見せなかった。投宿後、今回の来意を話したり、前回写した写真を村の人々に配ったりなどした後、ビマが村の女性二人を呼んできて歌の掛け合いをすると言い出した。既に夕飯をいただき、外は暗くなっている。私の聞きたい掛け合いは恋に関するものだから、家の中で歌ってはまずいだろうといったが、ビマは関係ないという。なぜなら、この家は分家であるためビマの異性キョウダイはいないし、またガウダシと長女は既にそれぞれ自分の部屋に引き揚げていることをあげ、家の中で掛け合っても問題はないとのことであった。しばらくして村の若い女性ジャブ＝ツルァミ（女・辰年23歳）とLさん（女・申年19歳）が現われた。

　囲炉裏端で酒を飲みながら、Lさんの失恋話をした。これは我々にも大いに関係のある話であった。98年12月4日、我々が初めてこのリジャズ村を訪れ

たとき、柴刈りの女性たちの掛け合いを聞きそびれたことについては既に述べたが、その際、我々はジパのほかにR君という通訳と一緒だった。R君もモソ人である。その時、彼女たちは恥ずかしがって歌わなかったのだが、どうも風邪を引いていたということもあったらしく、彼女はR君を介して我々に風邪薬を求めてきた。その場で馬にくくりつけた荷物を開くわけにもいかず、一度村に入ってから薬をR君に渡した。R君はそれを彼女に渡す過程でLさんと知り合いになったようだ。その後、彼は二度この村を訪れLさんと妻問いの関係を持ったという。ところがその後、R君の訪れはないのだという。それは、R君はリギ(瀘沽湖畔の集落。リジャズ村からは遠く、ほぼ一日かかる)のアシャの家に同居しており、そこに子もいるためであるという。R君はLさんを口説く(歌ではない)際に、年を若くごまかしアシャも子もいないと嘘をついたのだという。それでLさんは腹を立てており、またビマもそれに同調して、今度来たら殴ってやるなどと話していた。

　そんな話をした後、そろそろ掛け合いを始めようということになった。その場にいるのは、彼女たち3人の他に、我々取材陣3人とダパの修行をしている三男、計7人である。愛情に関わる歌を歌ってほしいということ、漢語の流行歌は歌わないでほしいということの他、とくに掛け合いの内容に注文は出さず、柴刈りなどでの自然な掛け合いを再現してもらうことにした(口絵10参照)。

　掛け合いはまず客迎えの歌から始まった。その後恋に関わる悪口歌、自慢歌、偲ぶ歌などが掛け合わされた。これらはいくつかのサイクルになっているようだ。ここまでで176首。その後、掛け合いが終わった後、独唱を依頼してみた。まだ歌い足りないという素振りのLさんが独唱をはじめ、途中Lさんが席を立った際にジャブ=ツルアミが5首歌ったが、計43首の独唱を行った。この掛け合いは依頼によるものではあるが、その内容については愛情に関わるものというだけで、一切依頼していないため、女同士で柴刈りに行ったり、旅に出たりするときに歌うという歌掛けや独唱と比較的近いものと思われ、彼女たちもそうだという。

リジャズ資料取材状況
　　[歌い手]

A：マカゾ＝ビマ（女、辰年 48 歳、中国四川省木里県屋脚郷利加咀村在住。農業）
B：匿名 L さん（女、申年 19 歳、同上）
C：ジャブ＝ツルァミ（女、辰年 23 歳、同上）

［取材］
1999 年 2 月 21 日、pm 10：30〜翌 0：30。四川省木里県屋脚郷利加咀村マカゾ家母屋にて。（愛情に関する歌は屋外で歌うのが原則である。しかし、当日は夜だということ、マカゾ家の主人夫婦は結婚していること、歌い手の異性キョウダイがその場にいないということなどの理由から、母屋内で愛情に関する歌掛けを行うことになった。）女性グループによる愛情に関する歌掛け、及び愛情に関する歌の独唱が聞きたいという遠藤の依頼に基づいて歌ってもらった。

［取材者］
遠藤耕太郎、遠藤見和、アウォ＝ジパ（通訳）

［資料作成］
国際音声記号：李国文（雲南民族学院教授）
翻訳（モソ語→中国語）：アウォ＝ジパ（ワラビ村在住）
翻訳（中国語→日本語）：張正軍（雲南大学助教授）、遠藤耕太郎
写真：遠藤見和
整理、解釈：遠藤耕太郎

［資料作成過程］
① 取材当日の録音をアウォ＝ジパが漢字音にてテープを起こし、中国語に翻訳。
② ①をもとに、遠藤、アウォ＝ジパが、歌い手に会って解釈を聞く。（その調査の際、歌い手 B、C は砂金掘りに出かけ、長期間村を留守にしていたため、すべて A に解釈してもらった。その後検討してわからない部分を、A に再調査、さらに B の姉にも調査した。）
③ ①の漢字音をもとにアウォ＝ジパにモソ語発音してもらい、李国文が国際音声記号により転写。
④ 以上①〜③をまとめた国際音声記号付中国語資料を、張正軍、遠藤耕太郎が日本語に翻訳する。
⑤ 遠藤耕太郎が④の音声記号、日本語整理、モソ語との確認を行った後、

遠藤の解釈等を施す。

資料の見方

凡例

(20)　B ←(歌番号)歌い手A、B、Cの区別

前句 7 音

mu　la　ua ʂua　bu t^{h}a　ɲi ←国際音声記号
娘　(助) 山 高い 雄ヤク だ ←逐語訳(日本語)
女儿 (介) 山　高　公牦牛 是 ←逐語訳(中国語)

私は高山の雄ヤクだ、 ←大意(日本語)

女儿是高山上的公牦牛, ←大意(中国語)

後句 7 音

dʑi k^{h}uə　zi　dʑia　zi　ŋua　bi ←国際音声記号
草　どこ 良い どこ ひたすら行く ←逐語訳(日本語)
草　哪里 好 哪里　呆　去 ←逐語訳(中国語)

草の良いところであれば、…… ←大意(日本語)

哪草好就去哪里. ←大意(中国語)

(20)　B【個人の自慢歌】

↑【当該歌の主題（遠藤による)】

↓[歌]…歌い手Aの解釈（資料作成過程②、Bの姉によるところは明記)

[歌]私はきれいな女だから、能力のある男がいればどこへでもツマドイに行く。

↓[語]…モソ語の特殊な意味の解説

[語][mu］は、歌ことばとしての女の自称で、女である自己に自信を持った言い方。男の場合には［zo］と称す。

↓[遠]…遠藤の解釈（資料作成過程⑤)

[遠]前歌が「ふらふらした男とはツマドイしてはいけない」としたのに対して、[類]のように有名な歌を使って「能力のある男」とツマドイするとした。そのため、男をからかう歌はB個人の自慢歌となった。(15）に述べたように、…。

↓[類]…類似する歌

[類]（59)。トディ・ダシブチ資料（4)。

資料に用いた用語の説明

○ ジャシ・スガ資料：1999 年 1 月 21 日、ワラビ村アツォ＝ジャシ、アゼ＝スガによる掛け合い資料。(本章第 1 節)

○ トディ資料：1999 年 2 月 14 日、ワラビ村アウォ＝トディに独唱してもらった資料。(巻末補足資料 1)

○ ダシブチ資料：1999 年 2 月 20 日、ワラビ村ゴブ＝ダシブチに独唱してもらった資料。(巻末補足資料 2)

○ ダシ・ルゾ資料：1999 年 2 月 17 日、ジャシ村ボワ＝ダシ、ダシ＝ルゾに

よる掛け合い資料。（巻末補足資料3）
○ トディ・ダシブチ資料：1999年9月6日、ワラビ村アウォ＝トディ、ゴブ＝ダシブチによる掛け合い資料。（第3章第1節）
○ 誘い歌：歌詞の上では妻問いに誘う歌であるが、実際には掛け合いに誘う機能を持つと考えられる。
○ 悪口歌：相手をからかう歌。自慢することにより相手をからかう自慢歌も広義には悪口歌に含める。実際に妻問い関係の悪くなった男女が掛け合うほか、冗談や遊びとして掛け合わされる。
○ 偲ぶ歌（遠藤の用語）：恋人が旅に出ていたりして会えないようなときに、恋人への愛情を表現する歌。実際に妻問い関係にある男女が掛け合うことはなく、旅の際や労働の際に一人で歌うほか、冗談での掛け合いや歌占などの遊びにおいては掛け合わされることもある。
○ 普通の歌：例えば母を偲ぶ歌や客迎えの歌など、男女の愛情に関わらない歌。屋内や村内で歌いうる。
○ ツマドイ（遠藤の用語）：モソ社会において、実際の妻問いは男が女のもとを訪れる場合が多いが、歌世界においては男も女も相手を訪れるという表現をする。トディ・ダシブチ資料（1）㊳参照。そこで歌世界の妻問い、夫問いをあわせてツマ￤ドイと表記する。
○ アドゥ：一般的には妻問い関係にある女が男を呼ぶ呼称。
○ アシャ：妻問い関係にある男が女を呼ぶ呼称。
○ （助）・（介）：助詞、介詞の略。[la]、[le]、[nɯ] などのように音数を7音に合わせるために用いられる助詞、また中国語に訳せない助詞を表すが、言語学的に正確なものではない。助詞を中国語では介詞という。
○ 【 】内の記号：一首の主題をふたつ並べてある歌がある。その際、「・」で並べたものは一首が両様の主題を両立して持つことを示し、「/」で並べたものは両様に意味づけ可能ではあるが、両立しないことを示す。
○ 注：取材の状況などを記す。
○ 破線囲み：日本古代文学との関わりに言及した部分を破線で囲った。

リジャズ資料本文

（1）　A a ha ba la　　ma da mi アハバラ　　　マダミ 呵哈吧啦　　　玛达咪 ba la ia ha　　a li li バラヤハ　　　アリリ 吧啦呀哈　　　呵哩哩	（1）　A【掛け合いを始める歌】 ㊙アハバラを歌い始める際には、まずこの歌を歌うという。「アハバラ」はモソ歌謡のメロディー、及び形式の名称。「マダミ」は悲しい気持ちを表す感動詞といわれるが、深く感動したときにも用いられる感動詞であり、日本語の「あはれ」にほぼ相当すると思われる。「バラヤハ　アリリ」は不明。(1)〜(8)は客迎え歌。 ㊙(32)。ジャシ・スガ資料(51)。ダシ・ルゾ資料(18)、(19)。
（2）　B ma da mi　　nʊ マダミ　　　（助） 玛达咪　　　（介） ua kʰuə　　la　tɕi　le　la　tsʰi 山あい　（助）雲　（助）（助）来る 山谷前　（介）云　（介）（介）来 山あいから雲が来た、 山顶上有白云飘过来， ma da mi　　nʊ マダミ　　　（助） 玛达咪　　　（介） le　　kʰæ　　　la　nuu tɕi　la zi （助）散り散りになる（助）悲しい　このようだ （介）散开　　　（介）伤心　　这样 （雲が）散り散りになると、きっと心はやきもきする。 散开的时候，就比较伤心．	（2）　B【客迎え歌】 ㊙あなたたちが私たちのところに来て、帰るときには、私は心が悲しくなるはずだ。 ㊙(2)〜(5)は、前句後句の頭に「マダミ」をつける曲調である。以下マダミ調と呼ぶ。マダミ調は、新築儀礼（新築した家に初めて入る儀式）、結婚儀式、葬式などの儀礼において、客を迎える時に掛け合わされるという。リジャズ村では男同士が掛け合うのが一般的だというが、永寧地区のワラビ村やジャシ村では男女の区別なく歌われた（現在は歌わない）という。 　(2)、(3)の「雲が来る」ことは客の来ることを比喩しているという。我々は歌い手たちに愛情に関わる歌を掛け合ってほしいと依頼しているが、まず始めに遠くからやってきた我々を迎える客迎えの歌が歌われた。それはこの掛け合いが例外的に屋内で行われていること（この点は本資料冒頭の取材状況欄参照）、我々が遠来の客であること、そして客迎えの歌がもともと恋歌的なニュアンスを

第 2 章　男女分立の恋愛観に収束する歌掛け

(3)　B
ma da mi　　nʊ
マダミ　　　（助）
玛达咪　　　（介）

tɕi　pʰʊ　la　tɕi　ua　la　tsʰi
雲　白い（助）雲　山（助）来る
云　白　（介）云　山　（介）来
白雲が山のように（集まって）来た、
白色的云象山一样飘过来，

ma da mi　　nʊ
マダミ　　　（助）
玛达咪　　　（介）

le　dʊ　nɯ　ɲi　ma　la　tɕi
（助）集まる（助）心 ない（助）悲しい
（介）集拢（介）心 不（介）伤心
集まると、心は悲しくない、
集拢在一起的时候、就不伤心.

ma da mi　　nʊ
マダミ　　　（助）
玛达咪　　　（介）

le　　kʰæ　　la　ɲi　tɕi　la zi
（助）散り散りになる（助）心 悲しい このようだ
（介）散开　　　（介）心 伤心 这样
散り散りになると、きっと心はやきもきする。
散开的时候，就比较伤心.

含んでいることによるだろう。
㊱ (3)、(154)、(155)。

（3）　B【客迎え歌】
㊱前歌とほぼ同内容。アハバラは基本的に7音2句をもって1首とするが、当該歌と次歌は三句形式となっている。この形式はトディ資料（1）にもあり、トディはそういう形式もあるという。当該歌は（2）と連続して歌われた。
㊱前歌㊱参照。

(4) C <u>ma da mi</u> マダミ 玛达咪 | sɯ uo la go bo la ua 梢 （助） 郭公 （助） 鳴く 树梢 （介） 布谷鸟 （介） 鸣叫 木の上で郭公は鳴いている、 树上的布谷鸟在鸣叫， <u>ma da mi</u> マダミ 玛达咪 dɯ nu la ɕi kuə la ua 一日 （助） 百句 （助） 鳴く 一天 （介） 百句 （介） 鸣叫 一日何百句も鳴く、 一天叫几百句， <u>ma da mi</u> マダミ 玛达咪 <u>kʰo i</u> la <u>lo ʂu</u> <u>la zi</u> 歌声 （助） 美しい このようだ 歌喉 （介） 好听 这样 歌声はとても美しい。 叫的声音很好听.	(4) C【客迎え歌】 ㊙自分の苦労や一所懸命に働くことを、郭公が何百回と鳴くことにたとえており、この歌は野外で労働のときにも歌うと説明された。この説明は野外での労働の場における当該歌の意味づけということになるだろう。 郭公が鳴くこと自体にはさまざまな意味づけがなされる。郭公の鳴き声を恋人が呼んでいるように聞きなし、恋人を思い出す例が（177）、（178）、トディ・ダシブチ資料（111）にあり、母を思い出す例が（85）にあり、おばあさんを思い出す例が（62）にあり、死んだ我が子を思い出す例が（34）にある。また春になり、大地の作物を呼び覚ますとする例が（199）にある。さらにトディ・ダシブチ資料（51）には不平をぶつくさ言うと聞きなし、ダシブチ資料（20）には梅毒による咳とする意味づけもある。 客迎えの歌としては、客を郭公に譬えてそのすばらしさを褒めるという意味づけがなされていたと考えられる。 ㊙（34）、（62）、（85）、（177）、（178）。トディ・ダシブチ資料（111）。

(5) C

ma da mi
マダミ
玛达咪

tsʰe hu la dʑi dʑi la mi
ツェフ（助）ジジ（助）ミ
衬红　（介）吉吉（介）咪
ツェフジジミ、
衬红吉吉咪,

ma da mi
マダミ
玛达咪

ai　　la　kʰuə　hu　la　bi
おばあさん（助）習慣　守る（助）つもりだ
奶奶　　（介）习惯　遵守（介）要
祖先からの習慣を守っていこう。
我们要遵守祖先传下来的风俗习惯.

(6) B
ma da mi
マダミ
玛达咪

ma　ʂu　la　ma na　la　gu
ない　思う（助）まあまあだ（助）できる
不　　想　（介）差不多　（介）会
思わないなら、まあまあ（認められる）、
不想的时候还可以,

---

(5) C【客迎え歌】

㊙ ツェフジジミは現在のモソ人の祖先とされる神話上の女性。モソ人の洪水神話によると、ツォジルイイは洪水に生き残った唯一の祖先で、一人で様々な苦労を重ね、色々と知恵を絞って、天の神の娘ツェフジジミを娶った。その後二人の子が世代を重ね現在に至ったという。この神話は民間宗教者ダパが葬式や新築儀礼などに唱えるため、多くのモソ人が知っている。当該歌はその祖先からの習慣を守っていこうというが、具体的には男女の掛け合いで、男が、自分の方が風俗習慣をよく知っていると歌った際など、女もツェフジジミから始めようと知識のあることを示すために歌ったり、また女同士で論争になった際、これを歌って仲直りしたりする場面で歌われるという。
客迎えの歌としては、民族の伝統に従って客をもてなそうという意味づけになるだろう。
㊙ (35)、(36)、(166)、(167)。

(6) B【不明】
㊙ Aに解釈を求めたところ、理解不能、間違って歌ったということだった。前歌を受けて、民族の伝統が守れないものは認められないという意味づけか。

ma da mi
マダミ
玛达咪

ma	gu	la	dʐə	ma	la	hi
ない	できる	(助)	認める	ない	(助)	できる
不	会	(介)	算数	不	(介)	会

できないなら、認められない。
不会就不能算数.

（7） B

ma da mi	nʊ
マダミ	(助)
玛达咪	(介)

mi	dʐa	ʂæ	lʊ	ɲi
竹	節	長	(助)	だ
会	节	长	(介)	是

竹の節はとても長い、
竹子的节是很长的,

ma da mi	nʊ
マダミ	(助)
玛达咪	(介)

t^{h}i tɕ^{h}i	la	nɯ tɕi	la	zi
棄てる	(助)	悲しい	(助)	きっと～だろう
丢弃	(介)	伤心	(介)	这样

棄ててしまったら、やきもきするだろう。
丢下的话，比较伤心.

（7） B【客迎え歌】

[解] Aに解釈を求めたところ、理解不能、間違って歌ったということだった。前句が5音であり、その点もおかしい。客迎えの歌としては、「竹の節が長い」は客の、おそらく長寿を褒めているのだろう。ただ客である我々は30歳そこそこだから、間違って歌ったということではないか。後句は (2)、(3) の客迎えの後句と類似している。

(8) B

uȿ	ȿua	zə	ȿæ	a mu	lo
山	高い	道	長い	兄	たち
山	高	路	长	哥哥	们

高い山と遠い道（を歩いてきた）兄たちは、
山高路远的哥哥们,

dzɿ	si	ɲia	di	dzɿ	ma	i
坐る	(助)	我	所	坐る	ない	はずだ
坐	(介)	我	地方	坐	不	会

私たちの所にはきっと坐らないだろう。
不会在我们的地方坐下来.

(8) B【客迎え歌】

㊌遠くから来た兄たちは私たちの所できっと長居はしないだろうが、遊びに来て下さい。
㊥知り合ったばかりで、まだツマドイ関係にない男を「兄」と呼ぶ。
㊙ここから一般的な7音2句のアハバラ形式により掛け合いが行われる。Aは当該歌を、愛情にかかわる歌ではなく、普通の歌だと説明した。それはここまで歌われたマダミ調の客迎えの主題を受けているからだろう。
内容的に当該歌は完結しておらず、㊌の「遊びに来て下さい」は当該歌にはなく、(10)に出てくるもので、当該歌は(10)において完結する。この点については(10)㊙も参照のこと。
㊐ (10)、(153)、(171)。
注：以上 (1)～(8) を第1サイクルとする。（ビデオ編に収録）

(9) A

ua	ȿua	dzɿ	ȿua	a mu	lo
山	高い	水	深い	兄	たち
山	高	水	深	哥哥	们

高い山と深い水（を越えてきた）兄たち、
山高水深的哥哥们,

kʰuə	dzia	kʰu la	i	a	bi
うわさ	良い	人に見せつける	する	か	行く
谣传	好	争气	做	(介)	去

仲の良いうわさを人に見せつけてやろうか？
我们在别人面前争气（告诉别人)说好话,怎么样？

(9) A【誘い歌】

㊌遠くから来た兄たちよ、私たちは人の前で仲が良いとうわさされるように、ツマドイをしよう。
㊥「兄」については(8)参照。
㊙(8)が客迎え歌と理解されたのに対し、当該歌はその前句を繰り返した後、後句で恋歌であることをはっきりと主張しようとしている。つまりここでAは掛け合いの主題を愛情に関わるものへと転換しようとしている。主題は誘い歌だが、実際には掛け合いへの誘いとしての機能を持つと考えられる。この点は(11)㊙も参照のこと。

(10) B	(10) B【客迎え歌】
dzɿ si ɲia di dzɿ ma i 坐る (助) 私 所 坐る ない はずだ 坐 (介) 我 地方 坐 不 会 私たちの所に坐らないだろうが、 就算不在我的地方坐下来， cʰia kʰu ɲia di le iu ka 苦労 私 所 (助) 来る どうか 辛苦 我 地方 (介) 来 帮忙 遠い旅に出る際にはどうか私たちの所に来てください。 出远门的时候就到我的地方来.	㊌私たちの所に長居はしないとしても、旅に出た際には寄ってください。 ㊙[cʰia kʰu] は、中国語「辛苦（苦労する）」の地方なまりであるが、出稼ぎなどで遠い旅に出ることや労働を意味する。 ㊙当該歌は前句でB自身の (8) の後句を繰り返して、前歌を展開していく連結の方法をとっている。これを尻取り式連結と称する。このような尻取り式連結は、Bによる (182) 以下の独唱での連結の方法に顕著に見られる。この方法は独唱であればスムーズに展開するが、掛け合いの場合にはなかなか難しい。前歌でAは掛け合いの主題を愛情に関わるものに転換しようとしているが、Bは (8) を完結せねばならず、結局前歌の転換はうまくいかなかった。 ㊙(8)、(153)、(171)。
(11) A	(11) A【誘い歌】
ŋu u dzɿ la hæ u dzɿ 銀 鳥 と 金 鳥 银子 鸟儿 与 金子 鸟儿 銀の鳥と金の鳥、 银鸟和金鸟， dzɿ tʰɯ dɯ tɕʰio gu a i 水 飲む 一緒 なる か する 水 喝 一起 成 (介) 做 一緒に水を飲みに行くことができますか？ 会不会一起去喝水？	㊌私たちはツマドイができるでしょうか？ ㊙当該歌は、金と銀を対応させて、「（鳥が）一緒に水を飲む」、「（花が）一緒に咲く」などの類型表現をもつ。それらの歌い手の解釈が一様に「ツマドイしようか」となっていることから、まずはツマドイに誘う常套的な歌と意味づけることができる。ジャシ・スガ資料 (1)、(3) が、掛け合いの冒頭部で当該歌と類似した誘い歌を歌っているのも、掛け合いに誘う挨拶歌としてこのような誘い歌が常套的に歌われることを示していよう。このリジャズ資料は女同士の掛け合いであるが、女同士の掛け合いでも掛け合いに誘う常套表現として誘い歌が歌われるこ

第2章　男女分立の恋愛観に収束する歌掛け

とが確認される。

Aは（9）で愛情に関する歌掛けへの転換を図ったが、Bは（8）の客迎えに戻ってしまった。そこで新たに掛け合いを始める歌という意味で、当該歌を歌い出したのだと思われる。

㊟ほぼ同一の類歌がジャシ・スガ資料（3）にあり、また「銀の花金の花が一緒に咲く」（74）、「銀の花金の花を一緒に摘む」ジャシ・スガ資料（1）などがある。また「金と銀が会う」という表現が（105）にある。

（12） C
dʑi tʰu du tɕʰio i zi si
水　飲む　一緒に　する　～ならば
水　喝　一起　做　的話
もし一緒に水を飲みに行くのなら、
如果喝水一起去的话,

kʰʊ kʰʊ du tɕʰio i zo i
巣　作る　一緒に　する　べきだ　する
窝　搭　一起　做　应该　做
巣作りも一緒にするべきだ。
作窝也应该一起做.

（12） C【切り返し】

㊟もしツマドイをするなら、同じベッドに寝るべきだ。

㊙Aが誘い歌を歌ったのを受けて、前歌の後句を繰り返し、「もしそうするなら一緒に寝ないといけないよ」くらいに茶化している。

（10）に述べた尻取り式連結を二人で行っていることになる。

㊟（147）。ジャシ・スガ資料（4）。
注：次にAが歌い始めるが失敗。

（13） A
sɿ kʰu du ku ma i bi
木　根　一緒に　ない　生える　（助）
树　根　一起　不　长　　　（介）
木の根は一緒に生えていないが、
虽然树根不生长在一起,

（13） A【誘い歌】

㊟私たちは同じ所の人ではないが、きっとツマドイはできるだろう。

㊙木の根が一緒に生えていないという前句を前提として、枝が交わるまたは交わらないというところで掛け合いが成立する。当該歌や（49）、ジャシ・スガ資料（13）が「枝は交わるからツマドイできる」とするのに対し、（50）では「根は絡みつかないからツマドイできない」、

sɿ uo liə du du iu bi 梢 （助）絡みつく 来る ～だろう 树梢 （介）缠绕 来 要 枝は互いに交わるだろう。 但树梢会互相交错起来.	ジャシ・スガ資料（12）では「枝は絡みつかないからツマドイできない」と切り返している。当該歌も誘い歌であるが、（11）と同じく、このような切り返しを期待して掛け合いに誘う挨拶歌であろう。 ㊳（39）、（49）、（50）。ジャシ・スガ資料（12）、（13）、（41）。トディ・ダシブチ資料（34）、（126）。
(14) C a du dɯ kɯ ma dʑio bi アドゥ 一緒に ない いる ～だろう 阿珠 一起 不 在 たとえアドゥが私と一緒にいなくても、 就算阿珠不和我在一起, zɿ tsa kʰuə kʰɯ i le bi 道の途中 知らせ 送る 作る （助）～だろう 路程 消息 送 做 （介） 要 道の途中で彼にたよりを送る。 我会在路上给他送去消息.	(14) C【誘い歌】 ㊴（同じ所の人でないなら）私は道中の旅人に頼んで遠くのアドゥに伝えてもらう。ツマドイできるだろう。 ㊵前歌の比喩である「木の根は一緒に生えていない」「枝が交わる」を、それぞれ「アドゥと一緒にいない」「たよりを送る」として、比喩を人事によって意味づけ、連結している。機能としては、前歌と同じく掛け合いに誘う歌。
(15) A sɿ i æ tʰa i bi la 木 生える 崖 底 生える たとえ～ても 树 长 山崖 底下 长 就算 たとえ木が崖の底に生えるとしても、 就算树生长在山崖下, ba gə æ uo la kʰɯ bi 花 萎む 崖 上 落ちる ～させる 花 凋谢 山崖 上 落 要让～这样做 花が萎めば崖の上に落ちるだろう。	(15) A【個人の自慢歌】 ㊶たとえ私はそんなにいい女ではないとしても、立派なアドゥとツマドイするだろう。 ㊷当該歌は野外での労働や旅の際に仲間に聞かせる歌であるという。とすれば、仲間に対してのA個人の自慢歌と理解される。このように仲間に対し、歌い手個人を自慢する歌が女同士の歌掛けの、主題の一つである。 ㊸（16）、（145）。トディ・ダシブチ資料（60）、（61）。

第2章　男女分立の恋愛観に収束する歌掛け　131

但花凋谢时要落到山崖上.

(16) C
ba	gə	æ	uo	la	hi	tʰɪ
花	萎む	崖	上	落ちる	の	これ
花	凋谢	山崖	上	落	的	这个

花は萎むと崖の上に落ちる（と言うが）、
花凋谢时要落到山崖上,

æ	ge	liə	la	kʰuə	ma	mu
崖	上	(助)	落ちる	知らせ	ない	聞こえる
山崖	上	(介)	落	消息	不	听见

崖の上に落ちたというよりは、聞こえない。
没听到已经落到山崖上的消息.

(17) B
sɿ uo	æ gæ	ɕi	dʑia	gu
梢	オウム	舌	良い	できる
树梢	鹦鹉	舌头	好	会

梢のオウムはよくしゃべることができるが、
树上的鹦鹉能说会道,

kʰuə	la	lo	tɕʰio tɕʰio	zo	gu
話	(助)	行い	一致する	～のようだ	
话	(介)	行动	一致	应该	这样

言うこととやることは同じでなければならない。
但言行要一致.

---

(16) C【切り返し】
㊗あなたは立派なアドゥと付き合いたいと言うけれど、あなたによいアドゥができたというたよりはまだ聞いていない。
㊙前歌の後句を繰り返す尻取り式連結によって、A個人の自慢歌を切り返している。(11) から (16) までAとCの掛け合いが続いたが、CはAの歌を茶化したり、比喩を人事で意味づけたり、意味的に切り返したりして、歌掛けを持続している。
㊙ (15)、(145)。トディ・ダシブチ資料 (60)、(61)。

(17) B【男をけなす歌】
㊗男は口がうまいが、言うこととやることが同じでなければならない。
㊙リジャズ村には実際にオウムが多い。
㊙Bは (8)、(10) と客迎え歌を歌っていたのだが、ここで初めてAとCによる愛情に関わる歌掛けに参加する。㊗に「男は」とあるが、それが男全般を指すのか、あるいは特定の男を指すのかは、実はそれを歌っているときの歌い手にしかわからないことで、表現の上からそれを区別することはできない。男をけなす歌は女性同士の歌掛けの主題の一つである。
㊙ (54)、(55)。ジャシ・スガ資料 (45)。トディ・ダシブチ資料 (57)。

(18)　B a ma　ɲia　kʰɯ　le　so　ɲə 母　私　対して　(助)　教える　時 阿妈　我　对　(介)　教　时 母が私に教えた時、 妈妈教导我的时候, ma　gu　hi　kʰuə　tʰa　ɲi　tsɪ ない　できる　他人　うわさ　ない　聞く　言う 不　会　别人　谣传　不　听　说 分からないことは人の話を聞いてはいけないと言った。 不懂的事就不要听别人的话.	(18)　B【男をけなす歌】 (歌)人はきっとあなたを騙すから、自分が分からないことは人に聞いてはいけないと母が教えてくれた。 (遠)［hi kʰuə］は「うそ」というほどの意味で使われる。前歌の「口のうまい男」の話を指すという。前歌の「オウム」によって意味づけられる内容を、比喩を用いずに解釈している。この連結は(13)(14)に見られた。
(19)　C sa　kʰo　dzo　uo　se　ma　du 麻　茎　橋　上　歩く　ない　できる 麻　杆　桥　上　走　不　能 麻の茎で架けた橋を渡ることはできない、 麻杆塔的桥上不能走, hi go　tʰʊ　nɯ　tʂua tɕʰə　gu 真ん中　至る　(助)　切れる　はずだ 中间　到　(介)　断　会 真ん中に着くと(橋が)きっと切れてしまうだろう。 因为走到中间就会断掉.	(19)　C【男をけなす歌】 (歌)ふらふらした男とツマドイをしてはいけない。しばらく通うと男は必ずあなたを棄てるからだ。 (遠)「あなたを棄てる」という(歌)は女同士で男をからかうという状況下で、仲間の女に忠告するようなニュアンスの意味づけである。トディ・ダシブチ資料(26)のように、女が男に対して歌う場合には、「私をからかって辱める」と解釈されることになる。 (類)トディ・ダシブチ資料(26)、(124)。ダシブチ資料(6)。
(20)　B mu　la　ua　ʂua　bʊ tʰa　ɲi 娘　(助)　山　高い　雄ヤク　だ 女儿　(介)　山　高　公牦牛　是 私は高山の雄ヤクだ、 女儿是高山上的公牦牛,	(20)　B【個人の自慢歌】 (歌)私はきれいな女だから、能力のある男がいればどこへでもツマドイに行く。 (語)［mu］は、歌ことばとしての女の自称で、女である自己に自信を持った言い方。男の場合には［zo］と称す。 (遠)前歌が「ふらふらした男とはツマドイ

dʑi kʰuə　zi　dʑia　zi　ŋua　bi 草　どこ　良い　どこ　ひたすら　行く 草　哪里　好　哪里　呆　去 草の良いところであれば、どこへでもひたすら行く。 哪里草好就去哪里.	してはいけない」としたのに対して、私は「能力のある男」とツマドイするとした。 なお、ツマドイが歌世界では男女ともに行うものであることは、トディ・ダシブチ資料（1）参照。ただし当該歌の場合、女を比喩して雄ヤクとする点に配慮がない。 (類)（59)。トディ・ダシブチ資料（4)、(5)。ジャシ・スガ資料（32)。トディ資料（45)。ダシブチ資料（4)。
(21)　C mu　la　ua　ʂua　le　uə uə 娘　（助）　山　高い　（助）　回る 女儿　（介）　山　高　（介）　转 私は高山を回ってから、 女儿转过高山之后, le uo　a ma　tʂa iu　bi 帰る　母　世話をする　（助） 回去　阿妈　服侍　（介） 帰って母の世話をする。 再回来服侍妈妈.	(21)　C【個人の自慢歌】 (歌)私はアドゥとたくさん付き合ってから、帰って母の世話をする。 (遠)前歌後句を「高山を回る」と尻取り式に受けて連結。 (類)トディ・ダシブチ資料（89)。ダシブチ資料（51)。
(22)　A tʂʰæ　pʰʊ　ua　tsʰi　ua　dʐæ　lu 鹿　雄　山　越える　山　越える　（助） 鹿　公　山　越　山　跨　（介） 雄鹿が山また山を越えて行ったとしても、 虽然公鹿翻过了一座又一座山,	(22)　A【男をけなす歌】 (歌)たとえアドゥが私を棄てても、言い争って付きまとうことはしない。男など少しも値打ちがないからだ。 (遠)ここでAは、自慢歌から再度男をけなす歌へと掛け合いの主題を引き戻した。トディ・ダシブチ資料（1）には「雄鹿が山の坂を次々と越えていったら、雌鹿は急な坂の下（山あい）できっと泣くだろう」となっており、トディ（男）

kə k^{h}u　lo　go　ŋu　ma　gu
猟犬　谷　中　泣く　ない　はずだ
猎狗　山沟　里　哭　不　会
猟犬は山あいで泣くことはきっとないだろう。
但猎狗也不会再山沟里哭.

による自慢歌となっている。当該歌は末尾を「泣かない」とし、それは「男など少しも値打ちがないからだ」と意味づけて、男をけなす歌としている。
[類]ジャシ・スガ資料（44）。トディ・ダシブチ資料（1）、（2）。

(23)　B
tʂ^{h}æ　p^{h}ʊ　uo　ts^{h}ɪ　ua　dʐæ　lu
鹿　雄　山　越える　山　越える　（助）
鹿　公　山　越　山　跨　（介）
雄鹿は（もう）山また山を越えていったが、
公鹿已经翻过了一座又一座山,

tʂ^{h}æ　kɯ　tɕi　tɕi　dzo　ma　dʑio
鹿　後ろ　痰　吐く　必要だ　ない　ある
鹿　后面　口痰　吐　必要　不　有
鹿の後ろで痰を吐く必要はない。
没有必要在鹿的后面吐痰.

(23)　B【男をけなす歌】
[歌]アドゥは私を棄てて遠くへ行ってしまったが、私は彼に未練を残す必要は全くない。
[語]人の後ろで痰を吐くのは大変失礼なこと。
[遠]トディ・ダシブチ資料（2）に「雄鹿が山の坂を次々と越えていっても、鹿の後ろで犬を放つことはしないはずだ」とある。その[歌]には「あなたなど少しも値打ちはないからだ」とあるように、当該歌にも「少しも値打ちはないからだ」という主張はあるのだろう。ここで[歌]が「彼に」と解釈しているのは、前歌の[歌]が「男など少しも値打ちがないからだ」として男全般をけなしているのとは意味づけが少し異なるかもしれない。というのは、B は実際にある男に棄てられたばかりであり、われわれもその事情をよく知っていたから（この点は本節冒頭参照）、A の解釈の中に特定の男が意識されたのかもしれない。B 自身がそれを意識していたかどうかは不明。男全般をけなす歌がそのままある特定の男をけなす歌として意味づけられることはありうる。
[類]前歌[類]参照。

| (24) A | (24) A【女たちの自慢歌】 |

(24) A

ia	tsɪ	ŋu	di	ba	hi	ɲi
ヤズ	自分	所	咲く	の	だ	
桠子	自己	地方	开	的	是	

ヤズは私たちの所に咲いている、
"桠子"是开在我们的地方的,

tʂʰæ	pʰʊ	ŋu	di	tʰæ	iu	gu
鹿	雄	自分	所	下	来る	はずだ
鹿	公	自己	地方	下	来	会

雄鹿はきっと私たちの所に来るだろう。
公鹿会到我们地方来.

㊗私たちの村にはきれいな娘がいるから、きっと男は通いに来るはずだ。
㊥ヤズは小さい花の咲く植物という共通の理解はあるようだが、実物は冬虫花草（薬草）とも豚の餌になる草ともいわれ不明。ヤズがきれいな女を比喩する例はトディ・ダシブチ資料 (5)、(6) にもある。
㊗(22)、(23) で男女一般または特定の男をからかう歌となったが、当該歌は再び主題を自慢歌とした。これは㊗に「自分たちの村」とあるように、歌を掛け合っている女たちを自分も含めて、男たちと比して自慢している。これを歌い手個人の自慢と区別して「女たちの自慢」と称す。女たちの自慢も女同士の歌掛けの主題の一つである。

(25) A

so	kʰʊ	ma	do do	bi la
三	年	ない	会う	たとえ～としても
三	年	不	见面	就算

就算三年会わないとしても、
就算三年没见面了,

so	kuə	kə tsi	dʑio	hi	ɲi
三	句	約束	ある	の	だ
三	句	诺言	有	的	是

三句の約束はある。
三句诺言却是有的.

(25) A【個人の自慢歌】
㊗私たちはしばらく縁が切れたけれど、その男はまた私に通いたいという。
㊥類歌であるトディ資料 (1) の㊗は「アドゥとのツマドイはいつまでも続けられるだろう」とあり、歌い手トディは「多くアドゥが遠方に旅に出ている際などに独唱として歌う。歌い手はアドゥの友人や自己の友人の前で歌い、こうした人々を介して自己がアドゥを思っていることを間接的にアドゥに知らせようとする」と説明している。同じく類歌である (118) ㊗では「アドゥが遠くへ旅に出る際には、どこに何をしに行くか教えてくれるべきだ。また永遠の愛を誓わなければいけない」と意味づけている。また (208) ㊗では「アドゥと約束があれば、三年会わなくても構わない。あなたたちは約束しておかなければならない」と意

(26) A

soคʰʊ	ma	do do	bi la
三年	ない	会う	たとえ〜としても
三年	不見面		就算

三年会わないとしても、
就算是三年没见面了,

kʰuə	dʑia	tʰi mu mu	a	i
うわさ	良い	聞こえる	か	する
谣传	好	听见	（介）	做

アドゥの良いたよりは聞こえるだろうか？
我会不会经常听到阿珠的好消息呢？

(27) C

kʰuə	kʰi	pa	la	na tse lu
垣根	あたり	（助）	（助）	ナゼル
篱墙	边	（介）	（介）	"纳宰露"

垣根のあたりのナゼルは、
生活在篱墙边的"纳宰露",

kʰuə	dʑi	ma	a hi	lʊ	ɲi
垣根	通り抜ける	ない	挟む	の	（助）	だ
篱墙	钻	不	夹	的	（介）	是

味づけする。トディ資料 (1) は偲ぶ歌、(118) は男の気持ちを確かめるような歌、(211) は仲間の女に男とは約束しておけと忠告する歌として意味づけられている。当該歌は㊙のように後句に「また帰って私に通いたいという」という特殊な意味づけがなされ、A個人の自慢歌となっている。
㊟ (117)、(118)、(208)。トディ・ダシブチ資料 (参考6)。トディ資料 (1)。

(26) A【個人の自慢歌】
㊙私はアドゥとずいぶん長い間会っていないが、彼は私を恋しく思って、私の良い噂を言っているだろうよ。
㊟「良いうわさ」は、男が自分を愛しているなどと自分を褒める噂を言っているということだという。
㊙当該歌の主旨は前歌と同じく、A個人の自慢歌である。おそらく、前歌が有名な歌で多義的に解釈されることを見とおして、Aは後句を具体的に歌いなおしたのだろう。

(27) C【切り返し】
㊙あなたは、婦人の道徳を守らない女で、好き勝手にアドゥと付き合っている。
㊟「ナゼル」は小鳥の名。すずめのような鳥で、よく垣根のあたりにとまって遊んでいる。
㊙ナゼルが垣根の隙間を行ったり来たりする情景を、㊙は多情な女の比喩としている。(25)、(26) がA個人の自慢歌になったために、Cがそれをからかったということだろう。

第2章　男女分立の恋愛観に収束する歌掛け

垣根を通り抜けても挟まれることはないだろう。
不会夹在篱墙缝里.

(28) B

a ma tʰi dʑio tʂɿ so kʊ
母　まだ　いる　この　三　年
阿妈　尚　在　这　三　年
母がこの世にいる間、
妈妈尚在世的这几年,

a du ʂu du sɿ ma bi
アドゥ　思う　先に　ない　つもりだ
阿珠　想念　先　不　要
アドゥと付き合うことは考えない。
先不考虑结交阿珠的事情.

(28) B【男を拒む歌】
㉘私は急いでアドゥと付き合いたくはない。
㉘「三年」は、実際の三年ではなく長い時間を表している。
㉘前句は（25）、（26）の「三年」によって想起されているだろう。（25）、（26）が個人の自慢歌であるのに対し、同じ語句を用いつつも、当該歌は男を拒む歌となっている。誘い歌が歌掛けを始める機能を持つのに対し、拒む歌は、機能としては歌掛けを終わらせる方向に向かう。この点はジャシ・スガ資料（36）、（40）など参照。
注：ここでAがCに歌わせようとするが、なかなかCは歌わない。間隔10秒。以上（9）〜（28）を第2サイクルとする。（ビデオ編に収録）

(29) A

a ha ba la tʂʰɿ so dʑu
アハバラ　この　三　曲
呵哈吧啦　这　三　首
アハバラという三曲の歌は、
呵哈吧啦这三首,

a mu o lə guæ di ɲi
兄　私たち　歌う　の　だ
哥哥　我们　唱　的　是
兄と私たちが歌う歌だ。
是哥哥我们唱的歌曲.

(29) A【愛情を賛美する歌】
㉘アハバラは私たちが知り合いになる手段だ。
㉘類歌に「アハバラ、この三曲の歌は、悲しい俺の友になるのだ」(ジャシ・スガ資料52)、「アハバラは冒頭の歌だ、ただうまく歌えるか、うまく歌えないかの原因に過ぎない」(ジャシ・スガ資料53)、「アハバラは冒頭の歌だ、冒頭の歌に皇帝はいないはずだ」(ジャシ・スガ資料54)がある。これらは掛け合いを始める際に歌う古い歌だという。前歌の拒む歌が歌掛けを終わらせる方向に向かったため、掛け合いを持続させるために逆方向の愛情を賛美する歌が歌われたのだと思われる。この点はジャシ・スガ資

(30) C
a ha ba la　so　dẓu　guə
アハバラ　　　三　曲　歌う
呵哈吧啦　　　三　首　唱
アハバラを三曲歌うのは、
唱三首呵哈吧啦,

a du　　o lə　　ba ba　ɲi
アドゥ　私たち　花　　だ
阿珠　　我们　　花朵　是
アドゥと私たちの花だ。
(它是) 阿珠我们之间的花朵.

(31) A
ua　ṣua　ia tsɪ　ba　ma　ɲi
山　高い　ヤズ　花　ない　だ
山　高　"桠子"　花　不　是
高山のヤズは花ではない、
高山上的"桠子"不是花,

a mu　　o lə　　ba ba　ɲi
兄　　私たち　　花　　だ
哥哥　　我们　　花朵　是
兄と私たちこそ花だ。
哥哥我们就是花朵.

料 (37)、(41) など参照。
㊟ (29)、(30)、(148)、(160)。ジャシ・スガ資料 (52)、(53)、(54)。

(30) C【愛情を賛美する歌】
㊙アハバラは花のようで、私とアドゥとの愛情を深める。
㊥前歌の「歌」を「花」と置き換えることによって、掛け合いを持続。

(31) A【愛情を賛美する歌】
㊙兄と私の愛情は花よりも美しい。
㊥前歌でアハバラを花だとしたのを受けて、「歌ではなく兄と私たちこそが花だ」と言い換えている。
　「兄」は (8) で述べたように、深いツマドイの関係になっていない男の呼称である。当該歌は「私たち」をヤズより美しい花だというが、その相手を「兄」と表現するのは、この愛情を賛美する歌が歌掛けへの誘いという機能を持っているからだろう。
㊟ (150)。ジャシ・スガ資料 (25)。

(32) A ma da mi マダミ 玛达咪 a ha ba la　ma da mi アハバラ　　マダミ 呵哈吧啦　　玛达咪 ba la ia ha　a li li バラヤハ　　アリリ 吧啦呀哈　　呵哩哩 (33) A ma da mi マダミ 玛达咪 ɲi　dʑia　nɯ　ba　ʂɯ　zo 娘　良い（助）バ　探す（助） 姑娘　好　（介）"芭"　找　（介） （麻織り上手な娘が）バを探しに行ったが、 织麻手艺好的姑娘找"芭", ma da mi マダミ 玛达咪 ba　ʂɯ　nɯ　ba　ma　dɯ バ　探す（助）バ　ない　得る "芭"　找　（介）"芭"　不　得到 バは見つからなかった。 找"芭"却找不到"芭"．	(32) A【掛け合いを始める歌】 ㊳アハバラを歌い始める際の冒頭歌。 (1) 参照。前3首を受けて新たに歌掛けを開始した。(32)～(36)は、再びAによるマダミ調。マダミ調については(2) 参照。 ㊴(1)。ジャシ・スガ資料(51)。ダシ・ルゾ資料(18)、(19)。 (33) A【不明】 ㊵女性は毎年3、4月ごろ、山へ「バ」という植物を探しに行く。「バ」から細い糸を撚り、麻を織る時その糸を麻布とともに織ると濡れても丈夫な布が織れる。「バ」は中国語では「火草」というらしい。 ㊶野外での労働の際に歌うというが、ここでどういう意味づけがされているのか不明。

(34) A

<u>ma da mi</u>
マダミ
玛达咪

ua	ṣua	nɯ	<u>go bo</u>	ua
山	高い	(助)	郭公	鳴く
山	高	(介)	布谷鸟	鸣叫

高山で郭公が鳴いている、
高山上的布谷鸟在鸣叫,

<u>ma da mi</u>
マダミ
玛达咪

no	dɯ	gə	nɯ	uo	le	dzɿ
あなた	一本	(助)	頭	(助)	坐る	
你	一根	(介)	头	(介)	坐	

あなたは一本の木の梢に坐っている、
你坐在一颗树顶上,

<u>ma da mi</u>
マダミ
玛达咪

no	kʰo	hi	nɯ	<u>lo ṣu</u>	zi
あなた	歌声	よろしい	(助)	美しい	(助)
你	歌喉	好	(介)	好听	(介)

あなたのよい鳴き声が聞きたい。
你鸣叫的声音很想听.

(34) A【述懐歌】

㊚郭公は毎年三月に帰ってきて鳴くが、亡くなった我が子は永遠に帰ってこない。

㊚(4)のマダミ調でも郭公が素材に用いられた。その意味づけの多様さは(4)㊚に述べたが、そのようなさまざまな意味づけが可能ななかで、㊚は死んだ我が子と意味づけしている。ただ、この歌掛けの時に実際にそういう意味づけをしていたかどうかはわからない。㊚は取材テープを起こし、逐語訳や音声記号を付してから、改めて取材したものであり、その時にAの頭に浮かんだ解釈である可能性もある。

Aにとってこの歌が死んだ我が子を思い出させると意味づけられているのは貴重だ。奄美の八月踊りでは「おもかげぬたてば なきがれするな なけばおもかげぬ まさてたちゅり」という固定歌詞の歌が歌われる。一般的には恋の歌とされているが、息子を亡くした女性が「本当の意味がわかった」として亡くなった息子のことを思い出しているという報告(中原ゆかり『奄美の「シマ」の歌』、弘文堂、1997)がある。当該歌も(4)で述べたように、恋の歌でありうる歌に、死んだ我が子を偲ぶ抒情を意味づけている。

㊚(4)、(62)、(85)、(177)、(178)。トディ・ダシブチ資料(111)。

(35) A ma da mi マダミ 玛达咪 ts^{h}o dɯ nɯ lɯ ɯ ɯ ツォジ (助) ルイイ 从智 (介) 路俄俄 ツォジルイイ、 从智路俄俄, ma da mi マダミ 玛达咪 a p^{h}ʊ nɯ k^{h}uə hu bi おじいさん (助) 習慣 守る つもりだ 爷爷 (介) 习惯 遵守 要 祖先からの習慣を守っていこう。 我们要遵守祖先传下来的风俗习惯.	(35) A【客迎え歌】 [遠]ツォジルイイは洪水神話において唯一生き残った人間（男）の名。(5) [遠]参照。 [類] (5)、(36)、(166)、(167)。
(36) A ma da mi マダミ 玛达咪 ts^{h}e hu nɯ dʑi dʑi mi シェフ (助) ジジミ 衬红 (介) 吉吉咪 ツェフジジミ、 衬红吉吉咪,	(36) A【客迎え歌】 [遠] (5) と同歌。 [類] (35) 参照。 注：以上 (29)～(36) を第3サイクルとする。

<u>ma da mi</u> マダミ 玛达咪 <u>a i</u>　　　nɯ　kʰuə　hu　　bi おばあさん（助）習慣　守る　つもりだ 奶奶　　　（介）习惯　遵守　要 祖先からの習慣を守っていこう。 我们要遵守祖先传下来的风俗习惯.	
(37)　A mu　si　uə　go　<u>ba ba</u>　ɲi 娘　（助）村中　花　　　だ 女儿（介）村里　花朵　是 私は村の花だ、 女儿是村里的花朵， mu　kɯ　uə　<u>mu ʂu</u>　i zi 娘　後ろ　村　悩み煩う　はずだ 女儿　后面　村　烦闷　　会这样 (私が村を離れた後)村の人はきっと所在無く思うだろう。 我走后，全村人觉得烦闷.	(37)　A【個人の自慢歌】 🎵私は村で素晴らしい娘で、遠くへ嫁に行ったら、村の人はみんな寂しく所在無く思うだろう。 💭A個人の自慢歌であるが、「私が村を離れた後」という状態は、掛け合いを終わらせる方向性を持ってしまう。 📖ジャシ・スガ資料（40）。トディ・ダシブチ資料（3）。
(38)　A a du　<u>ɲia zɿ</u>　tʂʰa la　ɲə アドゥ　私たち二人　話　　　時 阿珠　　我俩　　　谈话　　时 アドゥと私、二人の愛の話は、 阿珠我俩之间说的话，	(38)　A【愛情を賛美する歌】 🎵アドゥと私のツマドイの噂は遠くまで伝わって、多くの人に知られている。 💭前歌が掛け合いを終わらせる方向性を持つことを受けて、Aは自らここで歌掛けを始める機能をもつ愛情を賛美する歌を歌った。掛け合いを持続する機能面が重視されており、歌詞の「アドゥ」は、歌い手Aの実際の夫（彼女は結婚しており、夫は56歳）でも、架空の存在でもかまわない。

第2章　男女分立の恋愛観に収束する歌掛け

æ bi kʰʊ kʰʊ la ɲi gu 崖 で 口弦 弾く 〜のようだ 山崖 上 口弦 弾 一様 まるで崖の上で口弦を弾くようです。 就想在山崖上弹口弦一样.	徵(130)、(149)、(207)。
(39) A sɿ kʰɯ dɯ kɯ ma di bi 木 根 一緒に ない 生える だろう 树根 一起 不 长 要 木の根は一緒に生えていない、 虽然树根不生长在一起, sɿ uo le lo lo iu gu 梢 (助) 絡みつく 来る はずだ 树梢 (介) 交错 来 会 きっと枝は互いに交わるだろう。 但树梢会互相交错起来.	(39) A【誘い歌】 訳 私たちは同じ所の人ではないが、きっとツマドイはできるだろう。 説 Aはさらに歌の掛け合いを始める機能をもつ誘い歌を歌う。 徵(13)、(49)、(50)。ジャシ・スガ資料(12)、(13)、(41)。トディ・ダシブチ資料(34)、(126)。
(40) B dʑi zo dʑi mu le dʐua dʐua 水 息子 水 娘 (助) 接する 水 儿子 水 女儿 (介) 连接 水の息子は水の娘に接して、 水的儿子和水的女儿连接起来, dʑi mi dɯ kʰɯ lu kʰɯ bi 大河 一 本 充分だ 〜させる 大河 一 条 够 要让〜这样做 一本の大河になる。 要成为一条大河.	(40) B【誘い歌】 訳 私たちはツマドイをしよう。 説 前歌と同一内容を、同構造、異なる比喩により表現することで連結。この連結方法はジャシ・スガ資料(41)、(42)などにも見られる。歌の掛け合いを始めることへの同意を表明。Aによれば、この歌は男女の掛け合いではいつも女が歌うという。 徵ジャシ・スガ資料(42)。

(41)　A

sɿ	tsʰe	sɿ	mɯ	le	**gu da**
木葉	木枝	（助）	積み重なる		
树叶	树枝	（介）	積累		

木の葉と木の枝が積み重なると、
树叶和树枝积累起来，

sɿ	lo	dɯ	lo	dʐua	kʰɯ bi
柴	谷	一	谷	落ちる	〜させる
柴	山沟	一	谷	落	要让〜这样做

柴はいっぱいになるだろう。
柴会落满山沟．

(42)　B

æ	bi	çɘ io	dzo	nɯ	la
崖	に	シャヨ	雹	（助）	打つ
山崖	上	贝母	冰雹	（介）	打

雹が崖に生えるシャヨを打つ、
山崖上的"贝母"遭到冰雹的袭击，

tsa do	lo	dʐe	la	ɲi gu
雑種	手	関節	打つ	〜のようだ
杂种	手	关节	打	一样

まるで「雑種」の手首の関節を打つのと同じだ。
就象击在男人们的手关节上一样．

(41)　A【誘い歌】

㊌私たちはツマドイをしよう。
㊙前歌が「水」を素材にしたのを受けて、「木」を素材として同一内容を表現することにより連結。

(42)　B【男をけなす歌】

㊌私たちにアドゥができた時に、まだアシャのいない男は悲しく思うだろう。（Bの姉の意味づけ）
㊙シャヨは貴重な薬草で、崖の割れ目に生えている。主に男が現金収入を得るために山へシャヨを探しに行くが、それは手で掘ってもなかなか見つかりにくい薬草だという。「シャヨ」はトディ・ダシブチ資料（29）にも登場する。
　「雑種」は悪口歌によく使われる男の蔑称。トディ・ダシブチ資料（54）、(96)、(128)にある。
㊙Aは当該歌を意味づけできなかったが、Bの姉が㊌のように意味づけた。そこではシャヨは女（つまり「私たち」）、雹はその女のアドゥと意味づけられ、前句の「シャヨを雹が打つ」が「私たちには既にアドゥがいる」ことの比喩となる。「雑種」は男の蔑称。「手の関節を打つ」はシャヨを掘り取るときには手首の関節が高くあがり、そこに雹が打つのは痛いということから、「（アシャのいない

第2章　男女分立の恋愛観に収束する歌掛け　**145**

男は）悲しく思う」となるという説明を受けた。しかし、これは込み入った説明だし、また歌の構造から無理があるようだ。構造的には、雹がシャヨを打つのが、「雑種」を打つのと同じだという歌である。ならば「私たち女が男をけなすのはとても激しい」というような意味づけで、男をけなす歌とも意味づけ可能だろう。Bの姉の意味づけも、結局は「まだアシャのいない男」をけなす歌であり、男をけなす歌という点では同じだ。

(43) A

zo	nɯ	sɿ	dzo	dzo	zi si
息子	(助)	木	橋	架ける	〜ならば
儿子	(介)	木	桥	搭	的话

もし男が木の橋を架けるならば、
如果男人塔一座木桥的话，

mu	nɯ	lʋ	dzo	dzo	iu	bi
娘	(助)	石	橋	架ける	来る	つもりだ
女儿	(介)	石	桥	塔	来	要

私は石の橋を架けよう。
那我女人要来塔一座石桥.

(43) A【男をけなす歌】

㊴あなたはごく普通の女のもとに通っているが、私はもっと立派な男と付き合いたい。
㊵前歌が比喩の使い方としてわかりにくい歌であったことはAが理解できないことで明らかなのだが、「雑種」とあることによって、男をけなす歌であることは伝達されている。当該歌はそれを受けて男をけなす歌を歌っている。類歌「木の橋が切れるなら切れるままにさせよう、大きい湖にもっと大きい石の橋を架けよう」（トディ・ダシブチ資料24）を歌い手は「このアドゥと仲が悪くなったら、さっさと縁を切ってもっと立派なアドゥとツマドイしよう」と意味づけしており、共有された表現。
㊶トディ・ダシブチ資料（24）。

(44) B

sɿ uo	sɿ	tsʰe	ʂæ	nɯ	kʰæ
梢	木	葉	風	(助)	散り散りになる
树梢	树	叶	风	(介)	散解

梢の枝と木の葉は風に吹き落とされる、
树枝树叶被风去落,

(44) B【切り返し】

㊷Aは「自分が男より優れていることを誇示する」歌だという。しかしそれではあまりにも歌詞とかけ離れていると感じられる。前歌は男をからかう歌であったが、それを切り返したのが当該歌なのではなかろうか。つまり、あなた（A）

a du no kʰæ kʰæ ma bi アドゥ あなた 散り散りになる ない つもりだ 阿珠 你 散解 不 要 私はアドゥのあなたを棄てない。 我不会抛弃阿珠你.	はすぐ男を見限るというが、私はそういう薄情な女ではないという主旨の切り返しと思われる。その意味で自慢歌である。
(45) C dʑi du si dʑio dzo ʂua gu 水 漲る ならば (助) 橋 高い はずだ 水 涨 的话 (介) 桥 高 会 川の水が漲れば、橋は高いはずだ、 河水涨的话，桥就会高， dzo tʰæ le hu kʰu ma bi 橋 下 (助) 低い そのままにする ない だろう 桥 下 (介) 低 放 不 要 水は橋より低いわけではない。 但水不会比桥低.	(45) C【男をけなす歌】 ㊚私はあなたより劣ることはない。あなたより立派な男と付き合いたい。 ㊙「川の水」が女を、「橋」が男を比喩している。(43)の素材である「橋」を用いて連結。 ㊞トディ・ダシブチ資料(23)、(55)、(56)。
(46) A mu uo kə dʑi dʐa bi bi 天 頭 星 明るい 摘む 行く 言う 天 头 星 亮 摘 去 说 明るい星を摘みに天に行くと言うが、 说去天上摘最亮的星星， tɕi pʰu dzo dzo hi ma gu 雲 白い 橋 架ける よろしい ない できる 云 白 桥 塔 好 不 会 白雲で橋を架けることはできない。 但可惜白云不能塔桥.	(46) A【男をけなす歌】 ㊚あなたはとてもきれいな女と付き合いたいというが、白雲で橋は架けられないように、見つけられるはずがない。 ㊙前歌までの素材「橋」を用い、その意味づけをきれいな女と付き合うための方法というように変えて連結。歌は、女の立場から男をからかった歌としても、個人の自慢歌の切り返しとして仲間の女性をからかう歌としても意味づけ可能だろう。 ㊞(112)。トディ・ダシブチ資料(11)。

(47) B	(47) B【女たちの自慢歌】
mu uo kə pʰʊ kə so lə 天　頭　星　白い　星　三　個 天　头　星　白　星　三　颗 天で一番明るい三つの星、 天上最亮的那三颗星, so lə ɲi ɲi gu kʰɯ bi 三　個　同じ　なる　～させる 三　颗　一样　成　要让～这样做 その三つの星を同じく明るくさせたい。 要让三颗星都一样的明亮.	㊌私たち三人を同じくきれいにさせたい。 ㊛前歌の「明るい星」がきれいな女を比喩することはトディ・ダシブチ資料(11)でも確認され、共有された表現である。当該歌はその表現を受け、男をからかうのではなく、自分たちこそがきれいな女なのだと女たちの自慢歌としている。実際に三人の女が歌を掛け合っているから、「私たち三人」ということなのだろう。
(48) A	(48) A【男をけなす歌】
mu uo çi pʰʊ pʰo bi bi 天　頭　稲　白い　栽培する　行く　言う 天　头　谷　白　　种　去　说 天へ白い稲を栽培に行くと言うが、 说去天上种白色的稻谷, dʑi na do do iu ma ho 水　流れる　急な坂　登る　来る　ない　つもりだ 水　流　陡坡　爬　来　不　要 川の水は急な坂を登って流れようとは思わない。 但河水却不想爬陡坡.	㊌あなたはとてもきれいな娘と付き合いたいと言うが、川の水が急な坂を登ることができないように、見つけられるはずがない。 ㊙白い稲とは赤米と対比された白米。 ㊛A自身の(46)を、素材を換えて歌っている。なお、Bの姉は、「天に白い稲を栽培に行く」という歌い方はなく、「崖の上に稲を栽培に行く」がもとの形であるという。とすれば、(46)、(47)に合わせて「崖の上に」を「天に」と改変したということになる。 注：以上(37)～(48)を第4サイクルとする。
(49) B	(49) B【誘い歌】
sɪ i du kɯ ma i bi 木　生える　一緒に　ない　生える　(助) 树　长　一起　不　长　(介) 木は同じ所に生えていないが、 就算树不生长在同一块儿,	㊌私たちは同じ所の人ではないが、ツマドイはできるだろう。 ㊙(13)、(39)などと同じく、歌掛けに誘う機能を持つ歌。 ㊛(13)、(39)、(50)。ジャシ・スガ資料(12)、(13)、(41)。トディ・ダシブ

sɿ uo	dɯ kɯ	dʑua	kʰɯ bi
梢	一緒に	接する	〜させる
树梢	一起	连接	要让〜这样做

梢の枝は一緒に接するだろう。
但树梢会合拢到一起.

(50) A

sɿ uo	le	lo lo		bi la
梢	(助)	絡みつく		たとえ〜ても
树梢	(介)	交错		就算

たとえ梢の枝は絡みつくとしても、
就算树梢交错在一起,

sɿ	kʰɯ ma	lo lo	hi	ɲi
木	根 ない	絡みつく	の	だ
树	根 不	交错	的	是

木の根は絡みついてはいない。
而树根是没有缠绕起来.

(51) A

sɿ	dʑia	ma	dʑia	la kʰa	dʑia
木	良い	ない	良い	白樺	良い
树	好	不	好	白桦树	好

木は良いも悪いも白樺が良い（が）、
树好不好，白桦树好,

la kʰa	go lo	go pʰa	gu
白樺	中	腐る	はずだ
白桦树	里面	腐烂	会

白樺の中身はきっと腐っている。
但白桦树里面却会是腐烂的.

チ資料 (34)、(126)。

(50) A【切り返し】
㊾私たちは同じ所の人だけれど、ツマドイはしない。
㊳前歌の歌掛けへの誘いを切り返し、悪口歌の掛け合いへと展開する。枝が絡みつくかつかないかという同レベルでの切り返し。
㊺ (49) 参照。

(51) A【男をけなす歌】
㊾容貌がきれいに見える男は心が必ずしも良いとはいえない。
㊳白樺は日本のそれとは異なるが、山の中でうっすらと白い大木で、たしかに目立つ。しかし、実際その幹は虫に食われていることが多く、薪にはならないという。110頁参照。
㊳前歌「木」からの連想で「白樺」を素材とする。「白樺」は、㊳のような理由で男をけなす歌の素材として好んで用いられる。
㊺ (52)。トディ・ダシブチ資料 (106)。ジャシ・スガ資料 (46)。

(52) B

sɿ	zi	ma	zi	la kʰa	zi
木	真っ直ぐ	ない	真っ直ぐ	白樺	真っ直ぐ
树	直	不	直	白桦树	直

木は真っ直ぐもそうでないも、白樺が真っ直ぐだ(が)、
树直不直，白桦树直．

la kʰa	go lo	go bə	gu
白樺	中	空っぽ	はずだ
白桦树	里面	空心	会

白樺の中はきっと空っぽだ。
但白桦树里面是会空心的．

(53) A

la kʰa	sɿ	tsʰe	bi	liə liə
白樺	木	葉	薄い	とても
白桦树	树	叶	薄	非常

白樺の葉はとても薄い、
白桦树的树叶薄薄的，

ʂæ	ma	tʰʊ	nɯ	tʰi	tɕi tɕi
風	ない	吹く	(助)	(助)	揺れる
风	不	吹	(介)	(介)	飘动

風は吹いていないのに揺れる。
风还没有吹就左右揺摆．

(52) B【男をけなす歌】

㊾容貌がきれいに見える男は、心が必ずしも良いとはいえない。

㊿前歌の一部を言い換え、男をけなす。

㊼ (51)。トディ・ダシブチ資料 (106)。ジャシ・スガ資料 (46)。

(53) A【男をけなす歌】

㊾男は口が軽い。まだ通ったことがないのに、人に、私とツマドイしたと言いふらす。

㊿ (51)、(52) が白樺を素材としたのを受けて、同じく白樺を素材とするが、葉が薄いというその異なる属性による意味づけをして連結している。(51) からの男をけなすという主題は変わらない。トディ・ダシブチ資料 (46) に類歌があり、当該歌とほぼ同じ意味づけをしており、ここには「風が吹く」を「ツマドイする」の比喩とする共通理解がある。またBの姉は、この歌を「まだ若いのにツマドイをしたいなどとは、本当に悪戯だ」と解してもいいという。ここでも「風が吹く」はツマドイするの比喩として共有されているが、「揺れる」の意味づけを変えているということになる。

(54)　B sɪ uo　æ gæ　çi　dʑia　gu 梢　オウム　舌　良い　できる 树梢　鹦鹉　舌头　好　会 木の梢にいるオウムはよくしゃべることができる、 树顶上的鹦鹉很会说话, le gæ　no　kɯ　tɕ^{h}u　ma　bi 機嫌をとる　あなた　後ろ　と　ない　行く 哄　你　后面　跟　不　去 あなたがどんなに私の機嫌をとっても、ついて行かない。 不论你怎样哄我，我也不会跟你去.	(54)　B【男をけなす歌】 [歌]男は口がうまく、いつも女を騙すから、私はあなたの話を信じていないし、ついても行かない。 [遠]前歌で男の口の軽さをからかったのを受けて、よくしゃべるオウムに男を譬えてからかっている。同一意味内容を異なる比喩素材によって表現することでの連結。(17) やトディ・ダシブチ資料 (57) に見られるように、オウムを口だけの浮気な男の比喩とする共通理解がある。 [類] (17)、(55)。ジャシ・スガ資料 (45)。トディ・ダシブチ資料 (57)。
(55)　A æ gæ　sɪ　çia　ɯ　hi　ɲi オウム　木　試す　精通する　の　だ 鹦鹉　树　试　在行　的　是 オウムは木を見る目に精通している、 鹦鹉看树是很内行的, sɪ　nɯ　dzi　do　çia　ma　gu 木　老いる　本　を　試す　ない　はずだ 树　老　颗　上　试　不　会 枯れ木を体験してみることはまさかないだろう。 不会看上一颗枯树.	(55)　A【切り返し】 [歌]女を見るなら、私は玄人だ。私は年をとった女とつきあうはずはない。 [遠]前歌の素材であった「オウム」の異なる属性による意味づけにより連結。Aは、前歌でからかわれた男の立場に立って、Bをすでに年寄りだとからかっている。女同士のからかいでは、一方が男の立場に立って切り返すこともある。 [類] (17)、(54)。ジャシ・スガ資料 (45)。トディ・ダシブチ資料 (57)。 注：ここで笑いが起こる。次歌との間隔16秒。
(56)　A mu　si　zi　t^{h}ʊ　zi　ha ʂua 娘　(助)　どこ　至る　どこ　楽しい 女儿　(介)　哪里　到　哪里　好耍 私はどこへ行っても楽しい、 女儿到哪里都好玩,	(56)　A【個人の自慢歌、男をけなす歌】 [歌]私はどこへ行っても男にもてるから、ずっとあなたを頼っては暮らさない。 [遠]前句は自慢であり、後句は男をけなしている。歌詞の上で「あなた」といっているが、特定の男を指しているとは限らず、男全般をからかっているとも考えられる。

no bi le li tʰɯ ma se あなた を (助) 見る (助) ない 歩く 你 上 (介) 看 (介) 不 走 あなたをずっと見て暮らさない。 没有看着你而生活着.	㊽(57)。トディ・ダシブチ資料(7)、(129)。
(57) B mu si zi tʰʊ zi ha ʂua 娘 (助) どこ 至る どこ 楽しい 女儿 (介) 哪里 到 哪里 好耍 私はどこへ行っても楽しい、 女儿到哪里都好玩, a du no ku ma ʂu du アドゥ あなた 後ろ ない 思う 阿珠 你 后面 不 想念 別れてもアドゥのあなたを偲ばない。 没有在阿珠你后面想念你.	(57) B【個人の自慢歌・男をけなす歌】 ㊼私はどこへ行っても男にもてる。あなたを思い出すこともない。 ㊽前歌の前句を繰り返し自慢を共有し、その上で男をけなす後句を付加し、同構造による言い換えによって連結。「アドゥのあなた」は、特定のアドゥを指しているとは限らないが、歌っている当人が通ってこない実際のアドゥを思い出している可能性はある。 ㊾(56)。トディ・ダシブチ資料(7)、(129)。
(58) B a ma çi la a ma tʂa 母 育てる (助) 母 世話する 阿妈 养育 (介) 阿妈 服侍 母を養い、母の世話をする、 抚养妈妈, 服侍妈妈, a du çi tɕʰi dzo ma dzio アドゥ 値打ちがある の ない ある 阿珠 希奇 的 不 有 アドゥに値打ちはない。 阿珠没有什么希奇的.	(58) B【男を拒む歌】 ㊿私は母のそばで一心に母の世話をしたい。どんなアドゥとも付き合いたくない。 ㊿前歌前句「私はどこへ行っても楽しい」は、「私は高山の雄ヤクだ、草の良いところであれば、どこへでもひたすら行く」(20)を連想させる。この(20)を受けた(21)が「私は高山を回ってから、帰って母の世話をする」であった。当該(58)はこの歌の連結を連想し、「母を養い、母の世話をする」と連結したと思われる。

(59) A

mu	si	ua	ʂua	bʊ	tsʰe	tʰa
娘	(助)	山	高い	雄ヤク		
女儿	(介)	山	高	公牦牛		

私は高山の雄ヤクだ、
女儿就象高山上的公牦牛，

ua	dʑia	zi	di	zi	ŋua	bi
山	良い	どこ	ある	どこ	ひたすら	行く
山	好	哪里	有	哪里	呆	去

良い山であれば、どこへでもひたすら行く。
哪里有好的山，就去哪里．

(60) B

ua	ʂua	uo	do	uo	le	hu
山	高い	頭	を	鶴	帰る	
山	高	头	上	鶴	回去	

鶴は高山の上を飛んで帰って行った、
高山顶上有仙鹤飞过去，

a	du	le	uo	iu	dʑia	mu
アドゥ		帰る	来る		思う	
阿珠		回去	来		以为	

アドゥが戻ってきたと思った。
我还以为阿珠折回来了．

(59) A【個人の自慢歌】

㋭私はきれいな娘だから、能力のある男がいれば、いつでもツマドイしたい。
㋬前歌（58）が連想した（20）を連結。
㋕（20）。ジャシ・スガ資料（32）。トディ・ダシブチ資料（4）、（5）。トディ資料（45）。ダシブチ資料（4）。

(60) B【偲ぶ歌】

㋭アドゥと別れてしまったが、彼が好きだから、アドゥと仲直りをしたい。
㋬ここで突然、別れてしまったが仲直りしたいという意味づけがなされる。これは旅などにおいて、そこにいない恋人を偲ぶ歌である。Aによると、「こういう歌はアドゥと別れたものの、そのアドゥをまだ好きな女が、彼に出会った時などに歌う。しかし、恥ずかしいので、面と向かい合っては歌わず、彼が通りかかった時などに歌う。そのほか、柴刈りなどで一人でも歌いうる」という。
Bは「偲ばない」（57）、「値打ちはない」（58）と男をけなしたり拒んだりする悪口歌を歌っていたが、その流れの中で、実際に訪れのないアドゥ（本節冒頭参照）を思い出している可能性もある。
また、ここでの偲ぶ歌には、個人の自慢歌を切り返して、自慢歌に集中しがちな歌掛けを持続しようとする機能を見ることができる。これは（37）の個人の自慢歌を受けて（38）の愛情を賛美する歌が

(61) A
sɿ bʊ dʑi uo tsɯ hi ɲi
薪 乾く 水 上 浮く のだ
柴 干 水 上 浮 的 是
乾いた薪は水の上に浮かぶものだ、
干柴是飄浮在水面上的，

le na dʑi tʰa bi ma i
押さえる 水 底 行く ない できる
圧 水 底 去 不 会
(いくら) 押さえても水の底には沈まない。
圧它也不会沉到水底去.

歌い出されたのと同じことだろう。あるいはB自身の意味づけはこのように歌掛けを持続させるためのものであったが、聞き手であるAが㊻のように、Bの実人生をそこに重ねて理解しているということも考えられる。
㊻ (62)。

(61) A【切り返し】
㊻もともとあなたを嫌いな男は、あなたがいくら誘っても、あなたにツマドイすることはないだろう。
㊻ほぼ同じ歌がトディ・ダシブチ資料(25)にあり、そこでは「私には全く欠点はないのだから、あなたにいくらかわれてもあなたに劣ることはない」と意味づけられている。つまりこの歌は「ダメなものはダメ」という主旨を乾いた薪は水に沈まないという道理によって主張している歌であり、さまざまな意味づけが可能なのである。
さて、当該歌㊻は、前歌に対する切り返しとなっている。つまり、「アドゥが戻ってきたと思った」という前歌に対して「ダメなものはダメ」、あなたを嫌いなのだから戻ってこないといっているわけだ。
Aは前歌にBの実人生を重ねて理解しているようだ。Aは、実際にBに通っていた男が、アシャもいないし、子もないと嘘をついてBとツマドイしたことに対して、今度来たら思い知らせてやるというように、怒っている（本節冒頭参照）。こういう実際の感情はあるけれども、歌掛けの中でAは、その現実を笑いの種にして切り返している。つまりAはBの歌にBの現実を読み取り、その現実を笑う。実際にAは歌った後に

笑っている。この笑いには、所詮男女の愛情などその程度の一時的なもので、笑い飛ばすに如かずという気分、つまり男女分立の恋愛観からはみ出す個の感情など笑い飛ばせばよいという気分があるのではないか。ただ、この時B、Cは笑っておらず、また次歌も当該歌に内容の上で連結していないことからすれば、どうやらAの意味づけはB、Cには通じなかったようだ。それは当該歌がトディ・ダシプチ資料（25）のようにも解釈されるという多義的な性格をもっているからであろう。
㊵トディ・ダシプチ資料（25）。

(62) C【述懐歌】
㊶Aは「亡くなったおばあさんを偲ぶ、普通の歌だ」と解釈した。「普通の歌」とは男女の愛情に関わらない歌という意味で使っている。郭公が戻ってきて鳴くことへの多様な意味づけは（4）㊶に述べた。Cは（60）の「鶴が帰ってくる」という表現に合わせて、郭公が戻ってくると連結したのだろう。おばあさんを述懐する内容となっている。
㊷（4）、（34）、（60）、（85）、（177）、（178）。トディ・ブチ資料（111）。

(62) C
si uo　　go bo　le tʰu　　ɲə
梢　　　郭公　　帰る　　時
树梢　　布谷鸟　回去　　时
梢の郭公が戻って来た時は、
树顶上的布谷鸟回来的时候,

a i　　　　　le　uo pʊ　　ɲi gu
おばあさん（助）会う　～のようだ
奶奶　　　（介）見面　一样
まるでおばあさんに会ったようだ。
就象又遇见了奶奶一样.

(63) A【男をけなす歌】
㊸①私はこんなに早く子どもを産みたくはなかったが、あなたが催促するので産んだのだ。
㊸②私たちはもともと仲良かったが、あなたが他のアシャをみつけてから悪くなったのだ。

(63) A
hi na　　hi pʰu　　tʰu　ma　gu
大きい湖　波　　　出る　ない　はずだ
大湖　　　波浪　　出　　不　　会
湖にはもともと波が出るはずはない、
湖上本来不会出波浪的,

第2章　男女分立の恋愛観に収束する歌掛け

hæ	nɯ	kʰɯ kʰɯ	hi	la	ɲi
風	(助)	調節する	の	(助)	だ
风	(介)	调节	的	(介)	是

風が湖面を吹くから（波が出るの）だ。
是风在吹动湖面的原因.

㊸A 自身が①、②どちらとも意味づけ可能だという。いずれにせよ、男をからかう悪口歌だ。もし（60）、（61）でAの読み取ったBの現実がAの頭のなかに残っていたとしたら、「あなたたちはもともと仲良かったが、あのアドゥが他のアシャをみつけてから、悪くなったのだ」という意味づけだったことになるだろう。「大きい湖」とは瀘沽湖をさすが、Bのアドゥは実は瀘沽湖岸にあるアシャの家に同居し、そこに子が二人いるということである。彼女らもそれを知っている。とすれば、Aは（61）に引き続きここでも、男をけなす表現をとりつつ、Bの現実をからかっているのだろう。

(64)　A

hi na	hi pʰʊ	tʰʊ	dɯ	nɯ
大きい湖	波	出る	一	日
大湖	波浪	出	一	天

湖に波が出るその日、
湖上出波浪的那一天,

hi zi	tʰa	ba ba	lu zo
波紋	〜するな	流れ	〜てほしい
水波纹	不要	流动	希望

波紋は動かないでほしい。
希望水波纹不要流动.

(64)　A【男をけなす歌】
㊸私たちに子ができたら、トラブルが起こらないように期待している。
㊸前歌の①、②の意味づけのうち、A自身が①を選択している。後句は「トラブルが起こらないように期待しているが無理だろう」という反語だろう。波紋は当然動くものだからだ。ここにもBへのからかいが感じられる。むろん、それでBが怒り出すということはない。Aは実際には47歳、Bの母親の年代だ。こうした笑いには、所詮男女の愛情など一時的なもので、笑いとばしてしまおうという男女分立の恋愛観に支えられた気分が共有されているように感じる。この点は（61）参照。

(65)　B hi　kʰɯ　bæ　zo　dɯ　tsɯ　hɯ 湖　あたり　カモ　息子　と　飛ぶ　行く 湖　边　鸭　儿子　与　飞　去 湖畔にいるカモが飛び去った時には、 湖边的小鸭飞走的话， mu　la　hi　kʰi　tɕʰi　i zi 娘　(助)　湖辺り　棄てる　はずだ 女儿　(介)　湖边　丢弃　会这样 きっと私を湖畔に棄てるだろう。 会把女儿仍在湖边.	(65)　B【男をけなす歌】 ㊗アドゥはきっと私を棄てるだろう。 ㊙トディ・ダシブチ資料(68)、(69)でも、飛び去るカモは女を棄てる男の比喩となっており共有されている。 ㊕トディ・ダシブチ資料(68)、(69)。 トディ資料(57)。
(66)　A bæ　zo　hi　kʰuə　dzɿ　hi　ɲi カモ　息子　湖　あたり　坐る　(助)　だ 鸭　儿子　湖　边　坐　(介)　是 カモは湖畔に棲息している、 小鸭是住在湖边的， hi zi　tʰa　kuə kuə　lu zo 波紋　～するな　遊ぶ　～てほしい 水波纹　不要　玩耍　希望 波紋は遊ばないでほしい。 希望它不要到处走动.	(66)　A【男をけなす歌】 ㊗もうアシャを持っている男は、他のアシャを作ってはいけない。 ㊙(64)を、前歌の「カモ」を用いつつ言い換えている。Bへの同情のようにも聞こえるが、(64)と同じく後句は反語表現として、Bの実人生に合わせてBをからかい、その個的感情を笑い飛ばしているのだと思われる。
(67)　C uo　zo　ua kʰuə　ɕi　hi　ɲi 鶴　息子　谷　生きる　の　だ 仙鹤　儿子　山沟　长　的　是 鶴は山あいに棲息している、 仙鹤是生活在山沟前的，	(67)　C【男をけなす歌】 ㊗もうアシャを持っている男は、他のアシャを作ってはいけない。 ㊙前歌と同主旨の内容を、同構造、別の比喩を用いて連結している。CもBより年上だが、男へのけなしとBへのからかいのどちらに重心が置かれているかはわからない。

ua kʰuə	tʰa		ba ba	lu zo
谷	～するな		動き回る	～てほしい
山沟	不要		走动	希望

山あいの外へ動き回らないでほしい。
希望它不要到山沟以外的地方走动.

(68) B

ua	ʂua	tʂʰæ	pʰʊ	tʰo	go	tʰɯ
山	高い	鹿	雄	松	中	疲れる
山	高	鹿	公	松树	里	累

高山の雄鹿が松林で疲れると、
高山上的公鹿累到松树林里时,

pʰa	zo	ʐə	nu	le	bi	i
山犬	息子	道	探す	(助)	行く	はずだ
豺狗	儿子	路	寻	(介)	去	会

山犬はきっと足跡を(嗅いで)追いに行くだろう。
豺狗会嗅着公路的脚印追求.

(69) A

hi	na	hi	bə	ʂæ	hi	ɲi
大きい	湖	湖	距離	長い	の	だ
大湖		湖	距离	长	的	是

湖の両岸の距離は長い（のだから）、
湖两岸的距离是很长的,

bæ	zo	dzi	bə	ʂæ	i zi
カモ	息子	飛ぶ	距離	長い	はずだ
鸭	儿子	飞	距离	长	会这样

カモが飛ぶ距離はきっと長いはずだ。
小鸭飞行的距离会很远.

(68) B【男をけなす歌】

㊹女が困っている際、男はきっとその機に乗じて付け込んで女の歓心を買うだろう。

㊺Bはさらに男をけなす悪口歌を歌うが、そこに自分自身の実人生を重ねているかは不明。

(69) A【不明】

㊻私はアドゥと遠く離れているので、アドゥが通いに来る道は遠い。

㊼当該歌は尻取り式に次歌に連結するため主題は不明。つまり道が遠いから何なのかは次歌に持ち越される。Bのアドゥは瀘沽湖岸に住んでいるから、その通いの道のりは遠い。ここでもBのアドゥのことが頭にあるかもしれない。

㊽ (163)。
注：ここで酒を注いだりして、間隔38秒。

(70) A

a du	gu	ʂæ	zɿ	ʂæ	lu
アドゥ	道	長い	道	長い	(助)
阿珠	路	长	路	长	(介)

私とアドゥは遠く離れて住んでいる、
我的阿珠住在离我很远的地方,

u	ɕia	tia	la	bi	ni	gu
無線電話			かける	つもりだ		～したい
无线电话			打	要		想这样

(彼に) 無線電話をかけたい。
想给他打一个无线电话.

(71) B

a du	zɿ	ʂæ	dʑio	hi	tʰɯ
アドゥ	道	長い	いる	の	この
阿珠	路	长	在	的	这

私とアドゥは遠く離れて住んでいる、
阿珠与自己相距很远,

tsʰe	hua	du	uo	pɯ	la	lu
十	晩	一	会う		(助)	やっと
十	晩	一	見面		(介)	オ

十晩にやっと一回会う。
十天晚上才能见一次面.

(72) A

se	hɯ	se	nɯ	ʂæ	hɯ	ʂæ
歩く	さらに	歩く	(助)	長い	さらに	長い
走	越	走	(介)	长	越	长

歩けば歩くほど道は遠くなる、

(70) A【偲ぶ歌】

㊙アドゥと遠く離れているので、彼をとても恋しく思っている。
㊙前歌後句を、比喩表現を用いず尻取り式に受け、後句にて「偲ぶ歌」と意味づけた。(68) までの悪口歌の連続を (69)、(70) によって一時的に停滞させ、それにより掛け合いを持続する。むろん女同士の掛け合いの中での偲ぶ歌に、個人の実人生などを重ねて共感をうる場合もあるだろうが、当該歌の場合、歌い手Aは結婚して同居する夫を持つから、この遠くのアドゥという設定は明らかに虚構であり、歌掛け持続のための偲ぶ歌である。
㊙ (115)。

(71) B【不明】

㊙アドゥと遠く離れているので、十日に一度しか会えない。
㊙十日に一度というのは、実数ではなくてなかなか会えないということ。だからどうなのか、つまり別れたいのか、会いたいのかはこの歌だけではわからない。
(69) と同じく尻取り式連結が意図されていたと思われる。

(72) A【男を拒む歌】

㊙通いに行く道が遠くて、途中まで行くと帰りたくなる。あなたとツマドイはしたくない。
㊙ (70) では、偲ぶ歌として遠くにいるアドゥを慕っていると歌ったが、ここで

路越走越远,	は逆に遠くにいるからツマドイはしたくないと、男を拒否している。男を拒む歌は、女同士の掛け合いの主題の一つであった。Aは自身の(70)から当該歌を連想していたと思われ、Bの前歌の尻取り式連結の完結を待たず、悪口歌に移行した。
z̺ə tṣa　le tɕʰi　bi　ɲi gu 道の途中　帰る　つもりだ　〜したい 路途　　　回去　要　　想这样 道の途中まで行くと帰りたくなる。 走到半路想回去.	
	🎤 (73)、(127)、(194)。ジャシ・スガ資料(10)。トディ・ダシブチ資料(113)、(114)。
(73) B	(73) B【男を拒む歌】
se　hɯ　se　nɯ　sæ　hɯ　sæ 歩く　さらに　歩く　(助)　長い　さらに　長い 走　　越　　走　　(介)　长　　越　　长 歩けば歩くほど道は遠くなる、 路越走越远,	🎤ツマドイに行く道はとても遠いが、それを巻きつけて短くすることはできない。私たち二人の家の道のりはとても遠いから、あなたとはツマドイをしたくない。
z̺ə tṣa　le　kuə kuə　ma　hi 道の途中　(助)　まきつける　ない　できる 路途　　　(介)　缠绕　　　不　会 道の途中をまきつけることはできない。 但却不能把路途缩短.	🎤(71)の完結しなかった歌は、Aの前歌の前句を繰り返すことによって、男を拒む歌として完結した。歌詞は「道を巻きつけることはできない」という道理を歌っているにすぎないが、そこに「だからツマドイしたくない」という意味づけをしている。これはジャシ・スガ資料(10)、トディ・ダシブチ資料(113)にも共通する意味づけである。
	🎤 (72)、(127)、(194)。ジャシ・スガ資料(10)。トディ・ダシブチ資料(113)、(114)。
	注：以上(49)〜(73)を第5サイクルとする。(ビデオ編に収録)
(74) A	(74) A【誘い歌】
ŋu　ba ba　la　hæ　ba ba 銀　花　　と　金　花 银　花　　与　金　花 銀の花と金の花、 银花朵与金花朵,	🎤私は私の愛している男とツマドイができるだろうか？ 🎤新たに掛け合いを始める機能を持つ有名な誘い歌。 🎤 (11)。ジャシ・スガ資料(1)、(3)。

ba uo　　du kɯ　　ba　　a　　i
よい花　一緒に　咲く　か　できる
好花　　一起　　开　（介）会
よい花は一緒に咲くことができるか？
好花会不会开在一起？

(75)　B
<u>dʑia na mi do　a li ba</u>
ジャナミド　　　アリバ
加那明多　　　　呵里巴
ジャナミド、アリバは（綺麗に咲いているが）、
加那明多呵里巴开得很好看，

<u>hi go</u>　　tʰu　　ba　　ba　　zi　　gu
真ん中　この　花　咲く　きれいだ　はずだ
中間　　这　　花　开　　好看　　会
真ん中の花はきっともっときれいに咲くだろう。
但中间的那一朵会开得更好看.

(76)　A
<u>dʑia na mi do</u>　so　ba　ɲi
ジャナミド　　　　三　輪　だ
加那明多　　　　　三　朵　是
ジャナミドは三輪あるが、
加那明多花有三朵，

ɲi　　pʰu　　so　　so　　di　　ma　　gu
霜　　白い　三　　朝　　耐える　ない　できる
霜　　白　　三　　早晨　耐　　　不　　会
三日間の寒い霜には耐えられず枯れてしまう。
经不住三天早上的寒霜，就会枯萎.

(75)　B【個人の自慢歌】
㊗三人姉妹の中で、次女がきっと最もきれいになるだろう。
㊙ジャナミドはチベット語であり、アリバはモソ語であり、実際には同じ花だという。
㊎「三人姉妹」とはAによる解釈であるが、あるいは今歌を掛け合っている三人を指しているのかもしれない。Bは実際に三人姉妹の次女であるための混同だ。いずれにせよ、Bは、前歌の「花」を素材として、B個人の自慢歌を歌ったのである。またこの個人の自慢は（100）の「女たちの自慢歌」と対応している。
㊐（100）。トディ・ダシブチ資料（15）。

(76)　A【女をからかう歌】
㊗三人はきれいだけれど、それぞれ子供を一人産むと老いてしまう。
㊎同一比喩素材の異なる属性によって連結し、B個人の自慢をからかっている。Aは48歳、子が5人いるから、「そうはいっても子を産めば老いてしまうのだよ」とやや自嘲気味に前歌の個人の自慢を切り返している。類歌トディ・ダシブチ資料（14）では、男が女をからかう歌として意味づけられており、「霜に耐えられない」という後句が老いてしまうを比喩するという共通理解がある。
㊐トディ・ダシブチ資料（14）。
注：Aは笑っている。

(77) B dʑia na mi do　a li ba ジャナミド　　アリバ 加那明多　　　呵里巴 ジャナミド、アリバは、 加那明多，呵里巴， dɯ kʰʊ ɲi ba ba ma gu 一　年　二　花　咲く　ない　できる 一　年　二　花　开　不　会 一年に二度は花が咲くことはない。 一年不会开两次花.	(77) B【個人の自慢歌】 ㊗今は若くて綺麗だけれど、こんな青春は二度と戻ってこない。 ㊙(75)との連続で「今が一番きれいなときだ」というように自己を自慢しているとともに、前歌を切り返してのAへのあてこすりでもあろう。 注：Bは笑っている。
(78) B ua ʂua bə dʑi le ɕia hu 山　高い　泉　水　(助)　味わう　行く 山　高　泉　水　(介)　尝　去 もう高山の泉の水を飲みに行った、 高山上的泉水你已经去尝过了, le uo dua dʑi ɕia tʰa iu 帰る　濁る　水　味わう　〜するな　来る 回去　浊　水　尝　不要　来 濁った水を飲みに戻ってくるな。 就不要再回来尝浊水.	(78) B【男をけなす歌】 ㊗あなたはこの前私を見下げて、きれいな娘のもとに通ったのだから、彼女に振られたからといって一度見下げた私のもとに戻って来るな。 ㊙ここでまたBが男をけなす歌を歌い始めた。「泉の水」と「濁った水」を、きれいな女とそうでない女の比喩とするのはトディ・ダシブチ資料(21)、(53)に例があり共有されている。ただし、ここで㊗が「濁った水」を「あなたに軽蔑された女」としているのは特殊で、これはBの実人生に引きつけた解釈となっている。 ㊙トディ・ダシブチ資料(21)、(22)、(53)、(125)。ダシブチ資料(13)、(14)。 注：Bは笑う。

(79)　B tɕʰa　go　kʰɯ　ma　ua　go　læ 千　　人　行く　(助)　万　　人　来る 千　　个　去　　(介)　万　　个　来 千人が行っても万人が来る、 千个去, 万个来, mu　nɯ　ma　bi　bi　hi　ɲi 娘　　(助)　ない　つもりだ　言う　の　だ 女儿　(介)　不　　要　　　　说　　的　是 私は同意しない。 是我自己不同意的.	(79)　B【個人の自慢歌、男を拒む歌】 ㊌私に求愛する男は多いから、あなたとのツマドイには同意しない。 ㊥前句は中国語「千个去(介)万个来」の訛音。 ㊙前句は個人の自慢、後句は男を拒む歌となっている。以下、比喩によらない拒む歌が連続する。 ㊙(80)、(188)。トディ・ダシブチ資料(96)。 注：間隔38秒。
(80)　B tɕʰa　go　kʰɯ　ma　ua　go　læ 千　　人　行く　(助)　万　　人　来る 千　　个　去　　(介)　万　　个　来 千人が行っても万人が来る、 千个去, 万个来, ʂɿ　tsæ　no　bi　ɕia　ma　bi 本当に　あなた　を　あてにする　ない　つもりだ 实在　　你　　上　希望　　　不　　要 本当にあなたをあてにはしない。 实在是不想依靠你.	(80)　B【個人の自慢歌、男を拒む歌】 ㊌私に求婚する男は多いから、あなたを頼りに生きていこうとは思わない。 ㊥前句及び[ʂɿ tsæ](实在)は中国語訛音。 ㊙前歌と同主旨。前句を繰り返し、後句も言い換えに過ぎない。 ㊙(79)参照。
(81)　A sɿ tʂʰua　iu na　bia kə　go 四川　　　雲南　　境　　　中 四川　　　云南　　边界　　里 四川省と雲南省の境で、 四川省和云南省的边界里,	(81)　A【男を拒む歌】 ㊌四川省と雲南省の辺境の両側で、どこのアドゥとつき合うかは私の気持ち次第だ。 ㊥リジャズ村は、まさに四川省と雲南省の省境に位置する。 ㊙ここまで三首、比喩を用いない男を拒む歌が連続。

zi go ɕia bi ɲia la dʐu どこ 試す 行く 私 (助) 思いのまま 哪里 试 去 我 (介) 随意 どこへ行くかは私の勝手だ。 想去哪里随我的愿意.	
(82) B zə pʰʊ zə na tʰɯ ɲi kʰu 道 白い 道 黒い この 二 本 路 白 路 黑 这 两 条 白い道と黒い道というこの二本の道は、 黑白，这两条路， zi kʰu tɕʰio bi mu la dʐu どの 本 〜について行く 娘 (助) 思いのままだ 哪 条 跟随 去 女儿 (介) 随意 どの道を歩くかは私の勝手だ。 想走哪一条随我自己的愿意.	(82) B【男を拒む歌】 ㊙どんな男とツマドイをするかは、私の気持ち次第だ。 ㊙前歌の「どこへ行くかは私の勝手だ」を当該歌は「どの道を歩くかは私の勝手だ」と言い換えている。「黒い道」「白い道」は㊙からすればさまざまな男の比喩ということになるが、「あなたはあなたの道を行け」(ジャシ・スガ資料23)や「私たちには自分の人生の道があるはずだ」(201)という類歌から推すと、自分の道とあなたの道、女の道と男の道とも意味づけ可能だ。 ㊙ (81)、(201)、(202)。ジャシ・スガ資料 (23)。
(83) A a ma ɲia kʰu le so ɲə 母 私 〜に対して (助) 教える 時 阿妈 我 对 (介) 教 时 母が私に教えたとき、 阿妈教导我时说， ma sɿ hi dʐu tʰa i tsɿ ない 知る 他人 友達 〜するな する 言う 不 认识 别人 朋友 不要 做 说 知らない人とは友達にならないようにと言った。 不要和不认识的人做朋友.	(83) A【男をけなす歌】 ㊙母が私を教えた時、あまり知り合っていない人はきっとあなたを騙すから、ツマドイをしてはいけないと言った。 ㊙男を、すぐ女を騙す存在だと決めつけけなしている。(17)、(54)の「オウム」と同発想。

(84)　B <u>a dzo</u>　ma　ɲi　le　<u>muᵖʰæ</u> 何　　ない　だ　（助）　忘れる 什么　　不　是　（介）　忘记 すべてのことはもう忘れてしまった、 所有的事情都已忘记了， <u>a ma</u>　kə tʂɿ　ma　<u>mu pʰæ</u> 母　　教え　　ない　忘れる 阿妈　教诲　　不　　忘记 母が教えてくれたことは忘れていない。 阿妈教导我的这些话却没有忘记.	(84)　B【男をけなす歌/述懐歌】 ㊴「母が教えてくれたこと」は直接的には前歌後句を指すだろうが、多義的にもっと広く母に育ててもらったこととして意味づけられる可能性をもつ。その意味で当該歌は、以下「母」を主題とする述懐歌の歌掛けに変化する契機となっている。
(85)　A ua　ʂua　<u>go bo</u>　<u>go bo</u>　dzɿ 山　高い　郭公　　　ゴブ　　鳴く 山　高　布谷鸟　　谷布　　鸣叫 高い山で郭公がゴブと鳴く、 高山上的布谷鸟在"谷布"的鸣叫， ɲia　ma　ɲia　ua　dʑio　dʑia mu 私　母　私　呼ぶ　ている　思う 我　阿妈　我　喊　　在　　以为 私は母が私を呼んでいると思った。 我以为是我妈妈在叫我.	(85)　A【述懐歌】 ㊵郭公が鳴くことの多義性は（4）に述べた。ここでは前歌を受けて「母が呼んでいる」と意味づけている。この歌は「普通の歌」（男女の愛情に関わらない歌）だという。前歌の多義性が契機となって、掛け合いの主題は母を述懐する歌となった。母を述懐する歌は人々が集まったときに、男女を問わず、野外でも屋内でも歌われる。 ㊳（4）、（34）、（62）、（177）、（178）。トディ・ダシブチ資料（111）。
(86)　A ɲia　ɕi　<u>a ma</u>　dʑio　du　nu 私　育てる　母　　いる　一　日 我　养育　阿妈　在　　一　天 私を育てた母がこの世にいたころは、 养育我的妈妈尚在世的时候，	(86)　A【述懐歌】 ㊶母が生きている間、わたしはとても楽しくて幸せだった。

ba dzia kʰi go ba ni gu 花　良い　門　中　咲く　同じだ 花　好　门　里　开　一样 まるで美しい花が門の前に咲いているようだった。 就象好的庄稼开在门前一样.	
(87) C a ma ma dzio tʰa dzio kʰɯ 母　ない　いる　〜するな　ある　そのままにする 阿妈　不　有　不要　有　放 母がいないのはどうしようもない、 妈妈没有在世了很遗憾，但也没有办法了， zə mi tʰɯ si a ma ɲi 道　この　(助)　母　だ 路　这　(介)　阿妈　是 これからは人生の道が自分の母だ。 但自己以后的人生路也是自己的妈妈.	(87) C【切り返し】 ㊟前歌Aの母への述懐を、「母がいないのはどうしようもない」と切り返して、Aを慰めている。(60)、(61)でみたように、恋の嘆き（偲ぶ歌）は切り返してからかうが、述懐歌の嘆きに対しては切り返して慰めるという一定の方式があるようだ。(89)、(92)、またダシ・ルゾ資料 (25)、(27)、(29) 参照。
(88) A ɲia ɕi a ma dzio zi si 私　育てる　母　いる　もし〜ならば 我　养育　阿妈　有　如果 私を育ててくれた母がこの世にいれば、 养育我的妈妈还在世的话， ɲia liə ma da kʰɯ ma i 私　運命　かわいそうだ　そのままにする　ない　はずだ 我　命运　可怜　放　不　会 私の運命はきっとこんなにかわいそうではないでしょう。 不会让我的命运这样地受苦.	(88) A【述懐歌】 ㊟Aの述懐はさらに続く。

(89)　B dʐu dʑia kʰa dʑia　tɕi tʰia　ɲi いい社会情勢　　　　今日　だ 社会形势好　　　　　今天　是 今日社会情勢はますますよくなる、 今天社会形势越来越好， du so　　　ma da dzo ma dʑio ～のようだ　苦労　の　ない　ある 一様　　　　辛苦　的　不　　有 苦しいことなど何もない。 没有什么受苦的事.	(89)　B【切り返し】 ㊾前歌後句でAが自分の人生がつらいというのに対して、それを切り返し、そんなにつらいことなどないと慰めている。これは（86）、（87）の連結の方法と同じ。
(90)　A tɕʰia ʂa　li　tɕi　　le　po　tsʰɪ 前山　茶　馬に背負わせる（助）持つ　来る 前山　茶　驮　　　　　（介）带　来 前山から馬に茶を背負わせて運んできた、 我从前山驮了茶叶回来， ɲia ma　ma dʑio ma kə zi 私　母　ない　いる　残念だ 我　阿妈　不　有　遗憾 しかし、母は(もうこの世には)いなくて残念だ。 但我的妈妈已经不在世了，太遗憾了.	(90)　A【述懐歌】 ㊿「前山」はリジャズ村付近の山の名称。 ㊶Aはさらに「母」を述懐する歌を歌う。
(91)　B ua ʂua le　li　sɪ ʂua do 山　高い（助）見る　木　高い　見える 山　高　（介）看　树　高　　見 高い山を見るととても高い木が見える、 看高山的时候，看到很高的树，	(91)　B【偲ぶ歌】 ㊶アドゥを恋しく思っているが、アドゥは通いに来ない。 ㊶ここでBが掛け合いの流れを恋に関わるものに戻した。偲ぶ歌は切り返しを期待し、悪口歌の掛け合いを呼び起こす機能を持つ。

第2章　男女分立の恋愛観に収束する歌掛け

a du　　le　li　do　ma　tʰa アドゥ　（助）　見る　見える　ない　できる 阿珠　（介）　看　見　不　会 アドゥは見えない。 却看来看去看不到阿珠.	偲ぶ歌は（70）にも触れたが、実人生と重なる場合と重ならない場合がある。それは歌っているときの歌い手本人にしかわからないことであり、当該歌の場合も不明としかいえない。ただ、Aによる㊽の「通いに来ない」という意味づけは、Bの実人生と重ねられたものである可能性が高い。 ㊽（133）、（141）、（161）、（162）、（190）。トディ・ダシブチ資料（88）。
(92)　C a du　ma　do　tʰa　bi　lu アドゥ　ない　見える　〜するな　言う　（助） 阿珠　不見　不要　説　（介） アドゥが見えないと言うな、 不要说没有看见阿珠, so　hua　le　uo do　hi　ɲi 三　晩　（助）　会う　のだ 三　晩　（介）　見面　的　是 三晩経てば会える。 不过三天晚上就会见面.	(92)　C【切り返し】 ㊽前歌を切り返している。(87)や(89)が前歌の母への述懐をストレートに慰めるのに対し、当該歌は表現の上ではBを慰めているように見えながら、実際には笑いが起こっている。つまりCはBの恋の嘆きをからかっているのだ。このからかいの意味については（61）、（64）を参照。 注：ここで笑いが起きた。
(93)　A ua　ʂua　ʐe　ʂæ　a du　kɯ 山　高い　道　長い　アドゥ　（助） 山　高　路　长　阿珠　（介） 高い山と遠い道（に隔てられた）アドゥに、 山高路远的阿珠, kʰuə　dʑia　dɯ　kʰuə　tʰi　ʐuə　ho 知らせ　良い　一　句　（助）　言う　つもりだ 消息　好　一　句　（介）　説　要 良いたよりをひとこと言ってくれ。 去说一句好消息给他.	(93)　A【偲ぶ歌】 ㊽自分の代わりにアドゥに良いたよりを伝えて欲しいと、旅人などに頼んでいる趣きだという。母を述懐する歌を歌ってきたAは、BとCの（91）（92）に、偲ぶ歌の主題で連結。 ㊽（143）、（144）。トディ・ダシブチ資料（118）。ダシブチ資料（1）。

(94)　B $ts^{h}e$　ha　dɯ　uo pʊ　　bi la 今日　夜　一　会う　たとえ〜としても 今天　晚　一　见面　　就算 たとえ今晩一度会っただけでも、 就算今天晚上见一次面， lo pu　lo dʐ̥o　gæ gæ　bi 指輪　腕輪　交換する　つもりだ 戒指　手镯　交换　要 指輪と腕輪を交換したい。 也要和他交换戒指和手镯.	(94)　B【個人の自慢歌】 [歌]今晩知り合ったばかりの男であっても、彼とツマドイしよう。 [遠]B個人の自慢歌。(20) と同じく、たくさんの男とツマドイするということは、歌の上では自慢となる。また例えば (75)、(76) のように、個人の自慢歌は切り返しを期待し歌掛けを持続させる機能をもつ。 注：B、Cは笑っている。
(95)　C a du　gu　ʂæ　tʂɪ　di　tʂɪ アドゥ　道　長い　この　所　来る 阿珠　路　长　这　地方　来 アドゥは遠くから私たちの所へ来たけれど、 阿珠从很远的地方到我们这儿来， lo pu　lo dʐ̥o　$k^{h}ɯ$　le hu 指輪　腕輪　持つ　帰る 戒指　手镯　带　回去 指輪と腕輪は持って帰った。 戴着戒指和手指回去了.	(95)　C【女をからかう歌】 [歌]アドゥはせっかく遠くから私たちの所に来たのに、アシャを見つけられずに帰ってしまった。 [語]正式にツマドイ関係を結ぶ際には、まずそのしるしとして、贈り物を交換する。女はアドゥに腰帯を一本贈り、男はアシャに指輪や腕輪や腰帯などを贈る。 [遠]前歌の個人の自慢を受けて、女は男が好きだが、男は女が嫌いだったとBをからかっている。
(96)　A dʑia na　ŋuə　so　$t^{h}i$　liə　da 腰帯　五　本　もう　(助)　織る 腰带　五　条　已　(介)　织 腰帯はもう五本織りあがった、 腰带已经织好了五根，	(96)　A【切り返し】 [歌]私は男たちの求愛を本気で受け入れたわけではない。 [遠]前歌のからかいを受けて、試しただけだと開き直っている。 [類]ジャシ・スガ資料 (27)。

mu	nɯ	ɕia	ma	kʰɯ	hi	ɲi
娘	（助）	試す	ない	〜させる	の	だ
女儿	（介）	试	不	让	的	是

わたしは男たちを試したにすぎない。
是女儿不给小伙子们试而已.

(97) B

lo	nɯ	ŋuə	le	ŋuə	so	ɲi
手	指	五本	五	〜種	だ	
手	指	五个	五	〜种	是	

五本の指は形がそれぞれ違っている、
五个手指头是五个模样,

dʑia na	ŋuə	kʰɯ	tʰi	kʰæ	bi
腰帯	五本	（助）	散り散りになる	つもりだ	
腰带	五条	（介）	散解	要	

腰帯を五本(織り上げたので、五人の男に)それぞれやる。
织出了五根腰带，可以散给五个小伙子.

(98) C

a mu	gu mi	le	tɕʰio tɕʰio
姉	妹	（助）	一緒に
姐姐	妹妹	（介）	一起

姉と妹は一緒に来た、
姐姐妹妹一起来,

dʑia na	ga ga	da	liə	bi
腰帯	一緒に	織る	帰る	行く
腰带	一起	织	回	去

一緒に腰帯を織りに帰ろう。
一起回去织腰带.

(97) B【個人の自慢歌】
㊌私は多くの男に求愛できる。
㊙前歌の素材を受けて、個人の自慢を続ける。

(98) C【女たちの自慢歌】
㊙(96)、(97)の素材「腰帯」を受けて、姉妹の愛情を歌う歌に転換した。姉妹の愛情を歌うことが、掛け合いをする女グループの仲の良さとして、男たちに対する女たちの自慢歌になる。この掛け合いは女しかいないから、自分たちを男と対峙する女たちとして、連帯を強めているということになる。こうした連帯も男女分立の恋愛観に基づき、それを確認することになる。

(99) B	(99) B【女たちの自慢歌】
a mu gu mi kʰa ia dʑio 姉　　妹　　とても　多い　いる 姐姐　妹妹　很　　多　　在 姉と妹はたくさんいる、 姐姐妹妹有很多， ba ba dɯ kɯ kʰæ kʰɯ bi 花　　一緒に　満開になる　〜させる 花　　一起　　盛开　　　要让〜这样做 花は一緒に満開になる。 花朵会盛开在一起．	歌 姉妹にそれぞれアドゥができても、共に暮らそう。 背 モソ社会は基本的に母系妻問い社会であり、姉妹は一生共に暮らす。 意 前歌を受けて女グループを満開の花に譬えた、女たちの自慢歌。
(100) A	(100) A【女たちの自慢歌】
a mu gu mi so go ɲi 姉　　妹　　三　個　だ 姐姐　妹妹　三　个　是 姉と妹は三人いる、 姐姐妹妹有三个， so go so ba ba kʰɯ bi 三　個　三　輪　咲く　〜させる 三　个　三　朵　开　　要让〜这样做 三人姉妹の三輪の花を咲かせたい。 三个姐妹会开三朵花．	歌 姉妹三人を同じくきれいにさせたい。 意 前歌と同主旨。歌は三人姉妹というが、歌を掛け合っている三人の女性を指しているとも考えられる。当該歌と対応する個人の自慢歌が（75）である。 関 （75）。
(101) B	(101) B【男をけなす歌・女たちの自慢歌】
a mu gu mi kʰa ia ɲi 姉　　妹　　とても　多い　だ 姐姐　妹妹　很　　多　　是 (私には)姉と妹はたくさんいる、 姐姐妹妹有很多，	意 前歌までの女たちの自慢歌に、さらに男をけなす後句が付されることにより、男と対峙する存在としての女たちという点が明確になっている。

第2章　男女分立の恋愛観に収束する歌掛け

no　ko　ciа ciа　kʰɯ　ma　bi
あなた に　だます　～させる　ない　つもりだ
你　上　欺负　让　不　要
あなたに（私たちを）騙させない。
不会让你欺负我们.

(102)　C
a mu　gu mi　le　tɕʰio tɕʰio
姉　妹　（助）　一緒に
姐姐　妹妹　（介）　一起
姉と妹は一緒だ、
姐姐妹妹一起走,

ʐə tʂa　ga ga　se　liə　bi
道　一緒に　歩く　帰る　つもりだ
路途　一起　走　回　要
私たちは共に道を歩いて帰ろう。
我们要共同把路走下去.

(103)　B
ŋu　di　a du　ʂɯ　ma　du
自分　所　アドゥ　探す　ない　できる
自己　地方　阿珠　找　不　能
自分の所のアドゥと付き合うことはできない、
自己地方不能找阿珠,

le uo　kʰi bə　tsa　iu　gu
帰る　敷居　蹴る　来る　はずだ
回去　门槛　踢　来　会
きっと家の敷居を蹴りに戻ってくるだろう。
会回过头来踢家门槛.

(102)　【女たちの自慢歌】
㉘姉妹は力を合わせて暮らして行こう。
㉘歌い手三人の仲の良さの自慢と確認。

(103)　B【男を拒む歌】
㉘自分の村でアドゥを見つけることはできない。仲が悪くなったら、彼はがらりと態度を変えてアシャをけなす。
㉘実際に村の中の男と妻問いしないというわけではなく、ほぼ半数は村内での妻問いを行っている。次歌とともに男を拒む歌。
注：ここでBが笑う。

(104)　C hi　　di　　a du　　ʂɯ　　ma　　du 他人　所　　アドゥ　　探す　　ない　　できる 別人　地方　阿珠　　找　　不　　会 他の所のアドゥと付き合うことはできない、 別的地方的阿珠不能找, tsʰe　hua　dɯ　uo pʊ　la　　gu 十　　晩　　一　　会う　　(助)　できる 十　　晩　　一　　見面　　(介)　会 十晩にやっと一回しか会えない。 十天晩上才能見一次面. (105)　B tsʰe　hua　dɯ　uo pʊ　　bi la 十　　晩　　一　　会う　　たとえ〜としても 十　　晩　　一　　見面　　　就算 たとえ十晩に一回しか会えないとしても、 就算十天晩上才能見一次面, ŋu　la　hæ　uo pʊ　　ni gu 銀　と　金　会う　　〜のようだ 銀　与　金　見面　　　一様 まるで銀が金に会うようだ。 却象銀筋道金一様. (106)　B tʰo　dzɿ　ba　la　tʰo　dæ　lu 松　　木　　枝　と　松　　実　(助) 松樹　　　枝　和　松　　果　(介) 松の枝は松の実と、 松樹枝和松果,	(104)　C【男を拒む歌】 ㊙遠くのアドゥとは付き合うことはできない。遠くのアドゥとは十晩に一回しか会えないからだ。 ㊟前歌と同じく、男をからかう歌。前歌を切り返しているが、結局男を拒む歌である。 (105)　B【偲ぶ歌】 ㊙遠くのアドゥとは十晩に一回しか会えないけれど、その通いはとても貴重なものだ。 ㊟尻取り式に前歌を切り返したところ、偲ぶ歌の表現となった。偲ぶ歌は悪口歌に終始しようとする歌掛けを一時停滞させ、持続させる機能をもつ。 注：ここでB、Cが笑う。 (106)　B【偲ぶ歌】 ㊙私たちはもうツマドイ関係にあるのだから、互いに喧嘩したくない。 ㊟前歌と同一の意味内容を異なる比喩素材で表現することによる連結。

第2章　男女分立の恋愛観に収束する歌掛け

ジプ

guə kɯ guə la	lu	tʰa	kʰɯ
ばらばらに別れる(助)	〜たくない		〜する
散乱分开 (介)	不要		要让〜这样做

互いにばらばらに別れたくない。
不要互相分开.

(107) A
ʑɿ pʰʊ　kʰa da　　la　dɯ nɯ
ジプ　ハダ　揺れる　一　日
日普　哈达　飘动　一　天
ジプはハダのように揺れている、
"日普"象"哈达"一样飘动的时候、

(107) A【偲ぶ歌】
㊶「ジプ」は、杉や松などに寄生する緑色のつる草。枝から垂れ下がっており、風が吹くと揺れる。ハダ(チベット語)は、チベット族が客をもてなす際、客に捧げる絹の細長い布。客はこれを首に巻いておく。
㊷トディ・ダシブチ資料(109)のように悪口歌とも意味づけ可能だが、ここでは(105)、(106)を受けての偲ぶ歌である。序詞的発想の歌。

| a du lo la la ɲi gu
| アドゥ 手 招く 招く 〜のようだ
| 阿珠 手 招 招 一様
| まるでアドゥが(わたしを)手招いているようだ。
| 想念自己心中的阿珠.

(108) B
a du o zɿ da da hi
アドゥ 私たち 内緒話 の
阿珠 我俩 知心話 的
アドゥと私の間の内緒話を、
阿珠我俩之间说过的那些誓言,

tʰi tɕʰi bi nu gə i bi
捨てる つもりだ (助) 上 持つ つもりだ
丟弃 要 (介) 上 拿 要
捨てようか持ち上げようか？
抛弃还是拿起来？

(109) C
a du no zɿ tsʰa la hi
アドゥ あなたたち 話 の
阿珠 你俩 说话 的
アドゥよ、あなたたち二人の話は、
阿珠你俩之间说的誓言,

㊗ (168)。ジャシ・スガ資料 (48)。トディ・ダシブチ資料 (52)、(109)。
注：以上 (74) 〜 (107) を第6サイクルとする。

(108) B【誘い歌】
㊽私たちのツマドイ関係の縁を切るか続けるかは、あなた次第だ。
㊿ジャシ・スガ資料 (15) に「織りあがった腰帯が三本ある、長く切るか短く切るか？（あなた次第だ）」とあり㊽に「むかしあなたは私に通ってきたが、今では私を棄てようとしている。関係を切るも切らぬもお前次第だ」とあり、悪口歌の掛け合いを始める際の歌になっている。また、トディ・ダシブチ資料 (120) でも、一旦掛け合いが切れた後この歌が歌われている。当該歌の㊽はジャシ・スガ資料 (15) とほぼ等しく、当該歌も新たに歌掛けを始める合図になっているようだ。この点については (11) も参照。前歌までの偲ぶ歌が歌掛けを停滞させており、ここで疑問形の誘い歌を出すことにより、その停滞を破ろうとした。
㊗ (131)、(132)、(138)。

(109) C【切り返し】
㊽アドゥよ、あなたたち二人の愛情は枕以外に誰も分からない。
㊾当該歌の「アドゥ」は「友だち」という意味だという。
㊿当該歌は「私たちの間に約束した三句の約束は、枕でなければ知ることはできない。」（トディ資料2）という類歌のパロディであり、前歌でBが新たな歌掛けを要求しているのを受けて、その足元

第2章 男女分立の恋愛観に収束する歌掛け

uo gu ma ɲi no ma i 枕　　ない　だ　知る　ない　できる 枕头　不　是　知道　　不　　会 枕でなければ知ることはできない。 不是枕头不会知道.	を掬うように切り返している。 ㉘ジャシ・スガ資料 (9)。トディ資料 (2)。

(110) B
ɲia si ma bi bi hi ɲi
私　(助)　ない　行く　言う　(助)　だ
我　(介)　不　　去　　说　　(介)　是
私は行かないと言った、
我是说不去的,

no nɯ ɲia te˙ te˙ tsʰɪ ɲi
あなた　(助)　私　引き止める　来る　だ
你　　(介)　我　　拉扯　　　来　是
あなたが私を引き止めたのだ。
是你来拉我的.

(110) B【男をけなす歌】
㉘私はあなたとのツマドイに同意しなかったのに、あなたが一所懸命に追い求めてきたのだ。
㉘トディ・ダシブチ資料 (72)、(73) のように、男女の間で歌われれば、どちらが先に好きになったかを争う歌となる。この場合、先に好きになったほうが負けだ。
㉘ (136)、(206)。
注：ここでBが笑う。

(111) C
dzɪ si ɲia di dzɪ ma i
坐る　(助)　私　所　坐る　ない　はずだ
坐　　(介)　我　地方　坐　　不　　会
私たちの所に坐らないだろうが、
虽然不会在我们地方坐下来,

ɕia kʋ ɲia di tsʰɪ hi ɲi
苦労　　私　所　来る　の　だ
辛苦　　我　地方　来　　的　是
遠い旅に出る際には私たちの所に来る。
到我们这儿来辛苦找钱.

(111) C【客迎え歌】
㉘私たちの所に長居はしないとしても、旅に出た際などには寄って下さい。
㉘ [ɕia kʋ] は中国語「辛苦 (xīn kǔ)」の訛音。
㉘ (8)、(10) と類似した客迎えの歌。ここで突然Cが客迎え歌を歌ったため、A、Bは困ってしまったように見える。
㉘ (8)、(10)、(153)。
注：間隔18秒。

(112)　C

mu　la　kə　p^{h}ʊ　dʑa　bi　bi
娘　（助）　星　白い　摘む　行く　言う
女儿　（介）　星　白　摘　去　说
娘は明るい星を摘みに行くと言ったが、
女儿说去天上摘很亮的星星，

tɕi　p^{h}ʊ　dzo　dzo　hu　ma　ho
雲　白い　橋　架ける　行く　ない　できる
云　白　桥　塔　去　不　会
白雲で橋を架けることはできない。
但不能用白云塔桥.

(112)　C【女をからかう歌】
[歌]好きな男とツマドイをしたいが、白雲で橋が架けられないようになかなか実現できない。
[遠]類歌（46）は直前の歌の一部を利用し意味づけを変えることで連続していたが、ここでは突然女をからかう歌が出てきた。Cが思いつくまま何とか掛け合いを続けようと歌い出したのだろう。
[類]（46）。トディ・ダシブチ資料（11）。

(113)　B

ua k^{h}uə　tɕi　ua　ts^{h}i　bi la
山あい　雲　山　来る　たとえ〜としても
山沟　云　山　来　就算
たとえ山あいに白雲の山が現われても、
就算在山沟前露出一座白云的山，

tɕi　ua　hæ　nɯ　k^{h}æ　ɲi gu
雲　山　風　（助）　散り散りになる　〜のようだ
云　山　风　（介）　散解　一样
（白）雲の山は風に吹き散らされたようだ。
但白云的山象被风吹散一样.

(113)　B【女をからかう歌】
[歌]ひとまず、あるアドゥと知り合ったが、だれか邪魔しているようだ。
[遠]前歌の「白雲」を受けて、好きな男とツマドイしたいができないのは、私が悪いのではなく、邪魔をする女がいるからだと応えている。邪魔をする女は架空の女で、Cでも構わない。あるいはBの通ってこなくなった実際のアドゥが同居しているアシャが頭をよぎっているかもしれない。
当該歌の「風が吹く」は、「ツマドイを邪魔する」という意味で使われている。
（2）、（3）で「雲」は客を比喩していたが、ここではツマドイにくる男を比喩している。

(114)　C

zɹ na　lo k^{h}o　t^{h}o　sɪ dzɪ
杉　谷　松　木
杉树　谷　松树　树
谷いっぱいに生えている杉林の中の松の木は、

(114)　C【女をからかう歌】
[歌]多くの男と付き合っている女は良い男を見つけられない。
[遠]松は木材としては評価されない木であり、トディ・ダシブチ資料（108）でも「木は劣るも劣らないも松が劣る」とさ

长满山谷的杉树林里的松树, gu pæ　kʰɯ　ma　ŋa　lu　ɲi 板瓦　たち割る　ない　できる　(助)　だ 木板瓦　剖　不　会　(介)　是 木の板の瓦には断ち割ることはできない。 是不能剖成木板瓦.	れている。ここでも、真っ直ぐに割ることのできない松に譬えて仲間の女をからかっている。Aによる(歌)はその評価の低さを前句から、「多くの男と付き合っている女」と意味づけているが、この後(111)と同じくA、Bはまた困ってしまった。当該歌が多義的でもあり、あいまいだったためだろう。Cの歌の技術の低さが表れている。 注：間隔25秒。
(115)　B a du　ʐə tʂə　dʑio　bi la アドゥ　道の途中　いる　たとえ〜としても 阿珠　路途　在　就算 たとえアドゥが道中にいるとしても、 就算阿珠在路途种, ʐə　ʂæ　dʑio　zi　kʰuə　kʰɯ　bi 道　長い　いる　(助)　知らせ　伝える　行く 路　长　在　(介)　消息　传　去 遠くにいればたよりを伝える。 在远方的话, 就送消息给他.	(115)　B【偲ぶ歌】 (遠)Aは間違って歌ったのだろうとする。前句を「アドゥが遠くにいるとしても」とすれば意味は通じるようだ。(70)と同じく偲ぶ歌であり、前歌で一旦途切れた掛け合いを再開しようとしている。 (類)(70)。
(116)　C a du　ma　do　so　hua　gu アドゥ　ない　見える　三　晩　(助) 阿珠　不　见　三　晚　(介) アドゥとはもう三晩会っていない、 三晚不见阿珠了, so　kʰʊ　ma　do do　ɲi gu 三　年　ない　会う　〜のようだ 三　年　不　见面　一样	(116)　C【偲ぶ歌】 (遠)遠い旅に出るなどして、会えないアドゥをとても懐かしく思っている歌と説明された。前歌に引き続き偲ぶ歌。

まるで三年会っていないようだ。 就象三年没有见面.	
(117)　B so　k^{h}ʊ　ma　do do　bi la 三　年　ない　会う　たとえ～としても 三　年　不　见面　就算 たとえ三年会っていないとしても、 就算三年没见面了, so　hua　le　uo pʊ　i zi 三　晩　(助)　会う　はずだ 三　晩　(介)　见面　会这样 三晩の後にきっと会うだろう。 不过三天晚上就会见面了.	(117)　B【切り返し】 [歌]アドゥを待ってさえいれば、すぐ戻って来る。 [遠]尻取り式に前歌を切り返すが、慰めのニュアンスになっている。 [類] (25)、(118)、(208)。トディ・ダシブチ資料 (参考 6)。トディ資料 (1)。
(118)　C ua　ʂua　ʐə　ʂæ　hu　bi la 山　高い　道　長い　行く　たとえ～としても 山　高　路　长　去　就算 たとえアドゥが遠くに行っても、 就算阿珠去很远的地方, so　kuə　kə tʂi　dʑio　zo　gu 三　句　約束　ある　べきだ　はずだ 三　句　诺言　有　应该　会 私との三句の約束はあるはずだ。 应该和阿珠有三句诺言.	(118)　C【偲ぶ歌】 [歌]アドゥが遠くへ旅に出る際には、どこに何をしに行くか教えてくれるべきだ。また、永遠の愛を誓わなければならない。 [遠]前歌の前句の「三年会っていない」を具体的に「旅に出る」とし、また後句にて「三句の約束はある」と付ける。[類]のように有名な歌であるが、意味づけは多様。 [類] (25)、(117)、(208)。トディ・ダシブチ資料 (参考 6)。トディ資料 (1)。 注：間隔 26 秒。以上 (108)～(118) を第 7 サイクルとする。
(119)　C ʐə　k^{h}i　di　hi　ʐu bæ　dzɪ 道　あたり　生える　の　柳　木 路　边　长　的　柳　树	(119)　C【誘い歌】 [歌]あなたは本気で私とツマドイしたいのか？ [遠]誘い歌は (11) などと同じく、掛け合

道端に生える柳の木は、 生长在路边的柳树， kʰɯ　i　lo　i　a　tʂa tʂa 根　長い　ひげ根　長い　か　しっかりした 树根　长　须根　长　（介）　稳当 木の根とひげ根はしっかり生えているか？ 树根须根长得稳不稳？	いを始める機能をもつ。偲ぶ歌が続き、掛け合いが途絶えたために、掛け合いを再開するために誘い歌が歌い出された。
(120)　B zə　kʰi　di　hi　na da　dzɿ 道　あたり　生える　の　バラ　木 路　边　长　的　玫瑰　树 道端に生えるバラの刺に、 生长在路边的玫瑰刺， ma　hua　sɿ　nɯ　le　da　bi ない　引っ掛かる　まだ　(助)　(助)　避ける　つもりだ 不　挂　还　（介）　（介）　让　要 まだ引っ掛からないうちに避けてしまおう。 还没挂在我时，我就让开.	(120)　B【男をけなす歌】 ㉘嫌いな男に付きまとわれる前に、私は逃げてしまう。 ㉚前歌の誘いを受けて、男をけなす悪口歌の歌掛けが始まった。前歌前句の「道端に生える…の木」という型を用いることで連結。 ㉛トディ・ダシブチ資料（32）。
(121)　C æ　kʰi　di　hi　ɕi bə ia 崖　あたり　生える　の　シバヤ 山崖　边　长　的　施巴桠 崖に生えるシバヤは、 生长在山崖边的"施巴桠"， æ　tʰæ　la　bi　kʰuə　ma　mu 崖　下　落ちる　言う　知らせ　ない　聞こえる 山崖　下　落　说　消息　不　听见 崖の上にまで成長したというたよりは聞こえてこない。 没有听到它长到山崖上的消息。	(121)　C【切り返し】 ㉘美しくもないあなたよ、あなたに良いアドゥができたという便りはまだ聞いていない。 ㉚「シバヤ」は山地に多く、地面にへばりつくように生える草、葉が固くヒイラギのようにギザギザになっている。バラの刺とシバヤの葉のギザギザとの類似により、前歌を連結。 ㉛(15)、(16)。トディ・ダシブチ資料 (60)、(61)。

(122)　B bʊ kuə　ba　la　ua　k^{h}i　se 雄ヤク　（助）（助）　山　あたり　歩く 公牦牛　（介）（介）　山　边　走 雄ヤクは山辺を歩く時、 公牦牛在上山走动时, k^{h}o zɯ　ba　la　t^{h}a　tɕi tɕi 角　（助）（助）　～するな　揺り動かす 角　（介）（介）　不要　摇动 角をあちこちへ揺り動かすな。 不要用角到处摇动.	(122)　B【男をけなす歌】 [歌]自分が有能だと思いこんで酒を飲んで喧嘩するな。 [遠]モソ人の村落では、年越しや新築儀礼などで、若者達のジャッツオ（集団の踊り）が行われるが、そこで歌われる歌詞だという。[歌]はジャッツオの際の意味づけだろうが、ここでは、男をけなす歌としての意味づけで歌われたと思われる。
(123)　C k^{h}o zɯ　ba　la　k^{h}o　k^{h}i　se 角　（助）（助）　角　辺り　歩く 角　（介）（介）　角　边　走 ヤクは自分の回りを歩き回る、 牦牛要在自己的周围走动, ua k^{h}uə　ba　la　t^{h}a　se se 山あい　（助）（助）　～するな　歩く 山沟　（介）（介）　不要　走动 山あいを歩き回るな。 不要到山沟前走动.	(123)　C【男をけなす歌】 [遠]前歌と同主旨の男をけなす歌である。ジャッツオに当該歌の歌詞はないというから、Cが前歌からの連想により創作したものと考えられる。
(124)　B la　hu　ba　la　ua　k^{h}i　se 虎　赤い　（助）（助）　山　あたり　歩く 虎　红　（介）（介）　山　边　走 虎が山の周辺を歩く際、 老虎在山边走动的时候,	(124)　B【男をけなす歌】 [遠]（122）と同じくジャッツオの歌詞という。主旨も同じ。

dz̪ua	zo	ba	la	tʰa	da da
牙	（助）	（助）	〜するな	遮る	
獠牙	（介）	（介）	不要	阻挡	

牙で人々をさえぎるな。
不要用獠牙阻挡人们.

(125) C

a hua	a du	i	mu	kʰua
昨晚	アドゥ	眠る	夢	見る
昨晚	阿珠	睡	梦	做

夕べ夢でアドゥを見た、
昨晚做梦梦见阿珠,

tsʰɿ	çu	gə	dɯ	dʑia	ma	do
今朝		起きる	しかし	ない		見える
今早		起床	却	不		见

今朝起きると（アドゥは）いない。
今天早上起床却不见.

(125) C 【偲ぶ歌】

㊎アドゥを恋しく思っているが、アドゥは通いに来ない。

㊂ジャッツオに歌われる歌が続いたので、偲ぶ歌で主題を変えて新たに歌掛けを続けようとするのだろう。

㊙(126)、(142)。トディ・ダシブチ資料 (87)。

注：ここで笑い。

万葉集に似た発想の歌がある。「夢の逢ひは苦しかりけり覚(おど)ろきてかき探れども手にも触れねば」(4―741)。大伴家持(やかもち)が坂上大嬢(さかのうえのおほいらつめ)に贈った15首の冒頭の歌である。従来より指摘されてきたように、この表現は中国の『遊仙窟』の「驚き覚めて攬(かきさぐ)るに、忽然として手を空しくす」の翻案である。それは15首中の742、744にも『遊仙窟』の翻案が指摘されることからも認められる。しかし、この発想は当該歌と近似しており、オーラルな歌世界においても存在しうるものである。

---

(126) C

a hua	a du	i	mu	kʰua
夕べ	アドゥ	眠る	夢	見る
昨晚	阿珠	睡	梦	做

夕べ夢でアドゥを見た、
昨晚做梦梦见阿珠,

(126) C 【偲ぶ歌】

㊎夢でアドゥを見たが、目が覚めたら遠くの野外に寝ているのに気がついた。

㊂女が薬草取りやきのこ取り、出稼ぎなどで遠出をする機会は多く、そういう時の歌だという。前歌の前句を繰り返した上で、前歌の後句の状況を説明してい

| tsʰɪ ɕu　　i mæ　　lo　go　ha　liə　dʑio
今朝　杉林　谷中　眠る　(助)　いる
今早　杉树林　谷里　睡　(介)　在
今朝(自分が)杉林に寝ている(のに気づいた)。
今天早上却发现自己睡在杉树林里. | る。
注：ここで笑いが起こっている。前歌後句を説明したことによる内容的なものか、後句の音数が9音もあったためかは不明。間隔19秒。 |

(127)　A
a du　　gu　ʂæ　zə　ʂæ　　lu
アドゥ　道　長い　道　長い　(助)
阿珠　　路　长　　路　长　　(介)
アドゥと私との道はとても遠い、
阿珠的路途很遥远,

se　də　ma da kʰo　　i zi
歩く　時　苦労　　　　はずだ
走　　时　辛苦　　　　会这样
歩くにはきっと疲れるだろう。
走路时会很辛苦.

(127)　A【男を拒む歌】
㉚通いに行く道が遠くて、途中まで行くと帰りたくなる。あなたとツマドイはしたくない。
㉚類歌多く、常套的な拒む歌。偲ぶ歌を受けて、拒む歌が歌われた。
㊚(72)、(73)。トディ資料(73)。トディ・ダシブチ資料(113)、(114)。ジャシ・スガ資料(10)。

(128)　B
a du　　gu　ʂæ　zə　ʂæ　　lu
アドゥ　道　長い　道　長い　(助)
阿珠　　路　长　　路　长　　(介)
アドゥと私との道はとても遠い、
阿珠的路途很遥远,

zə tʂʅ　　kʰuə　se se　kʰɯ　bi
道の途中　知らせ　風流だ　伝える　つもりだ
路途　　　消息　　风流　　传　　要
道の途中で風流なたよりを言づけよう。
我会在半路上给你送好消息.

(128)　B【偲ぶ歌】
㊥[se se]は「相手を喜ばせるような」という意味。
㉚(69)の男を拒む歌を(70)が切り返して偲ぶ歌を歌い、歌掛けを持続するのと同じく、前歌の前句を繰り返して、前歌を切り返すことで掛け合いを持続。
注：以上(119)～(128)を第8サイクルとする。

(129)　A a du　　ɲia zɿ　liə　　tṣʰa la アドゥ　私たち　（助）　話 阿珠　　我俩　　（介）　谈话 アドゥと私の間の話は、 阿珠我俩之间的谈话， dʑi　la　nua　　ɲi gu　　hi　ŋi 水　と　ミルク　～のようだ　の　だ 水　和　奶　　一样　　　的　是 水とミルクのようなものだ。 就象水和奶一样．	(129)　A【愛情を賛美する歌】 ⑲私とアドゥの仲はとても良い。 ㊙前歌の偲ぶ歌の機能を受けて、同機能の愛情を賛美する歌が歌われる。 ㊗ジャシ・スガ資料（5）。トディ・ダシブチ資料（参考4）。
(130)　B a du　　ɲia zɿ　　tṣʰa la　hi アドゥ　私たち二人　話　　の 阿珠　　我俩　　谈话　　的 アドゥよ、私たち二人の話は、 阿珠，我俩之间的谈话， ba ba　duɯ kɯ　ba　　ɲi gu 花　　一緒に　咲く　～のようだ 花　　一起　　开　　一样 花が同じ所に咲いているようだ。 就象花朵盛开在一起一样．	(130)　B【愛情を賛美する歌】 ⑲私とアドゥの仲はとても良い。 ㊙前歌前句を繰り返し、前歌後句の「水とミルク」を「一緒に咲く花」として言い換えることで掛け合いを持続する。 ㊗（38）、（149）、（207）。 注：この後Aが歌い出すが失敗。
(131)　B a du　　o zɿ　　tṣʰa la　hi アドゥ　私たち二人　話　　の 阿珠　　我俩　　谈话　　的 アドゥよ、私たち二人の話は、 阿珠，我俩之间的谈话，	(131)　B【誘い歌】 ⑲私たちのツマドイ関係の縁を切るか、続けるかはあなた次第だ。 ㊙三首続いた偲ぶ歌、愛情を賛美する歌を受け、前歌の前句を繰り返し、新たに掛け合いを始めるために疑問形の誘い歌を歌い出す。 ㊗（108）、（132）、（138）。

| tʰi tɕʰi　　bi　　nɯ　　gə　　i　　bi
捨てる　つもりだ　(助)　上　持つ　つもりだ
丢弃　　　要　　　(介)　上　拿　　要
捨てようか、持ち上げようか？
丢掉还是拿起来？	
(132)　A
a so　　kə tsi̠　　tʰɯ　　so　　kʰuə
さっき　約束　　この　　三　　句
刚才　　诺言　　这　　　三　　句
さっきの三句の約束言葉を、
刚才的这三句诺言，

le tɕʰi　　bi　　nɯ　　le do　　bi
捨てる　つもりだ　(助)　かき集める　つもりだ
丢弃　　　要　　　(介)　拼凑　　　　要
捨てようか、かき集めようか？
丢掉还是拿起来？ | (132)　A【誘い歌】
㊌私たちのツマドイ関係の縁を、切るか続けるかはあなた次第だ。
㊟前歌を言い換えているに過ぎず、別の歌い手に新たな掛け合いの主題を求めている。
㊂(108)、(131)、(138)。 |
| (133)　B
ua kʰuə　　le　　lo　　tʰi　　bo bo
谷　　　　(助)　見る　(助)　明るい
山沟　　　(介)　看　　(介)　亮
山あいはとても明るく見える、
我看见山沟前很明亮，

ɲia pʊ　　a du　　do　　ma　　tʰa
私　の　　アドゥ　見える　ない　できる
我　的　　阿珠　　见　　　不　　会
私のアドゥは見えない。
但我总是看不到阿珠. | (133)　B【不明】
㊌アドゥを恋しく思っているが、アドゥは通いに来ない。
㊟「山あいは見える」は、直接㊌の「アドゥを恋しく思っている」と対応しているわけではなく、「私のアドゥは見えない」を序詞的に修飾している。構造としては「山あいは見えるが、遠くてたどりつけない」という発想があり、それがアドゥを偲ぶ歌の比喩とされ、その後半部が比喩ではなく「アドゥは見えない」と表現されているということだろう。
　「アドゥは見えない」、だから何なのかということは当該歌では示されていない。だから悲しいとなることもありうるし（次歌）、また、だから通いをやめよ |

第2章　男女分立の恋愛観に収束する歌掛け　　185

	うという拒む歌にもなりうる。 ㊙(91)、(141)、(161)、(162)、(190)。 トディ・ダシブチ資料(88)。
(134) B a du　le　li　do　ma　tʰa アドゥ（助）見る　見える　ない　できる 阿珠　（介）看　　見　　不　　会 アドゥは見えない、 阿珠看来看去都看不见, ȵi mi　tɕi　zo　tʰi　sɿ　ho 心臓　悲しい（助）今にも　死ぬ（助） 心脏　伤心　（介）要　　　死　（介） 心は死ぬほど気を揉んでいる。 心里焦急得象要死了一样.	(134) B【偲ぶ歌】 ㊙アドゥが通いに来ないので、私は死ぬほど気を揉んでいる。 ㊙一首で完結しない前歌の後句を尻取り式に繰り返して、「死ぬほど気を揉んでいる」という心情を付加し、完結させている。 注：この後Aが歌い出すが失敗。
(135) B a du　dʑia　si　kʰa　ia　dʑio アドゥ　良い（助）とても　多い　いる 阿珠　好　（介）很　　多　　有 良くしてくれるアドゥが多くいるが、 有很多对自己好的阿珠, zi　ə　ȵia　go　ho　ma　do どの　個　私　好き（助）ない　見える 哪　个　我　喜欢（介）不　　見 誰が（心より）私を好きかは分からない。 但哪个真心喜欢我，却不知道.	(135) B【個人の自慢歌】 ㊙男によくもてるという意味での個人の自慢歌。再び切り返しを期待して個人の自慢歌が歌われる。 注：ここで笑いがおきる。

(136) B

ȵia	si	ma	bi	bi	hi	ȵi
私	(助)	ない	行く	言う	のだ	
我	(介)	不	去	说	的	是

私は行かないと言った、
我是不同意和你走婚的,

no	nu	ȵia	kʰi	da	tsʰɿ	ȵi
あなた	(助)	私	門	跨ぐ	来る	だ
你	(介)	我	门	跨	来	是

あなたが門を跨いで入ってきた。
是你跨进我的门里来的.

(137) A

a du	no	kʰi	da	liə	tsʰɿ
アドゥ	あなた	門	跨ぐ	(助)	来る
阿珠	你	门	跨	(介)	来

アドゥがあなたの門を跨いで入ってきた、
你的阿珠跨进你的门里来,

no	ma	fu	zi	iu	ma	i
あなた	ない	好き	(助)	来る	ない	はずだ
你	不	喜欢	(介)	来	不	会

あなたが好きでなければ、きっと来ないだろう。
不喜欢你的话, 不会来的.

(138) B

a du	no	nɯ	zuə	hi	tʰɯ
アドゥ	あなた	(助)	言う	の	これ
阿珠	你	(介)	说	的	这

アドゥよ、あなたの言ったこのことを、
阿珠你说的这些话,

(136) B【男をけなす歌・個人の自慢歌】

㊌私はあなたとのツマドイに同意しなかったのに、あなたが勝手に通いに来たのだ。

㊙(110)と同じく、男をけなす歌であるが、前歌を受けてこれほど自分はもてるという自慢ともなっている。

㊚(110)、(206)。

(137) A【切り返し】

㊌Aは前歌にBの実人生を重ねて理解し、それに同情するふりをしながら、実はBをからかっている。(61)、(64)参照。

注:以上(129)〜(137)を第9サイクルとする。

(138) B【誘い歌】

㊌私たちのツマドイ関係の縁を、切るか続けるかはあなた次第だ。

㊙前歌でからかわれたBが、歌掛けを新たに始めるために歌い出したと思われる誘い歌。

㊚(108)、(131)、(132)

第2章　男女分立の恋愛観に収束する歌掛け

tʰi tɕʰi　　bi　nu　gə　i　bi 捨てる　つもりだ　(助)　上　持つ　つもりだ 抛弃　　　要　　　(介)　上　拿　要 捨てようか、持ち上げようか？ 丢掉还是拿起来？	
(139)　A a so　　kə tsi　　tʰɯ　so　kʰuə さっき　約束　　この　三　句 刚才　　诺言　　这　　三　句 さっきの三つの約束言葉を、 刚才说的这三句诺言，	(139)　A【男をけなす歌】 ㉞ツマドイは、始めた以上勝手に止めることはよくない。 ㉟前歌の機能を受けて、男をけなす悪口歌を歌い出す。あるいはBの実人生との重なりを意識してのBに同情するふりをしてのあてこすりとも意味づけ可能。
tʰi tɕʰi tɕʰi　　hi　　ma　ɲi　lu 棄てる　　　　よろしい　ない　だ　(助) 丢弃　　　　　好　　　不　　是　(介) 棄てることはよくない。 并不是随便可以丢掉的.	
(140)　A a　du　　ɲia zɪ　　le　　tɕʰio tɕʰio アドゥ　私たち　(助)　　一緒に 阿珠　　我俩　　(介)　　一起 アドゥと二人でいると、 阿珠我俩一起的时候，	(140)　A【愛情を賛美する歌】 ㊱私とアドゥの仲はとても良い。 ㊲新たに掛け合いを始めるために愛情を賛美する歌が歌われる。
uo　　zo　le　　tɕʰio tɕʰio　ɲi gu 鶴　　息子　(助)　一緒に　　　〜のようだ 仙鹤　儿子　(介)　一起　　　　一样 鶴が一緒に飛んでいるようだ。 就象仙鹤一起飞翔一样.	

(141)　B ua　ṣua　li　la　sɿ　ṣua　do 山　高い　見る　(助)　木　高い　見える 山　高　看　(介)　樹　高　見 高い山を見ると、高い木が見えた、 看高山时看见高大的树, ɲia　pʊ　a du　ɲi　dʑia mu 私　の　アドゥ　だ　思った 我　的　阿珠　是　以为 私のアドゥだと思った。 以为是我的阿珠.	(141)　B【偲ぶ歌】 ㊌アドゥをとても恋しく思っている。 ㊙偲ぶ歌。「アドゥだと思った」ということは実際にはアドゥと逢えないことを表現している。 ㊚(91)、(133)、(161)、(162)、(190)。 トディ・ブチ資料(88)。
(142)　B a hua　a du　i　mu　kʰua 昨晩　アドゥ　眠る　夢　見る 昨晩　阿珠　睡　梦　做 夕べ夢でアドゥを見た、 昨晚做梦梦见阿珠, ẕə tṣa　li　dʑi　do　ma　tʰa 道に途中　見る　～ている　みえる　ない　できる 路途　看　着　见　不　会 道の途中まで見に行ったけれど見えない。 去路途上看却看不到.	(142)　B【偲ぶ歌】 ㊌アドゥを恋しく思っているが、アドゥは来ない。 ㊙前句にて、前歌の「高い木は見える」を「夢に見る」と言い換え、後句にて実際に逢えないことを直接的に表現している。前歌と同一内容を同構造、異なる素材を用いて連結。 ㊚(125)、(126)、(161)、(162)。
(143)　A a du　gu　ṣæ　ẕə　ṣæ　lu アドゥ　道　長い　道　長い　(助) 阿珠　路　长　路　长　(介) アドゥと私とは道はとても遠い、 阿珠的路途很遥远,	(143)　A【偲ぶ歌】 ㊙前歌後句を前句にて受け、逢えなければ「良いたよりを聞こえさせよう」と展開を図る。 ㊚(93)、(144)。トディ・ダシブチ資料(118)。ダシブチ資料(1)。

kʰuə dʑia tʰi mu mu kʰɯ bi 知らせ 良い （助） 聞こえる ～させる 消息　　好　（介） 听见　　要让～这样做 良いたよりを聞こえさせよう。 但我会让阿珠经常听到好消息.	
(144) B zə ʂæ dʑio zi kʰuə kʰɯ bi 道 長い いる （助） 知らせ 伝える つもりだ 路 長　 在 （介） 消息　 传　　 要 遠くにいれば、言づけよう、 在远方的话，（我）就送消息, zə ɲi dʑio zi lo dza bi 道 近い いる （助） 手招く つもりだ 路 近　 在 （介） 手招　 要 近くにいれば、手招きしよう。 在近处的话，就招手.	(144) B【偲ぶ歌】 ⑱前歌後句を前句にて受け、遠くと近くの対比によって後句をつける。 ㊗(93)、(143)。トディ・ダシブチ資料(118)。ダシブチ資料(1)。
(145) B ba ba dɯ kɯ ma ba bi la 花　 一緒に ない 咲く たとえ～としても 花　 一起　 不　 开　 就算 たとえ花が同じ所に咲かないとしても、 就算花朵不在一起盛开, ba ʂua dɯ kɯ la kʰɯ bi 花 萎む 一緒に 落ちる ～させる 花 凋谢 一起　 落　 要让～这样做 萎んだ花を同じ所に落ちさせたい。 却要让凋谢的花辨落在一起.	(145) B【偲ぶ歌】 ㉟生きているうちには一緒にいられないとしても、死んだ後は一緒にいたい。 ⑱(15)に類歌があり、「たとえ私はそんなにいい女ではないとしても、立派なアドゥとツマドイするだろう」という個人の自慢歌として意味づけられている。つまり(15)では萎んだ花が同じ所に落ちるのを、ツマドイの成立と意味づけるのであるが、ここでは、花が萎んで落ちるのを死として捉え、死後の世界での恋の成就としている。ただし、この㉟はAによっており、Bの意味づけがそうであったかは不明。 ㊗(15)、(16)。トディ・ダシブチ資料(60)、(61)。

注：以上 (138)〜(145) を第10サイクルとする。

(146)　A
tʰi	dʑio	dɯ tɕʰio	gu	zi se
まだ	いる	一緒に	なる	〜ならば
尚	在	一起	成	的話

この世で一緒にいれば、
在世的时候成为一起的话,

le	sɿ	dɯ tɕʰio	gu	a	i
(助)	死ぬ	一緒に	なる	か	できる
(介)	死	一起	成	(介)	会

死んだ後もまた一緒にいられるだろうか？
死了不知道会不会是一起的？

(146)　A【愛情を疑う歌】
㊸生きているうちは好きなアドゥと一緒にいるが、死んだ後も一緒にいられるかどうかは分からない。
㊹上記の㊸はAによる意味づけである。前歌を (145) ㊷のように意味づけ、それをさらに疑っている。前歌の意味づけには、あるいはAの年齢（52歳は既に老齢といってよい）による述懐が重なっているかもしれない。そして当該歌は結婚している（つまり夫とこの世で一緒にいる）自分自身の疑いかもしれない。
また当該歌が疑問形となっていることからは、掛け合いを始める機能をもつ歌と意味づけることも可能である。

(147)　B
dʑi	tʰɯ	dɯ tɕʰio	gu	zi si
水	飲む	一緒に	なる	〜ならば
水	喝	一起	成	的話

一緒に水を飲むならば、
如果喝水一起去的话,

kʰʊ	kʰʊ	dɯ tɕʰio	gu	kʰɯ bi
巣	作る	一緒に	なる	〜させる
窝	搭	一起	成	要让〜这样做

巣作りも一緒にさせたい。
做窝也应该一起做.

(147)　B【切り返し】
㊺私たちはツマドイをするなら、同じベッドに寝るべきだ。
㊻前歌をAの実人生と重なる個人的な老いの意識が表出されているかもしれないと読んだが、Bはそこまで深読みはしていないようだ。掛け合いを始める意図で歌われた (11) を (12) が茶化したのと同じように、Bは前歌を、掛け合いを始める歌と理解し、それを茶化しているのだと思われる。
㊼(12)。ジャシ・スガ資料 (4)。

第2章　男女分立の恋愛観に収束する歌掛け

(148)　B
a ha ba la　tʰɯ　so　dzu
アハバラ　　　この　三　曲
呵哈吧啦　　　这　三　首
アハバラという三曲の歌は、
呵哈吧啦这三首,

a du　　o zɪ　ba ba　ɲi
アドゥ　私たち　花　だ
阿珠　　我俩　　花　是
アドゥと私たちの花です。
是阿珠我俩的花朵.

(149)　A
a du　　o zɪ　　le　　tʂʰa la
アドゥ　私たち二人　(助)　話し合う
阿珠　　我俩　　　(介)　谈话
アドゥと私の間の話は、
阿珠我俩之间的谈话,

ua　ṣua　ba ba　ba　　ɲi gu
山　高い　花　　咲く　～のようだ
山　高　　花　　开　　一样
高い山で花が咲いているようだ。
就象高山上盛开的花朵一样.

(150)　A
ua　ṣua　ba ba　ba　　ɲi gu
山　高い　花　　咲く　同じだ
山　高　　花　　开　　一样
高山に満開している花のようだ、
就象高山上盛开的花朵一样,

(148)　B【愛情を賛美する歌】
㊌アハバラは花のようで私とアドゥとの愛情を深める。
㊙(146)を、掛け合いを始める誘い歌と理解したBは、ここで同機能の愛情を賛美する歌を歌っている。ジャシ・スガ資料(52)のように、当該歌前句の「アハバラというこの三首」といういい方は、明らかに掛け合いを始める歌であることを示す。
㊙(29)、(30)、(160)。ジャシ・スガ資料(52)、(53)、(54)。
注：間隔11秒。

(149)　A【愛情を賛美する歌】
㊌私とアドゥの仲はとても良い。
㊙前歌が新たな掛け合いの主題を求めていることを受け、前歌を言い換えて掛け合いを持続した。
㊙(38)、(130)、(207)。

(150)　A【愛情を賛美する歌】
㊌私たちは愛情が深く、「あなたと私」と区別はつけられず、互いに喧嘩もしない。
㊙前歌を尻取り式に連結したが主題を変えることはなかった。
㊙(31)。ジャシ・スガ資料(25)。

no	la	ɲia	bi	hi	ma	gu
あなた	と	私	言う	よろしい	ない	できる
你	和	我	说	好	不	会

「あなたと私」ということができない。
不能说你和我.

(151) B

se	kʰɯ	ba ha	dʑa	lʊ	du
絹		衣服	良い	着	織る
丝绸		衣服	好	件	织

私は（とてもいい）シルクの服を織り上げたが、
我织了一件很好的丝绸的衣服，

ma	sɿ	ba la	tsɿ	po	sɿ
ない	使う	衣服	これ	持つ	ている
不	用	衣服	这	带	着

まだ着ていなくて、保存している。
但我还没用，还带着.

(152) A

se	kʰɯ	ma	da	dʑo		zi si
絹		ない	織る	ある		〜ならば
丝绸		不	织	有		的话

もしまだ織っていない絹があれば、
如果有还没有织的丝绸的话，

hi	dʑua	pʰu	nɯ	tɕʰi	la	ɲi
キバノロ	牙	白い	(助)	解く	(助)	だ
獐子	獠牙	白	(介)	解开	(介)	是

キバノロの白い牙で解けばいいのだ。
用白色的獐子的獠牙解开就可以的.

(151) B【誘い歌】

㋥私はまだツマドイをしたことがない。私に通いますか？

㋘織り上げた服（普通は麻服）を妻問い相手と交換する習俗があるため、それをもっているということが、「私に通いますか？」という意味の誘い歌として理解される。(146) または (147) において男女合一へ向かう偲ぶ歌や愛情を賛美する歌を離れて別の主題の掛け合いへの展開が図られたが、掛け合いは再び偲ぶ歌となった。そのため B は再び誘い歌によって別主題の掛け合いへの展開を意図しているのだと思われる。

㋘ジャシ・スガ資料（15）。

(152) A【切り返し】

㋥あなたが本当に私を愛していれば、私はツマドイしよう。

㋘キバノロはヘラジカの一種、体長1mと小型で雌雄とも角はない。雄は上の犬歯が発達し口外へ突き出し、牙となっている。

㋘前歌を男の立場で切り返し、掛け合いを持続していく。

注：ここで酒を飲み、間隔150秒。掛け合いの新たな主題が思いつかないまましばらく酒を飲んでいるという感じ。

(153)　B	(153)　B【客迎え歌】
ua ṣua zə ṣæ æ mu lu 山 高い 道 長い 兄 たち 山 高 路 长 哥哥 们 高い山と遠い道（を歩いてきた）兄たちは、 山高路远的哥哥们， çia kʊ ɲia di liə tsʰɿ zi 苦労 私 所 （助）来る （助） 辛苦 我 地方 （介）来 （介） 私たちの所に遠い旅の途中で来た。 到我们这儿来辛苦劳动.	㊌客迎えの歌という。ここから新たな主題として、再び客迎えの掛け合いが始まる。 ㊟ (8)、(10)、(171)。
(154)　B	(154)　B【客迎え歌】
çia kʊ ɲia di liə tsʰɿ ɲə 苦労 私 所 （助）来る 時 辛苦 我 地方 （介）来 时 私たちの所に遠い旅の途中で来る時、 到我们这儿来辛苦劳动的时候， le kʰæ pa la ɲi tçi ho （助）散り散りになる（助）（助）心 悲しい（助） （介） 散开 （介）（介）心 伤心（介） 別れると心がやきもきする。 散开的话就比较伤心.	㊌私たちの所に来て、別れる時には悲しくなる。 ㊐尻取り式連結。 ㊟ (2)、(3)、(155)。
(155)　B	(155)　B【客迎え歌】
le dʊ ba la ɲi ma tçi 集まる（助）（助）心 ない 悲しい 集拢 （介）（介）心 不 伤心 集まると心はやきもきしない、 集拢的话不伤心，	㊌一緒にいれば悲しくないが、彼を追いだすと悲しい。 ㊐ (153) から三首、Bによる尻取り式連結。このような独唱の場合に尻取り式連結は有効。(10) 参照。 ㊟ (2)、(3)、(154)。

| le ti ba la ɲi tɕi zi |
| (助) 追い出す (助) (助) 心 悲しい (助) |
| (介) 赶 (介) (介) 心 伤心 (介) |
彼を追い出すと心がやきもきする。
赶走他的时候就比较伤心.

(156) B
| ma do lo kʰuə tsɿ lu go |
| ない 見える 山あい この 中 |
| 不 見 山沟 这个 里 |
外が見えないこの山あいにいると、
看不见的这个山沟里,

| da di fæ go tʰʊ ɲi gʊ |
| 大きい 所 中 至る 〜のようだ |
| 大 地方 里 到 一样 |
まるで広い所に着いたようだ。
就象到了大地方里一样.

(157) B
| ɲia di tɕʰi tʂʰə ma tʰo hi |
| 私 所 自動車 ない 通じる の |
| 我 地方 汽车 不 通 的 |
私たちの所には自動車が通じていない、
我们地方不通汽车,

| zɿ mu zɿ tse kʰuə hi ɲi |
| 山神 霊験 の だ |
| 山神 灵 的 是 |
山神が霊験を現したからだ。
是因为山神显灵的原因.

(156) B 【土地褒め歌】
㊟自分の村はとても広い所のようだという土地褒め。これも客迎えの掛け合いのなかで歌われるものという。
㊞ (172)。

(157) B 【土地褒め歌】
㊟実際にリジャズ村には自動車道は通っていない。(かつて冬の一時期だけ自動車の通れる道があったらしいが、取材当時は不通であった。)それを山神の霊験として土地褒めの素材としている。
㊞ [tɕʰi tʂʰə] は中国語「汽车」(qì chē) の訛音。

第2章 男女分立の恋愛観に収束する歌掛け

(158)　B tɕʰi tʂə　　ho tʂʰə　　ma　　tʰo　　di 自動車　　汽車　　ない　通じる　所 汽车　　　火车　　不　　通　　地方 自動車も汽車も通じていない所へ、 汽车，火车不通的地方， kʰɯ tsʰe　　le　　se　　tʂɿ　　di　　tsʰɪ 足　　　　（助）　歩く　この　所　　来る 足　　　　（介）　走　　这　　地方　来 あなたたちは歩いてここに来た。 你们用脚走到这地方来了.	(158)　B【客迎え歌】 ㊿歩いてきたのは我々である。尻取り式連結により客迎え歌へ。 ㊿［ho tʂʰə］は中国語「火车」(huǒ chē)の訛音。 注：間隔47秒。
(159)　B tɕʰi tʂə　　ho tʂʰə　　ma　　tʰo　　bi la 自動車　　汽車　　ない　通じる　たとえ〜でも 汽车　　　火车　　不　　通　　就算 たとえ自動車も汽車も通じていなくても、 汽车，火车不通的地方， da ɯ　　lɯ si　　dʐæ　　liə　　tsʰɪ 騾馬　　灰色　　乗る　（助）　来る 骡子　　灰色　　骑　　（介）　来 あなたたちは灰色の騾馬に乗ってきた。 你们却骑着灰色的骡子来了.	(159)　B【客迎え歌】 ㊿私たちが灰色の騾馬に乗って村に入ったため、客迎えの歌でこのように歌われた。尻取り式連結。 注：間隔30秒。以上（146）〜（159）を第11サイクルとする。
(160)　A ma da mi マダミ 玛达咪	(160)　A【掛け合いを始める歌】 ㊿アハバラという三曲の歌は私が悲しい気持ちを歌い表す時に歌うのだ。 ㊿マダミ調の固定的な冒頭歌。マダミ調については（2）参照。ここから（163）までＡによってマダミ調が歌われる。その冒頭で掛け合いを始める歌が歌われる。

196

a ha ba la　　tʂɿ　so　dʐu
アハバラ　　　この　三　曲
呵哈吧啦　　　这　　三　首
アハバラという三曲の歌は、
呵哈吧啦这三首,

ma da mi
マダミ
玛达咪

mu　ma da　dʑio　guə　hi　ɲi
娘　悲しい　ある　歌う　の　だ
女儿　伤心　有　　唱　的　是
私が悲しい時に歌うのだ。
是女儿受苦, 悲伤的时候唱的.

(161)　A
ma da mi
マダミ
玛达咪

a du　　gu　ʂæ　ʐə　ʂæ　lu
アドゥ　道　長い　道　長い　(助)
阿珠　　路　长　　路　长　　(介)
アドゥは遠いところにいる、
阿珠在山高路远的地方,

ma da mi
マダミ
玛达咪

㊙ (29)、(30)、(148)。ジャシ・スガ資料 (52)、(53)、(54)。

(161)　A【偲ぶ歌】
㊙アドゥは遠い所に行ったきりでまだ帰って来ない。
㊙ (91)、(133)、(141)、(162)、(190)。
トディ・ダシブチ資料 (88)。

le　li　la　do　ma　tʰa また　見る　(助)　見える　ない　できる 又　看　(介)　見　不　会 いくら見ても見えない。 看来看去总是看不见.	
(162)　A <u>ma da mi</u> マダミ 玛达咪 mu　uo　kə　nɯ　tʰi pʰʊ　zi 天　上　星　(助)　ぎっしり　(助) 天　上　星　(介)　布満　(介) 空にはもう星がぎっしりと分布している、 天上也布满了星星， ma da mi マダミ 玛达咪 <u>a du</u>　le　li　do　ma　tʰa アドゥ　(助)　見る　見える　ない　できる 阿珠　(介)　看　見　不　会 アドゥはいくら見ても見えない。 却看来看去看不到阿珠.	(162)　A【偲ぶ歌】 ㊌たくさんの人に会ったけれど、自分のアドゥとはなかなか会えない。 ㊂序詞的発想の歌。 同発想は万葉集に「山の端にあぢ群騒き行くなれどわれはさぶしゑ君にしあらねば」（4—486）とある。 ㊛ (91)、(133)、(141)、(142)、(161)、(190)。トディ・ダシブチ資料(88)。
(163)　A <u>ma da mi</u> マダミ 玛达咪	(163)　A【偲ぶ歌】 ㊌私たちは遠く離れているので、アドゥが通いに来る道も遠い。 ㊂同前。 ㊛ (69)。 注：ここで酒を飲む。間隔39秒。以上(160)〜(163)を第12サイクルとする。

hi na　　nɯ　　hi　　bə　　ʂæ 大きい湖（助）湖　距離　長い 大湖　　（介）湖　距离　长 湖の両側の距離が長い、 湖两岸的距离很大， ma da mi マダミ 玛达咪 bæ　　zo　　nɯ　　dʑi　　bə　　ʂæ カモ　息子（助）飛ぶ　距離　長い 鸭　　儿子（介）飞　　距离　长 カモの飛ぶ距離も長い。 小鸭飞行的距离会很长． (164)　B a ʑɪ dʑi mi　　tʰɯ　　ua　　tʰæ アズジミ　　　この　山　　下 尔日儿米　　　这　　山　　下 アズジミ山の山の麓は、 "尔日儿米"这坐山下， a　ma　　mu　　ɕi　　du　　uə　　ɲi 母　娘　　育てる　一　　村　　だ 阿妈　女儿　养　　一　　村　　是 母が私を育てた村だ。 是妈妈养育我的一个村． a ha ba la　　ma da mi　　ba la ia ha　　a li li アハバラ　　　マダミ　　　バラヤハ　　　アリリ 呵哈吧啦　　　玛达咪　　　吧啦呀哈　　　呵哩哩	(164)　B【土地褒め歌】 ㊟［a ʑɪ dʑi mi］はリジャズ村の後方の山。 ㊟（164）～（172）はアハバラの別の曲調で、軽やかなリズムをもつ。特に若い女性が好んで歌っている。このメロディーは瀘沽湖の観光用民族舞踊でも行われている。 注：以上（164）～（167）をビデオ編に収録。

第2章　男女分立の恋愛観に収束する歌掛け

(165)　B ṣua lu na da　tṣɪ lu　tʰæ シュアルナダ　この　下 爽露纳达　　　这　　下 シュアルナダ山の山の麓は、 "爽露纳达"这坐山下， na　zo　na　mu　dɯ　uə　ɲi モソ　息子　モソ　娘　一　　村　だ 摩梭　儿子　摩梭　女儿　一　　村　是 モソの男女の村だ。 是摩梭儿女的一个村． a ha ba la　ma da mi　ba la ia ha　a li li アハバラ　　マダミ　　バラヤハ　　アリリ 呵哈吧啦　　玛达咪　　吧啦呀哈　　呵哩哩 (166)　B na　zo　na　mu　dɯ　uə　ɲi モソ　息子　モソ　娘　一　　村　だ 摩梭　儿子　摩梭　女儿　一　　村　是 モソの男女の村では、 摩梭儿女的这个村里， na　pʊ　dɯ lo　tɕʰi　ma　bi モソ　の　習慣　　捨てる　ない　できる 摩梭　的　习惯　　丢弃　　不　　会 モソの習慣を捨てることはできない。 摩梭人的风俗习惯不会丢掉． a ha ba la　ma da mi　ba la ia ha　a li li アハバラ　　マダミ　　バラヤハ　　アリリ 呵哈吧啦　　玛达咪　　吧啦呀哈　　呵哩哩	(165)　B【土地褒め歌】 ㊟ [ṣua lu na da] はリジャズ村の山で、村民はそこで神に祈る。[na] はモソ人の自称で「人」という意味。 (166)　B【客迎え歌】 ㊛マダミ調の㊙をもつ。 ㊙ (5)、(35)、(36)、(167)。

(167) B dzɯ la hæ dzɯ tʰʊ　　bi la 情勢 (助) 漢族 情勢 至る　たとえ〜しても 形势 (介) 汉族 形势 到　　 就算 たとえ漢族化される社会情勢でも、 虽然是汉化的社会形势, na pʊ li kʰə tɕio dʑi bi モソ の 習慣 〜について ている 行く 摩梭 的 习惯 跟着　　　 着　 去 (私たちは)モソの習慣に従っていく。 但我们会跟着摩梭的习惯. <u>a ha ba la</u>　<u>ma da mi</u>　<u>ba la ia ha</u>　<u>a li li</u> アハバラ　 マダミ　 バラヤハ　 アリリ 呵哈吧啦　 玛达咪　 吧啦呀哈　 呵哩哩	(167)　B【客迎え歌】 ㊚ (166) 参照。 注：この後Cが歌い出すが失敗。
(168) C ʂua lu na da　 tʰɯ lə　go シュアルナダ　　この 中 爽露纳达　　　 这里 シュアルナダに、 "爽露纳达"这里, <u>ʐɪ pʰʊ</u>　<u>kʰa da</u>　la hi ɲi ジプ　 ハダ　漂う の だ 日普 哈达 飘 的 是 ジプがハダのように揺れている。 "日普"象"哈达"一样飘动的. <u>a ha ba la</u>　<u>ma da mi</u>　<u>ba la ia ha</u>　<u>a li li</u> アハバラ　 マダミ　 バラヤハ　 アリリ 呵哈吧啦　 玛达咪　 吧啦呀哈　 呵哩哩	(168)　C【土地褒め歌】 ㊚私たちの村は幸せで安定している。 ㊙ [ʂua lu na da] は (165) ㊙参照。 [ʐɪ pʰʊ]、[kʰa da] については (107) ㊙参照。 ㊚類歌の多くは [kʰa da] (ハダ) が揺 れることを、アドゥが手招きするようだ と意味づけている。[kʰa da] はチベッ ト族の人々が客を迎えるに際して客に与 えるもので、おそらく客の安寧を寿ぐ意 味合いがあるのだろう。これを踏まえて 当該歌は「安定している」というのだろ う。 ㊚ (107)。ジャシ・スガ資料 (48)。ト ディ・ダシプチ資料 (52)、(109)。

第2章　男女分立の恋愛観に収束する歌掛け

(169) B	(169) B【客迎え歌】
sɪ tṣʰua　iu na　bia kə　go 四川　　雲南　　境　　　中 四川　　云南　　边界　　里 四川省と雲南省の境で、 四川省和云南省的边界里， a du　　tʰa　　bi　　ŋu　　di　　ɲi アドゥ　〜するな　言う　自分　所　だ 阿珠　　不要　　说　　自己　地方　是 アドゥよ、（どちらが）自分の所だと言うな。 阿珠，不要说哪个是自己的地方. a ha ba la　ma da mi　ba la ia ha　a li li アハバラ　　マダミ　　　バラヤハ　　アリリ 呵哈吧啦　　玛达咪　　　吧啦呀哈　　呵哩哩	㊽アドゥよ、私たちは別の地方の人ではない。同じ家族のようなものだ。 ㊽リジャズ村は四川省と雲南省の境界にある。[sɪ tṣʰua]、[iu na] は中国語「四川」、「雲南」の訛音。 　　　　　sì chuān　yún nán ㊽「アドゥ」はもともと「友だち」の意味であり、それが一般的には恋人、特に女が男を呼ぶ際の呼称となっているが、客迎えの歌だから、原意「友だち」の意味で理解されているだろう。
(170) B	(170) B【客迎え歌】
sɪ tṣʰua　iu na　a mu　lo 四川　　雲南　　兄　　たち 四川　　云南　　哥哥　们 四川省と雲南省の兄たちは、 四川省和云南省的哥哥们， ʐɪ kʰuə lo kʰuə　liə　tsʰɪ　zi この山あい　　　（助）　来る　た 这个山沟　　　　（介）　来　　了 私たちの山あいに来た。 到我们这个山沟里来了. a ha ba la　ma da mi　ba la ia ha　a li li アハバラ　　マダミ　　　バラヤハ　　アリリ 呵哈吧啦　　玛达咪　　　吧啦呀哈　　呵哩哩	

(171)　C gu　ʂæ　ʐə　ʂæ　a mu　lo 道　長い　道　長い　兄　たち 路　长　路　长　哥哥　们 高い山と遠い道を（隔てた）兄たちは、 山高路远的哥哥们， ɕia kʊ　tʂɪ　di　liə　tsʰɪ　zi 苦労　この　所　（助）　来る　た 辛苦　这　地方　（介）　来　了 私たちの所に遠い旅の途中で来た。 辛苦到我们地方来了. a ha ba la　ma da mi　ba la ia ha　a li li アハバラ　マダミ　バラヤハ　アリリ 呵哈吧啦　玛达咪　吧啦呀哈　呵哩哩	(171)　C【客迎え歌】 [語]［ɕia kʊ］、［di］は中国語「辛苦(xīn kǔ)」、「地(dì)」の訛音。 [類]（8）、（10）、（153）。
(172)　B ma　do　lo kʰuə　tʰɯ lə　go ない　見える　山あい　この　中 不　见　山沟　这个　里 （外が）見えないこの山あいに（いると）、 看不见的这个山沟里， da　di fæ　go　tʰʊ　ɲi gu 大きい　所　中　至る　～のようだ 大　地方　里　到　一样 まるで広い所に着いたようだ。 就象到了大地方里一样. a ha ba la　ma da mi　ba la ia ha　a li li アハバラ　マダミ　バラヤハ　アリリ 呵哈吧啦　玛达咪　吧啦呀哈　呵哩哩	(172)　B【土地褒め歌】 [語]［da di fæ］は中国語「大地方(dàdìfang)」の訛音。 [類]（156）。 注：以上（164)～(172）を第13サイクルとする。

(173) C

a du uə a du uə
アドゥ よ アドゥ よ
阿珠 喂 阿珠 喂
アドゥよ、アドゥよ、
阿珠喂, 阿珠喂,

ua ʂua uo do u dzi nɯ
山 高い 頭上 小鳥 (助)
山 高 头上 鸟儿 (介)
高山の頂上にいる小さい小鳥は、
高山顶上的小鸟,

dzi hɯ dzi nu do ma tʰa
飛ぶ さらに 飛ぶ (助) 見える ない できる
飞 越 飞 (介) 见 不 会
飛べば飛ぶほど見えなくなった。
越飞越高看不见了.

dɯ nɯ kʰa ʂu du
一 日 何回も 思う
一 天 几 想念
一日に何回も偲ぶ、
一天想很多次,

a du no kɯ ʂu dʑi zi
アドゥ あなた 後ろ 思う ている (助)
阿珠 你 后面 想 着 (介)
アドゥのことを思っている。
都是在思念离开我的阿珠.

(173) C【流行歌】

㊌ アドゥが遠い所へ行って、もう会えない。

㊟ (173)〜(179)はモソ語の固定歌詞の民謡。歌い手はこの民謡をカセットテープで聞いて知ったと言う。なお、この民謡が古来からあったものか最近作られたものかは、人によって答えが異なり今のところ不明である。

(174)　C a du　uə　a du　uə アドゥ　よ　アドゥ　よ 阿珠　喂　阿珠　喂 アドゥよ、アドゥよ、 阿珠喂，阿珠喂， k^hɯ　ʂu　uo　ʂu　no　ʂu du 足　思う　頭　思う　あなた　思う 足　想　头　想　你　思念 頭から足までずっとあなたのことを思っている。 从头想到脚都在想念你， a du　no　kɯ　ʂu　dʑi　zi アドゥ　あなた　後ろ　思う　ている　(助) 阿珠　你　后面　想　着　(介) アドゥのことを思っている。 都是在想念离开我的阿珠.	(174)　C【流行歌】 [遠]同前。
(175)　B a du　uə　a du　uə アドゥ　よ　アドゥ　よ 阿珠　喂　阿珠　喂 アドゥよ、アドゥよ、 阿珠喂，阿珠喂， ua　ʂua　uo　do　u dzi 山　高い　頭　上　小鳥 山　高　头　上　鸟儿 高山の頂上にいる小さい小鳥は、 高山顶上的小鸟，	(175)　B【流行歌】 [遠]同前。 [類]（191）。

do　　　la　　le　uo　　iu　　　dʑia mu
見える（助）帰る　来る　　思う
見　　　（介）回去　来　　以为
見えたので（アドゥが）戻ったと思った。
看见了，就以为（阿珠）回来了．

dɯ　　nɯ　　la　　tsʰe　　s̠u du
一　　　日　　（助）　十　　　思う
一　　　天　　（介）　十　　　想念
一日に十回思っている、
一天想十次，

tsʰe　　s̠ɿ　　ŋuə　　s̠ɿ　　no　　s̠u du
十　　　回　　五　　　回　　あなた　思う
十　　　次　　五　　　次　　你　　　想念
十回も五回もあなたを思っている。
十次五次都想念你．

(176)　B
a du　　uə　　a du　　uə
アドゥ　よ　　アドゥ　よ
阿珠　　喂　　阿珠　　喂
アドゥよ、アドゥよ、
阿珠喂，阿珠喂，

ua　　s̠ua　　uo　　do　　u dzi
山　　高い　　頭　　上　　小鳥
山　　高　　　头　　上　　鸟儿
高山の頂上にいる小さい小鳥は、
高山顶上的小鸟，

(176)　B【流行歌】
㊟同前。
注：次にCが失敗して、歌掛けは小休止になった。以上（173）〜（176）を第14サイクルとする。
ここまでリジャズ資料の掛け合い部。
pm 11：39。

do　la　le uo　iu　dʑia mu 見える　(助)　帰る　来る　思った 见　(介)　回去　来　以为 見えたので（アドゥが）戻ったと思った。 看见了，就以为（阿珠）回来了. li　hɯ　li　la　dʑia　ma　do 見る　さらに　見る　(助)　まだ　ない　見える 看　越　看　(介)　还　不　见 見れば見るほど見えなくなった、 越看越看不见， le uo　iu　lo gu　ma　do 帰る　来る　様子　ない　見える 回去　来　样子　不　见 戻る様子は見えない。 没有看到飞回来的动机.	
(177)　B sɪ uo　go bo　go bo　tsɪ 梢　郭公　ゴブ　言う 树梢　布谷鸟　谷布　鸣叫 梢にいる郭公がゴブゴブと鳴く、 树梢上的布谷鸟“谷布谷布”地鸣叫， a du　ȵia　ʐuə ʐuə　ȵi gu アドゥ　私　噂する　～のようだ 阿珠　我　闲话　一样 アドゥが私の（良い）噂をしているようだ。 就象阿珠在谈论我一样.	(177)　B【個人の自慢歌】 [遠]当該歌はB個人の自慢歌。独唱といっても、となりにAとCが座っている。主題は掛け合いと変わるところはなく、当該歌は自分がいかにもてるかの個人の自慢である。郭公が鳴くことの多義性については（4）参照。 [類]（4）、（34）、（62）、（85）、（178）。トディ・ダシブチ資料（111）。 注：掛け合いが終わったので、我々は誰か一人の独唱が聞きたいと依頼した。Bがまだ歌い足りないというそぶりを見せたらしく、二人に勧められBが積極的に歌い始めた。Bは始めから手を頬に当て、半ば顔を隠して歌っていく。Cは横目で見たり、覗き込んだりしている。 注：(177)～(188) をビデオ編に収録した。

(178) B so　li mi　go　go bo　ua 三　月 中　郭公　　鳴く 三 月份 里 布谷鸟　鸣叫 三月になると郭公が鳴く、 三月份布谷鸟鸣叫, a du　　le uo　iu　　dʑia mu アドゥ　帰る　来る　　思う 阿珠　　回来　来　　　以为 アドゥが戻ったと思った。 以为阿珠回来找我了.	(178) B【偲ぶ歌】 ㊀郭公が鳴くと、アドゥのことを思い出す。 ㊁前歌の郭公が鳴くことの多義性により、異なる意味づけをして連結。そのため自慢歌から偲ぶ歌へと主題が転換した。 ㊂(177)参照。
(179) B a du　　o zi　tsʰa la　hi アドゥ　私たち　話　　の 阿珠　　我俩　　谈话　的 アドゥと私の恋愛、 阿珠我俩之间的谈恋爱, ɲi　kʰue　ma　dʑio　tsʰa la　ɲi 二　句　　ない　ある　話　　だ 二　句　　不　　有　　谈话　是 二の句もなく愛を話した。 不用说二句就我俩谈恋爱.	(179) B【不明】 ㊀私はアドゥに誘われるままツマドイ関係をもった。 ㊁当該歌は尻取り式連結の前半であり、完結していない。 Aの㊀からは、AがBの実人生をそこに重ねて理解しているように感じられるが、以降の歌の流れから見ると、おそらくBもそれを意識している、つまりBは独唱において、自己の恋をモデルとして歌を持続させているように思われる。 『雲南摩梭人民間文学集成』(中国民間文芸出版社、1990) には、モソ人の老女がそのアドゥ遍歴を中心とした自己の一生を振り返った歌というものが載せられているが、独りで歌い継ぐ場合には、何かモデルとして、例えば自己の恋愛といったものが取り上げられる場合があるのではないだろうか。

(180)　B

ɲi	kʰuə	ma	dʑio	ɲia	tṣʰa la
二	句	ない	ある	私	話
二	句	不	有	我	谈话

二の句もなく愛を話した、
没有二句话和我谈恋爱,

no	kʰuə	mu pʰæ	tʰa ma ho
あなた	話	忘れる	できない
你	话	忘记	不会

あなたの話は忘れられない。
忘不掉你说的话.

(181)　B

no	kʰuə	mu pʰæ	tʰa ma i
あなた	話	忘れる	できない
你	话	忘记	不会

あなたの話は忘れられない、
忘不掉你说的话,

no	pæ	dzɿ	dʑo	do	ɲi gu
あなた	顔	容貌	しかし	見える	〜のようだ
你	脸	模样	却	见	一样

あなたの容貌が見えたようだ。
就象看到你的模样一样.

(180)　B【偲ぶ歌】

㊌あなたの誘いの言葉は忘れられない。
㊨尻取り式連結により前歌を受け、偲ぶ歌として完結。前歌以後、尻取り式連結が頻繁に用いられる。(8) にも記したが、独唱においては有効な連結方法だ。また、比喩使用の頻度が極端に減る。ここからは逆に比喩表現が掛け合いにおける歌の連結に有効であることが察せられる。

前歌㊨であげた『雲南摩梭人民間文学集成』は詩的な中国語訳のみの歌謡資料であり（編纂者＝取材者に訊ねたところ、取材テープは既に存在しないという）、限界があるが、その持続の方法も当該歌の持続のように、尻取り式連結を中心としたものであったかもしれない。

(181)　B【偲ぶ歌】

㊌あなたは私の隣にいないが、あなたの言葉を思い出すと、あなたと会ったような気がする。
㊨さらに尻取り式連結により展開された偲ぶ歌。

第2章　男女分立の恋愛観に収束する歌掛け

(182) B	(182) B【偲ぶ歌】
no kʰuə le mu pʰæ bi la あなた 話 （助） 忘れる たとえ 你 話 （介） 忘記 就算 たとえあなたの話を忘れたとしても、 就算忘记了你所说的话， no pʊ dʑɿ io tʰi dʑio ho あなた の 容貌 しかし まだ ある できる 你 的 模样 却 还 有 会 容貌は私の記憶に残っている。 但你的模样却还留在我的脑海之中.	㉞(180)後句を繰り返す尻取り式連結。

(183) B	(183) B【不明】
a so du ku ɲia tṣʰa la さっき 一 日 私 話す 刚才 一 天 我 谈话 この前私と愛を話した、 刚才那一天来和我谈恋爱， dʑia ho dzɿ dʑio ɲia tṣʰa la 良い （助） 言う （助） 私 話す 好 （介） 说 （介） 我 说话 よく（愛を）話しに来ると言った。 说会很好来跟我谈恋爱.	㉞あなたはこの前私のもとに通いに来た際、私たちはきっと仲良くなると言ったのに。 ㉟前歌までの「話」を素材として展開が図られているが、尻取り式連結の前半部で完結していない。 注：ここでCが笑う。Cには次歌以降、Bの独唱が悪口歌へ転換されていくことが伝わったのだろうか。

(184) B	(184) B【男をけなす歌】
dʑia ho tsɿ dʑio ɲia tṣʰa la 良い （助） 言う （助） 私 話す 好 （介） 说 （介） 我 说话 よく（愛を）話しに来ると言ったのに。 说会很好来跟我谈恋爱，	㉞私たちは仲良くなると言ったのに、今は私を棄てようとしている。 ㉟前歌後句を尻取り式に繰り返すが、偲ぶ歌から来ない男へのけなしあるいは非難へと主題が変わった。歌掛けにおいて偲ぶ歌が切り返しを期待したり、誘い歌と結びついたりして、悪口歌の歌掛けの

i no ɲia tʰi tɕi ho zi
いま 私 棄てる ～だろう
現在 我 抛弃 想这样
いま私を棄てようと思っている。
现在却想抛弃我了.

(185)　B
i no ɲia tʰi tɕi bi la
いま 私 棄てる たとえ
現在 我 抛弃 就算
たとえ私を棄てるとしても、
就算现在却想抛弃了我,

hi tɕʰi le si gu ma i
他人 棄てる (助) てしまう 良い ない はずだ
別人 丢弃 (介) 完 好 不 会
人をすべて棄ててしまったらよくないはずだ。
但把人都弃完了是不行的.

(186)　B
hi tɕʰi hi ma si bi gu
他人 棄てる 他人 ない てしまう 言う はずだ
別人 丢弃 別人 不 完 说 会
人はすべて棄てられないと(あなたは)きっと言うだろう、
你会说人是丢不完的,

dʑi tsʰɿ dʑi ma ʂu bi gu
水 水門 水 ない ～し尽くす 言う はずだ
水 水门 水 不 净 说 会
水は水門ですべてせき止められないときっと言うだろう。
你会说水是会闸不净的.

持続、展開を図っていたのと同じく、独唱においても偲ぶ歌が切り返されて、以下悪口歌の歌掛けが展開する。
注：CはじっとBを見つめ、独唱の進行を期待している。

(185)　B【男をけなす歌】
㊼私があなたに棄てられるのはかまわないが、たくさんの女を棄ててはいけない。
㊽尻取り式連結による展開。

(186)　B【男をけなす歌】
㊾女をすべて棄ててしまうことはできないとあなたは言うだろう。
㊿「すべて棄てられない」とは、女は多く、一人棄てても別にもう一人のもとに通うことができるという意味だという。それは男の自慢の言葉の引用である。例えばトディ・ダシブチ資料 (8) の「一方で蹴っても、一方で積み重なる、あなたに望むことはない」の類いの男の自慢歌である。

> 万葉集にも男の言葉を取りこんだ女歌が数多くあることが指摘されている。例えば坂上郎女の「来むと言ふも来ぬ時あるを来じと言ふを来むとは待たじ来じと言ふものを」（4－527）など。

(187)　B
ɲia　la　no　ku^hə　ma　mu p^hæ
私　(助)　あなた　話　ない　忘れる
我　(介)　你　话　不　忘记
私はあなたの話を忘れない、
我没忘记你对我说的话,

ɲia　ku^hə　no　mu p^hæ　ma　i
私　話　あなた　忘れる　ない　できる
我　话　你　忘记　不　会
あなたも私の話を忘れられない。
我对你说的话你也不会忘记.

(188)　B
tɕ^ha　go　k^hɯ　ma　ua　go　læ
千　個　行く　(助)　万　個　来る
千　个　去　(介)　万　个　来
千人が行っても万人が来る、
千个去吗万个来,

sɪ　tsæ　no　bi　ɕia　ma　bi
本当に　あなた　を　あてにする　ない　つもりだ
实在　你　上　希望　不　要
本当にあなたをあてにはしない。
实在是不想依靠你.

(187)　B【偲ぶ歌/男をけなす歌】
㊚私たちがツマドイの縁を切っても、二人の間の約束は私もあなたも忘れることはできない。
㊛Aによる㊚は、「話」を約束と意味づけており、その場合には当該歌は偲ぶ歌となる。ただし、Aは「私たちがツマドイの縁を切っても」というように、別れを前提として理解しており、男女が別れても忘れられないという発想は男女分立の恋愛観に反することになる。あるいは、前歌の男の自慢の引用部分を「話」と言い換え、尻取り式に連結して展開させているのではないか。とすれば後句の「話」は、(211)㊚「彼に出会わなくても（私の罵りを思い出させるなどして）彼を怒らせよう」と同様に、相手への悪口ということになり、当該歌は男をけなす歌ということになるだろう。

(188)　B【個人の自慢歌・男をけなす歌】
㊚私に求愛する男は多いから、あなたを頼りにして生きていこうとは思わない。
㊛前句は個人の自慢歌であり、後句で男をけなす。(183)以下の男をけなす歌はこの後句「あなたをあてにはしない」で一段落するが、ここに男女分立の恋愛観への収束が見られる。
㊚(79)、(80)。トディ・ダシブチ資料(96)。
注：間隔15秒。

(189)　B no　　nu　　da ɯ　　lɯ si　　tɕi あなた　(助)　騾馬　　灰色　　馬に背負わせる 你　　(介)　骡子　　灰色　　驮 あなたが灰色の騾馬に乗るなら、 你驮灰色的骡子的话, ȵia　nu　　ʐua　kuə　　zɿ　　iu　bi 私　(助)　馬　手綱　握る　来る　(助) 我　(介)　吗　缰绳　握　来　　(介) 私は（あなたのために）（馬の）手綱を引きます。 我来给你牵马缰绳.	(189)　B【客迎え歌】 ㉚あなたに能力があって、本気で私を愛していれば、私はあなたの世話をする。 ㊿(159)に記したように、灰色の騾馬はこの時我々が乗って行った騾馬であり、即興的にそれを素材とした客迎えの歌である。 ㊽Bは顔を隠している。灰色の驢馬に乗ってやってきたのは取材している我々だから、恥ずかしいのだろう。
(190)　B ua　　ʂua　le　li　　ua　　kʰuə　do 山　　高い　(助)　見る　山　　谷　　見える 山　　高　(介)　看　　山沟　　见 高い山を見ると、山あいが見えた、 看高山的时候看见山沟, tɕi　pʰʊ　do　la　no　le　do 雲　白い　見える　(助)　あなた　(助)　見える 云　白　見　(介)　你　(介)　见 （そこに）白雲が見えるが、あなたが見えたようだ。 看见白云就象看见你了.	(190)　B【客迎え歌】 ㊿(141)と同じく偲ぶ歌とも意味づけ可能だが、前歌との関わり、「白雲」が(2)、(3)を始めとして客迎えに用いられた素材であることからすれば、客迎えの歌として意味づけられているだろう。 ㊽(91)、(133)、(141)、(161)、(162)。 トディ・ダシプチ資料(88)。 注：BはCの手をとっている。
(191)　B du　nu　tsʰe　ʂu du　　bi la 一　日　十　　思う　　たとえ〜ても 一　天　十　　想念　　就算 たとえ一日に十回思っても、 就算一天想念十次,	(191)　B【客迎え歌】 ㉚自分の思いの半分は（恋しい）アドゥのことだ。 ㊿民謡(175)と類似する。前歌との関わりから、その発想を受けて客迎えの歌として歌っているだろう。 ㊽(175)。

ŋuə	ʂu du	hi	no	ʂu du
五	思う	の	あなた	思う
五	想念	的	你	想念

(そのうちの)五回はあなたを思っている。
五次却是想念你的.

(192) B

a so		no	nɯ	tsʰa la	ɲi
さっき	あなた	(助)		話す	だ
剛才	你	(介)		談話	是

この前あなたが愛を話したのだ、
刚才你和我谈恋爱,

ma	gu	ma	tse	no	la	do
ない	〜になる	ない	良い	あなた	(助)	見える
不	成	不	行	你	(介)	見

良くないのもだめなのもすべてあなたに見える。
不好,不行都是你的责任.

(192) B【男をけなす歌】
㊽あなたが先にツマドイをしかけたのだから、すべての責任はあなたが負うべきだ。
㊽再び「話」を素材として男をけなす。

(193) B

a mu	ɲi mi	kʰa	ia	dʑio
兄弟	姉妹	とても	多い	いる
兄弟	姐妹	很	多	有

(私には)兄弟姉妹はたくさんいる、
我有很多兄弟姐妹,

ɲia	ɕia ɕia	bi	tʰa	ʂu du
私	騙す	(助)	〜するな	思う
我	欺负	(介)	不要	想念

私を騙そうと思うな。
不要想来欺负我.

(193) B【男をけなす歌】
㊽類歌(101)は女同士の掛け合いとして、男をけなしながらも女同士の連帯の強さを自慢するニュアンスを持っていたが、独唱として男をけなす場合にも聞き手である仲間との連帯が意図されるだろう。
㊽(101)。

(194)　B
se	huɯ	se	la	zə tsə	do
歩く	さらに	歩く	(助)	道の途中	見える
走	越走	(介)	路途	見

歩けば歩くほど歩くべき道が見えてきた、
越走越看見要走的路，

zə tsə	le	lo lo	kʰɯ bi
道の途中	(助)	集める	〜させる
路途	(介)	集拢	要让〜这样做

道の途中を集めてしまおう。
要让路程节省下来.

(195)　B
a du	le huɯ	tʰɯ	du	nɯ
アドゥ	帰る	この	一	日
阿珠	回去	这	一	天

アドゥが帰っていったあの日、
阿珠回去的那一天，

hi	nɯ	tʰi	ua ua	hi	ɲi
他人	(助)	ている	呼ぶ	の	だ
別人	(介)	着	喊	的	是

他の人が呼んだのだ。
是別人在找你的.

(196)　B
hi	nɯ	tʰi	ua ua	hi	ɲi
他人	(助)	ている	呼ぶ	の	だ
別人	(介)	着	喊	的	是

他の人が呼んでいたのだ、
別人在找你的,

(194)　B【男を拒む歌】
㊗私たち二人の家の道のりはとても遠いから、あなたとはツマドイをしたくない。
㊹女同士の掛け合いの主題であった男を拒む歌は独唱でも歌われる。
㊸(72)、(73)、(127)、(194)。ジャシ・スガ資料(10)。トディ・ダシブチ資料(113)、(114)。

(195)　B【男をけなす歌】
㊗アドゥが私と別れて行ったのは、他の人が呼んでいたからだ。
㊹「他の人」はアドゥの相手の女性である。Bの実人生に基づけば、瀘沽湖にいるアドゥのツマドイ相手を指すことになる。Bが彼女を意識しているかどうかは不明。

(196)　B【男をけなす歌】
他の人が呼んでいたのでアドゥは私と別れて行ったが、私はあなたに未練を残す必要は全くない。
㊸尻取り式連結により前歌を展開。類歌(23)後句では、「鹿の後ろ」と比喩によったが、ここでは「あなたの後ろ」としている。独唱において比喩は極端に少な

第2章　男女分立の恋愛観に収束する歌掛け

no	kɯ	tɕi tɕi	dzo	ma	dʑio
あなた	後ろ	痰 吐く	必要だ	ない	ある
你	后面	痰 吐	必要	不	有

あなたの後ろで痰を吐く必要はない。
我没有必要在你的后面吐痰.

(197) B

i	mu	ɲia	tʰi tɕʰi	hi	ɲi
いま	私	棄てる	の	だ	
现在	我	丢弃	的	是	

いまあなたは私を棄てて行った、
现在你丢下我走了,

le	uo	ɲia	pæ	li	tʰa	iu
帰る		私	顔 見る	～するな	来る	
回去		我	脸 看	不要	来	

私の顔を見に戻るな。
以后不要再回来看我的脸.

(198) B

gu	ho	dʑia	ho	ɲia	tʰi tɕʰi
正しい	の	良い	の	私	棄てる
对	的	好	的	我	丢弃

あなたは、自分が正しいとして私を棄てた、
你说你会很好,所以抛弃我,

い。
㊟ (23)。

(197) B【男をけなす歌】
㊗いまあなたは私を棄てて行ったのだから、今後二度と通いに戻るな。
㊙前歌とは意味的に近い歌として連結している。あるいは前歌の [tɕi tɕi]（痰を吐く）と当該歌の [tʰi tɕʰi]（棄てる）という類似音を繰り返すことが意図的に行われているかもしれない。（この感覚についてはさらに調査が必要。）
注：Bは顔を隠す。Aは止めるような身振りをBに示すが、Bは無視して歌いつづける。これがもし掛け合いであったら、Aはこの悪口歌を切り返して、その怒りを笑い飛ばしただろう。または女たちの自慢歌などに主題をずらし、個の怒りを掬い上げただろう。掛け合いはこうして男女分立の恋愛観の中へ極端な個の抒情を掬い上げることができるが、独唱の場合にはそれができず、結局静止するような身振りになったのであろう。
㊟ (203)、(214)、(217)。

(198) B【男をけなす歌】
㊗あなたは私が好きでないなら、私が若いうちに早く行ってしまえ。
㊙Bはさらに比喩を用いない悪口歌を歌いつづける。
注：Bは顔をかくしたまま。

ba ba　ba　ŋə　le　se　hu
花　咲く　時　(助)　歩く　行く
花　开　时　(介)　走　去
花が咲く時、行ってしまえ！
那鲜花盛开的时候，你走吧！

(199)　B

so　li mi　go　go bo　ua
三　月　中　郭公　鳴く
三　月份　里　布谷鸟　鸣叫
三月に郭公が鳴く、
三月份布谷鸟鸣叫,

di　duu　uo　do　ua　hi　ɲi
所　大きい　頭　上　鳴く　の　だ
地方　大　头　上　鸣叫　的　是
広い大地の上で鳴くのだ。
大地上鸣叫.

(199)　B【男をけなす歌】

㋲三月に郭公は、広い大地の上で作物を呼び醒ますために鳴くのであって、あなたのために鳴いているのではない。

㋙郭公が鳴くことの多義的な意味づけについては (4) 参照。㋲ (Aによる) には二つの意味づけがされている。ひとつはそれが作物のために鳴くというもので、農耕の季節の到来を告げる催耕鳥としての郭公。それは労働において歌いうる男女の愛情に関わらない歌であるだろう。そこに、「あなたのために鳴くのではない」という意味づけをするのだが、それは男をけなす前歌との関わりによるだろう。次歌から察するに、Bも単に労働の季節がきたという意味づけのみで歌っているわけではない。

㋚トディ・ダシブチ資料 (51)、(111)。ダシブチ資料 (20)。

(200)　B

so　li mi　go　ba ba　ba
三　月　中　花　咲く
三　月份　里　花　开
三月に花が咲く、
三月份鲜花盛开,

no　gu　ba ba　ba ma　i
あなた　容貌　花　咲く　ない　はずだ
你　模样　花　开　不　会

(200)　B【男をけなす歌】

㋲きれいな女はたくさんいるけれど、あなたのような男を好きな女は一人もいるはずがない。

㋙前句は、トディ・ダシブチ資料 (51) に「高い山で郭公がゴブと鳴いている、盆地ではきっと花が咲くだろう」とあり、(199)、(200) はこの一首の連想により連結している。(130) にて、花が咲くようだと譬えられた男女の仲は、こうしてけなしの素材となる。ここにも男女

あなたに似た花はまさか咲くことはないだろう。
你的模样的花朵是不会开的.

分立の恋愛観が伺える。
[類] (212)、(213)、(218)。

(201)　B

no　la　ɲia　tʰi tɕʰi　bi la
あなた　(助)　私　棄てる　たとえ〜としても
你　(介)　我　丢弃　就算
たとえあなたが私を棄てても、
就算你抛弃了我,

o zɪ　ŋu　ʐə　tʰi　di　i
私たち二人　自分　道　まだ　ある　はずだ
我俩　自己　路　还　有　会
私たちには自分の人生の道があるはずだ。
但我俩都会有自己的人生路.

(201)　B【男を拒む歌】
[歌]私はあなたを頼りにして暮らしていない。あなたがいなくても、私は相変わらず暮らせる。
[遠]前句は (197)、(198) 前句と類似するが、それらが後句にてこっぴどいけなしを歌うのに対して、当該歌後句は一歩引いて男を拒む歌としている。この一歩引いたところに出てくる「男女それぞれの道」という後句は、まさに男女分立の恋愛観の象徴である。
[類] (81)、(82)、(202)。

(202)　B

ʐə　pʰʊ　ʐə　na　tʰɯ　ɲi　kʰɯ
道　白い　道　黒い　この　二　本
路　白　路　黑　这　两　条
白い道と黒い道というこの二本の道、
白色和黑色的这两条路之中,

zi　tʰɯ　tɕʰu　bi　mu　la　dʐu
どの　本　従う　行く　娘　(助)　思いのまま
哪　条　跟随　去　女儿　(介)　随意
どの道を歩くかは私の勝手だ。
想去哪条路随我的意愿.

(202)　B【男を拒む歌】
[歌]どの男を選ぶかは私の勝手だ。
[遠]前歌から見て、「白黒の道」も男女それぞれの道であり、後句は自分の道を歩くことの表明であろう。
[類] (81)、(82)、(201)。

(203) B	(203) B【男を拒む歌】
ɲia ma sɿ dʑio ɲia tʰi tɕʰi 私 ない 好き (助) 私 棄てる 我 不 喜欢 (介) 我 抛弃 あなたは私が好きでなく私を棄てた、 你不喜欢我就抛弃了我， ʐə ȵu le uo pu tʰa kʰu 道 狭い (助) 会う 〜するな 〜させる 路 狭 (介) 见面 不要 要让〜这样做 狭い道で私に出会わないようにしろ。 不要让我在狭路上碰到你.	㊌前句は（197）と類似。後句はトディ・ダシブチ資料（75）、（76）、（81）のように、相手を強く拒否する悪口。再び相手に直接歌いかけるような口吻である。 ㊐（197）、（214）、（217）。 注：Bは顔を隠す。
(204) B	(204) B【男をけなす歌】
dʑi dʑia æ dʑia tʰu bi la 水 良い 崖 良い 至る たとえ〜としても 水 好 山崖 好 到 就算 たとえ水も良く山も良い所に行っても、 就算到了山好，水好的地方， æ dʑia dua go dʑia tʰa kʰu 崖 良い 池 中 落ちる 〜するな 〜させる 山崖 好 水潭 里 落 不要 要让〜这样做 良い山が池に落ちないように。 不要让好山掉到水潭里.	㊌たとえあなたにいいアシャができても、彼女の容貌に誘惑されないように。 ㊐Aによる㊌は意味的に少々わかりにくい。トディ・ダシブチ資料（122）に類歌があり、「あなたは自分に良いアシャができたと自慢しているが、その良いアシャに棄てられないように気をつけろ」としている。男のアシャの容貌はよいが実はないとし、そういう女を選んだ男をけなす歌としての意味づけなのだろう。 ㊐トディ・ダシブチ資料（122）。 注：Bは顔を隠す。
(205) C	(205) C【男を拒む歌】
a du gu ʂæ ʐə ʂæ lu アドゥ 道 長い 道 長い (助) 阿珠 路 长 路 长 (介) アドゥと私との道はとても遠い、 阿珠住在很远的地方，	㊌アドゥは遠くに住んでいるので、あなたとのツマドイには同意しない。 ㊐（203）までの主題と同じく男を拒む歌を歌う。 注：ここでBが席を外したため、Cの独唱が始まった。

ɲia	si	ma	bi	bi	hi	ɲi
私	(助)	ない	行く	言う	の	だ
我	(介)	不	去	说	的	是

私はあなたとツマドイしようと言わない。
我是不同意和我走婚的.

(206) C

mu	si	ma	bi	bi	hi	ɲi
娘	(助)	ない	行く	言う	の	だ
女儿	(介)	不	去	说	的	是

私はあなたとツマドイしようと言わない、
我是不同意和我走婚的,

so	kʰi	le	da	tʰi hu	tsʰɿ
三	門	(助)	乗り越える	待つ	来る
三	门	(介)	跨	等待	来

あなたは三つの門を乗り越えて私を待っている。
但你跨过三道门来等着我.

(207) C

a du	o zɿ	le	tsʰa la
アドゥ	私たち二人	(助)	話す
阿珠	我俩	(介)	谈话

アドゥと私二人の愛の話は、
阿珠我俩之间说的话,

æ	bi	kʰʊ kʰʊ	la	ɲi gu
崖	上	口弦	弾く	〜のようだ
山崖	上	口弦	弹	一样

まるで崖の上で口弦を弾くようだ。
就象在山崖上弹口弦一样.

(206) C【男をけなす歌】
㊌私はあなたとのツマドイに同意しないのに、あなたは私に付きまとう。
㊙尻取り式連結により展開。
㊗(110)、(136)。

(207) C【愛情を賛美する歌】
㊌アドゥと私のツマドイの噂は遠くまで伝わって、多くの人に知られている。
㊙女の掛け合いの主題の一つであった愛情を賛美する歌。これは主題を変える機能をもつ。Cの場合、一つの主題で歌い継いでいこうという姿勢はない。
㊗(38)、(130)、(149)。

(208) C
so	kʰʊ	ma	do do	bi la
三年	ない	会う	たとえ〜としても	
三年	不	見面	就算	

たとえ三年会わなくても、
就算三年没有见面了，

so	kuə	kə tṣi	dʑio	zo	gu
三	句	約束	ある	べき	はずだ
三	句	诺言	有	应该	会

三句の約束の言葉はあるはずだ。
也应该会有三句诺言．

(209) C
a du	gu	ṣæ zə	ṣæ	lu
アドゥ	道	長い	道 長い	(助)
阿珠	路	长	路 长	(介)

アドゥと私との道はとても遠い、
阿珠住在很远的地方，

se	la	ma da kʰo	i zi
歩く	(助)	苦労	はずだ
走	(介)	辛苦	会这样

歩くにはきっと疲れるだろう。
走路的时候会辛苦．

(210) B
ɲia	pʊ	a du	tʰɯ u	dʑio
私	の	アドゥ	この	(助)
我	的	阿珠	这	(介)

私のこのアドゥ、
我的这个阿珠，

(208) C【忠告する歌】
㊙アドゥと約束があれば、三年会わなくても構わない。あなたたちは約束しておかなければならない。
㊙この歌の多義的な意味づけについては (25) 参照。A はこれを仲間の女に忠告するニュアンスで解釈している。その解釈の根拠には、B の実人生との重なりの意識が働いているだろう。C としては前歌と同じく愛情を賛美する歌として歌っているのではないか。
㊙ (25)、(117)、(118)。トディ・ダシブチ資料 (参考6)。トディ資料 (1)。

(209) C【男を拒む歌】
㊙再び (205) の男を拒む歌に主題が戻る。C の場合、単に思いつくままに歌っているようだ。それは C の歌の技術が高くないことによると思われる。

(210) B【男をけなす歌】
㊙彼に出会ったら罵って、彼を怒らせ悲しませよう。
㊙［ṣæ çi］は中国語「伤心 shāng xīn」の訛音。
㊙再び B による独唱が始まる。男をけなす歌。前句には、「私の」だけではなく、「この」を使用して具体的にそのアドゥを実人生と重ねられたアドゥへと特

do la tʰi ʂæ çi kʰɯ bi 見える （助） 今にも 悲しむ ～させる 見 （介） 要 伤心 要让～这样做 見えるなら（彼を）悲しませるようにさせる。 见到就要让他伤心.	定しようとしているように思われる。 注：Bが戻ってきて、ここから再びBの独唱が始まる。
(211) B do la tʰi ʂæ çi kʰɯ bi 見える （助） 今にも 悲しむ ～させる 見 （介） 要 伤心 要让～这样做 見えるなら（彼を）悲しませるようにさせよう、 见面的时候要让他伤心， ma do tʰi gu dʑi kʰɯ bi ない 見える 今にも 怒る ～させる 不 見 要 生气 要让～这样做 見えないなら（彼を）怒らせるようにさせよう。 不见面的时候要让他生气.	(211) B【男をけなす歌】 ㊌彼に出会わなくても（私の罵りを思い出させるなどして）彼を怒らせよう。 ㊽尻取り式連結。 注：Bは酒を飲む。その後Cに手を置いて歌い始める。
(212) B no ba ba la ɲia ba ba あなた 花 と 私 花 你 花 和 我 花 あなたの花と私の花、 你的花朵和我的花朵， dɯ ə dɯ ba tʰi di i 一 個 一 花 今にも 生える はずだ 一 个 一 花 要 长 会 一人一人自分の花がきっと生えるだろう。 一个人会有自己的一朵花.	(212) B【男を拒む歌】 ㊌あなたにはあなたの格好よさがあって、私にも私のきれいさがあるはずだ。 ㊽(201)において男女それぞれの道と象徴された男女分立の恋愛観が、ここでは「それぞれの花」と象徴されている。 ㊙(200)、(213)、(218)。 注：(212)～(219)をビデオ編に収録した。

(213) B	(213) B【男をけなす歌・個人の自慢歌】
no　　ba ba　la　ɲia　ba ba あなた　花　と　私　花 你　　　花　和　我　花 あなたの花と私の花、 你的花朵和我的花朵, liə　nu　zi　ba　dʑia　la　ɲi 運命　(助)　どの　花　良い　(助)　だ 命运　(介)　哪　　花　好　　(介)　是 どちらの花がいいかは運命で決まっている。 哪一朵好是自己的命运注定的.	㱀私たちのどちらが美しいかは運命で決まっている。 ㊙前歌前句を繰り返す。男をけなす歌であり、自分のほうが美しいという自慢である。 ㊟(218)。
(214) B	(214) B【男をけなす歌】
a　du　ɲia　tʰi tɕʰi　du　nɯ アドゥ　私　棄てる　一　日 阿珠　　我　抛弃　　一　天 アドゥが私を棄てたその日、 阿珠抛弃我的那一天, go ga　　tʰʊ　la　ɲia　tʰa　li 山の別れ道　至る　(助)　私　〜するな　見る 山丫口　　　到　　(介)　我　不要　　看 山の別れ道に至って(振り返って)私を見るな。 到山丫口时不要回头来看我.	㱀あなたが私を棄てたのだから、今後二度と通いに戻るな。 ㊟(197)、(203)、(217)。
(215) B	(215) B【男をけなす歌・個人の自慢歌】
do　tʰæ　ɲia　kɯ　sʊ　ma　i 急な坂　下　私　後ろ　思う　ない　はずだ 陡坡　　下　我　后面　想念　不　　会 山の坂を下る時は私のことはきっと思い出さないだろう、 走下坡路时,不会想起我,	㱀普段私のことを思い出したりはしないだろうが、困ったことに出会ったら、思い出して戻ってこようと思うだろう。 ㊙山の道に関わる前歌の素材を受けて、男をけなすと同時に自己を自慢する。

do	do	ɲia	s̱u du	i zi
急な坂	登る	私	思う	はずだ
陡坡	坡	我	想念	会

山の坂を登る時は私のことをきっと思い出すだろう。
爬坡时，就会想起我．

(216) B

do	do	ɲia	s̱u du	du	nɯ
急な坂	登る	私	思う	一	日
陡坡	坡	我	想念	一	天

山の坂を登って私のことを思い出したその日、
爬坡时，想起我的那一天，

ɲia	nɯ	no	s̱u du	ma	i
私	(助)	あなた	思う	ない	はずだ
我	(介)	你	想念	不	会

私はあなたのことをまさか思い出さないだろう。
我却不会想念你．

(217) B

dʑia	la	ẓua	bi	tʰi tɕʰi tɕʰi
良い	(助)	とても強い	言う	棄てる
好	(介)	很强	说	丢弃

良くて能力があると言って断ち切った、
说自己好，自己强，就和我断绝走婚关系，

do	do	le uo	tʰa	s̱u du
急な坂	登る	帰る	〜するな	思う
陡坡	坡	回去	不要	想念

山の坂を登る時(私のことを)思い出すな。
爬坡时就不要想回来找我．

(216) B【男をけなす歌・個人の自慢歌】
㊙困ったことに出会ってはじめて私を思い出しても、私はあなたを相手にしない。
㊙尻取り式連結により前歌を展開。そこに自己の実人生が重ねられていれば、男女分立の恋愛観に基づいた決意にもなる。

(217) B【男をけなす歌】
㊙自分が正しいとして私とのツマドイをやめたのだから、困ったことに出会ったからといって、戻ってこようとは思うな。
㊙ (214) と同主旨。
㊙ (197)、(203)、(214)。

(218)　B

no	ba ba	la	ɲia	ba ba
あなた	花	(助)	私	花
你	花	(介)	我	花

あなたの花と私の花、
你的花朵和我的花朵,

zi	uo	tṣʰua	nɯ	ba	gə	gu
どの	~種	早い	(助)	花	萎む	はずだ
哪	种	快	(介)	花	凋谢	会

どちらが早く萎み落ちるだろう。
哪一种花会先凋谢.

(218)　B【男をけなす歌】

㊌あなたと私とどちらが先に老いてしまうだろうか、あなたに決まっている。
㊙二人を花に譬えつつも、後句で男をけなす歌へと転換している。男女の花は別々に萎むように、男女の愛情も長続きするものではないという男女分立の恋愛観が伺われる。
㊟ (213)。
注：Bは顔を隠している。

(219)　B

ʐɯ	go	ba	la	kʰʊ	ṣa	zo
夏	中	(助)	(助)	狩り		息子
夏天	里	(介)	(介)	狩猎		儿子

夏に狩りに出る男、
夏天打猎的男人,

dzi	kʰuə	zi	dzia	no	nɯ	do
水	谷	どこ	良い	あなた	(助)	見える
水	谷	哪里	好	你	(介)	见

良い水や山はどこでもあなたに見られる。
哪里山水好,都被你看见.

(219)　B【男をけなす歌】

㊌あなたはまるで猟師のようで、いい女はどこにいようともあなたに遊ばれてしまう。
㊙女一般を素材として男をけなす。
注：Bは顔を隠す。

(220)　B

si	uo	si	tsʰe	hæ	nɯ	kʰæ
梢	木	葉	風	(助)		散り散りになる
树梢	树	叶	风	(介)		散解

梢の枝も葉も皆風に吹き散らされた、
树梢树叶被风吹散,

(220)　B【男をけなす歌】

㊌あなたはいい女をみんな遊んで棄ててしまうが、今は誰もあなたを相手にしない。
㊙［kʰæ］（散り散りになる）を、前句ではツマドイして棄ててしまうこと、後句では「噂すること」として解釈している。ともに「風が吹く」をツマドイする

第2章　男女分立の恋愛観に収束する歌掛け　　225

no kʰuə ɲi nɯ kʰæ i lu あなた 話 誰 (助) 散り散りになる する (助) 你 谈话 哪 (介) 散解 做 (介) あなたのことなど、誰が噂し言い伝えるだろうか。 你的话，哪一个会说给别人．	の比喩としており、それと連動して意味が拡大している。 注：B は酒を飲む。その後歌い始めたが失敗。また酒を飲む。間隔 60 秒。
(221) B da ɯ lɯ si kʰa dʑia dʑia 騾馬 灰色 とても 良い 骡子 灰色 很 好 灰色の騾馬はとても良い（が）、 灰色的骡子虽然很好，	(221) B【男をけなす歌】 ㋯男がいくら能力があるといっても、私たち女が産んだ子にすぎない。 ㋲トディ・ダシブチ資料 (104) に「セダ家の駿馬はとても良いが、劣った母馬の子だ」とあるのと同じく、男をけなす歌。「セダ家」が架空の存在であるのと同じく、ここでは「灰色の驢馬」が使われている。(159) に記したようにこれは我々の乗っていった驢馬であり、我々をけなすと意味づけられもする。もし我々が歌い返せば悪口歌の掛け合いとなる。
ʐua mi na li zo la ɲi 馬 母 黒色 息子 (助) だ 马 母 黑色 儿子 (介) 是 黒い母馬の子だ。 却只是黑色母马的儿子．	
(222) B da ɯ lɯ si kʰa dʑia dʑia 騾馬 灰色 とても 良い 骡子 灰色 很 好 灰色の騾馬はとても良い（が）、 就算灰色的骡子很好，	(222) B【男をけなす歌】 ㋯男はいくら格好が良くても、労働もできず何の腕もなければ、恋人が作れるはずはない。 ㋲同前。 B は酒を飲む。間隔 20 秒。
tɕi ma ŋa hi gə tsi gu 背負う ない よい の 余る はずだ 驮 不 行 的 剩余 会 (荷を) 背負えなければ、きっと余りものだろう。 不能驮的话，就会剩下的．	

(223)　B a ma ɲia kɯ　le so　ɲə 母　私　と　　教える　時 阿妈　我　跟　　教　　时 母が私に教えた時に、 妈妈教导我的时候说， hi　ma　ŋa　nɯ　dzo　gu　tsɿ 他人　ない　よい　(助)　出会う　はずだ　言う 別人　不　　行　　(介)　碰到　　会　　说 よくない人にきっと出会うだろうと言った。 会遇到良心不好的坏人.	(223)　B【男をけなす歌】 ㊙母は私に、心の悪い男がきっとおまえを騙すだろうと教えてくれた。 ㊗(83)と同じく、母の教えは男をけなすための素材として用いられる。
(224)　B hi　ma　ŋa　nɯ　dzo　du　nɯ 他人　ない　よい　(助)　出会う　一　日 別人　不　　行　　(介)　碰到　　一　天 よくない人に出会ったその日、 遇到一个坏人的时候， a ma　kə tʂi　ma　mu pʰæ 母　教える　ない　忘れる 阿妈　教诲　　不　忘记 母の教えを忘れない。 没有忘记妈妈的教诲.	(224)　B【男をけなす歌】 ㊙心の悪いアドゥに出会って騙されてしまった今、母の教えは忘れない。 ㊗前歌を尻取り式に受けるが展開することができず、前歌前句と類似した後句をつけるにとどまる。「騙されてしまった今」というAの解釈は、Aが当該歌をBの実人生との重ね合わせて理解しようとしていることを示す。
(225)　B dʐi tʰa　dza　hi　le　uo pʊ 人徳　悪い　他人　(助)　会う 良心　坏　　別人　(介)　见面 人徳が悪い人に出会う（と）、 碰到一个坏人时，	(225)　B【男をけなす歌・個人の自慢歌】 ㊙心の悪いアドゥと付き合うと、実際自分は良い人間なのに、人から悪い人間のように見られてしまう。 ㊗前歌を意味的に受けて、男をけなす歌。

ma　dza　ŋu　dza　hɯ　　ɲi gu ない 悪い 自分 悪い ～のようだ ～のようだ 不　 坏　 自己　坏　　 象　　　一样 （実際は）悪くないのに、自分も悪い人のようだ。 就好象自己在别人眼里也是坏人一样.	
(226)　C dʑi　tʰa　dʑa　hi　　le　 uo pʊ 人徳　良い 他人　（助）出会う 良心　好　 别人　（介）碰到 いい人に出会うと、 碰到一个好人时， ma　dʑia　ŋu　dʑia　hɯ　　ɲi gu ない 良い 自分 良い ～のようだ ～のようだ 不　 好　 自己　好　　 象　　　一样 （実際は）良くないのに、自分も良い人のようだ。 就好象自己在别人眼里也是好人一样.	(226)　C【切り返し】 ㊊心の良いアドゥと付き合うと、実際自分はたいして良い人間でもないのに、人から良い人間のように思われる。 ㊳単純に前歌を切り返しているのだが、もし前歌までの男をけなす歌々にBが自己の実人生を重ねていれば（聞き手であるAはそういう意味づけをしているようだ）、その個的怒りまでもが、いとも簡単に切り返されてしまうことになる。そして男女の愛情など所詮その程度のものだ、個的感情を顕わにしすぎるなということまで、この単純な切り返しは教えてしまう。 注：ここまでBによる独唱。翌0：07終了。その後、歌のあり方などについて質問して取材終了。0：30。

第2章第3節　男女分立の恋愛観に収束する歌掛け

　本章第1節には49首の男女の掛け合い資料（ジャシ・スガ資料）を、また第2節には226首の女同士の掛け合い及び独唱資料（リジャズ資料）を掲載した。さて、これらの歌掛けには、序説で述べたような歌掛けの流れは存在するのだろうか。またもし存在するとすればそれはどのように分析できるのだろうか。

　ジャシ・スガ資料から見ていこう。資料各首右欄の【　】にその主題を掲載しておいたが、始めにそれをまとめた表1を掲載する。

【表1】

第1サイクル	(1) 誘い歌。(2) 誘い歌に同意。(3) 誘い歌。(4) 誘い歌に同意。(5) 愛情を賛美する歌。(6) 自慢歌。(7) 切り返し。(8) 偲ぶ歌。(9) 偲ぶ歌。(10) 拒む歌。(11) けなす歌。(12) 拒む歌。(13) 誘い歌・切り返し。(14) 別れを訊ねる歌。(15) 別れを訊ねる歌。(16) けなす歌。(17) けなす歌。(18) 自慢歌。(19) けなす歌。(20) けなす歌。(21) けなす歌。(22) けなす歌 (23) 拒む歌。
第2サイクル	(24) 誘い歌。(25) 愛情を賛美する歌。(26) けなす歌。(27) けなす歌。(28) けなす歌。(29) けなす歌。(30) 自慢歌。(31) 自慢歌。(32) 自慢歌。(33) 自慢歌・拒む歌。(34) 拒む歌。(35) 誘い歌。(36) 拒む歌。(37) 誘い歌。(38) けなす歌。(39) 拒む歌。(40) 自慢歌。(41) 誘い歌。(42) 誘い歌。(43) 自慢歌。(44) 自慢歌。(45) けなす歌。(46) けなす歌。(47) けなす歌。(48) 自慢歌。(49) 自慢歌。

　第1サイクルと第2サイクルは、休憩をはさんでおり、完全に分離しているのだが、まず、両サイクルとも誘い歌から始まっていることが注目される。第1サイクルは「銀の花と金の花、一緒に良い花を摘みに行きますか？」(1)、第2サイクルは「アドゥよ、私たちは一緒に、高い山に花を摘みに行きますか？」(24)という、いずれも疑問形の誘い歌から始まる。その誘いを受けて、第1サイクルは「銀の花と金の花、良い花はあなたにあげなくてはいけない」

(2)、第2サイクルは「高い山の花は花ではない、アドゥよ、私たち二人が花だ」(25) という誘いに同意し、愛情を賛美する歌が歌われ、掛け合いが始まっている。しかしこの男女合一の方向性を持つ掛け合いは続かない。第1サイクルでは六首目で、第2サイクルでは三首目で自慢歌やけなす歌などの悪口歌へと転換され、以降悪口歌の掛け合いとなる。とすれば、この疑問形の誘い歌、それに同意する歌は、実質的には掛け合いを始めるという機能をもっていると考えられる。

モソ語で「歌の掛け合い」を「グァララ＝歌の喧嘩」([gə]＝歌、[lala]＝喧嘩)というように、【表1】をみても掛け合いの中心はけなし歌や自慢歌などの悪口歌にある。ただ、途中に誘い歌が数首入っていることにも注目しよう。(13) は「木は同じ一つの山の斜面の木ではないけれど、枝を互いに口づけさせよう」という誘い歌であるが、これは前歌 (12) の「木は同じ一つの山の斜面の木ではないから、枝が交わることはない」という拒む歌を、同素材、同構造の歌形によって切り返したものだ。この (13) の誘い歌は互いの悪口に終始しようとする掛け合いの方向とは逆の方向性をもつのだが、それは岡部隆志が歌掛け持続の論理として論理化した「『歌路』に抗する歌掛け」(後述。238ページ) として説明できると思われる。誘い歌や愛情を賛美する歌が掛け合いを始める歌であるからには、拒む歌は掛け合いを終わらせる歌にもなりうる。そこで、悪口歌の掛け合いを続けるために、一時的に誘い歌が歌われるということだ。第2サイクルにおいても、(36) の「水が漲るときに高い橋は造るというが、アドゥの体重はとても軽い」から橋は架けない、つまりツマドイしないという拒む歌を受けて、(37) の「数えられない道はあるはずがない、道のりは私たちが歩いてできあがるのだ」(二人の感情があえばツマドイしよう) という誘い歌が歌われる。また (40) の「俺が去った後」という拒む表現を受けて、(41) の「木は一つの山の斜面の木ではない (が)、木の根をお互いに絡みつけさせよう」という誘い歌が歌われる。

総じて誘い歌や愛情を賛美する歌は、掛け合いを始める実質的な機能をもつとともに、掛け合いの途中で悪口の掛け合いを一時的に停滞させることで掛け合いを持続させる働きをもつ。

次に、リジャズ資料はほとんど歌い手に任せて歌掛けをしてもらったという取材方法のために、歌数も多く、サイクルの区切れがはっきりとせず、複雑で

あるが、より自然発生的な歌掛けに近いと考えられる。自然発生というのは、女性たちが楽しみのために柴刈りなどの労働の際に歌う歌掛けである。

リジャズ資料では、始めに我々を迎える一連の客迎えの歌が歌われた。これはマダミ調という普通のアハバラとは異なるメロディーによる。それが終わった後、(9)、(11)において疑問形の誘い歌が歌われている。

(11) は「銀の鳥と金の鳥、一緒に水を飲みに行くことができますか？」というもので、これはジャシ・スガ資料の第1サイクル冒頭の (3) と類似する。従って (11) は、ジャシ・スガ資料と同じく掛け合いを始める実質的な機能を持つとみてよいだろう。(8) までの客迎えの主題を男女の愛情にかかわる主題へと転換し、新たな掛け合いを始めているのである。

また「私が村を離れた後」(37) という拒む表現を受けて、(39)、(40) の誘い歌が歌われる。これらはそれぞれジャシ・スガ資料の (40)、(41)、(42) と同じ歌である。ジャシ・スガ資料に (40) の「俺が去った後」という拒む表現を受けて (41)、(42) の誘い歌があるように、リジャズ資料 (39)、(40) の誘い歌も、掛け合いの途中で悪口の掛け合いを一時的に停滞させることで掛け合いを持続させる働きをもつと考えられる。

また、「アハバラという三曲の歌は、兄と私たちが歌う歌だ」(29)、「アハバラを三曲歌うのは、アドゥと私たちの花だ」(30)、「高い山のヤズは花ではない、兄と私たちこそ花だ」(31) というように愛情を賛美する歌が三首連続で歌われている。ジャシ・スガ資料 (52) に「アハバラ、この三曲は、悲しい俺の友になるのだ」、(53) に「アハバラは冒頭の歌だ、ただうまく歌えるか歌えないかの原因にすぎない」とあり、歌い手は歌の掛け合いを始めるときに歌う古歌だと説明している。ダシ・ルゾ資料（巻末補足資料3）には「アハバラ、この三曲は、代々歌うのだ」(18)、「アハバラ、この三曲は、きっと冒頭の歌の幹であるだろう」(19) とあり、ダシ＝ルゾはやはり掛け合いを始めるときの冒頭歌であるという。すると「アハバラ三曲」という語句をもつ (29)、(30) も掛け合いを始める歌であるとみることができる。(31) は「アハバラ三曲」という語句をもたないが、ジャシ・スガ資料第2サイクル冒頭の「高い山の花は花ではない、アドゥよ、私たち二人が花だ」(25) と類似しており、やはり掛け合いを始める歌であると考えられる。

このようにジャシ・スガ資料と比較することで、リジャズ資料における誘い

歌、愛情を賛美する歌もまた掛け合いを始める実質的な機能をもつとともに、掛け合いの途中で悪口の掛け合いを一時的に停滞させることで掛け合いを持続させる働きをもつとみることができた。そこで、リジャズ資料の掛け合いは大きな切れ目がなく続いたものだが、誘い歌と愛情を賛美する歌が掛け合いを始める実質的な機能をもつと考えて区切れを入れ、いくつかのサイクルに分けてみた。以下、リジャズ資料226首のうち、3人の掛け合いの部分（1〜176）の主題を表2としてを掲載する。

【表2】

第1サイクル	(1) 掛け合いを始める歌。(2) 客迎え歌〈マ〉。(3) 客迎え歌〈マ〉。(4) 客迎え歌〈マ〉。(5) 客迎え歌〈マ〉。(6) 不明〈マ〉。(7) 客迎え歌〈マ〉。(8) 客迎え歌。
第2サイクル	(9) 誘い歌。(10) 客迎え歌。(11) 誘い歌。(12) 切り返し。(13) 誘い歌。(14) 誘い歌。(15) 個人の自慢歌。(16) 切り返し。(17) 男をけなす歌。(18) 男をけなす歌。(19) 男をけなす歌。(20) 個人の自慢歌。(21) 個人の自慢歌。(22) 男をけなす歌。(23) 男をけなす歌。(24) 女たちの自慢歌。(25) 個人の自慢歌。(26) 個人の自慢歌。(27) 切り返し。(28) 男を拒む歌。[この後10秒]。
第3サイクル	(29) 愛情を賛美する歌。(30) 愛情を賛美する歌。(31) 愛情を賛美する歌。[この後4秒]。(32) 掛け合いを始める歌〈マ〉。(33) 不明〈マ〉。(34) 述懐歌〈マ〉。(35) 客迎え歌〈マ〉。(36) 客迎え歌〈マ〉。[この後8秒]。
第4サイクル	(37) 個人の自慢歌。(38) 愛情を賛美する歌。(39) 誘い歌。(40) 誘い歌。(41) 誘い歌。(42) 男をけなす歌。(43) 男をけなす歌。(44) 切り返し。(45) 男をけなす歌。(46) 男をけなす歌。(47) 女たちの自慢歌。(48) 男をけなす歌。
第5サイクル	(49) 誘い歌。(50) 切り返し。[この後18秒]。(51) 男をけなす歌。(52) 男をけなす歌。(53) 男をけなす歌。(54) 男をけなす歌。(55) 切り返し。[この後16秒・笑い]。(56) 個人の

	自慢歌・男をけなす歌。(57) 個人の自慢歌・男をけなす歌。[この後 8 秒]。(58) 男を拒む歌。(59) 個人の自慢歌。(60) 偲ぶ歌。(61) 切り返し。[この後 4 秒]。(62) 述懐歌。(63) 男をけなす歌。(64) 男をけなす歌。[この後 8 秒]。(65) 男をけなす歌。(66) 男をけなす歌。(67) 男をけなす歌。(68) 男をけなす歌。(69) 不明。(70) 偲ぶ歌。(71) 不明。(72) 男を拒む歌。(73) 男を拒む歌。
第 6 サイクル	(74) 誘い歌。(75) 個人の自慢歌。(76) 女をからかう歌。(77) 個人の自慢歌。[この後 8 秒]。(78) 男をけなす歌。(79) 個人の自慢歌・男を拒む歌。[この後 38 秒]。(80) 個人の自慢歌・男を拒む歌。(81) 男を拒む歌。(82) 男を拒む歌。(83) 男をけなす歌。(84) 男をけなす歌/述懐歌。(85) 述懐歌。(86) 述懐歌。(87) 切り返し。(88) 述懐歌。(89) 切り返し。(90) 述懐歌。(91) 偲ぶ歌。(92) 切り返し。(93) 偲ぶ歌。(94) 個人の自慢歌。(95) 切り返し。[この後 8 秒]。(96) 切り返し。(97) 個人の自慢歌。(98) 女たちの自慢歌。(99) 女たちの自慢歌。(100) 女たちの自慢歌。(101) 男をけなす歌・女たちの自慢歌。(102) 女たちの自慢歌。(103) 男を拒む歌。(104) 男を拒む歌。(105) 偲ぶ歌。(106) 偲ぶ歌。(107) 偲ぶ歌。
第 7 サイクル	(108) 誘い歌。(109) 切り返し。(110) 男をけなす歌。(111) 客迎え歌。[この後 18 秒]。(112) 女をからかう歌。(113) 女をからかう歌。(114) 女をからかう歌。[この後 25 秒]。(115) 偲ぶ歌。(116) 偲ぶ歌。(117) 切り返し。(118) 偲ぶ歌。[この後 26 秒]。
第 8 サイクル	(119) 誘い歌。(120) 男をけなす歌。(121) 切り返し。(122) 男をけなす歌。(123) 男をけなす歌。(124) 男をけなす歌。(125) 偲ぶ歌。(126) 偲ぶ歌。[この後 19 秒]。(127) 男を拒む歌。(128) 偲ぶ歌。
第 9 サイクル	(129) 愛情を賛美する歌。(130) 愛情を賛美する歌。[この後 13 秒]。(131) 誘い歌。(132) 誘い歌。(133) 不明。(134) 偲ぶ歌。(135) 個人の自慢歌。(136) 男をけなす歌・個人の自慢

	歌。(137) 切り返し。
第10サイクル	(138) 誘い歌。(139) 男をけなす歌。(140) 愛情を賛美する歌。(141) 偲ぶ歌。(142) 偲ぶ歌。(143) 偲ぶ歌。(144) 偲ぶ歌。(145) 偲ぶ歌。[この後15秒]。
第11サイクル	(146) 愛情を疑う歌。(147) 切り返し。[この後11秒]。(148) 愛情を賛美する歌。(149) 愛情を賛美する歌。(150) 愛情を賛美する歌。(151) 誘い歌。(152) 切り返し [150秒]。(153) 客迎え歌。(154) 客迎え歌。(155) 客迎え歌。(156) 土地褒め歌。(157) 土地褒め歌。(158) 客迎え歌。(159) 客迎え歌 [30秒]。
第12サイクル	(160) 掛け合いを始める歌〈マ〉。(161) 偲ぶ歌〈マ〉。(162) 偲ぶ歌〈マ〉。(163) 偲ぶ歌〈マ〉。[この後39秒]。
第13サイクル	(164) 土地褒め歌〈ア2〉。(165) 土地褒め歌〈ア2〉。(166) 客迎え歌〈ア2〉。(167) 客迎え歌〈ア2〉。(168) 土地褒め歌〈ア2〉。(169) 客迎え歌〈ア2〉。(170) 客迎え歌〈ア2〉。(171) 客迎え歌〈ア2〉。(172) 土地褒め歌〈ア2〉。
第14サイクル	(173) 流行歌。(174) 流行歌。(175) 流行歌。(176) 流行歌。

〈マ〉はマダミ調、〈ア2〉はアハバラの別の曲調を指す。[ ] 内の秒数は歌と歌との間隔。

　固定歌詞の掛け合いを始める歌、及び述べたように誘い歌と愛情を賛美する歌から掛け合いが始まると考えると、以上の14のサイクルによって掛け合いが行われていることが見えてくる。まず第1サイクルはマダミ調の客迎え歌。第3サイクルは愛情を賛美する歌によって新たな主題の掛け合いが始まるが、マダミ調の客迎え歌の掛け合いへと展開する。第11サイクルは、愛情を疑う歌から愛情を賛美する歌、誘い歌を経て、最終的に長い間隔（150秒）が開いたものの客迎え歌の掛け合いとなった。第13サイクルは一般のアハバラとは別調子のアハバラによる客迎え歌と土地褒め歌、第14サイクルは流行歌。以上の5サイクルは客迎えや流行歌を中心とするものであり、それは我々が客であることによる特殊な掛け合いであるから、今は分析から外す。ただ、第3、

11 サイクルもまた誘い歌や愛情を賛美する歌により新たな主題の掛け合いが始まっていることは注意しておきたい。

　次に愛情に関わる歌々によって構成されるサイクルを概観していこう。第 2 サイクルは誘い歌によって掛け合いが始まり、個人の自慢歌、男をけなす歌、女たちの自慢歌が切り返しを含んで掛け合わされ、10 秒の間隔として収束する。第 4 サイクルは個人の自慢歌、愛情を賛美する歌、誘い歌により始まり、男をけなす歌、女たちの自慢歌が掛け合われる。第 5 サイクルは誘い歌から始まり、男をけなす歌、個人の自慢歌、偲ぶ歌、男を拒む歌へと展開する。第 6 サイクルは誘い歌から、個人の自慢歌、男をけなす歌、男を拒む歌と続き、途中で述懐歌に主題がずれ、また偲ぶ歌、個人の自慢歌、女たちの自慢歌、男を拒む歌へと回帰する。第 7 サイクルは誘い歌から、個人の自慢歌・男をけなす歌となり、偲ぶ歌へと切り返しを中心に展開する。第 8 サイクルは誘い歌から、男をけなす歌、偲ぶ歌、男を拒む歌が掛け合われる。第 9 サイクルは愛情を賛美する歌、誘い歌から偲ぶ歌、個人の自慢歌、男をけなす歌へと展開する。第 10 サイクルは誘い歌から男をけなす歌、個人の自慢歌、偲ぶ歌へと展開する。第 12 サイクルは掛け合いを始める歌からマダミ調の偲ぶ歌が歌われる。

　全 14 サイクルのうち、前記した愛情に関わらない 5 サイクルを除く 9 サイクル（第 2、4〜10、12 サイクル）は、マダミ調の掛け合いを始める歌をもつ第 12 サイクルを除いて、いずれも誘い歌、愛情を賛美する歌が歌われた後、男をけなす歌、男を拒む歌、女たちの自慢歌、個人の自慢歌、及び偲ぶ歌が順不同に歌われる。ここにジャシ・スガ資料と同じサイクルのあり方が見えてくる。

　男女の恋愛は合一に収束するものという幻想をもつ我々の感覚からすると、誘い歌があって、そのあと何段階かのステップを経て愛情を賛美する歌や誓いの歌などでめでたく完結するという歌の流れのほうが想像しやすい。それは序説に述べた男女の合一へ収束する「歌路」とも重なっている。しかし、その流れはジャシ・スガ資料の様式にも、当資料にも見られない。仮に男女合一に収束するという流れでのサイクルを想定してみると、第 2 サイクルの末尾に (29) 〜 (31) をつけて一サイクルとし、第 8 サイクル末尾に (129)、(130) をつけて一サイクルとし、第 10 サイクル末尾に (148) 〜 (150) をつけて一

第 2 章　男女分立の恋愛観に収束する歌掛け

サイクルとするということになる。しかし、まず誘い歌があって、その後悪口歌がずっと掛け合わされた後、突然愛情を賛美する歌が歌われるという流れはいかにも不自然だ。また男女の愛情に関わる9サイクルのうち、男女の合一に収束するとできるサイクルはこの3サイクルのみである。しかも、第8サイクルの（128）と愛情を賛美する歌（129）、（130）は内容上全く断絶しているのに対し、（131）の誘い歌は（129）、（130）の前句をそのまま受け取ったものであり、その近接性は明らかである。また、第11サイクルの愛情を賛美する歌（148）はBによって歌われたものであるが、Bは（146）を誘い歌として理解しており、（147）にてその切り返しをしている。そのBが（148）の愛情を賛美する歌を歌うということは、Bの中には一定の流れの初めと終わりしかないということになってしまい不自然であろう。第2サイクル末尾につけた（29）～（31）についても、（29）、（30）の「アハバラ三曲」という言い方が、アゼ＝スガやダシ＝ルゾにより掛け合いを始める歌と指摘されていること、ジャシ・スガ資料の第2サイクル冒頭は、誘い歌（24）、愛情を賛美する歌（25）、けなす歌（26）であるが、（25）の「高い山の花は花ではない、アドゥよ、私たち二人が花だ」が、当該（31）とほぼ同じであることからすれば、やはり愛情を賛美する歌に収束すると見ることはできないことになろう。

　さて、以上のようなサイクルを想定した上で、これらのサイクルが全体としてどのような流れをもつのかを検討していこう。既に述べたように実質的に掛け合いを開始する機能をもつ誘い歌や愛情を賛美する歌によって歌掛けは開始されるのだが、さらに、第9サイクルの冒頭、（129）Aが「アドゥと私の間の話は、水とミルクのようなものだ」と愛情を賛美する歌を歌い、その前句を取り込んで（130）Bは「アドゥよ、私たち二人の話は、花が同じ所に咲いているようだ」と言い換え、さらにB（131）は同じ前句を取り込み「アドゥよ、私たち二人の話は捨てようか、持ち上げようか？」と疑問形の誘い歌となっていく。つまり二人の愛情の話は「水とミルク」や「同じ所に咲く花」のように賛美されつつも疑われていく。「木の根は一緒に生えていないが、枝は互いに交わるだろう」（13）や（49）の誘い歌が、「たとえ梢の枝は絡みつくとしても、木の根は絡みついてはいない」（50）や「木は同じ一つの山の斜面の木ではないから、枝が交わることはない」（ジャシ・スガ資料12）のように切り返し可能であるのと同じく、「同じ所に咲く花」も、「あなたの花と私の花、どちら

が早く萎み落ちるだろう」(218)のように、永遠に一緒に咲く花かどうかはわからない。この愛情への疑問が掛け合いの出発点になっている。

　また、誘い歌や愛情を賛美する歌とともに男女合一の方向性を持つ歌として、リジャズ資料には偲ぶ歌（逢いたいが逢えないという男女の逢いがたさを基調とする歌）と分類した歌々がある。典型的な例として、「三月になると郭公が鳴く、アドゥが戻ったと思った」(178)、「高い山を見るととても高い木が見える、アドゥは見えない」(91)、「夕べ夢でアドゥを見た、今朝起きると（アドゥは）いない」(125)、「アドゥと私との道はとても遠い、道の途中で風流なたよりを言づけよう」(128)などがあげられる。

　「アドゥと私との道はとても遠い、歩くにはきっと疲れるだろう」(127)という歌は、道が遠くて途中で帰りたくなるという悪口歌と意味づけられているが、次歌「アドゥと私との道はとても遠い、道の途中で風流なたよりを言づけよう」(128)は、その前句を繰り返した後、前歌の悪口を切り返している。また、「湖の両岸の距離は長い（のだから）、カモが飛ぶ距離はきっと長いはずだ」(69)に表現されるのは、男女が逢えないという状況である。その状況が、(70)では前句を繰り返して、「無線電話を掛けたい」と偲ぶ歌に進む一方で、(72)では、遠く離れて住んでいるから「道の途中まで行くと帰りたくなる」と男を拒む歌に向かう。ここでは逢えないという状況をめぐって、その意味づけを対立させることで歌掛けが持続している様子が伺われる。

　こうした切り返しや対立によって、偲ぶ歌が悪口歌に終始する掛け合いを一時的に停止させる機能を持つことについては、歌掛けを持続するためという岡部論（後述）によることもできるが、さらに、悪口歌の掛け合いを極端に長引かせたり深化させない働きをもつのだと考えられる。冗談で悪口歌を掛け合っているとしても、そこに自己の実際の心情が重ね合わされることは（リジャズ資料におけるBのように）当然起きうるのであり、その悪口が深化すれば、それは現実的な対立だけでなく、個の心の負担ともなる。第1章第3節事例⑤（71ページ）は、10年程前にトディが目撃したものであるが、三角関係にある女二人が悪口歌の掛け合いを続けた後、結局殴り合いの喧嘩になったというものである。こうした現実的な対立を、悪口歌を切り返すことにより方向を逆に向けて回避する、それだけでなく、それに伴う個の心の負担を歌掛けが掬い上げるという機能がうまく行われなかった例がトディの目撃譚なのであろう。

ここまで、ジャシ・スガ資料、及びリジャズ資料に即して、モソの歌掛けにおける誘い歌、愛情を賛美する歌、偲ぶ歌を分析し、これらを、悪口歌の掛け合いを始めたり、持続させたりする機能、また個的感情の深化を回避する機能をもつものであると捉えてきた。分析の中でも触れたように、歌掛けを持続させるために歌の本来の流れの方向性と逆方向の歌が歌われるというのは、岡部隆志がペー族の歌掛けの分析によって得た論理である。

　岡部は、ペー族の歌掛けには「歌の上でまず相思相愛の関係を作り上げ（一種の挨拶ととってもいい）、相手の名前や、住所を聞き出し、そして、一緒に来ないかと誘う」という一定の歌い方があり、それは石宝山の歌垣（工藤隆「現地調査報告・中国雲南省剣川白族の歌垣（1）」『大東文化大学紀要』35号、1997・3）でも確認できるため、一定の歌い方のもとに、歌の掛け合いを促す作用としての「歌路」が確認できるという。この「歌路」は男女の合一に収束する（岡部は「行き着く先は結婚か愛人関係なのだろう」という）ものであるのだが、しかしここで岡部が注目するのは、例えば名前を聞かれても最初から本当の名前を教えることはないというように、「歌路」に抵抗し、「歌路」をスムーズに進展させない掛け合いのあり方だ。岡部はこの「歌路」の流れを作り出すような歌掛けとそれに抗する歌掛けが交じり合い、「歌路」を停滞させるところに掛け合いのエネルギーが生まれ、そのエネルギーが同時に歌の掛け合いを持続させていくのだという。

　モソの歌掛けは、ちょうどこのペー族の歌掛けとネガとポジのような関係にある(1)。つまり、モソの歌掛けは、男女分立の恋愛観に収束しようという流れの中で、男女合一に向かう方向性（誘い歌、愛情を賛美する歌、偲ぶ歌）と男女合一の拒否に向かう方向性（けなす歌、拒む歌、自慢歌）とが拮抗し、男女分立に収束しようとする歌の流れを一次的に停滞させ、緊張を生み、そのエネルギーが掛け合いを持続させているということができる。

　このようなネガとポジの関係の決定的な要因は、歌掛けの大きな流れが、男女合一に向かうのか、男女分立に向かうのかにある。ペー族の歌掛けではその流れが男女合一に向かうから、誘い歌や愛情を賛美する歌が優勢であるし、反対にモソの歌掛けでは、それが男女分立に向かうから、見てきたように、けなす歌、拒む歌、自慢歌が圧倒的に優勢なのである。ではその歌掛けの大きな方向性の違いはどこから生ずるのだろうか。

ペー族の歌掛け行事を長年調査している工藤隆は、「他の人が噂を立てても私は恐れません」という歌掛けの一句が、見物人を含む多数の他人の目のなかで、つまり公開の場で歌われていることから、ペー族の歌掛けを"制度に許容された愛情表現"、「結婚して子どもを作り、安定した家庭を築き上げ、ムラ共同体の維持に貢献する"健全な"男女関係を、〈公の様式〉のなかで作り上げる」ものと捉えている（『歌垣と神話をさかのぼる』、新典社、1999）。歌掛けの歌に「私たちは一番いい組み合わせだと思います。死ぬまで愛し合うことができます。一緒に働いてよく両親の世話をしましょう。私たちが結婚すれば、ほかの人が見たらとても羨ましく思うでしょう」（『中国少数民族歌垣調査全記録1998』、大修館書店、2000、150ページ）とあるように、ペー族の"制度に許容された愛情表現"、つまり理想的な恋愛観は、死ぬまで男女は一緒に暮らし愛し合うものというものである。こうした恋愛観を公開の場で演技したものが、ペー族の男女合一に向かう歌掛けなのであろう。それは制度としての一夫一婦制の結婚と（ペー族は父系一夫一婦制である）相互補完的な関係にある。

　では、モソの歌掛けの中心となる悪口歌は、全体としてどういう恋愛観によっているのだろうか。

　リジャズ資料において、愛情を賛美する歌として「花が同じ所に咲いているようだ」（130）と歌われた男女の愛情は、「三月に花が咲く、あなたに似た花はまさか咲くことはないだろう」（200）や「あなたの花と私の花、どちらが早く萎み落ちるだろう」（218）としてけなしの素材となっていく。「あなたの花と私の花」という表現は、（213）にも見え、常套的である。この掛け合いは女同士の掛け合いであるから、男をけなすことは女同士の連帯を強める働きをするが、男女の掛け合いでも、男グループ対女グループという形であれば、同性同士の連帯感を強める働きは認められようし、男女一人一人の掛け合いにおいても、歌が公開性を持つものである以上、同じことである。そしてそれを強調したものが「姉と妹はたくさんいる、花は一緒に満開になる」（99）のように、歌掛けをしている女全てを含みこんで自慢する「女たちの自慢歌」である。

　このような歌詞から見られる理想の恋愛観は、例示してきた花を素材とする歌によって図式的に示せば、男たちの花壇と女たちの花壇があって、たまに両者の花が一緒に咲くことはあっても長続きはせず、またもとの同性の花壇できれいに咲くという幻想だ。またジャシ・スガ資料の第1サイクル末尾は、「ヤ

クの毛糸のマントを肩にかけて、雑種よ、あなたはあなたの道を行け」(23)という拒む歌になっている。「あなたの道」があれば当然「私の道」があるはずで、これはリジャズ資料にも、「私たちには自分の人生の道があるはずだ」(201)や「白い道と黒い道というこの二本の道」(82)、(202)として登場する。これらに見られるのは、第1章で考察したような、男女に安定した恋などなく、安定した関係は同性同士にあるという男女分立の恋愛観だろう。その象徴的表現が「それぞれの花」、「それぞれの道」である。[2]

　モソの歌掛けは、男女に安定した恋などなく、安定した関係は同性同士にあるという男女分立の恋愛観に沿った理想の男女関係を、愛情を賛美する歌や誘い歌から男女の対立を主張する悪口歌への流れとして、また表現上、合一を指向する誘い歌や偲ぶ歌を一時的なものとしてすぐ切り返し悪口歌に戻るという流れとして、演技したものといえよう。むろん、モソ人も恋人を慕う気持ちはあるし、それに燃え上がることもある。また逢えない恋人を思うこともある。そういう時、誘い歌や愛情を賛美する歌、偲ぶ歌に個の抒情を重ねることはあるだろうが、その個別性は、誘い歌や愛情を賛美する歌が疑問視され悪口歌になり、また偲ぶ歌が切り返され笑われていく歌掛けの流れの中で、男女分立の恋愛観へと掬い取られていく。と同時に、悪口歌の極端な深化、またそこに重ね合わされた個の憎しみの感情もまた、悪口歌の切り返しによる偲ぶ歌や、悪口歌の茶化しなどによって避けられ、男女分立の恋愛観という共同性に掬い上げられていく。

　男女分立の恋愛観が子の生産という場面で現れているのが、母系社会下での妻問いの習俗であることは第1章で述べたところである。モソ社会にあっては、歌の掛け合いも、妻問いという子の生産にかかわる制度も、恋とは一時的なものであり、永遠に連続するようなものではないという男女分立の恋愛観による理想の男女関係を演技しているのであり、両者は相互補完的な関係にあると思われる。

　こうした男女分立の恋愛観を演技する歌の流れは、歌掛けだけでなく、独唱にも見られる。次に表3としてリジャズ資料の独唱部分の主題をまとめた。

　掛け合いにおいて誘い歌や愛情を賛美する歌は掛け合いを始めるという機能を持つだろうと述べたが、この連続する歌は初めから独唱として歌い始められ、歌い手Bは手を頬に当て、自分の世界に埋没するような様子をして歌っ

【表3】

> (177) 個人の自慢歌。(178) 偲ぶ歌。(179) 不明。(180) 偲ぶ歌。(181) 偲ぶ歌。(182) 偲ぶ歌。(183) 不明。(184) 男をけなす歌。(185) 男をけなす歌。(186) 男をけなす歌。(187) 偲ぶ歌／男をけなす歌。(188) 個人の自慢歌・男をけなす歌。[15秒]。(189) 客迎え歌。(190) 客迎え歌。(191) 客迎え歌。(192) 男をけなす歌。(193) 男をけなす歌。(194) 男を拒む歌。(195) 男をけなす歌。(196) 男をけなす歌。(197) 男をけなす歌。(198) 男をけなす歌。(199) 男をけなす歌。(200) 男をけなす歌。(201) 男を拒む歌。(202) 男を拒む歌。(203) 男を拒む歌。(204) 男をけなす歌／忠告する歌。[Bが席を外す]。(205) 男を拒む歌C。(206) 男をけなす歌C。(207) 愛情を賛美する歌C。(208) 忠告する歌C。(209) 男を拒む歌C。[Bが戻る]。(210) 男をけなす歌。(211) 男をけなす歌。(212) 男を拒む歌。(213) 男をけなす歌・個人の自慢歌。(214) 男をけなす歌。(215) 男をけなす歌・個人の自慢歌。(216) 男をけなす歌・個人の自慢歌。(217) 男をけなす歌。(218) 男をけなす歌。(219) 男をけなす歌。(220) 男をけなす歌［この後60秒］。(221) 男をけなす歌。(222) 男をけなす歌［この後20秒］。(223) 男をけなす歌。(224) 男をけなす歌。(225) 男をけなす歌・個人の自慢歌。(226) 切り返しC。
>
> （歌い手は明記したC以外、全てB）

ている【口絵8参照】。だから、掛け合いを始める機能をもつ誘い歌や愛情を賛美する歌から歌い始める必要はないのだろう。

　(177)は個人の自慢歌、(178)～(182)は尻取り式連結による一連の偲ぶ歌であり、(183)を契機として主題は、男をけなす歌となる。以下、途中Bが席を外した際にCの歌った歌や、我々を意識しての客迎え歌などが入るが、基本的には男をけなす歌と男を拒む歌が最後まで連続する。従って、ここには掛け合いと同じく男女分立の恋愛観の演技が見られるのであるが、ただし独唱の場合は、比喩も少なく尻取り式連結を繰り返していくという持続の方法をとる。例をあげよう。

　　アドゥと私の恋愛、二の句もなく愛を話した（179）
　　二の句もなく愛を話した、あなたの話は忘れられない（180）
　　あなたの話は忘れられない、あなたの容貌が見えたようだ（181）
　　たとえあなたの話を忘れたとしても、容貌は私の記憶に残っている

(182)
この前私と愛を話した、よく（愛を）話しに来ると言った（183）
よく（愛を）話しに来ると言ったのに、いま私を棄てようと思っている（184）
たとえ私を棄てるとしても、人を全て棄ててしまったらよくないはずだ（185）
人は全て棄てられないと（あなたは）きっと言うだろう、水は水門ですべてせき止められないときっと言うだろう（186）

　（179）から（182）は、恋人との馴れ初めから現在の逢えない状況までを連鎖的に描き、逢えない辛さを表現しようとする意図が見える。こうした意図は、偲ぶ歌に限ったものではなく、(183)では(179)の後句を繰り返し、そこから（186）へと尻取り式に連結を連ね、不実な男を責める。

　比喩も少なく尻取り式連結を繰り返すということは、多義性を排し、切り返しなどによる転換をもたないということであり、そのため個の抒情が適当に男女分立の恋愛観に掬い上げられることがなく、その感情が深化してしまう場合がある。この取材はBのもとに通っていた男が通ってこなくなった時期と重なっていた。またその男は以前我々の案内としてこの村にやって来たときにBと知り合っているのであり（119ページ参照）、我々もその事情を知っていることがわかっているという雰囲気がこの場にはあった。そのため、Bには個的感情を悪口歌に重ね合わせることへの抵抗が少なかったと思われる。（183）からCはじっとBを見つめ、聞く態勢に入っている。また（197）付近ではAが、深みにはまっていくようなBを暗に止めるような素振りを示しているにも関わらず、Bは男をけなす歌や拒む歌を歌いつづけていく。ここではBの個的な憎しみの感情が共同体に掬い上げられにくい状況が起きているのである。とはいいつつも、オーラルな歌世界において、歌は公開性を持ち、仲間（共同体）の介入を前提としている。リジャズ資料独唱部の最後（226）で、Cがいとも簡単にBの前歌を切り返しているのが象徴的である。ここでBの憎しみの感情も切り返されてしまい、男女分立の恋愛感を逸脱したその個的感情は、再び共同性に掬い上げられていく。(3)

注
（1）ペー族の歌掛けは私自身いくつかの自然発生の歌掛けを観察しているが、現在のところ工藤隆「現地調査報告・中国雲南省剣川白族の歌垣（1）（2）」（『大東文化大学紀要』35、37号、1997.3、1999.3）、工藤隆、岡部隆志『中国少数民族歌垣調査全記録1998』が現地取材に基づいた報告書、論考として使用できる。
（2）男女分立の恋愛観のもとで、安定は同性同士の連帯に求められることを述べたが、これを妻問いから考えると、安定した兄妹の関係が浮かび上がる。妻問い社会において、兄妹は一生一緒に実家で暮らすからだ。しかし、兄妹関係は一切の性的な合一を避けたところで安定した関係となる。つまり兄妹の性的関係は社会を成り立たせるためのタブーである。それは妻問い社会も一夫一婦制の我々の社会も基本的に同じだが、第1章で述べたように、妻問い社会の方がより絶対的なタブーとしてあり、恋に関わる歌は異性キョウダイのいるところで歌ってはならない。

モソの恋歌では、男女はそれぞれアドゥ、アシャと呼称されるのが普通であり、「兄・妹」と呼称されるのは非常に少なく、リジャズ資料全226首中、客迎え歌に3例、誘い歌に1例、愛情を賛美する歌に2例の計6例しかない。（8）には知り合ったばかりでまだ妻問い関係にない相手を兄と呼ぶと説明されている。「兄・妹」が古くからの呼称としてあり、それがアドゥ、アシャに変化したというのは考えにくいことであり、むしろ漢族や周辺民族の「兄・妹」の呼称がモソの歌文化に流入しているとした方が分かりやすい。そこで新たな呼称の意味づけとして、まだ妻問い関係にない相手というのが考え出されたのだろう。とすれば、モソの場合は、歌文化から兄妹の安定した関係という幻想を排除していることになる。

周辺諸民族には、洪水で兄妹が生き残り子を産んで祖先となったという洪水始祖神話が広く分布している中で、モソ人は生き残ったのは男一人で天女との間に子を産んだという洪水神話を伝える。また兄妹が子を産んだという神話や説話はほとんどなく（1例だけ、トリックスター的な存在アクトバが妹を騙して性交し、妹はそれを恥じて死んでしまったという話を、民間宗教者ダパであるトディが教えてくれたが、これは極めて珍しい例である）、神話世界からも兄妹の安定した関係は排除されている。

日常での兄妹の性的合一のタブーが、歌文化や神話世界までを覆っているということなのだろうが、なぜそこから兄妹の関係が排除されるのかは新たに論じる必要があるだろう。
（3）万葉巻11、12では全く比喩を用いない正述心緒の歌々が作られ分類基準となっており、それはこの独唱部と同じ方法に見える。しかしこの独唱部は最終的には歌掛けとして切り返されて終わっている。つまり歌掛けであることを前提とした独唱なのであった。対して万葉の正述心緒の歌々は既に歌掛けを放棄して、一首完結した、つまり閉じられた個的世界を作り上げているように思われる。

第2章第4節　歌掛け歌の変質

　誘い歌や愛情を賛美する歌が疑問視され悪口歌になり、偲ぶ歌が切り返され笑われていく、また悪口歌が偲ぶ歌によって切り返され、あるいは茶化されていくという、男女分立の恋愛観に収束する歌掛けの流れに、個的感情を重ねることにより、男女分立の恋愛観から逸脱してしまう個的感情は再びその共同性に掬い上げられる。本節では村落社会においてそういう機能を担っている歌掛け歌が歌掛け文化から切り離されていく様相を報告する。

　筆者のモソ人の友人のひとりに、雲南大学の歴史科（本科）を卒業したエリートがいる。彼は30歳ほどなのだが、卒業後、寧蒗県の文化館に勤務する役人となり、現在はモソ文化を宣伝する仕事などもしている。その彼が中心となって、先日、中華人民共和国成立50周年を祝うという名目で『濾沽湖情韵』という音楽テープを出した。その中で、彼は次のような歌を作詞している。

　　　「アシャの期待」
　　ああ、アシャよ、アシャよ、アシャよ、
　　山の尾根の鳥がどんどん高く舞い上がる、
　　　（アリリ、マダミ、アヘィヘィ）
　　アシャよ、アシャ、
　　　（アヘィヘィ）アシャよ、アシャ、
　　あなたの来る道がどんどん短くなるように期待する、
　　帰っておいで、帰っておいで、
　　鹿に乗った若者よ。
　　ああ、アシャよ、アシャよ、アシャよ、
　　金の雀と銀の雀が一緒に水を飲むように、
　　　（アリリ、マダミ、アヘィヘィ）
　　アシャよ、アシャ、
　　　（アヘィヘィ）アシャよ、アシャ、
　　あなたの心を思い出す、思えば思うほど甘い、
　　帰っておいで、帰っておいで、

私の心の大雁よ。

「あなたの来る道がどんどん短くなるように期待する」という歌詞は、民間レベルの歌掛けの歌詞と類似する。その歌い手による解釈（㋮）とともに用例をあげよう。

　　歩けば歩くほど遠くなる、道の途中を巻きつけてしまいたい。【ジャシ・スガ資料（10）A】
　　㋮私たち二人の家の道のりはとても遠いから、あなたとツマドイをしたくない。
　　歩けば歩くほど道は遠くなる、道の途中まで行くと帰りたくなる。【リジャズ資料（72）A】
　　㋮通いに行く道が遠くて、途中まで行くと帰りたくなる。あなたとツマドイはしたくない。
　　歩けば歩くほど道は遠くなる、道の途中をまきつけることはできない。【同資料（73）B】
　　㋮ツマドイに行く道はとても遠いが、それを巻きつけて短くすることはできない。
　　歩けば歩くほど道は遠くなる、道の途中まで行くと、戻りたくなる。【ドディ・ダシブチ資料（113）A】
　　㋮ツマドイに行く道が遠くて途中まで行くと帰りたくなる。あなたとツマドイしたくない。
　　歩けば歩くほど道は遠くなる、道の途中を捨てることはできない。【同資料（114）A】
　　㋮通いに行く道はとても遠いが、それを途中で捨てることはできない。だからあなたとツマドイはしたくない。

　歩けば歩くほど道が遠くなるので、その道の途中を巻きつけてしまいたい、或いは道の途中を捨ててしまいたいという発想は我々が一見すると、偲ぶ歌のようにも見えるが、モソ人の歌の解釈としては男を拒む歌として普遍性をもっている。例えば、ジャシ・スガ資料（10）は「私たち二人の家の道のりはとて

第2章　男女分立の恋愛観に収束する歌掛け

も遠いから、あなたとはツマドイをしたくない」と歌い手によって解釈されており、次歌（11）では前歌を受けて、やってこないのは気が弱いからだと逆に相手をけなす悪口歌が歌われている。また、トディ・ダシブチ資料（113）、（114）とリジャズ資料（72）、（73）とは類歌であるが、やはり歌い手の解釈は拒む歌として解釈されている。

　この男女合一に否定的な解釈の普遍性は、モソの歌掛け文化の特徴と考えられる男女分立の恋愛観の様式に則った解釈であり、王勇の創作歌の「あなたの来る道がどんどん短くなるように期待する」は、民間レベルにおいては「期待しても無理だから、あなたとはツマドイしない」という解釈に落ちつくだろう。このような民間レベル的解釈に対して、王勇の創作歌では、その直後に「帰っておいで、帰っておいで、鹿に乗った若者よ」と恋人を慕う表現が連続することによって恋人を慕う表現として解釈しなおされている。

　また「金の雀と銀の雀が一緒に水を飲む」は、民間レベルの歌掛けでは歌掛けを始めるという機能をもっていた。

　　銀の小鳥と金の小鳥、一緒に水を飲みに行きますか？【ジャシ・スガ資料（3）A】
　　もし一緒に水を飲みに行ったら、よい水はあなたにあげなくてはいけない。【同資料（4）B】

「一緒に水を飲みに行きますか」に対して、「飲みに行く」として掛け合いが始まるのだが、男女分立の恋愛観の様式によって、掛け合いはすぐに悪口歌の掛け合いへと変換していく。誘い歌が掛け合い開始の挨拶程度のものであることは前節に述べた。むろん、ガワ＝セノ（58歳・男・ワラビ村・1999年10月14日）が「気に入った女性と付き合って知り合いになった後、彼女と妻問い関係になれるかなと思うと、愛する歌を歌って彼女に妻問いしたいということを暗示します。……本当に好きな場合には本気で歌いますし、そうでもなければ冗談のように歌います。……（歌の掛け合いは）男が先に歌います。（どういう歌かというと）『金の鳥銀の鳥』などを歌います」というように、そこに実際の個人的な愛情を重ねることは可能である。しかし、老人（男・リジャズ村・1999年12月18日）が、「昔の妻問いは人に知られないよう、内緒でしたので

す。冗談として歌の掛け合いをすることはあります。愛する歌はいつも冗談として一つの楽しみとして歌います。」と話すように、そこに個人的な愛情を重ねたとしても、それは冗談を装う様式のうちにあったのである。

王勇の創作歌の「金の雀と銀の雀が一緒に水を飲むように」は、「あなたの心を思い出す……」「帰っておいで」などと連結されることによって、男女分立の恋愛観の様式、冗談を装う様式を切り捨てた、抒情の表現として解釈しなおされている。

この創作歌は、モソ人のエリートが、モソの歌文化を中央に紹介するという目的をもって、現地の歌掛け歌を採集し、それをもとに現代中国語によって作詞したものである。そこには、モソ文化を漢文化の枠組みの中に位置づけようとする意識的な、あるいは無意識的な少数民族エリートとしての意図が働いていることが読み取れる。実際、私が調査を進める中で理解してきた民間レベルの歌の意味づけを、彼はなかなか認めようとしなかった。彼の意見はむしろモソの歌掛けの歌詞を採集し、男女合一に収束するように並べ替えて編集した漢民族の研究者のものに近かった。

彼が作詞をするにあたって参考とした歌々には、モソの民間レベルの歌掛けの歌が多数あるだろうが、その他に既に音楽テープとして売り出されているモソ歌曲もあったと思われる。その多くが邱礼農という四川省在住の漢族の作詞家により創作されたものである。

「花楼恋歌」
お兄さんよ、お兄さんよ、月はやっと西の山の上にかかったところなのに、あなたはどうしてそんなに慌てて帰ってしまうのかしら。お兄さんよ、お兄さんよ、囲炉裏はまだこんなに暖かいのに、(マダミ)、私はこんなに暖かいのに、(マダミ)。この世は広くなかなか愛し合うことはできない、<u>でも愛し合ったら永久に愛し合わなければならないわ</u>。お兄さんよ、お兄さんよ、あなたは私を離れて別の村に行ってしまう、ただただ悲しい、ただただ悲しい、(マダミ)。

邱礼農にはこのような歌がある。実際にモソ人が、男女の別れの場面でこのような主旨の歌を交わすことはありえず、特に「愛し合ったら永久に愛し合わ

なければならない」は、男女分立の恋愛観とは真っ向から対立する。これは漢民族の作詞家が、自身の一夫一婦制社会とは全く異なる母系妻問い社会に生きる人々の気持ちを自身の恋愛観、つまり一夫一婦制の恋愛観から推測したものである。そしてここに完結した、待つ女の抒情が表現されている。これが漢文化の枠組みの中に位置づけられたモソの歌文化である。この「花楼恋歌」は上海のテレビ局によるテレビドラマの題名にもなり、男を待つ女の苦しみは全国規模で紹介された。こうして有名になった「花楼恋歌」は逆にモソ居住地区の観光地（瀘沽湖周辺）に輸入され、毎晩観光客相手に中国語で歌われるということになった。

　1950年前後の中国共産党革命以来、モソ社会は徐々に、そして近年は急速に多数民族である漢民族の文化を受け入れてきた。そうした流れのなかで、漢民族の作詞家、漢民族文化の視点から自民族文化を意味づけようとする地元のエリートの創作活動が生まれた。そこではオーラルな歌文化の中で複雑な機能をもって生きている歌から、その共同体につながる機能が排除され、現在の漢民族的な恋愛観によって、漢民族的に純粋な偲ぶ歌＝恋の嘆きの歌が創りあげられた。モソ人のオーラルな歌文化の一角が、漢文化という世界性をもつ文化との接触によって共同体から切り離され、一首完結した歌への一歩を踏み出したのであるが、それはオーラルな歌文化において熟成されてきた複雑な機能の切り捨て、単純化でもある。

　世界性を持つ異文化に触れた少数民族エリートは、さまざまな面において異文化を取り入れようとする。彼らにとって異民族文化の体現は自民族の中でのステータスとなる一方で、反比例的に、自民族文化、そこに含まれる自己を卑しめることになる。この自己分裂の中に、自民族文化を異文化の視点により解釈しなおし、異文化の側へ底上げしようとする動機が発生する。

　そこで見出されたものの一つに自らの歌があった。少数民族エリートは、村落の歌掛けで歌われ、自民族の社会・文化のあり方と相互補完的に存在していた歌を、自民族の文化的脈絡から切り離し、その表層の意味だけを、異文化の視点によって新たに解釈しなおし、あらたな自民族の歌を創作する。

　こうした歌などを通して少数民族エリートは異民族文化の価値を内面化していくことになるだろう。そしていずれ、その価値基準が異民族文化側にあったことさえ忘却してしまう日もくるだろう。

ところで、古代、中国の周縁に位置した日本は、国家を形成していく過程において、世界性をもつ異文化としての中国文化をさまざまな形で取り入れた。また明治期には同じく西洋文化をさまざまな形で取り入れた。われわれ日本人もまた、少数民族エリートの葛藤を感じ、自民族文化の表層の意味だけを異文化の視点によって新たに解釈しなおし、そして異民族文化の価値を内面化しているのだろう。(こういう視点からの日本文化論として、工藤隆『ヤマト少数民族文化論』、大修館書店、1999がある。)

第3章
歌掛け持続の論理

歌を掛け合うトディ(右)とダシブチ(左)

序　説

　前章では、モソ人の歌掛けに男女分立の恋愛観に収束する流れがあることを述べてきたが、しかしそれだけでは歌掛けは持続しないだろう。前章序説に述べたように、そこには歌掛けを持続していく論理が必要なのである。本章では、歌掛けがいかに持続するかという問題を、歌意の多義性、比喩表現のあり方という二つの視点から考察してみたい。(なお、歌掛け持続の論理という用語は、前章序説に記したように岡部隆志のものである。)

歌意の多義性

　第2章掲載のリジャズ資料には、「高山で郭公が鳴いている、あなたは一本の木の梢に座っている、あなたのよい鳴き声が聞きたい」(34)という歌詞がある。郭公の声は、「梢にいる郭公がゴブゴブと鳴く、アドゥが私の(良い)噂をしているようだ」(リジャズ資料177)や「三月になると郭公が鳴く、アドゥが戻ったと思った」(同178)、またワラビ村でも「高山の郭公がゴブと鳴く、私のアドゥが私を呼んでいるようだ」(本章第2節トディ・ダシブチ資料111)と歌われるように、恋人を思い出させるものとして普遍性をもつ。だから(34)を恋人に逢いたいと意味づけることは可能だ。しかし(34)の歌い手(マカゾ＝ビマ)は、「郭公は毎年三月に帰ってきて鳴くが、亡くなった我が子は永遠に帰ってこない」と解釈している。つまり、恋歌として普遍性をもつ表現が死んだ我が子を思い出すというように意味づけられているわけで、それは歌が多義的に意味づけられていることを示している。

　ところで、奄美大島笠利町佐仁集落の八月踊りの歌を調査した中原ゆかり『奄美の「シマ」の歌』(弘文堂、1997)によると、同集落の八月踊りでは「おもかげぬたてば　なきがれするな　なけばおもかげぬ　まさてたちゅり」(ここにいないあの人の面影が立ったからといって、泣いてはいけないよ。泣いてしまったら、もっと面影が立って来るよ)という歌が歌われている。酒井正子『奄美歌掛けのディアローグ』(第一書房、1996)には、徳之島の「遊でゐから　うなり　戻しちゃくねらぬ　戻しゃ面影ぬ　まさてぃ立ちゅり」(遊んでから娘さんよ、戻したくはない。戻せば面影が、勝っていとしい)という類歌がある。酒井

が「恋愛の意匠が描き出され」というように、佐仁の歌も恋歌として意味づけ可能であろう。ところが実際に息子を亡くした母親が数年間八月踊りから遠ざかり再び踊りに参加していくなかで、中原に「ウチジャシ（歌のリーダー）のIが『おもかげぬたてば　なきがれするな　なけばおもかげぬ　まさてたちゅり』という歌詞を何度も歌って……。その歌詞のときだけは、歌をつけないで一人だけ黙って聞いていたよ」と涙ぐんで話している。面影は恋人の面影として普遍的であるが、ここではウチジャシも聞いている母親も、亡き息子の面影と意味づけているのだろう。母親は「八月踊りの歌詞といえば、特に何とも思わないでただ口から口へ伝わって、面白がって歌っていただけなのに。こんな意味だったのか、あんな意味だったのかと歌の本当の意味がわかるようになってきた。年をとって、いろいろなことがあって、歌の意味もわかるようになるんだね。歌は一生勉強なんだねえ……」（下線は遠藤）と語っているのだが、「歌の本当の意味」といういい方には、彼女が歌の多義性を認めつつ、そこに自分の新しい意味づけをしていることが表れている。これは、前述のモソ人の母親（マカゾ＝ビマ）の歌観と等しい。

　また酒井正子『奄美歌掛けのディアローグ』の報告する徳之島井之川の夏目踊りにおける歌の掛け合いには、「早らしらし早らし、ななりちょむ早らし、大道端やむぬ、ななり早らし」（早めよ早めよ、も少し早めよ、大きな道端だから、今少し早めよ）、「道端ぬさしや、袖振りばちかる、吾きゃむさしなとぅてゐ、ちかり欲しゃや」（道端のサシ草は、袖振ればくっつく、私もサシ草になって、くっつきたい）という連続する共通歌詞がある。

　一連の歌掛けの中にあって、「早らしらし早らし…」を契機として実際にテンポが速くなって歌掛けは一気に終了するのだが、酒井が井之川の老人に聞いた所によると、この歌は、歌のテンポを早めろというだけでなく、セックスの意味もあるのだという。そこから酒井は二首の掛け合いを「『大きな道端で人が見ているから早くして──道端のサシ草（小さな実が衣服につくととれにくい雑草）のようにいつまでもくっついていたい』という受けごたえに人々はエロチックな情感をよみとるのである」とし、さらに歌掛けを全体として「反復を繰り返しながら螺旋状にエネルギーを蓄えて上昇し、最後に陶酔に突き抜ける全体の構成は、セクシャルな過程そのものを暗示している」と解釈する。ここにも歌の多義性が確認されているのであり、しかもその多義性は歌掛け全体の意

味づけにまで及んでいると考えられているのである。
　しかし、掛け合い歌が多義的であるということになれば、歌掛けはいかにして成立するのだろうか。しかも歌が即興的に作られる歌掛けにおいて、歌意が多義的であれば、そこでは誤解ばかりが生み出され、歌掛け自体が成立、あるいは持続しないのではないか。本章第２節ではこのような歌の多義性の視点から、歌掛けの持続の論理を考察する。

　比喩表現のあり方
　前章掲載のリジャズ資料を一見していただければわかるように、掛け合い部では比喩表現が頻繁に用いられるのに対して、独唱部にあっては極端にその使用が少ない。それは独唱が多く尻取り式に歌を連結していく方法によるからである。リジャズ資料よりＢの独唱部の一部をあげよう。
　　アドゥと私の恋愛、二の句もなく愛を話した（179）
　　二の句もなく愛を話した、あなたの話しは忘れられない（180）
　　あなたの話しは忘れられない、あなたの容貌が見えたようだ（181）
　　たとえあなたの話を忘れたとしても、容貌は私の記憶に残っている（182）
　　この前、私と愛を話した、よく（愛を）話しに来ると言った（183）
　　よく（愛を）話しに来ると言ったのに、今私を棄てようと思っている（184）
　　たとえ私を棄てるとしても、人を全て棄ててしまったらよくないはずだ（185）
　　人は全て棄てられないと（あなたは）きっと言うだろう、水は水門でせき止められないときっと言うだろう（186）
　（179）から（182）は、恋人とのなりそめから現在の逢えない状況までを尻取り式に連結し、（183）は（179）の後句を繰り返し、そこから（186）へとさらに尻取り式に連結を連ねて不実な男を責める。
　このような独唱に対して、掛け合い部においては、繰り返しによる連結、同一構造による連結、既存の有名な歌を念頭においての連結、前句の場や景物のほんの一部の連想による連結、数は少ないものの尻取り式連結などさまざまな連結方式が用いられているのだが、その中心の一つに、比喩表現によって歌を連結するという方法がある。比喩表現による連結が歌掛けの持続に積極的にか

かわりを持っているということであろう。本章第3節では、このような比喩表現による連結のいくつかの方法による歌掛け持続の実際例をリジャズ資料より取り上げ、その楽しさがどのように歌掛けを持続していくのか、その楽しさとは何なのかといったことを考察する。

第3章第1節　トディ・ダシブチ資料の分析

　本節に掲載するのは、1999年9月6日、ワラビ村のアウォ=トディとゴブ=ダシブチに掛け合ってもらった悪口歌の掛け合いの資料である。二人ともワラビ村の住人で、我々とも親しくまた以前それぞれ別の機会にアハバラを聞かせてもらったこともあり、依頼を快く承諾してくれた。（口絵11参照）
　トディは我々の助手をしてくれているアウォ=ジパのいとこにあたり、1972年の子年生まれ、当時27歳。生計は農業で立てているが、ダパ（民間宗教者）である。昔はそれぞれの村にダパは何人もいたようだが、現在永寧郷には彼一人となってしまった。それで葬式などの時には永寧郷のあちこちの村に呼ばれていくことになる。この村ではほぼ毎日、子供が病気になったり、家畜がいなくなったりした時の占いをし、また子が産まれた時の命名やら病気の時の鬼払いをし、新築儀礼や葬式、時には結婚式に呼ばれ、年中行事であるツロロ、イブ、ディプ、ボコツプ（11月の豚を殺しての祖先祭祀）には村中の祖先のいる家（分家してまだ死者がいない家以外）をまわって祖先祭祀をするなど、結構多忙である。トディは経を唱えるなどダパとしての仕事の時は厳しい顔つきをする。聞くと、ダパは異界の鬼（悪霊）と対峙しているからだという。しかし普段は茶目っ気たっぷりのおかしな男だ。正月や新築儀礼の夜には村の若者が集まって輪になって踊る（ジャッツオ）が、トディは中心になっておもしろおかしく踊っている。普段も夜になるとちょくちょく温泉場に遊びに行く。ここには小さなディスコのようなものとビデオを見せる映画館のようなものがある。電気は通っていないが発電機で音楽をかけたりビデオをみせたりしている。中国の少数民族地域によくある若者の遊び場だ。そこには道端に屋台が出ることもあり、鶏や豚の内臓などを焼きながら食べさせる。トディは屋台で焼き肉を食べながら近くの村の女たちと悪口歌を掛け合ってきたと我々に話したこともある。
　ダシブチは1971年亥年生まれ、当時28歳。農業で生計を立てている。背が高く体格のがっちりとした美人だ。以前アハバラを歌ってもらったとき、ジパにこの村で歌のうまい女性を紹介してくれと頼んで知り合った。歌がうまいのはゴブ家の血筋らしく、彼女の母もそうとう有名だったようだ。お母さん（ゴ

歌を掛け合うトディ　　　　　　　歌を掛け合うダシブチ

ブ＝ラツォ）に昔のことを聞くとたくさんのアハバラがでてくるし、昔元気な頃にはよく酔っ払って屋根の上に登ってアハバラを歌っていたという。とても気さくなお母さんである。ダシブチも確かにアハバラをよく知っているし、特にその声は素晴らしい。恋に関わるアハバラは家の中で歌うものではないから、柴刈りや旅の際の山道などで歌うことになるわけで、大切なのは声がいかに大きく通るかということだ。姿は山の中に隠れて見えなくても声だけがはっきりと聞こえるという光景をリジャズ村で見たが、ダシブチの声もそういう声なのだ。だから近くで聞くと耳が痛い。

　調査当日、トディとジパ、我々はまずダシブチを探しにゴブ家に行った。このころはちょうどジャガイモの収穫の真っ盛りで昼前はだいたい畑に出ているので、昼近くに行った。彼女はまだ畑にいるとのことで、母さんの話を聞きながらしばらく待つ。そのうちダシブチが大きな籠にジャガイモをたくさん入れて戻ってきた。早速、歌掛けを依頼すると、彼女は民族衣装に着替えて歌うといい、部屋に入り着替えをはじめた。彼女は民族衣装が良く似合う。でも実際に民族衣装を着てアハバラを掛け合う光景は今ではもうない。民族衣装自体が

第3章　歌掛け持続の論理

ハレの着衣になっているからだ。ダシブチが民族衣装にするというので、トディも民族衣装を着てくるといっていったん家に帰り、上着だけ羽織ってきた。というわけで、この悪口歌の掛け合いは民族衣装を着た男女が掛け合うという、よくあるヤラセ的な（むろん依頼なのだが）取材となった。例によって、恋に関わるアハバラは家の中はもちろん村の中では歌ってはいけないことになっている。それで今までもこういう調査は村を出てしばらく歩いた山の中で行ってきたのだが、今回はウォクカロというところで行うことになった。村の居住区から2キロほど山に入ったところだ。このあたりにはワラビ村の畑が集まっているのだが、その畑地から少し離れた山あいの傾斜地である。ウォクは植物の名前、カは採る、ロは山あい、つまり「ウォクを採る山あい」という場所だ。

午後1時ころ掛け合いを始めてもらった。彼らの掛け合いはじっくり考えながらのもので、2時間ほど続いた。途中で悪口歌の掛け合いが偲ぶ歌の掛け合いに変わってしまい、こちらで中断してもらったり、畑に行くおばさんが口を出してうまく行かなかったり、また掛け合いが続かなくなったりして、4度中断したが、全155首を聞くことができた。

この掛け合いは、むろん依頼によるものであるが、親しいもの同士が冗談として楽しむ悪口歌の掛け合いということになる。彼らは同じ村の男女で、共に歌がうまいといわれている。だから彼らにはワラビ村の共通した歌に関する基盤があると思われる。その掛け合いを録音した上で、今度はそれぞれ別個に、自分の歌った歌の解釈（つまり歌い手の意味づけ）をしてもらった。歌の共通基盤があれば歌の多義性による誤解は生じないのだろうか、誤解が生じているとすればどのように歌掛けは生成し持続されていくのかが考えられるように思ったからである。

トディ・ダシブチ資料取材状況
　　[歌い手]
　　Ａ：アウォ＝トディ（男、子年生まれ27歳、雲南省寧蒗県永寧郷温泉瓦拉片村
　　　　　　　　在住、農業、ダパ）
　　Ｂ：ゴブ＝ダシブチ（女、亥年生まれ28歳、同上在住、農業）
　　[取材]

1999年9月6日、pm 1:00〜。ワラビ村ウォクカロにて（ウォク＝植物名、カ＝採る、ロ＝山あい。ワラビ村居住区から2キロほど山に入った地点。畑地から少し外れた山あいの傾斜地）。悪口歌の掛け合いを聞きたいという遠藤の依頼によって掛け合ってもらった。途中掛け合いが停滞したときなどに、別の依頼を出した部分もある。詳細は資料本文中の「注」に示す。
　［取材者］
遠藤耕太郎、遠藤見和、アウォ＝ジパ（通訳）
　［資料作成］
国際音声記号：李国文（雲南民族学院教授）
翻訳（モソ語→中国語）：アウォ＝ジパ（ワラビ村在住）
翻訳（中国語→日本語）：張正軍（雲南大学助教授）、遠藤耕太郎
写真：遠藤見和
整理、解釈等：遠藤耕太郎
　［資料作成過程］
　① 取材当日の録音をアウォ＝ジパが漢字音にてテープを起こし、中国語に翻訳。
　② ①をもとに、遠藤、アウォ＝ジパが、歌い手に個別に会って（歌い手A、Bが意識的、無意識的に意味づけを統一してしまうことを避けるため）、歌い手の解釈を聞く。
　③ ①の漢字音をもとにアウォ＝ジパにモソ語発音してもらい、李国文が国際音声記号により転写。
　④ 以上①〜③をまとめた国際音声記号付中国語資料を、張正軍が日本語に翻訳する。
　⑤ 遠藤耕太郎が④の日本語整理、モソ語との確認を行った後、遠藤の解釈等を施す。

資料の見方

凡例

（1）　A ←（歌番号）歌い手A、Bの区別 ↓前句7音 tsʰe　pʰʊ　go　hu　←国際音声記号 鹿　雄　山の坂……行く　←逐語訳(日本語) 鹿　公　坡　…　去　←逐語訳(中国語) 雄鹿が山の坂を次々と越えて…、←大意(日本語) 公鹿跨越过了一个一个山坡，←大意(中国語) ↓後句7音 tsʰe　mi　do　i　←国際音声記号 鹿　母　急な坂……だろう　←逐語訳(日本語) 鹿　母　陡坡　…　会　←逐語訳(中国語) 雌鹿は急な坂の下…くだろう。←大意(日本語) 母鹿会在陡坡边哭泣．←大意(中国語)	（1）　A ↓歌…歌い手の解釈（資料作成過程②） 歌私が別のとてもきれいなアシャとツマドイしたら、私のもとのアシャは私の後ろで泣くだろう。 ↓遠…遠藤の解釈（資料作成過程⑤） 遠雄鹿（男）が山を越えていくというのは、主に男が女を訪問する実際の…。 その他の略号 語…モソ語の特殊な意味の解説。 類…類似する歌。 注…下段の「資料に用いた用語の説明参照」。

資料に用いた用語の説明

○ リジャズ資料：1999年2月21日、リジャズ村三人の女性の掛け合い、独唱の資料。（第2章第2節）
○ ジャシ・スガ資料：1999年1月21日、アツォ＝ジャシ、アゼ＝スガによる掛け合い資料。（第2章第1節）
○ トディ資料：1999年2月14日、アウォ＝トディ（当資料歌い手A）に独唱してもらった資料。（巻末補足資料1）
○ ダシブチ資料：1999年2月20日、ゴブ＝ダシブチ（当資料歌い手B）に独唱してもらった資料。（巻末補足資料2）
○ ダシ・ルゾ資料：1999年2月17日、ジャシ村ボワ＝ダシ、ダシ＝ルゾによる掛け合い資料。（巻末補足資料3）
○ 誘い歌：歌詞の上では妻問いに誘う歌であるが、実際には掛け合いに誘う機能を持つと考えられる。
○ 悪口歌：相手をからかう歌。自慢することにより相手をからかう自慢歌も

広義には悪口歌に含める。実際に妻問い関係の悪くなった男女が掛け合うほか、冗談や遊びとして掛け合わされる。
○ 偲ぶ歌（遠藤の用語）：恋人が旅に出ていたりして会えないようなときに、恋人への愛情を表現する歌。実際に妻問い関係にある男女が掛け合うことはなく、旅の際や労働の際に一人で歌うほか、冗談での掛け合いや歌占などの遊びにおいては掛け合わされることもある。掛け合いで歌われる場合には、偲ぶ歌が悪口歌に終始する掛け合いと逆方向の流れをもつことから、掛け合いを持続させる機能を持つと考えられる。
○ ツマドイ（遠藤の用語）：モソ社会において、実際の妻問いは男が女のもとを訪れる場合が多いが、歌世界においては男も女も相手を訪れるという表現をする。当資料（1）㊳参照。そこで歌世界の妻問い、夫問い（ツマ）をあわせてツマドイと表記する。
○ アドゥ：一般的には妻問い関係にある女が男を呼ぶ呼称。
○ アシャ：妻問い関係にある男が女を呼ぶ呼称。
○ （助）、（介）：助詞、介詞の略。[la] [le] [nʊ] などのように、音数を7音に合わせるために用いられる助詞、また中国語に訳せない助詞を表すが、言語学的に正確なものではない。助詞を中国語で介詞という。
○ 注：当資料作成のための取材においては、はじめから悪口歌の掛け合いを依頼していたが、偲ぶ歌の掛け合いや別の依頼の掛け合いが混ざっている。悪口歌の掛け合い資料としての読みやすさを考慮し、必要なもの以外のそうした掛け合い（全24首）は、「参考」として最後にまとめた。しかし取材で歌われたままの順序を容易に再現できるよう、注として本来それがどこにあったかを示した。
○ 破線囲み：日本古代文学との関わりに言及した部分を破線で囲った。

トディ・ダシブチ資料本文

（1） A tʂʰæ pʰʊ go tsʰi go dʐæ hu 鹿 雄 山の斜面 越える 山の斜面 越える 行く 鹿 公 坡 越 坡 跨 去 雄鹿が山の坂を次々と越えて行ったら、 公鹿跨越过了一个一个山坡, tʂʰæ mi do kɯ ŋu dʑio i 鹿 母 急な坂 後ろ 泣く ～ている はずだ 鹿 母 陡坡 脚下 哭 在 会 雌鹿は急な坂の下(山あい)できっと泣くだろう。 母鹿会在陡坡边哭泣.	（1） A [歌]私が別のとてもきれいなアシャとツマドイしたら、私のもとのアシャは私の後ろで泣くだろう。 [遠]雄鹿（男）が山を越えていくというのは、主に男が女を訪問する実際の妻問いを反映しているようだが、ダシブチ資料（17）に「雌鹿が山の坂を越えて行ったら、雄鹿は山あいできっと泣くだろう」とあるように、雌鹿（女）も夫(ツマ)問いするという表現もある。従って、歌世界の妻問い、夫(ツマ)問いを合わせてツマドイと表記している。 歌詞は、雄鹿が次々と山を越えていったら、雌鹿は泣くだろうとしかいっていない。[歌]によれば、歌い手Ａは「雄鹿」に自分を、「山を越えていく」に別の女とのツマドイを、「雌鹿」に自分のもとのアシャを、それぞれ意味づけている。この意味づけは直接的に相手をからかうものではなく、例えば旅の際に仲間内で自慢しあうという状況（７参照）によく適合する。その場合「もとのアシャ」は、特に相手の女に限定されているわけではなく、架空の存在でもいいわけだ。 [類]ジャシ・スガ資料（44)。リジャズ資料（22)。 注：(1)～(10) はビデオ編に収録。
（2） B tʂʰæ pʰʊ go tsʰi go dʐæ hu 鹿 雄 山の斜面 越える 山の斜面 越える 行く 鹿 公 坡 越 坡 跨 去 雄鹿が山の坂を次々と越えて行っても、 公鹿跨越了一个一个山坡,	（2） B [歌]アドゥが別のとてもきれいなアシャとツマドイしても、私は言い争ってつきまとうことはしない。あなたなど少しも値打ちはないからだ。 [語]「犬」は猟犬。 [遠]（1）の前句を繰り返し、後句で悪口へと転換させる。

tʂʰæ kɯ kʰʊ kʰɯ tʰa ma i 鹿 後ろ 犬 放つ できる ない はずだ 鹿 后面 狗 放 会 不 会 鹿の後ろで犬を放つことはしないはずだ。 我不会在鹿的后面放狗撵它.	前歌は自慢歌として発せられ、従って「雌鹿」は誰でもよかったわけだが、[歌]によれば、Bはそれを自分のことと意味づけた。その上で、前歌の「泣くだろう」に対して「私は言い争ってつきまとうことはしない」と切り返している。掛け合いの冒頭にあたって、Aは自慢歌の掛け合いを予想したのに対し、Bは悪口歌の掛け合いを予想しているのであって、歌詞自体は非常にうまく切り返されているにもかかわらず、既に解釈のずれが含まれている。 [類]リジャズ資料（22)、(23)。ジャシ・スガ資料（44)。リジャズ資料（23）の後句は「痰を吐く必要はない」となっており、当該歌と同じく、相手を価値ないものとけなす悪口歌である。
（3） A zo si uə go ba ba ɲi 息子 （助） 村 中 花 だ 儿子 （介） 村 里 花朵 是 俺は村の中の花だ、 我是村里的花朵, zo kɯ uə mu ʂu i zi 息子 後ろ 村 悩み煩う はずだ 儿子 后面 村 烦闷 会这样 村の人は、(村を離れた) 俺の後ろできっと悩み煩うだろう。 全村人都会在我后面感到烦闷.	（3） A [歌]俺は村では素晴らしい若者だから、遠くへツマドイに行ったら村中の人は寂しく所在なく思うだろう。 [語]［zo］は歌ことばとしての男の自称であり、男である自己に自信をもった言い方。なお、一般的な自称は［ɲia］で男女の区別はない。 [遠]歌詞も[歌]も「村の人は悩み煩う」として（1）と同じく自慢歌となっている。歌い手Aにとって前歌でのBの直接的な悪口は、(1）の自慢を否定されたものと受け取られたのだろう。そして（2）で男が行ってしまっても「言い争ってつきまとわない」というのを、当該歌は「悩み煩う」と直接的に否定している。そこに「村の人は」という主語が入ったことによって、当該歌は明らかな自慢歌となっている。 [類]ジャシ・スガ資料（40)。リジャズ資料（37)。

(4) B

mu	la	ua	ʂua	ke na	ɲi
娘	(助)	山	高い	鷹	だ
女儿	(介)	山	高	老鹰	是

私は高山の鷹だ、
我是高山上的老鹰，

zi	go	ʂua	lʊ	u	le	bi
どの	山の斜面	高い	(助)	飛び回る	(助)	行く
哪	坡	高	(介)	盘旋	(又)	去

峰の高い所であればどこでも飛び回る。
哪一个山峰高，就盘旋去哪个山峰.

(5) A

zo	si	ua	ʂua	bʊ tsʰe tʰa
息子	(助)	山	高い	雄ヤク
儿子	(介)	山	高	公牦牛

俺は高山の雄ヤクだ、
我是高山上的公牦牛，

ia tsɿ	zi	dʑia	zi	le	bi
ヤズ	どこ	良い	どこ	(助)	行く
桠子	哪里	好	哪里	(又)	去

ヤズのある所へならどこへでも行く。
哪里的"桠子"好就去哪里.

(6) B

ua	ʂua	ia tsɿ	ba	tʰu	ba
山	高い	ヤズ	花	この	輪
山	高	桠子	花	这	朵

(4) B

㊙私はきれいな娘だから、能力のある男がいればいつでもツマドイしたい。
㊙[mu]は歌ことばとしての女の自称であり、女である自己に自信をもった言い方。(3) の [zo] と対応。
㊙(3) に「村の人は」という主語が入ったことによって、それが自慢歌であることが明確になった。それを受けてBは、明らかな自慢歌を歌い、Bにとっても自慢歌の掛け合いが成立した。(1) ㊙にても触れたように、歌の世界においては女も男をツマドイ（夫問い）することになっている。
㊙(5)。ジャシ・スガ資料 (32)。リジャズ資料 (20)、(59)。トディ資料 (45)。ダシブチ資料 (4)。

(5) A

㊙私は自由自在な男だから、きれいな娘がいればどこへでもツマドイに行く。
㊙「ヤズ」は小さい花の咲く植物という共通の理解はあるようだが、実物は冬虫花草とも豚の餌になる草ともいわれ不明。
㊙(4) の自慢歌を同構造によりつつ素材を換えて繰り返す自慢歌。
㊙(4)。ジャシ・スガ資料 (32)。リジャズ資料 (20)、(59)。トディ資料 (45)。ダシブチ資料 (4)。

(6) B

㊙きれいな女はハンサムで有能な男とツマドイする。お前のような男とはツマドイしない。

高山のヤズの花は、
高山上的"椏子"花这朵,

ẓɿ mu ẓɿ tse uo da ba
山神　　　　　前　咲く
山神　　　　面前　开
山神の前で咲いている。
是盛开在山神面前的.

（7） A
zo　si　zi　tʰʊ　zi　ha ṣua
息子（助）どこ　至る　どこ　楽しい
儿子（介）哪里　到　哪里　好耍
私はどこに行っても楽しい、
我到哪里都好玩,

zo　bi　tʰo　hi　ma da kʰo
息子　を　頼る　の　かわいそうだ
儿子　上　靠　的　可怜
私を頼っている（あのアシャは）かわいそうだ。
可怜那个喜欢我的阿夏.

（8） B
tʰi　tsa tsa　la　tʰi　uə uə
一方で　蹴る　（助）一方で　積み重なる
一边　踢　（介）一边　堆积
一方で蹴っても一方で積み重なる、
一边用脚踢一边堆起来,

㉞歌詞は全くの自慢歌であるが、歌い手Bの解釈は㉟後半部に見られるように相手をより劣った男とけなす悪口歌へと傾斜している。おそらく歌い手Bは「高山に咲くこのヤズの花は、腐った柴の前で咲いている」（ダシブチ資料(19)）という歌を想起しているのだろう。そのため当該歌の「山神」（ハンサムで有能な男）とのツマドイが単なる自慢ではなく、すばらしい男を引き合いにして、相手の男をけなすという悪口へと傾斜したのではないか。

（7） A
㉞私はどこへ行ってもそこでアシャをつくる。私に一途に思い焦がれて待っているアシャは本当にかわいそうだ。
㉟ [ha ṣua] は中国語「好耍」の訛音。
                    hǎo shuǎ
㊱トディ資料(36)に類歌があるが、その説明としてトディは「旅に出た際に野外で仲間に聞かせる自慢歌」であるといっている。また㊱においても、直接相手をけなす歌とはされていない。つまり当該歌は(1)、(3)、(5)に引き続き自慢歌である。前歌においてBが悪口歌に傾斜しているにもかかわらず、Aは前歌を自慢歌と受け取り、自慢歌の掛け合いを続けようとしている。
㊲ (129)。リジャズ資料(56)、(57)。トディ資料(36)。

（8） B
㉞私に求愛する男は多いから、あなたを頼りに生きていこうとは思わない。
㉟ [çi ua] は中国語「希望」の訛音。
            xī wàng
㊱前歌(7)は自慢歌であり、「頼っているアシャ」は誰でも良かったのであるが、当該歌はそれを自己のこととして受

第3章　歌掛け持続の論理　265

シュシュ（三顆針）

no	bi	ɕi ua	dzo	ma	dʑio
あなた	に	望む	（助）	ない	ある
你	上	希望	（介）	不	有

あなたに望むことはない。
没有必要希望你什么.

(9) A

a ia	no	mu	dʑia	la	tsɿ
おばさん	あなた	娘	良い	（助）	言う
老夫人	你	女儿	好	（介）	说

おばさん、あなたは(自分の)娘は良いと言うが、

け取っていることが後句の㊌「あなたを頼りに生きていこうとは思わない」によりわかる。歌い手Bは(2)で前歌の「雌鹿」を自分のことと解したのと同じく、ここでも不特定の「アシャ」を自分のことと意味づけている。Bにとってこの(7)、(8)の掛け合いは悪口歌の掛け合いなのである。それが後句「あなたに」という対象の明示により明らかになった。
㊐ジャシ・スガ資料(18)。

(9) A
㊌おばさん、あなたは自分の娘がきれいだと自慢しているが、私に劣る男と付き合うことにならないよう気を付けろ。
㊐「三顆針」は中国語で「黄連」と呼ばれる三本の鋭い刺のある低木。

266

老夫人，你总是说你的女儿好，

s̠u s̠u tɕʰi uo tso tʰa kʰɯ
三顆針   刺   上 引っ掛かる ～するな そのままにする
三颗针   刺   上   挂   不要   放
三顆針の刺に引っかからないように気を付けろ。
希望不要領去碰到刺上面.

(10) B
se la gə dzə gə li lu
歩く (助) 足を大きくあげて(歩く) 上 見る (助)
走 (介) 起拔   上 看 (介)
足を大きく上げ上を見て歩く、
走路的脚步高一步，低一步的，

㊳自慢歌の掛け合いは直接相手をからかう悪口歌へと転換した。(3) ではAが「悩み煩う」の主語「村の人は」を提示したことによりそれが自慢歌と限定され、(4) の自慢歌を引き出していたが、ここでは (8) が「あなたに望むことはない」とその対象を入れたことにより (8) は悪口歌と限定され、(9) の悪口歌を引き出したのだと思われる。
　「おばさん」は呼びかけであるが、アゼ＝スガによれば、女性をからかうニュアンスがあるという（ジャシ・スガ資料14）。当該歌を合理的に解釈しようとすると、男がある女とツマドイしたいのだがその母が同意しないため、母親をからかい、娘との交際を認めさせようとする歌ということになる。しかしトディによれば、実際にそのような状況はめったになく、当該歌は自分のツマドイしたい相手やけなしたい相手に直接歌いかけるという。類歌であるジャシ・スガ資料 (14) の場合は直接相手の女を「おばさん」と呼んでいる。女性をからかう歌語的呼称として「おばさん」があり、それに合わせて「あなたの娘は」という語がつけられたものか。この点、(10) ㊴も参照のこと。
㊴ (12)。ジャシ・スガ資料 (14)、(19)。トディ資料 (27)、(52)。

(10) B
㊵私たち女の前で威張り散らすような傲慢なあなたのことは皆知っている。そんなに威張り散らすな。
㊶前句はとても傲慢で鼻息の荒いさまを表すという。ジャシ・スガ資料 (19) に「雑種が跳ぶように上を向いて奢って歩いている、三顆針の刺にひっかからない

第 3 章　歌掛け持続の論理

no	ma	sɿ	hi	dʑio	ma	i
あなた	ない	知る	の	いる	ない	はずだ
你	不	认识	的	有	不	会

あなたを知らない人はきっといないだろう。
没有人会不认识你.

(11) A

mu	uo	kə	dʐa	bi	bi	lu
天	上	星	摘む	行く	言う	(助)
天	上	星星	摘	去	说	(介)

空へ星を摘みに行こうと言うが、
说去天上摘星星,

tɕi	pʰʊ	dzo	dzo	hi	ma	ho
雲	白い	橋	架ける	よろしい	ない	できる
云	白	桥	搭	好	不	会

白雲で橋は架けられない。
但不能用白云搭桥.

ように気をつけろ」とある。「雑種」は男をけなす呼称。(9)、(10)の掛け合いにはこのジャシ・スガ資料(19)を基底とした連想が働いている。この点、(12)、(13)の対応も同じ。有名な一首の前句後句をそれぞれがとりこんで、一組の掛け合いを作っている。足を大きく上げ跳ぶように歩くから三顆針の刺にひっかかることになるのであり、(9)はジャシ・スガ資料(19)を、女をからかう歌に改変している。そこで「雑種」(男への蔑称)を「おばさん」(女への蔑称)に変えたのであろう。当該歌の後句は「三顆針の刺にひっかからないように気をつけろ」でよいはずだが、すでに(9)に登場したため、表現を変えている。後句はみんなに知られているということだが、これは噂の対象になりやすいと言う点で悪口になるのだろう。噂については(58)、(参考15〜17)、本節末尾付録参照。

㊼ (77)。ジャシ・スガ資料(19)。

(11) A

㊗とてもきれいな女とツマドイしたいが、白雲で橋は架けられないように、なかなか実現できない。それで仕方なくお前とツマドイするのだ。
㊸歌詞は、星を摘むことがすばらしい女とツマドイすることを比喩し、それが不可能なことを雲で橋を架けることはできないという道理により証明する。㊗にはその上でなお、「それで仕方なくお前とツマドイするのだ」という語句外の主張がある。この主張は(50)「ジズのある山の斜面は火事で焼けてしまった。薪も使い終わったのであなたに至った」㊸「他の男がみなアシャを持っていたから、

あなたとツマドイしただけだ」にあるが、当該歌において上記の語句外の意味を捉えることは難しい。

類歌に「明るい星を摘みに天に行くと言うが、白雲で橋は架けられない」（リジャズ資料46）があり、歌い手は「お前はとてもきれいな女と付き合いたいと言うが、白雲で橋は架けられないように、見つけられるはずはない」という男へのからかいと意味づけている。「男へのからかい」の歌として共有されている歌を男が歌ったために、「それで仕方なくお前とツマドイするのだ」という言外の意味が㊚として付加されているのであろう。

㊔リジャズ資料（46）、(112)。

注：この後、歌い手（B）は、偲ぶ歌を返し、偲ぶ歌が6首掛け合わされた。（参考1〜6）参照。(11)が男へのからかいを、男自身が歌ったものであり、その意味がはっきりつかめなかったため、掛け合いを持続させるために悪口歌を呼び出す機能を持つ偲ぶ歌が歌われたのだと思われる。その後、悪口歌の掛け合いを依頼し、(12)より再び悪口歌の掛け合いが始まった。

(12) A
<u>a ia</u>　　no　mu　dʑia　la　tsɿ
おばさん　あなた　娘　良い　（助）言う
老夫人　你　女儿　好　（介）说
おばさん、あなたは（自分の）娘が良いと言うが、
老夫人，你总说你的女儿好,

(12) A
㊚同 (9)
㊔ (9) 参照。
注：再び悪口歌の掛け合いを依頼して始めてもらう。偲ぶ歌の掛け合いに移行する以前の(9)と同じ歌から始まった。

ʂu ʂu tɕʰi uo tso tʰa kʰɯ
三顆針 刺 上 引っ掛かる ～するな そのままにする
三颗针 刺 上 挂 不要 放
三顆針の刺に引っかからないように気を付けろ。
希望不要领去碰到刺上面.

(13) B

kʰa tsʰa tsʰa nɯ mu uo bə
ボサボサの髪 の 天 を 見る
头发乱的形容 的 天 上 看
ボサボサの髪が上を向いて立っている、
蓬散的头发向上竖着,

ɲia dua dua nɯ zɚ kʰo ŋə
キョトキョトした目 の 四方 眺める
眼不好的形容 的 四方 望
目をキョトキョトさせて四方を眺めている。
鼓着大眼睛望着四方.

(13) B

㊙歌い手の解釈によると、当該歌は髪の毛が乱れて、顔が汚くて、こそこそしていて、だらしのない男として相手をからかっているという。(12)、(13)の掛け合いは (9)、(10) の関係と等しく、ジャシ・スガ資料 (19) を基底に連想されたものといえる。(10) ㊙参照のこと。A の髪は天然パーマで確かにぼさぼさに上を向いており、「髪の毛が乱れている」は A の実情をそのままからかったものである。これを聞いて A は髪に手を当て笑い転げた。

(14) A

ua ʂua ia tsɿ ba tʰɯ ba
山 高い ヤズ 花 この 輪
山 高 桠子 花 这 朵
高山に生えるこのヤズの花は、
高山上的"桠子"花这朵,

ɲi pʰʊ so so di ma gu
霜 白い 三 朝 耐える ない できる
霜 白 三 早晨 耐 不 会
三日間の朝の霜には耐えられず（枯れてしまう）。
经不住三天早上的寒霜.

(14) A

㊙いくらきれいな女でも子供を産むと老いてしまう。
㊙リジャズ資料 (76) には「ジャナミド (花名) は三輪あるが、(後句同じ)」とあり、「霜に耐えられない」は「子を産むと老いてしまう」と意味づけられ、女による女へのからかいとなっている。両者ともに「朝の霜」が子の出産と解釈されている。「霜に耐えられない」という後句は、花がしぼんで枯れてゆく様に老いを譬えており、その結果老いをもたらす大きな原因として、子の出産が導かれたものか。当該歌の取材地ワラビ村とリジャズ村は 4 時間ほどの急な山道と峠で隔てられているが、「朝の霜」を子の出

(15)　B

ua	ʂua	ia tsɿ	ba	tʰɯ	ba
山	高い	ヤズ	花	この	輪
山	高	桠子	花	这	朵

高山に生えるこのヤズの花は、
高山上的"桠子"花这朵,

ɲi	pʰʊ	dua	nɯ	ba	zi	gu
霜	白い	凍る	(助)	咲く	きれいだ	はずだ
霜	白	冻	(介)	开	好看	会

冷たい霜が降りるとさらにきれいに咲くはずだ。
降寒霜的时候才会开得更好.

(16)　A

gə mu		æ	tʰæ	ɕi bə ia
ガム		山の崖	下	シバヤ
格姆山		山崖	下	施巴桠

ガム山の崖の下に生える「シバヤ」は、
格姆山山崖下的"施巴桠",

zi	nɯ	tʂʰæ	nɯ	tʰi bə ia
一生	(助)	代々	(助)	へばりつく
一辈子	(介)	代代	(介)	长不起

一生（地面に）へばりつく。
世世代代都长不高.

産の比喩とする共通認識がある。なお、当該歌の歌い手Bには実際に一人の子がおり、(13)と同じく直接相手の実情をけなしの材料としている。
当該歌から比喩による「〜は…だ」という同構造による掛け合いが4首続く。
㊙リジャズ資料(76)。
注：(14)〜(17)はビデオ編に収録。

(15)　B
㊙きれいな女は子供を産むともっときれいになるはずだ。
㊙「冷たい霜」はやはり子の出産の比喩と認識されている。(14)の素材である「ヤズ」の異なる属性（霜にあうときれいになる）を用いて連結。(14)とよく対応し、(14)も道理だが(15)も道理で説得力ある自慢となっている。
㊙リジャズ資料(75)。

(16)　A
㊙あなたは一生よいアドゥを見つけることはできないだろう。
㊙ガムは女神の名。永寧郷の瀘沽湖の傍らにそびえる山（ヘディガム）がこの女神だとされる(11ページ)。シバヤは山地に多く、地面にへばりつくように生える草、葉が固くヒイラギのようにギザギザになっている。
㊙トディ資料(85)、ダシブチ資料(22)にそれぞれ類歌があり、有名な歌であることがわかる。その際の解釈で両者ともにシバヤは女の比喩、つまり男が女をからかう歌としている。「〜は…だ」の構

獅子山のシバヤ

(17) B
ua　ṣua　uo　du　ci bə ia
山　高い　上　上　シバヤ
山　高　上　上　施巴椏
高山のシバヤは、
高山上的"施巴椏",

造を繰り返して用いている。なお、[ci bə ia] と [tʰi bə ia] の音の類似が歌の発想や構造にどうかかわっているかは現在調査中。
㉞トディ資料 (85)、ダシブチ資料 (22)。

(17) B
㉝私はとてもきれいな女で、その評判はすでに村中に伝わっている。
㉞シバヤは乾燥させて火でいぶすとよい香りがする。モソ人はチベット仏教を信仰しているが、毎朝シバヤなどの香木を数本香炉でいぶし、経堂（各家二階の一室、仏を祭る部屋）と母屋で香をたく。
㉟(14)、(15) の関係と同じく、前歌の素材シバヤの異なる属性を用いて、シバヤの香としての清浄なイメージに自己を

ma	gæ	ɕia	bu	nu	hi	ɲi
ない	焼く	香り	におう	(助)	の	だ
不	烧	香	嗅	(介)	的	是

まだ火をつけないのに香りがにおってくる。
还没有烧就闻到香味.

譬え、また「～は…だ」の同構造によって自慢歌として切り返している。
ところでリジャズ村のダディ＝ラムへの聞き書き（66ページ）では、遠方からきた男が永寧郷開基村(カイチ)の女と知り合ったところ、その女に腋臭があった。そこで男は「開基村(カイチ)にはいいヒノキがある。まだ燃やさないうちにその香りが漂ってくる」と女をからかったという。またトディ資料（86）には「ガム山の頂上のヒノキは、まだ火をつけないのに香りが匂ってくる」とあり、㊗として、①当該歌と同解釈、②あなたの腋臭はそうとう臭い（上記ダディ＝ラムへの聞き書きと同解釈）の二つの意味づけを示した。
㊗トディ資料（86）。

(18) A

hæ	ʂʊ	gu	dʐʊ	bæ	bi la
宴席	九	卓	用意する	たとえ～しても	
餐宴	九	桌	摆	就算	

たとえ九卓宴席を用意しても、
就算办九桌酒席,

ɕia liə	no	ku	hua	ma	bi
香辛料	あなた	から	買う	ない	つもりだ
香料	你	上	买	不	要

あなたから香辛料は買わない。
也不会跟你来买香料.

(18) A
㊗あなたがいくらきれいでも私は通いに行かない。

(19) B

ɕia liə	ɲia	ku	hua	bi la
香辛料	私	に	買う	たとえ～しても
香料	我	上	买	就算

たとえ私（の所）に香辛料を買いに来ても、

(19) B
㊗たとえあなたが私に求愛しても、わたしは同意しない。
㊙前歌後句を尻取り式に繰り返し、直接的に切り返す。

就算你来跟我买香料,

ɲia la no kɯ tɕʰi ma bi
私 (助) あなた に 売る ない つもりだ
我 (介) 你 上 卖 不 要
私はあなたには売ってあげない。
我也不会卖给你.

(20) B
dʑi ua kʰo la tʰi mu dʑio
水 呼ぶ 音 (助) できる 聞こえる
水 叫 音 (介) 会 听见
水の流れる音は聞こえるが、
水流的响声听得到,

dʑi tʰɯ dzo la ma dʑio zi
水 飲む の (助) ない ある た
水 喝 的 (介) 不 有 了
水をずっと飲めない。
却一直没有喝到水.

(21) A
zo si ua ʂua bə dʑi tʰɯ
息子 (助) 山 高い 泉 水 飲む
儿子 (介) 山 高 泉 水 喝
俺は高い山の泉の水を飲む、
我喝高山上的泉水,

di go dua dʑi tʰɯ ma tʰa
平地 中 濁る 水 飲む ない できる
坪坝 里 浊 水 喝 不 会
平地の濁った水は飲めない。
坪坝上的浊水我喝不下.

(20) B
㊗あなたは私にツマドイしたいと聞いているが、全くあなたはやってこない。
㊙相手を、女を誘うこともできない意気地のない男としてからかっている。ジャシ・スガ資料(11)「水の流れる音は聞こえるが、水の尾は流れてこない」は同発想。ここから「水」を素材とする掛け合いに展開。
㊗ジャシ・スガ資料(11)。トディ資料(5)。

(21) A
㊗私はきれいで純潔な女とツマドイをしたい。あなたのようなきれいでない女のもとには通いたくない。
㊙ツマドイの比喩としての「水を飲む」により連結されている。ツマドイに行かないのは意気地がないからではなくて、お前がきれいでも純潔でもないからだと切り返している。
㊗(22)、(53)、(125)。リジャズ資料(78)。ダシブチ資料(13)、(14)。

(22)　B

ua	ʂua	bə	dʑi	tʰu	dʑi	ɲi
山	高い	泉	水	この	僅か	(助)
山	高	泉	水	这	点	(介)

高い山に涌くこの僅かな泉の水は、
高山上的这点泉水,

sɿ	uo	sɿ	tsʰe	du	dʑi	ɲi
梢	木	葉	浸す	水	だ	
梢	树	叶	泡	水	是	

木の枝や木の葉を浸す水だ。
是浸泡树枝树叶的.

㊌自慢していて、色事をよくする男はたくさんのアシャと付き合っている。

㊐ダシブチ資料（13）に類歌があり、その㊌に「自分ではとても純潔な女だと言っているが、実はたくさんの男とツマドイしたことがある」と解釈し、男が、女をからかうときに歌うと説明している。リジャズ資料（78）でも泉は女の比喩とされている。従って彼女本人も、当該歌が女をからかう常套的な歌であることを知っていながら、あえて男をからかう歌として歌っていることになる。たくさんのツマドイをする好き者だという後句が中心となっており、そこさえ伝われば前句はそれに従って性別が自在に変化し得るのであろう。

㊖(21)、(53)、(125)。リジャズ資料（78）。ダシブチ資料（13）、（14）。

万葉集に「鴨鳥の遊ぶこの池に木の葉落ちて浮きたる心わが思はなくに」（4-711）という丹波大女娘子(たにはのおほめのをとめ)の歌がある。「鴨鳥の遊ぶこの池に木の葉落ちて」が、「浮く」つまり浮気な心の序詞となっているのだが、その発想の仕方は当該歌の後句「木の枝や木の葉を浸す水だ」に「色事をよくする」という解釈が共通理解されるのと等しい。違いは万葉集ではそれを「浮きたる心」と音の多義性を利用して序詞とし、そういう心を私は持っていないのにという抒情に完結している点にある。

第3章　歌掛け持続の論理

(23) A

dʑi	bi	le	li	dzo	tsʰi	bi
水	を	(助)	見る	橋	架ける	行く
水	上	(介)	看	桥	搭	去

水の流量を見て橋は架ける、
看水的流量来搭桥,

æ	bi	le	li	ʐə	da	bi
山の崖	を	(助)	見る	道	架ける	行く
山崖	上	(介)	看	路	搭	去

崖の形を見て道は造る。
看山崖的形状来修路.

(24) B

sı	dzo	le	kʰæ	tʰi	kʰæ	kʰɯ
木	橋	(助)	切れる	させる	切れる	(助)
树	桥	(介)	断	让	断	(介)

木の橋が切れるなら切れるままにさせよう、
木桥断了就让它断吧,

hi na	lʊ	dzo	dzo	iu	bi
大きい湖	石	橋	架ける	来る	つもりだ
大湖	石头	桥	搭	来	要

大きい湖にもっと大きい石の橋を架けよう。
我会搭一座更大的石桥.

---

(23) A

㊌まずあなたの人柄や容貌を見てから、通うかどうか考えよう。
㊙「通うかどうか考えよう」というが、ここでは人柄や容貌が悪いから通わないという否定的なからかいであろう。歌い手は前歌を「お前がツマドイしようと思っている女（高い泉の水）は、実はたくさんの男とツマドイしたことがある」と解釈しているのではなかろうか。だから人柄や容貌を見てツマドイを決めると連結されたのではないか。
なお、ダシブチ資料（7）に同歌がある。その際ダシブチは、「若者の容貌と性格を見てはじめてツマドイを決める」と解釈しており、「水の流量」「崖の形」に男女差はない。「橋を架ける」「道を造る」は男女のツマドイの比喩として共有されている。
㊼（55）、（56）。リジャズ資料（45）。トディ資料（19）。ダシブチ資料（7）。

(24) B

㊌このアドゥと仲が悪くなったら、さっさと縁を切ってもっと立派なアドゥとツマドイしよう。
㊙前歌（23）の「橋を架ける」からの連結。「木の橋」、「石の橋」の対比が、そのまま男の優劣になっており、相手の男をからかうことになる。ゴブ＝ラツォへの聞き書き（65ページ）によれば、当該歌は実際にツマドイ関係にある男女が別れる時にも歌われたという。
㊼リジャズ資料（43）。

(25) A

sı	bʊ	dʑia	ma	i	sị da
薪	乾く	欠点	ない	ある	〜ならば
柴	干	缺点	不	有	的话

乾いた薪に欠点がないならば、
干柴是没有缺点的,

le na	dʑi	tʰa	bi	ma	i
押さえる	水	底	だろう	ない	できる
压	水	底下	要	不	会

いくら押さえても水の底には沈まない。
压它也不会沉到水底去.

(26) B

sa	kʰo	dzo	uo	mu	ma	se
麻	茎	橋	を	娘	ない	歩く
麻杆	桥上	女儿	不	走		

麻の茎の橋を私は渡らない、
麻杆做的桥上我不走,

mu	la la	bi	tʰa	ʂu	du
娘	揺れる	つもりだ	〜するな	思う	ている
女儿	揺晃	要	不要	想	着

橋で私を揺らそうなどと思わないでくれ。
不要想着用桥揺晃我.

(25) A

㊊私には全く欠点はないのだから、あなたにいくらからかわれてもあなたに劣ることはない。

㊙後句は「ダメなものはダメ」という意。リジャズ資料 (61) を参考にすれば、前歌の「もっと立派なアドゥとツマドイしよう」という自慢を、ダメなものはダメとからかっていると考えられる。それが歌い手Aに㊊と意味づけられたのは、歌い手の解釈を取材した際、Aが次歌 (26) から逆に当該歌を意味づけたことによるかも知れない。

㊞リジャズ資料 (61)。

(26) B

㊊私は全く悪いことはしていないのだから、私をからかって辱めないでくれ。

㊙ (24) の「橋」からの連結であるが、相手を石、木よりさらにもろい「麻の茎」の橋に譬える。ダシブチ資料 (6) には「麻の茎で架けた橋を渡ることはできない、三回揺れるときっと切れてしまうだろう」とあり、リジャズ資料 (19) には「麻の茎で架けた橋を渡ることはできない、真ん中に着くときっと切れてしまうだろう」とある。ともに女が仲間の女に対して忠告する口調でからかい、または男をからかうのだという。当該歌は後句が異なる。これは前歌の「いくら押さえても」、㊊「いくらからかわれても」に対応している。前歌の比喩を㊊のように意味づけた上で、「麻の茎の橋を渡らない」という前句に合わせて巧みに一首を形成している。歌い手は前句を歌い出したときには「きっと切れてしまうだろう」という後句を予想していたが、そこに前歌の「いくらからかわれても」が頭

(27) B

ŋʋə	nɯ	hi mi	ŋuə	ha	bo
五	日	月	五	晚	明るい
五日		月亮	五	晚	亮

五日の月はただ五晩続いて明るく輝く（にすぎない）、
初五的月亮也只亮五夜，

mu	gu	dɯ zɪ	bo	hi	ɲi
娘	影	一生	明るい	の	だ
女儿	身影	一辈子	亮	的	是

娘の体は一生明るく輝く。
而我的身体是一辈子都发亮的．

をよぎり、「私をからかって辱めないでくれ」という意味をつけたしたくなった。そのとき、「麻の橋が揺れる」のは「風が吹くからだ」という連想が働いたのだろう。「風が吹く」には(36)、(37)にあるように、辱める、からかうなどを比喩するというパターンがある。こういう生成の過程を経て当該歌は創られたと思われる。

㊙ (124)。リジャズ資料 (19)。ダシブチ資料 (6)。

(27) B

㊗自分はとても美しい。
㊥五日の月とは十五夜の月を指す。
㊙女の自慢歌。類歌が詹承緒・王承權・李近春・劉龍初『永寧納西族的阿注婚姻和母系家庭』（上海人民出版社、1980）に採られ、土橋寛『古代歌謡をひらく』（大阪書籍、1986）が日本語訳を掲載している。「十五のお月様はね、いちばん明るいのは五日だけ。女の子にとってお母さんはね、一生の間明るいのよ」。こうした母を思う歌はモソ歌謡に非常に多く、労働や旅、酒席でもよく歌われる。当該歌はその後句にて光り輝くのは自分であるとして、自慢歌とした。

土橋寛『古代歌謡をひらく』（大阪書籍、1986）は、日本民謡と同じ「序詞―本旨」的発想法がひろく雲南省西北部にも見られることを示すために当該歌の類歌を引いている。そして氏は「序詞―本旨」的発想法は、前句、後句を問答的に歌うことから始まり、のちに前句も後句も一人で作る方法へと変わったという。モソ歌謡にも「序詞―本旨」的発想法は「きわめて普遍的」ではないにせよ散見されるが、私

の歌の調査、また老人たちへの聞き書きによって確かめられる限りでは、始めから前句と後句は一人によって作られ歌われたと考えられる。

注：このあたりで、ほとんど人通りのない取材現場を、畑に行くおばさんが通りかかり、歌について何やら言っているようであった。そのため歌い手の身が入らず、(30)まで何とか続き、小休止となった。

(28) A

æ	duə	ɲi	pʰʊ	dzɪ gua gua
鶏	鳴く	霜	白い	ズグァズグァ(擬声語)
鸡	鸣	霜	白	子呱呱 (指响声)

一番鶏の鳴く頃霜を踏むとズグァグァと音がする、
鸡鸣的时候寒霜踩在上面"子呱呱"的响,

le uo	ŋə	bi	ɲi	ma	gu
振り返る	眺める	つもり	たい	ない	はずだ
回头	望	要	愿意	不	会

振り返って(あなたを)眺めようとは全く思わない。
不愿意回头来看你.

(29) B

æ	bi	çə io	le	gua gua
崖	上	シャヨ	(助)	掘る
山崖	上	贝母	(介)	挖

崖の上の「シャヨ」をいくら掘っても、
山崖上的"贝母"挖来挖去,

so	ha	mu	mæ	hi	iu	i
三	晩	娘	後ろ	立つ	来る	はずだ
三	晚	女儿	后面	站	来	会

(28) A
㊗ツマドイの後、家に戻る夜明け前はとても寒いので、もう二度とあなたにはツマドイしたくない。(29)との関わりで、[æ](鶏)と[æ]崖、[gua gua](擬声語)と[gua gua](掘る)は何らかの関係があると思われるが、今のところ不明。

(29) B
㊗あなたがシャヨを掘ってお金を稼いだら私に使わせてくれ。
㊟「シャヨ」は高山の崖の割れ目に生える貴重な薬草。主に男が現金収入のために数日かけて山に入り探してくる。
㊟リジャズ資料(42)ではシャヨをすばらしい女の譬えとして使っている。とすれば当該歌の場合も、何人ものすばらしい女(シャヨ)とツマドイしても、どうせすぐに私のところに帰ってくるだろうという女の自慢歌とも解せそうだ。㊗は

第3章 歌掛け持続の論理

三晩もたたないうちにきっと私の側に来るだろう。
不过三天晚上又会站到我旁边来.

(30) A
dɯ　bo　gua　nɯ　dɯ　<u>na na</u>
一　本　掘る　(助)　一　震える
一　颗　挖　(介)　一　颤抖
一本掘れば一度震える、
挖一颗就颤抖一下,

no　mæ　hi　tʰa　ma　gu　zi
あなた　後ろ　立つ　できる　ない　〜になる　た
你　后面　站　会　不　成　了
あなたの側に行こうとは思わない。
没有精神站到你旁边来了.

(31) B
dʑi　kʰi　di　hi　z̞u　<u>kæ pʰu</u>
水辺　生える　(助)　ヤナギ　引っ繰り返す
水边　长　(介)　柳　翻转
川辺に生えるヤナギは垂れ下がって水に浮いている、
生长在河边的浮在水上的垂柳,

kʰu　mo　bo　mo　da　di　ɲi
犬　死体　豚　死体　引っ掛かる　の　だ
狗　尸体　猪　尸体　挡　的　是
犬と豚の死体を引っ掛ける。
是阻挡狗和猪的尸体.

もっと現実的な解釈をし、それが次歌でも共有されている。通りがかりのおばさんに教えてもらっているようにも思え、それをむりやり悪口として解釈しているのかもしれない。なお、ジパは [ça io] の音が [a çia]「アシャ」を連想することはないという。

(30) A
㊌シャヨを掘るのはとても苦労だ。せっかく稼いだお金を使わせるものか。
㊥前歌に正確に対応している。ただしこれは通りがかりのおばさんが何やら歌の内容を指示しているようにも感じられ、そのために㊌が統一された可能性もある。
注：この後、おばさんは立ち去り小休止に。ここで「女が誘い、男は断る」という場面を設定して掛け合ってもらう。これは4首（参考6〜9）つづいた。

(31) B
㊌あなたはあまりにも悪く、能力もない。
㊥死んだ動物の死体は川に捨てるので、川辺の柳に引っ掛かる動物の死体というのは特殊な状態ではない。その柳で相手を比喩する直接的な悪口。「〜辺りに生える〈植物〉は…だ」という構造が(33)まで続く。
注：ここから再び悪口歌を掛け合ってもらった。

(32) B

zə	kʰi	di	hi	na da	dzɪ
道	辺り	生える	の	バラ	木
路边	长	的	玫瑰	树	

道端に生えるバラの木は、
生长在路边的玫瑰树,

gə	se	mu	se	mu	tʰa	hua
上	歩く	下	歩く	娘	～するな	引っ掛ける
上	走	下	走	女儿	不要	挂

私が上へ行ったり下へ来たりする際、引っ掛けるな。
走上走下时不要钩住我.

(33) A

zə	kʰi	di	hi	dʑia kʰa	dzɪ
道	辺り	生える	の	ヨモギ	木
路边	长	的	艾蒿	树	

道の下側に生える蓬、
生长在路边的蒿草,

kʰu	dʑi	bo	dʑi	gua	di	si
犬	小便	豚	小便	放尿する	の	だ
狗	尿	猪	尿	撒	的	是

豚と犬が小便する所だ。
是撒狗尿猪尿的.

(34) B

ŋu lo	du	go	sɿ	ma	ɲi
私たち	ひとつ	山の斜面	木	ない	だ
我们	一	坡	树	不	是

私たちは同じ山の斜面の木ではないから、
我们不是同一坡的树,

(32) B

㊂私の嫌いなあなたよ、私に付きまとわないでくれ。
㊂前歌の「～辺りに生える〈植物〉は…だ」と同構造による連結。「川の辺りの柳」を受けて「道の辺りのバラ」とした。
㊂リジャズ資料(120)。

(33) A

㊂あなたは値打ちがない。
㊂同じく「～の辺りの〈植物〉は…だ」による連結。今度は「道のあたりのヨモギ」。非常に直接的な悪口。こういう悪口は喧嘩になる(74ページ事例⑩アウォ=ドゥジマへの聞き書き参照)。
注：(33)～(40)はビデオ編に収録。

(34) B

㊂私たちは同じ所の人ではないのだから、ツマドイしてもつまらない。
㊂木 [sɿ] の枝の折れ口は眼 [ɲia] のように見えることから、枝を「木の眼」[sɿ ɲia] という。

sɿ	ɲia	hua hua	lo	ma	dʑio
枝	交わる	こと	ない	ある	
枝	交錯	事	不	有	

木の枝が絡みつくことはない。
树枝不会互相交错.

(35) A

ŋu lo	dɯ	dʑi	dʑi	ma	ɲi
私たち	一	川	水	ない	だ
我们	一	河	水	不	是

私たちは同じ川の水ではないから、
我们不是同一河的水,

dʑi	so	da da	lo	ma	dʑio
水	波	ぶつかる	こと	ない	ある
水	浪	撞击	事	不	有

波が相打つことはない。
水浪不会互相澎湃.

(36) B

dʑi so bu	nɯ	æ	bi	dua
波しぶき	(助)	山の崖	に	跳ね上がる
水浪花	(介)	山崖	上	溅

波しぶきが山の崖に跳ね上がっても、
水浪花拍打在山崖上,

㊳前歌までの「〜あたりの（植物）」に連想を受け、比較的似た「同じ〜の（植物）」という言い方の悪口歌を歌ったと思われる。

「同じ所」は、表現上は一般的なツマドイ可能な範囲を指すと思われるが、ジャシ・スガ資料（12）は相性のことと解釈している。

㊴(126)。ジャシ・スガ資料（12）、(13)、(41)。リジャズ資料（13）、(39)、(49)、(50)。

(35) A

㊵私たちは同じ所の人ではないのだから、ツマドイしてもつまらない。

㊶前歌（34）と同構造、異なる素材による切り返し。「波が相打つ」は、その原因である「風が吹く」の多義性（26㊴参照）を抱え込み、①「辱める、喧嘩する」、②「ツマドイする、子ができる」などと意味づけられる。当該歌は前歌との関連から②「ツマドイする」と意味づけているが、この意味づけは次歌において変化を見せる。

(36) B

㊷あなたが人前でどのように私を辱めても、私は少しも動揺しない。

㊸語句レベルでは、前歌の「波は相打つ」を受けて「波しぶきが跳ね上がる」と連結されている。しかし前歌の「波が相打つ」が「ツマドイする」と意味づけられていたのに対し、当該歌の「波しぶきが跳ね上がる」は「私を辱める」と変化した。同一比喩素材の異なる属性による新たな意味づけにより連結されてい

æ	dʊ	ma	la la	hi ɲi
山の崖	ない	揺れる	の	だ

山崖　不　揺動　的　是
山の崖は揺れない。
山崖没有动摇.

(37) A

bo	bi	hæ	tʰʊ	zɪ	la la
山の坂	に	風	吹く	草	揺れる

坡　上　风　出　草　揺動
山の坂に風が吹くと草は揺れる、
山坡上风吹草动就会动,

zo	bi	hæ	tʰʊ	ma	la la
息子	に	風	吹く	ない	揺れる

儿子　上　风　出　不　揺動
俺に風が吹いても（俺は）揺れない。
我身上吹风却不会动揺.

(38) B

no	nɯ	kʰa	ia	zɯə	bi la
あなた	(助)	とても	多い	言う	たとえ〜ても
你	(介)	很	多	说	就算

たとえあなたがいくら言っても、
不管你说多少话,

る。それに伴って主題も、前歌のツマドイの拒否から、悪口をものともしないという自慢歌へと飛躍することとなった。㊲において「人前で」という解釈が付加されている。実際この場には二人の歌い手のほか、我々取材者三名がいるだけであるが、こうした解釈によって、悪口歌の掛け合いが噂の元になる他人（聴衆）の目を意識したものであることがわかる。また悪口歌の掛け合いは、噂を呼び起こすものとして恐れられる。噂については（58）、（参考 15〜17）、本節末尾付録「噂封じの呪文」参照。その恐るべき悪口歌をものともしないことが自慢になる。

(37) A
㊲あなたが人前でどのように私を辱めても、私は少しも動揺しない。
㊳歌い手Aは、前歌の「波が出る」を、それ自体が含みこんでいる「風が吹く」と言い換え、前歌と同じく①「辱める」として同構造の自慢歌を作り上げている。草は揺れるが私は揺れないという発想は序詞的発想である。

(38) B
㊳あなたがいくら私を辱めるようなことを言っても、私は全く動じない。
㊳前歌の後句が [zo] という、比喩を用いない主体を提示したため、[no] が用いられた。主題は（36）から変わらず自慢歌である。

第3章　歌掛け持続の論理

kʰu mi hi kʰo bi ma i 犬 母 耳 だろう ない はずだ 狗 母 耳朵 要 不 会 母犬の耳に入ることは決してないだろう。 母狗的也听不进去.	
(39) A ma tʂʰa la la ma tʂʰa la ない 話す （助） ない 話す 不 说话 （介） 不 说话 （あなたとは）話さないよ、話さない、 不跟你说话呀不跟你说话,	(39) A ㊶ [dʐua la] はうるさく鳴く鳥。「ジュァラの口」とは、ジュァラのようにうるさくしゃべる人を表す。 ㊷直接的な悪口。前歌「いくら言っても耳に入らない」を受け、もう話さないと連結されるのだろう。こういう歌は掛け合いを終わらせる方向性をもつ。(42)参照。 ㊸ (85)。ジャシ・スガ資料 (39)。
dʐua la ɲi do ma tʂʰa la ジュァラ 口 ない 話す 爪拉 嘴唇 不 说话 「ジュァラ」の口（のようなあなた）とは話さない。 不跟你这种"爪拉"嘴说话.	
(40) B a so ma ia bi hi ɲi さっき ない つもりだ 言う の だ 刚才 不 要 说 的 是 こうしてはいけないと前に言った、 刚才是劝过你的,	(40) B ㊹以前私は、あなたとツマドイはしたくないと言ったのに、聞いてくれなかったので、今私たち二人はいつも喧嘩をしている。 ㊺トディ資料 (40) にも同歌があり、当該歌の㊹と同じように解釈している。その際トディはこれは女の立場での歌であるといっている。 ㊻トディ資料 (40)。
tsɿ ɲi gu gu bi hi ɲi この 〜のようだ 〜になる はずだ 言う の だ 这 样 成 会 说 的 是 こうなるはずだと前に言った。 说过是会变成现在这样的.	

(41) A

a so	i	ɲi	ia ia	lu
さっき	牛	〜のようだ	舐める	(助)
剛才	牛	一様	舔	(介)

さっきまで牛のように（互いに体の毛を）嘗めたのに、
剛才象牛一样互相舔身上的毛，

i no	ʐua	ɲi	tsa tsa	zi
いま	馬	〜のようだ	蹴る	た
现在	马	一样	踢	了

今は馬のように（互いに）蹴り合っている。
现在却象马一样互相踢打.

(42) B

a ia	kʰuə	la	tʰi	ha	zi
おばさん	口	もう	(助)	開ける	た
老夫人	嘴	已	(介)	张开	了

おばさんは口を開けた、
老夫人的嘴张开了，

bə	zo	ɕi	la	tʰi	dua	zi
普米族	息子	舌	(助)	口	鳴らす	た
普米族	儿子	舌头	(介)	嘴	咂	了

普米族の息子は舌を鳴らす。
普米族儿子咂起了舌头.

(41) A

㊷さっきまで仲良くしていたのに、今は仲が悪くなり喧嘩ばかりする。

㊸歌い手は㊷に見られるように、前歌の「こうしてはいけない」、「こうなる」という指示語の意味を、前歌の歌い手と共有している。その上で指示される行為を具体的に牛と馬の行為として比喩させている。

㊹トディ資料（24）。

(42) B

㊷私は歌の掛け合いに勝って、相手は歌うものがなくなった。

㊸舌を鳴らすのは賞賛の表示。この地方のプミ族は多くモソ語が話せるため、モソ人と妻問い関係にあるものが多い。

㊹当該歌を、通訳のジパは「相手に対して、自分の美しさを自慢した歌で、たくさんの人が賞賛している」と解釈した。この場が悪口歌や自慢歌の掛け合いであり、そこでの「舌を鳴らす」からの連想であろう。しかしBは㊷のように解釈し、「おばさん」や「普米族の男」は、歌のうまさを賞賛する観客を表わすという。確かに「歌の掛け合いに勝った」という意味の歌はある。ダシ・ルゾ資料（22）には「早く歌えという、うまく歌える歌本は私の所にある」とあり、これは「歌の掛け合いに勝った」という意味だという。ここで「勝った歌」が出てくるのは、(39) の掛け合いを終わらせるような歌を受けているのかもしれない。歌掛けを先に終わらせる方が負けなので

第3章　歌掛け持続の論理

あろう。それにしても当該歌にそういう意味づけをするのは特殊である。Aには理解できたのだろうか。

(43) A

tsʰe	go	pa	zo	pa	ua	i
沼地	中	蛙	息子	蛙	鳴く	する
沼泽地	里	青蛙	儿子	青蛙	鸣叫	做

沼地で蛙が鳴いている、
沼泽塘里的小青蛙在叫嚷,

pa	dzuə	bi	hi	dʑia	ma	do
蛙	仲間	する	の	しかし	ない	見える
青蛙	伙伴	做	的	却	不	见

蛙の仲間になるものは見えない。
却没有见有谁做小青蛙的伙伴.

(43) A
㊚あなたは男と会うとすぐ誘うが、誰もあなたの所にツマドイに来ない。
㊙歌い手は(42)をジパと同様に、自己の美しさを自慢した歌ととっているようだ。Aは前歌後句の「プミ族の息子が舌を鳴らす」にツマドイへの誘いのニュアンスをみて、女を「男をすぐ誘うが誰からも相手にされない」として切り返しているのだろう。
ダシブチ資料(16)に、「崖の上にいる目縁(の垂れている老いた)鷹は、沼地にいる蛙を捕まえようとする」、㊚「ごく普通の年老いた男が若くてすばらしい女とツマドイしたがっている」とあり、女を蛙に譬える共通理解がある。
㊙ダシブチ資料(16)。

(44) B

guə	ɯ	ma	ɯ	ŋo tʂuə	ɯ
歌う	良い	ない	良い	蚊	良い
唱	好	不	好	蚊子	好

歌はうまいも下手も蚊がうまい、
虽然蚊子唱歌唱得很好,

ŋo tʂuə	bi mi	se	ma	i
蚊	腹血	ない	ある	
蚊子	肚子 血	不	有	

蚊の腹には血がない。
但蚊子的肚子里却没有血.

(44) B
㊚見た目に良い人が、必ずしも心が良いとは言えない。
㊙歌い手Bは前歌を聞いて、Aが(41)の意味を聞き誤ったことに気づいたと思われる。そこで「歌のうまさ」をもう一度取り上げているのだろう。当該歌は相手(蚊)の歌のうまさを一応認めつつも、実のないことを責めるという方法で、「一見良く見えるが、実はない」という構造である。

286

(45) A

tsʰu	ɯ	ma	ɯ	ɲi bu	ɯ
跳ぶ	良い	ない	良い	イナゴ	良い
跳	好	不	好	蚂蚱	好

飛び跳ねるのは、うまいも下手もイナゴがうまい、
虽然蚂蚱跳得很好,

ɲi bu	ʂɯ sa	ʂɯ	ma	i
イナゴ	太腿	肉	ない	ある
蚂蚱	大腿	肉	不	有

でもイナゴの腿には肉がない。
但蚂蚱的大腿却没有肉.

(46) B

la kʰa	sɿ	tsʰe	bi	liə liə
白樺	木葉	薄い	とても	
白桦树	树叶	薄	非常	

白樺の葉はとても薄い、
白桦树的树叶薄薄的,

hæ	ma	tʰʊ	la	tʰa	dɕi dɕi
風	ない	吹く	(助)	〜するな	揺れる
风	不	吹	(介)	不要	飘动

風が吹かないのに揺れるな。
没有吹风就不要摇摆.

(45) A

㊗見た目に良い人が、必ずしも能力があるとは言えない。
㊙前歌と同構造、異なる素材の歌で切り返す。Aは（43）における誤解に気づかぬまま、それでも悪口歌は続いていく。前歌が歌のうまさであるのに対し、当該歌は踊りのうまさである。モソ人の伝統的な踊り（ジャッツオ）はまさに跳びはね歌いまわる。（ジャッツオの様子はビデオ編を参照。）

(46) B

㊗あなたはとても口が軽いが、私とツマドイしたこともないのに、人前でツマドイしたなどとデマを飛ばさないでくれ。
㊙白樺を素材とした「木は良いも悪いも白樺が良い（が）、白樺は、中は虫に食われている」(106)という歌があり、それは(44)、(45)と同構造の歌である。歌い手の連想としてまずこの歌があり、白樺が素材とされたのだろう。
㊗によれば、前句は「口が軽い」ことの比喩になっており、後句が「ツマドイしたと言いふらす」の比喩となっている。リジャズ資料(53)には「白樺の葉はとても薄い、風は吹いていないのに揺れる」とあり、歌い手は「男は口が軽い。まだ私に通ったことがないのに、人に、私とツマドイしたと言いふらす」と解釈している。ワラビ、リジャズ一帯ではこのような共通理解がある。「風が吹かないのに」には、「風が吹く」をツマドイするの比喩とする理解が共有されている

(47) A
bi mi　gə tʰʊ　ma　bi　　bi
斧　　取り出す　ない　つもりだ　つもりだ
斧头　　拿出　　不　　要　　　要
斧を取り出したくはないが、
说不拿出斧子来，

do mo　　　no　nɯ　ɲia　zə　da
腐った薪　あなた　(助)　私　道　遮る
烂柴　　　你　　(介)　我　路　挡
腐った木に道を遮られた。
但烂柴你却挡我的路.

(48) B
ua　ṣua　zi　di　so dʑia do
山　高い　どこ　(助)　焼香する
山　高　　哪里　(介)　烧香
高山があればどこへでも焼香に行く、
哪里有高山就去哪里烧香，

liə　nɯ　ma　tʰo　kʰa ɲi　bi
運命　(助)　ない　同じだ　どうする　つもりだ
命运　(介)　不　　同　　怎么做　要
縁が違うのでどうしよう？
但缘份就不同，怎么办？

だろう。この点は（35）、（66）参照。
「一見良く見えるが、実はない」の構造が二首（44、45）続き、歌い手の頭にはまず同構造で白樺を素材とした歌がよぎった。それを歌い間違えたのか、意図的にかはわからないが、歌い手は白樺を素材とする別の悪口歌へと飛躍させた。
㊿リジャズ資料（53）。

(47) A
㊽私はあなたと言い争いたくはないが、あなたがうるさくつきまとう。
㊾［do mo］「腐った木」が素材とされたところには、前歌で歌われるはずであった「虫に食われた白樺」（106、ジャシ・スガ資料46）からの連想が働いているかもしれない。歌い手は前歌の「白樺」を聞いて「虫に食われた白樺」を読み取り、次歌を考えていたのだろう。

(48) B
㊽もともと縁がないのだから、神様に願っても叶わない。ツマドイには至らないだろう。
㊾「高山があればどこへでも行く」は（4）、（5）に類似する表現があり、そこでは「どこへでもツマドイに行く」という意味づけがなされ、自慢歌となっていた。一方当該歌では、「どこへでも行く」のは相手の男である。「どこへでも行く」主体が自己であれば自慢歌になり、相手であればからかいになるという多義性を持つ表現だ。しかし当該歌においては特殊な事情がある。相手の男Aがダパ

(ワラビ村にただ一人の民間宗教者であり、高山での焼香は彼の職能である)であるという個を特定する具体的特徴を契機として、「どこへでも行く」主体は相手に限定され、悪口歌となっている。さらに「焼香に行く」という、ダパの鬼払いを中心とした公的な行為を表すことばが、「高山があればどこへでも…行く」にとり入れられることで、ツマドイというきわめて私的な隠さなければならない行為(第1章参照)を表すこととなり、そこにおかしさがある。
㊳ (58)

(49) A

liə	nɯ	tʰo	hi	a çia	si
運命	(助)	同じだ	の	アシャ	(助)
命运	(介)	同	的	阿夏	(介)

縁の同じアシャとは、
缘份就相同的阿夏,

so	kʰuə	ʐuə ʐuə	dzo	ma	gu
三	句	話す	必要だ	ない	はずだ
三	句	交谈	需	不	会

きっと三句も話す必要はないだろう。
不用说很多话的.

(49) A
㊳縁のあるアシャとなら、言葉をあまり交わさなくてもツマドイに至るものだ。これほど悪口歌を掛け合うあなたとは縁がない。
㊲前歌の[liə]「運命」による連結。(117)にも「私たちに縁があり意気投合するならば、きっと一生懸命に求め合う必要はないだろう」とあるが、曖昧な言い方である。とても気が合うから話などなしでツマドイに至るというような誘いの歌とも旅などで仲の良いアシャを偲ぶ歌ともとれるし、あるいは㊳のような悪口ともとれてしまう。掛け合いの流れからすれば悪口歌だろうと予想はされるが、Bはどう解釈しただろうか。
㊳ (117)。

(50) B

dʐi dʐɪ	go	bi	mu	le	gæ
ジズ	山の斜面	に	火	(助)	焼く
吉子	坡上		火	(介)	烧

ジズのある山の斜面は火事で焼けてしまった、

(50) B
㊳他の男が皆アシャを持っていたから、私はあなたとツマドイをしただけだ。
㊱「ジズ」は低木で、よく燃え、薪の材料とする。
㊲歌い手は前歌を悪口歌の流れに沿って

有吉子的山坡被火烧了，

sɪ tṣi　　　　le si　　no　　kʰi　　tʰʊ
積み重ねた薪　終わる　あなた　辺り　至る
推柴　　　　完了　　你　　　上　　到
積み重ねた薪も使い終わったので、あなたに至った。
推柴（烧）完了就轮到你了.

悪口歌と理解してはいるが、前歌に託されたＡの悪口のニュアンスは正確には伝わらなかったようだ。前歌㊲の悪口は「これほど悪口歌を掛け合うあなたとは縁がない」にある。ところがＢは「言葉をあまり交わさなくてもツマドイに至る」という部分にＡの悪口を見たようだ。つまり簡単にいろんな男とツマドイする女としてけなされたという解釈だ。だから当該歌は、Ａとツマドイしたことを前提とした上で、その理由に悪口をこめる。つまり簡単にツマドイしたわけではないが「他の男が皆アシャを持っていた」からだというわけだ。

㊳ジャシ・スガ資料（38）。トディ資料（39）。

(51) A

ua　ṣua　go bo　go bo　tsɪ
山　高い　郭公　ゴボ　鳴く
山　高　布谷鸟　谷布　鸣叫
高い山で郭公がゴボと鳴いている、
高山上的布谷鸟"谷布谷布"的鸣叫,

di　dzia　ba ba　ba　i zi
場所　良い　花　咲く　はずだ
地方　好　花朵　开　会这样
盆地ではきっと花が咲くだろう。
坪坝上会盛开花朵了.

(51) A

㊳頭が痛いなどとアシャがブツクサ言っている。きっと子供が生まれるのだろう。

㊴郭公の鳴き声をブツクサと聞きなしている。歌い手Ａは、この㊴にはからかいの意味があるという。(39)で「ジュァラ」（口やかましい鳥）に相手を譬えたのと同じく、悪口歌を歌いつづける相手を「口やかましい郭公」と譬えたものか。そして後句ではその口やかましさは、子が産まれる前の女性の不機嫌さから来るものだと悪口的に説明していると読める。しかしこれは特殊な意味づけだ。当該歌は有名な一首で、ワラビ村でもリジャズ村でも多くの人が知っている。ダシブチ資料（20）に類歌があり、その解釈を聞いたところ、ダシブチは「他の人によるとこの歌は、昔、梅毒のひどい患者がいて、春と夏になると花が咲くように発作が起こる（つまり吐血す

る）ことをからかっているのだ」と答えた。その場にダシプチの母（ゴブ＝ラツォ）がやってきて、「普通の歌だ。また花が咲くには子供ができるという解釈もある」と答えた。普通の歌というのは、普段の労働や旅の際に歌う歌で「郭公が鳴く。ああ春が来たなあ。花も咲くだろう」というほどの歌だという。リジャズ資料（199）には「三月に郭公が鳴く、広い大地の上で鳴くのだ」とあり、㊌は「三月に郭公は、広い大地の上で作物を呼び覚ますために鳴くのであって、あなたのために鳴いているのではない」とする。とすれば、普通の歌としての「花も咲くだろう」には、郭公によって呼び覚まされる作物が比喩されており、豊饒予祝的な歌と見ることもできるかもしれない。一方「花が咲く」を「子が産まれる」の比喩とする点については、「高山の郭公がゴブと鳴く、私のアドゥが私を呼んでいるようだ」（111）があり、これらは労働や旅における偲ぶ歌であるが、「アドゥを思い出す」から「子ができる」への連想が働くのだろう。つまり、「郭公が来て鳴く」に「アドゥとのツマドイ」が比喩されたところで、その結果としての「花が咲く」に「子ができる」の意味づけが行われたのだろう。「郭公が鳴き、花が咲く」によって比喩される意味の多義性、悪口歌だけではなく偲ぶ歌への広がりの中で、Aの特殊な意味づけはどう伝達されるのか。

㊌（111）。リジャズ資料（199）。ダシプチ資料（20）。

(52) B

ua	ṣua	ʐɿ pʰʊ	kʰa da	la
山	高い	ジプ	ハダ	揺れる
山	高	日普	哈达	飘动

高山のジプがハダのように揺れている、
高山上的"日普"象"哈达"一样飘动,

a du	lo	la la	ɲi gu
アドゥ	手招く	〜のようだ	
阿珠	手招	一样	

まるでアドゥが(私を)手招いているようだ。
就象阿珠在向我招手一样.

(52) B

⑬[ʐɿ pʰʊ]「ジプ」は、杉や松に寄生する緑色のつる草。枝から垂れ下がっており、風が吹くと揺れる。174ページ参照。[kʰa da]「ハダ」(チベット語)は、チベット族が客をもてなす際、客に捧げる絹の細長い布。客はこれを首に巻いておくという。これに似た習俗をリジャズ村(モソ人の村)での新築儀礼や葬式で見かけたが、それは客が主人の家に持ってきていた。

㊳歌い手Bは当該歌を偲ぶ歌だという。有名で多義的な前歌(51)を、歌い手Bは「ツマドイすると子ができる」くらいの意味の偲ぶ歌と解したようだ。だからその返しとして同じく偲ぶ歌であり、構造的にも類似した当該歌で返したのである。悪口歌の流れの中に突然偲ぶ歌が登場したのだが、Aの(49)、(51)㊳が偲ぶ歌ともとれる曖昧な歌であったこと、(51)が特殊で伝わりにくかったこと、さらに悪口歌の流れに終始する掛け合いに活気を与え持続させるために、それとは逆方向の歌が歌われること(第2章参照)を考慮すれば、前歌を悪口と捉えられない歌い手としては特に抵抗なく、偲ぶ歌へ移行したのだろう。
当該歌は、表現としてはさして無理なく偲ぶ歌と解されるのだが、しかしこれもまた多義性を持った歌なのである。Aが(109)で類歌「高い山の松と杉のあいだで、ジプをハダのように揺らしたい」と歌うが、その㊳は「人の前であなたを辱めて、恥ずかしがらせたい」というものである。ジプが揺れる原因は「風が吹く」からだが、「風が吹く」は①「辱める」、②「ツマドイする」という多義的な理解がされていた(26、35、46、66、109㊳参照)。その原因である「風

(53) A

| dʑi | dʑia | dʑi | tɕʰio | bi | tʰɯ | nɯ |

水　良い　水　〜について行く　この　日
水　好　水　跟着　去　这　天
良い水が水についていく日、
好的水跟着水去的那一天，

| dʑi | dua | tʰi | mu ʂu | i | zi |

水　濁る　今にも　悩み煩う　はずだ　だろう
水　浊　要　烦闷　会　要
濁った水はきっと悩み煩うだろう。
浊水会感到烦闷孤单.

(54) B

| tsa do | pæ kʰua | uo | le | tʊ |

雜種　顔　毛　(助)　包む
杂种　脸面　毛　(介)　包
雑種の顔は毛だらけだ、
杂种的脸上长满了毛，

| ȵia | lə | kʰi | dʑi | bo | tʰa | iu |

私　家　門　隙間　口づけする　〜するな　来る
我　家　门　缝　亲吻　不要　来

が吹く」を含みこんで、結果「波が出る」の多義性が生じていることは(35)、(46)などで述べたが、当該歌前句「ジプが揺れる」も「風が吹く」を含みこんで①「辱める」②「ツマドイする」の解釈が可能なのである。㊂は②と解し偲ぶ歌としたのだが、果たしてAにはどう伝達されたのか。
㊐(109)。ジャシ・スガ資料(48)。リジャズ資料(107)、(168)。

(53) A
㊂私が素晴らしいアシャを持ったら、たいしてきれいではないあなたはきっと所在なく思うだろう。
㊁Aはこれまでの歌の流れからして、前歌前句を「自分(A)が人前で辱められている」と意味づけたのではないか。それを受けて当該歌は明らかな悪口歌である。
㊐(21)、(22)、(125)。リジャズ資料(78)。ダシブチ資料(13)、(14)。

(54) B
㊂あなたは動物のような恥知らずの男だ。私のもとに通いに来るな。
㊁「雑種」は、男をからかう呼称。
㊁家の門に口づけするというのは、「母鹿の顔はひと塗りの銅に包まれている、こっそりと土壁の隅から私を見るな」(ジャシ・スガ資料22)と同じく、家の門に顔を近づけて中(の女)をこっそりと見るということだという。
㊐(128)。ジャシ・スガ資料(22)。

第3章　歌掛け持続の論理　　293

我が家の門の隙間にキスしに来るな。
不要来吻我家的门裂缝.

(55) A
dʑi   duu   mu   uo   hu   bi la
水   漲る   天   に   行く   たとえ〜しても
水   涨   天   上   去   就算
水はたとえ天まで漲るとしても、
就算水涨了要到天上去,

ma   la   dzo   tʰæ   hæ   ma   dʑio
ない 落ちる 橋   下   道理   ない ある
不   落   桥   下   道理   不   有
橋の下を流れない道理はない。
也没有不从桥下过的道理.

(55) A
㋲女はいくらきれいであっても、いつかきっと男のアシャになるはずだ。
㋛「水」は女、「天まで漲る水」はきれいな女を譬える。「橋」が男の比喩。㋲で「いつかきっと男のアシャになるはずだ」と意味づけるが、男より女は下だという悪口。
㋐(23)、(56)。リジャズ資料(45)。トディ資料(19)。ダシブチ資料(7)。

(56) B
dʑi   duu   zi   gə   dzo   ʂua   gu
水   漲る (助) 上   橋   高い はずだ
水   涨   (介) 上   桥   高   会
水が漲ると、橋はきっと高く(造る)はずだ、
水涨的话,桥就会高,

dʑi   bi   le   li   dzo   tsʰi   bi
水   を (助) 見る 橋   架ける 行く
水   上 (介) 看   桥   搭   去
水の流量を見て、橋を架ける。
看水的流量来搭桥.

(56) B
㋲自分がきれいであれば、いい男が私にツマドイに来る。まず男の人柄や能力を見てから通わせるかどうか考えよう。
㋛「水が漲る」にて自分がきれいな女であることを自慢し、ならばすばらしい男がツマドイに来るというように、「橋を造る」をツマドイの比喩として用いる。後句は(23)に既出、すばらしい男がツマドイに来るはずだから、人柄や容貌が悪いあなたとはツマドイしないという否定的なからかいであろう。
㋐(23)、(55)。リジャズ資料(45)。トディ資料(19)。ダシブチ資料(7)。

(57) A
ua   ʂua   æ   gæ   ҫi   dʑia   gu
山   高い オウム 舌   良い   できる
山   高   鹦鹉   舌   好   会

(57) A
㋲あなたは口がうまくてよくぺらぺらしゃべるが、そのおしゃべりを信じることはできない。

高い山のオウムはよくしゃべることができる(が)、
高山上的鸚鵡油嘴滑舌的，能说会道.

çi dzia çi kɯ tɕʰio ma du
舌 良い 舌 後ろ 〜について ない できる
舌 好 舌 后面 跟随 不 会
そのおしゃべりを信じることはできない。
但不能相信它的油嘴滑舌.

(58) B
ua ʂua zi di so dzia do
山 高い どこ ある 焼香する
山 高 哪里 有 焼香
高い山があればどこへでも焼香に行く、
哪里有高山就去哪里烧香,

se la zuə da tʰo i zi
歩く （助） うわさ はずだ
走 （介） 闲话 会这样
歩く時、（人に多く）噂されるだろう。
走的时候招致别人的很多誹謗.

(59) A
zo si zo tsʰi tsʰi hi si
息子 （助） 息子 教えられる の だ
儿子 （介） 儿子 算得 的 是
俺は男にものを教えられる人間だ、

㊹リジャズ資料 (54) に類歌があり、その歌は「男は口がうまく、いつも女を騙すから、私はあなたの話を信じてないしついても行かない」とする。オウムを口が軽い浮気な男としているのだが、当該歌は女に対しての悪口となっており、オウムに男女差はない。
㊸ジャシ・スガ資料 (45)。リジャズ資料 (17)、(54)、(55)。

(58) B
㊹あなたはいろいろな所ですぐアシャをつくるから、人はいつも陰で噂している。
㊸前句は (48) 参照。後句「噂されるだろう」というのは直接的な悪口である。この場合の噂は、いろいろなところですぐアシャをつくることに対するうらやましいという噂から、ねたみやっかみ、女からすればひどい男だという罵りまで、広い意味での噂が含まれている。
噂は旅に出る時など、特に危険なものと考えられており、噂封じの呪文が唱えられる。この呪文は付録として本節末尾にその日本語訳を掲載した。従って「噂されるだろう」は悪口と言うよりも、むろん冗談ではあるが呪いのニュアンスまでを含んでいる。噂については (36)、(参考 15〜17) 以下、本節末尾付録「噂封じの呪文」参照。
㊸ (48)

(59) A
㊹私は人を騙さず、言うことは必ず実行する男だ。
㊸「男にものを教えられる人間」とは宗教者ダパを指しており、非常に直接的な自慢歌である。前歌の呪いに多少慌てて

第 3 章 歌掛け持続の論理 295

我是算的上男人的人，

kʰuə	la	lo	tɕʰio tɕʰio	hi	si
話	(助)	行い	一致する	の	だ
谈话	(介)	行为	一致	的	是

言うこととやることは、同じはずだ。
是言行一致的，说到做到.

(60) A

sɪ	kʰɯ	dɯ kɯ	i	bi la
木	根	一緒に	生える	たとえ～しても
树根		一块儿	张	就算

たとえ木の根は一緒に生えるとしても、
就算树根张到一块儿，

sɪ	bə	æ	tʰæ	la	hi	ɲi
木	枝	山の崖	下	落ちる	の	だ
树	枝	山崖	下	落	的	是

木の枝は山の崖の下に落ちるのだ。
但树枝是落在山崖下.

(61) B

sɪ	kʰɯ	æ	tʰæ	i	hi	nɯ
木	根	山の崖	下	生える	の	(助)
树	根	山崖	下	长	的	(介)

木の根は山の崖の下に生えているが、
就算树根长在山崖下，

いるかとも思われる。
注：ここで掛け合いが停滞したため、トディが10年ほど前に、三角関係にある二人の女が歌で一人の男を奪い合う場を見たというので再現してもらったが、うまくいかず二首のみ（参考11、12）で、また男女の悪口歌に戻ってしまった。

(60) A
㊚私たちは同じ所に暮らしているが、私は遠くのアドゥを探しに行く。
㊟次歌（61）やリジャズ資料（15）「たとえ木が崖の底に生えるとしても、花が萎めば崖の上に落ちる」（たとえ私はそんなにいい女ではないにしても、立派なアドゥとツマドイするだろう）、リジャズ資料（16）などの用例からすれば、「崖の下」、「崖の底」は現在の満たされない不満な状態を示し、その反対として「崖の上」がある。こうした見方によれば、当該歌後句「木の枝は山の崖の下に落ちるのだ」を自己の行為とすると悪口とはならなくなってしまう。しかし歌い手は㊚にみるように、「崖の下」の意味を全く考慮せず「遠くのアドゥを探しに行く」として、お前などツマドイに値しないという悪口歌としている。
㊕（61）。リジャズ資料（15）、（16）、（145）。

(61) B
㊚まだ知り合っていない素晴らしい男が私のもとにきっとツマドイに来るだろう。
㊟前歌㊚にあげたリジャズ資料（15）と近似した歌。前歌の山の崖の上下を逆転させて切り返している。

<table>
<tr>
<td>sɪ bə æ uo la iu gu
木 枝 山の崖 上 落ちる 来る はずだ
树 枝 山崖 上 落 来 会
木の枝はきっと山の崖の上に落ちるだろう。
但树枝是落在山崖上来.</td>
<td>(類)(60)。リジャズ資料(15)、(16)、(145)。</td>
</tr>
<tr>
<td>(62) A
ua ʂua uo du dʑio bi la
山 高い 上 上 いる たとえ〜ても
山 高 上 上 在 就算
たとえ高い山の頂上にいても、
就算高上顶上,

dʑi kʰi tsʰa bo la iu bi
水 辺り 休む (助) 来る はずだ
水 边 歇脚 (介) 来 会
川辺に休みに来よう。
也要到河边歇脚休息.</td>
<td>(62) A
(歌)たとえ私はあなたと遠く離れていても、あなたのもとに通うつもりだ。
(遠)この(歌)は悪口ではなく、偲ぶ歌のものである。掛け合いの流れから見て、ここでAが偲ぶ歌を歌うのはおかしく、次歌も悪口の返しである。トディ資料(28)の「家の前の茶碗にあるこの濁った水は、飲みたくなくてもひと碗飲む必要がある」を(歌)は「私のそばにいるこの器量の良くない女のもとには通いたくもないが、一回ぐらいは通ってあげてもいい」という悪口として解釈している。当該歌も「高い山」が自慢歌に用いられる語句である(4、5、6など)ことからすれば、自分は器量が良いが、一回くらいは器量のよくないお前にツマドイしてあげてもいいというようなからかいになるのではなかろうか。(歌)は掛け合いが終わった後テープ起こし、中国語への翻訳を一通り済ませてから歌い手に確認している。当該歌は基本的には偲ぶ歌であり、この掛け合いの流れの中で持たされた悪口としての意味づけを、歌い手自信が忘れてしまったという可能性もある。次歌によれば当該歌が悪口であることは、その場では相手に伝わっていたようだ。</td>
</tr>
</table>

(63) B

a du	ṣu ṣu	kə na	ɲi
アドゥ	紙	鷹	だ
阿珠	纸	老鹰	是

アドゥは紙（で造った）鷹だ、
阿珠是用纸做的老鹰,

dʑi	kʰi	tʰʊ	la	lə	iə	ho
水	あたり	到る	(助)	(助)	溶ける	だろう
水	边	到	(介)	(介)	融化	要

川辺に着けば溶けてしまうと思う。
到了河边就会融化.

(64) A

gu	nɯ	gu	hua	hi	na	kɯ
九	日	九	晩	雨	たくさん	降る
九	天	九	夜	雨	大	下

雨が九日九晩降っても、
九天九夜下滂沱大雨,

kə na	do gæ	hi	ma	ho
鷹	翼	雨	ない	だろう
老鹰	翅膀	雨	不	要

鷹の翼には雨が入らない。
老鹰的翅膀里进不了水.

(65) B

hi na	so	dʑu	guə	tʰɯ	gə
大きい湖	三	曲	歌う	これ	歌う
大湖	三	首	唱	这	唱

(63) B

㊌自分のアドゥが貧しくなると、私はとても心配している。
㊙ジャシ・スガ資料（30）に同歌があり、「私はふらふらした人間だから、大切なときにはお前を棄ててしまうだろうよ」と解釈される。「溶けてしまう」は(112)㊌で述べるように大変惨めで悲しい様子をあらわす。それを㊌は、具体的には貧乏になるということなのだと解釈しているのだろう。前歌からのつながりとしては「お前とツマドイしてもどうせ貧しくなるからツマドイしない」という意味の悪口だろう。
㊙(112)。ジャシ・スガ資料（30）、(43)。

(64) A

㊌歌い手は「自己を自慢している」とする。鷹の翼には雨は入らないのだから、「溶けない」という意味で前歌を否定し、合わせて自己をそういう鷹のように素晴らしい男だ（4参照）と自慢しているのである。こういう切り返し方をした場合には、前歌の「溶ける」の意味に膠着する必要はない。相手の譬えたい内容どおりに否定することができる。つまり相手はそこに「貧乏になる」という意味づけをしたが、それが理解できなくても否定が可能で、相手は「貧乏にならない」の意味で了解することができるというわけだ。

(65) B

㊌たくさんの良くないアドゥとツマドイするより、心から私を愛している一人のアドゥとツマドイする方がよっぽどいい。

大きい湖の歌をたくさん歌うより、 比唱三首大湖的歌, gə mu dɯ dʐu guə le gə ガム 一 曲 歌う 値打ちがある 格姆山 一 首 唱 值得 ガム山の歌を一曲歌ったほうが値打ちがある。 不如唱一首格姆山的歌更值得.	(語)「大きい湖」は濾沽湖を指す。ガム山は（16）参照。 (遠)濾沽湖の歌、ガム山の歌という特別な歌を指すわけではない。一般的にガム山の歌というと「ガム女神の帽子は山頂の雲、ガム女神のまつ毛はガム山の松、ガム女神のスカートはガム山の山ひだ…」という固定歌詞の民謡を指す。しかし濾沽湖はガム女神の涙であるとの伝説（序章参照）も有名であるから、ガム山が神だから値打ちがあるというわけではない。(4)、(5)、(6)、(21) など高い山を良しとする感覚はある。 注：(65)〜(70) はビデオ編に収録。
(66) A hi na hi p^{h}ʊ t^{h}ʊ ma gu 大きい湖 波 出る ない はずだ 大湖 波浪 出 不 会 大きい湖には波が打つことはできないはずだ、 大湖里不会刮波浪, hi na dʑia ma dʑio hi ɲi 大きい湖 いたずらだ の だ 大湖 顽皮 的 是 大きい湖自身が悪さをしたのだ。 只是大湖自己顽皮.	(66) A (歌)私たちはもともと仲が良くトラブルは起こるはずがなかったが、あなたが他のアドゥを見つけたから仲が悪くなったのだ。 (語)「大きい湖」は（65）参照。 (遠)前歌で「大きい湖（濾沽湖）」が素材とされたことによる連結。リジャズ資料（63）に「湖にはもともと波が出るはずはない、風が湖面を吹くから（波が出るの）だ」とあり、(歌)として①「私はこんなに早く子供を産みたくはなかったが、あなたが催促するので産んだのだ」、②「私たちはもともと仲が良かったが、あなたが他のアシャを見つけてから悪くなったのだ」という二通りの解釈をする。当該歌前句は「もともと波はない」を「もともと仲が良かった」と解釈する点で②と等しい。後句では今の仲の悪い原因として悪口が述べられるのであるが、リジャズ資料（63）は「風が吹くからだ」とし、そこに相手が別の女とツマドイしたことを譬え、当該歌は「湖自身がいたずらなのだ」として、同じく相手の

心変わりを責める悪口歌としている。

(67) B

sı le˗ bʊ kʰo di hi ɲi
宝石　虫の眼　ある　の　だ
珍珠　虫眼　有　的　是
宝石には虫の眼がある、
珍珠是有虫眼的,

pʰʊ dʑia mu ma sı hi ɲi
価格　良い　娘　ない　通す　の　だ
价　好　女儿　不　穿　的　是
価格もいいが、私はまだ(糸を)通したこともない。
价好, 但我这块珍珠还没有穿过线.

(67) B

㋐私はとてもきれいで評判がいいが、まだアドゥとツマドイしていない。子供がいてもいなくてもきれいなのだ。
㋑「虫の目」は虫の目のような模様、そういう模様のある宝石は高価である。
㋒女の自慢歌であるが、後句の㋐が注目される。宝石に糸を通すことは、その形態から男と関係を持つことの比喩となっているだろう。㋐はそれを「子供がいてもいなくてもきれいなのだ」と解釈している。これは前歌がAの意味づけどおりには伝達されていないためであろう。前歌㋒にあげたが、前歌の類歌であるリジャズ資料(63)には二通りの解釈があり、前歌において歌い手Aは「波が立つ」を②「仲が悪くなる」の比喩と意味づけている。ところがBはそれを①「早くも子を産んだ」と意味づけた。とすればBによって前歌は、「お前はもう子持ちだ、それもお前(湖)自身がやたらといろんな男とツマドイ(悪さを)していたからだ」といったような悪口として意味が更新されたことになるだろう。

(68) A

hi na hi pʰʊ tʰʊ dɯ nɯ
大きい湖　波　出る　一　日
大湖　波浪　出　一　天
大きい湖に波が出るその日、
大湖里出波浪的那一天,

(68) A

㋐私たちの間に子どもができたら、私はあなたと別れてしまう。
㋒ここで歌い手Aは、「波が出る」の二通りの解釈(66参照)のうち、①「子ができる」に引き寄せた解釈を示した。前歌は「宝石に糸を通す」からみて、「子ができる」と関連しているからであろう。波が出るとカモは岸辺に近寄って身を隠すのであるが、それを「子ができたら別れてしまう」の比喩としているの

bæ zo　hi　kʰi　da　i zi カモ　湖　辺り　近寄る　はずだ 小鸭　湖　边　靠　会这样 カモはきっと岸辺に近寄るだろう。 小鸭会靠到湖边去.	である。トディ資料（57）に同歌があるが、その(歌)は「私たちの間にトラブルが起こったら、私はその責任を逃げてしまう」と解釈している。「波が出る」を「仲が悪くなる」の比喩とする②の意味づけである。 (類)リジャズ資料（65)。トディ資料（57)。
(69)　B hi na　hi pʰʊ　tʰʊ　dɯ　nɯ 大きい湖　波　出る　一　日 大湖　波浪　出　一　天 大きい湖に波が出るその日、 大湖里出波浪的那一天, bæ zo　dzi　bə　ʂæ　i zi カモ　飛ぶ　距離　長い　はずだ 小鸭　飞　距离　长　会这样 カモが飛ぶ距離はきっと長いはずだ。 小鸭飞行的距离会很远.	(69)　B (歌)私があなたを見下げて喧嘩になったら、あなたは遠くにアシャを探しに行くだろう。 (遠)前歌でAが、Bの（67）に合わせて「波が出る」を①「子ができる」へと摺り寄せているにもかかわらず、当該歌でBは②「仲が悪くなる」と意味づける。Bにとって前歌の「波が出る」は②の意味づけの歌として更新された。 (類)（68）参照。
(70)　A hi　kʰuə　dzɪ　hi　bæ　hu　mi 湖　あたり　坐る　の　カモ　赤い　羽 湖　边　坐　的　鸭子　红　只 湖畔に棲む赤いカモは、 住在湖边的红鸭, ua　ʂua　çia kʊ　uo　ma　i 山　高い　苦労　できる　ない　はずだ 山　高　辛苦　会　不　会 高い山での苦労にきっと耐えられないだろう。 不能承受高山上的辛苦.	(70)　A (歌)苦労を知らないあなたは、私たちの大変な労働には耐えられないから、私には相応しくない。 (遠)前歌からの連結とすれば、「湖畔のカモ」は前歌で湖に取り残された女としての相手ということになるだろう。 (類)トディ資料（18)。

(71) B

dʑi dʑɪ		go	bi	zə	ʂɪ	da
ジズ	山の斜面	で	道	新しい		掘る
吉子	坡	上	路	新		挖

ジズのある坂で新しい道を作った、
吉子坡上修新路,

a	mu	no	zə	da	ka	gu
兄		あなた	道	掘る	(助)	～になる
哥哥		你	路	挖	(介)	成

兄のあなたのために道を開いたようだ。
就象帮你哥哥修路一样.

(71) B

㊗私は先に他のアドゥとつきあった。いずれあなたも別のアシャのもとに通うだろう。まるで私があなたのために道を開いてあげたようなものだ。

㊟モソ歌謡では恋の相手を「兄」という例は少ない。ツマドイ関係にある相手を普通は「アドゥ」、「アシャ」と呼ぶ。これは男友達、女友達という意味である。㊟リジャズ資料 (8) に「高い山と遠い道 (を歩いてきた) 兄たちは、私たちの所にはきっと座らないだろう」、㊗「遠くから来た兄たちは私たちの所に長居はしないだろうが、どうかまた遊びに来てください」とあり、客迎えの歌である。「兄」は知り合ったばかりでツマドイ関係にはない相手 (男) への呼称だと言う。(69) 前句において、Bは「波が出る」を②「仲が悪くなる」つまり喧嘩すると解釈し、「別の異性とツマドイする」を連想していたものと思われる。当該歌は相手が別の異性とツマドイした原因が実は自分にあるという意味になろうが、当該歌前句はそれを「新しい道を造る」という比喩で表している。「道を造る」、「道を開く」がツマドイの比喩となっているが、これは「橋を架ける」(11、23、24、26、55、56) と同様にわかりやすい譬えである。

後句「あなたのために道を開く」というのは、「あなたのために別の男とツマドイした」という意味で、私のほうが先に新しい男を見つけたのだという自慢である。(69) が「別の異性とツマドイする」男の行為を責めたものであるのに対し、(71) はそれを自己の行為として自慢歌化する。そこでポイントとなるのが、どちらが早く「別の異性とツマドイ」したのかというツマドイの先後関係である。

道を造ることがツマドイを始めることの比喩となるという発想は万葉集にもある。例えば、「大野路は繁道森道繁くとも君し通はば道は広けむ」(16—3881)、「畳薦へだて編む数通はさば道のしば草生ひざらましを」(11—2777) など。

(72) A

㊹私があなたのもとに通ったのではなくて、あなたが勝手に通いにきたのだ。
㊺「溝を掘る」とは「水路を造る」という意味。「水路を造る」は、「橋を架ける」や「道を造る」と同じくツマドイの比喩となっているから、前句はわたしが新しくツマドイを始めたのではないという意味で㊹のように解されるのだろう。前歌で先に他の異性とツマドイする自慢歌へ転換した掛け合いの流れは、どちらが先に惚れてこのツマドイ関係が始まったかによる悪口へ移行する。むろん先に惚れた方がけなされるのだし、また惚れられた方の自慢になる。
(53) に「良い水が水について行く日」とあり、「水に水がついていく」「水が水路に沿う」もまたツマドイを比喩する譬えとなっていることがわかる。(53) では「良い水」に素晴らしいアシャを比喩させ自慢歌となっているが、当該歌では単に「水が」ついてくるとして、からかう相手自身を比喩させている。お前 (水) の方からツマドイを始めたのだという意味で㊹のような悪口歌となる。
㊺ (53)。

(72) A

zo nɯ kʰæ ʂɿ da ma kʰɯ
息子 (助) 溝 新しい 掘る ない 行く
儿子 (介) 沟 新 挖 不 去
私は新しい溝を堀りに行かない、
我没去挖新的水沟,

dʑi nɯ kʰæ kɯ tɕʰio le tsʰɿ
水 (助) 溝 後ろ 〜について (助) 来る
水 (介) 沟 后面 跟随 (介) 来
水が溝の後ろからついてくる。
是水跟着水沟流来的.

第3章 歌掛け持続の論理 303

(73)　B dʑi　ʂɪ　kʰæ　uo　bi　ma　gu 水　新しい　溝　頭　行く　ない　できる 水　新　沟　头　去　不　会 新しい水は溝の前に行くことができない、 新的水不能到水流前面去， dʑi　dʑia　kʰæ　mæ　le　iu　gu 水　良い　溝　後ろ　(助)　来る　はずだ 水　好　沟　后面　(介)　来　会 良い水はきっと溝の後ろから流れてくるはずだ。 好的水会从水流的后面流来.	(73)　B [歌]私はいい女だから自ら進んでアドゥを探すことはできない。あなたが勝手に通いに来たのだ。 [遠]前歌と同じく「水が水路に沿って流れる」をツマドイの比喩として、惚れた先後関係による掛け合いである。前句は溝（つまり今流れている水）の先を新しい水が流れることはできないという道理なのだが、それを「わたしが先にツマドイすることはない」と解している。後句は、前歌の後句とほぼ同じなのだが、そうすると「良い水」が相手を指すことになり、「素晴らしいあなたが先にツマドイに来た」というおかしな解釈になってしまう。後句は、前句の道理を繰り返しているだけなのだろう。前句後句が言い方を変えて実は同じことを言っている。だから「良い水」は「新しい水」と等しく自己を自慢した言い方なのだ。[歌]の「あなたが勝手に通いに来たのだ」は語句そのものの解釈ではなく結局こういうことなのだというレベルでの解釈であろう。
(74)　A dʑi　dʑia　kʰi　kʰuə　ba　hi　tʰɯ 水　良い　門　あたり　流れる　の　これ 水　好　门　边　流动　的　这 門の辺りを流れる良い水は、 流在门前的这个好的水， ma　tʰɯ　dɯ　kʰua　tʰɯ　dzo　i ない　飲む　一　碗　飲む　必要だ　(助) 不　喝　一　碗　喝　需　(介) 飲みたくなくても一碗飲む必要はある。 不想喝也要喝.	(74)　A [歌]私の側にいるこのきれいな女と一回ぐらいはツマドイしてもいい。 [遠]トディ資料（28）に「家の前の茶碗にあるこの濁った水は、飲みたくなくても一碗飲む必要がある」、[歌]「私のそばにいるこの器量のよくない女のもとには通いたくもないが、一回ぐらいは通ってあげてもいい」とある。悪口としてはこちらの方がつじつまは合うが、前歌で女が自己を「良い水（素晴らしい女）」としたのをそのまま使って、「そんなにきれいだというのなら、本当はツマドイなど

(75) B

no	uo pɯ	bi	ɲi	ma	gu
あなた	会う	つもりだ	ない	~になる	
你	见面	要	是	不	成

あなたに出会いたくはないが、
我不想遇见你,

zə	ŋu	no	nɯ	ɲia	uo pɯ
道	狭い	あなた	(助)	私	会う
路	狭	你	(介)	我	见面

狭い道であなたは私に出会った。
但在狭路上你来与我见面.

(76) A

zə	ŋu	no	uo pɯ	zi si
道	狭い	あなた	会う	~ならば
路	窄	你	见面	的话

狭い道であなたが出会うなら、
如果你在狭路上遇见我的话,

zə	gə	gə dʐu	da	bi	i
道	上	上方	避ける	つもりだ	はずだ
路	上	上边	让	要	会

きっと道の上方によけるだろう。
我会让到路上方去.

(75) B
㊹語句どおりの悪口歌。「あなたが私に出会った」というのは、相手を主体としたい方であり、相手の行為のみを責めている。前の(72)、(73)、(74)はどちらが先に惚れたかをめぐる掛け合いだったが、当該歌、次歌にもまだその余韻が残っている。
「狭い道」は、前歌「門のあたり」からの連想かもしれない。モソ村落では各家の門の前は狭い道だ。

(76) A
㊺相手を極端に拒む歌であるが、さらに道の歩き方の礼儀として、目上の者には上方をゆずるという。この場合には上方によけているのであり、相手を目下の者として、けなしている。

したくはないが、一回くらいなら寝てあげてもいい」というような意味で、より掛け合いの流れに沿った悪口となっている。
㊸トディ資料 (28)。

(77) B

se	la	gə	dzʅə	gə	li	zo
歩く	(助)	上	跳ぶ	上	見る	(助)
走	(介)	上	拔	上	看	(介)

上を見て歩いたり跳んだりしている、
走路时深一脚、浅一脚的、跳来跳去、

kʰɯ	bi	ɲia	uo	dua	tsʰɪ	zi
足	つまずく	私	前	転ぶ	来る	(助)
脚	绊	我	前	摔	来	(介)

足がつまずいて私の前に転んできた。
结果绊到了摔倒我面前来了.

(78) A

kʰɯ	bi	no	uo	dua	zi si
足	つまずく	あなた	前	転ぶ	〜ならば
脚	拌	你	前	摔	的话

足がつまずいてあなたの前に転んだら、
结果摔倒在你面前的话、

so	gə gə	zo	gə dɯ	bi
三	叩く	(助)	起きる	つもりだ
三	拍	(介)	起来	要

私は（尻を）三回叩いてから起きる。
我会拍三下身站起来.

(77) B
㊲前句は (10) に既出。上を見ながら大股に歩く様子で、傲慢な男を表わしている。狭い道で出会ったという場面に合わせて、「転んできた」へとつなげている。
㊳ (9)、(10)、(12)、(13)、(78)。ジャシ・スガ資料 (19)。トディ資料 (52)、(53)。

(78) A
㊲尻を叩くのは相手に対する無礼な行為。
㊳尻取り式連鎖による。トディ資料に、「おばさん、あなたの娘は目に余るほど傲慢だ、三顆針の刺にひっかからないように気をつけろ」(52)、「もし三顆針にひっかかったら、私は（尻を）三回たたいてさっさと別れてしまおう」(53) とある。またジャシ・スガ資料 (19) に「雑種が跳ぶように上を向いて奢って歩いている、三顆針の刺にひっかからないように気をつけろ」とあり、これは前歌 (77) の前句と近似している。歌い手Aは前歌 (77) 前句を聞いて、例えばジャシ・スガ資料 (19) やトディ資料 (52) を思い浮かべ、その切り返しであるトディ資料 (53) を連想し、その後句「尻をたたく」を前歌の後句に接続することにより、一首を創り出しているとみることができるだろう。転んだから尻を払うという直接的な連想だけではない歌の蓄積による連想がある。ここで笑いがおこる。
㊳前歌参照。

(79)　B
ua　　ṣua　　sɿ　　dʑio　　lʉ　　dʑio　　lu
山　　高い　　木　　回る　　石　　回る　　(助)
山　　高　　　樹　　転　　　石　　転　　　(介)
高い山の木も回るし、石も回る、
高山上的树木石头旋转了．

a du　　　tʰi　　　ȵia　　mu　　　i zi
アドゥ　今にも　目　　くらむ　はずだ
阿珠　　　要　　　眼　　昏　　　会这样
アドゥは目がくらくらするだろう。
阿珠会看得眼花缭乱．

(80)　A
hi na　　　tʰo dʑio　　hi　　ma　　gu
大きい湖　回す　　　　できる　ない　はずだ
湖　大　　 調転　　　　会　　　不　　　会
大きい湖は(向きを)変えることはきっとできないが、
大湖是不能调转方向的，

zo　　gu　　le　　tʰo dʑio　　zo i
息子　体　　(助)　回す　　　 必要だ
儿子　身体　(介)　调转　　　 需
私の体は(向きを)変えなければならない。
但我的身体应该掉转过来．

(81)　B
no　　tʰṣa la　　bi　　ȵi　　ma　　gu
あなた　話す　　(助)　たい　ない　〜になる
你　　　说话　　(介)　愿意　不　　成

(79)　B
㊌私はとてもわがままだから、アドゥは私に対してどうしようもないだろう。
㊙高山の木や石を回るとは、(1)、(2)、(4)、(5)などと同じく、いろいろな男とツマドイをするという意味で、自慢歌である。
㊛(90)。

(80)　A
㊌私は自分の間違いを直さなければならない。
㊙木や石を回るという前歌の発想を受ける。ダシブチ資料(37)に「大きい山は向きを変えることはできない、私の体は向きを変えることができる」とある。その際の説明では、この歌は普通の歌としても恋の歌としても歌いうるとのことである。普通の歌とは何か間違ったことをしてしまったような時、何か決断するときに歌うのであろう。恋の歌としては、悪口歌として「よくもないお前とはツマドイをやめる」などという意味に歌うという。当該歌の場合も、自分の間違いとは、「お前とツマドイした」ことを意味しているだろう。
㊛ダシブチ資料(37)。

(81)　B
㊙(75)に引き戻されている。

第3章　歌掛け持続の論理

私はあなたと話したくない（が）、
我不想和你说话,

ʐə ŋu no nɯ ɲia tʰʂa la
道 狭い あなた (助) 私   話す
路 狭 你   (介) 我   说话
狭い道であなたが私に話しに来た。
但狭路上你来和我说话.

(82) A
<u>mo sɿ</u> <u>ba du</u> ɲia kɯ da
ツツジ 瘤   私 〜に対して くれる
杜鹃树 疙瘩 我   上   给
ツツジの瘤を私にくれたが、
杜鹃树的疙瘩交给了我,

<u>dʑia io</u> ɲi bi <u>gə i</u> zi
良い模様の薪 だ 言う 持ちあげる (助)
花纹好的柴   是 说   上拿   (介)
良い模様の薪だと言って持ちあげている。
我却说是花纹好的柴拿起来了.

(83) B
<u>ma ʂɯ ʂɯ</u> la i bi si
本気だ (助) する つもりだ 〜ならば
当真的 (介) 做   要   的话
本気でやれば、
真的要做的话,

dʑə la ho na na kʰɯ bi
関節 (助) 肋骨 たたむ させる
关节 (介) 肋骨 重叠   要让〜这样做

(82) A
㊿私のアシャはそれほどきれいではないが、私はきれいだと言って、あなたのもとに通っている。
㊶「瘤」は木の瘤であるが、模様の美しい瘤は木碗を作る際の上等な材料とされる。「ツツジの瘤」はきれいでない女、「良い模様」はきれいな女と意味づけられている。
㊸前歌「あなたが私に話しにきた」を受け、とりあえず通っているだけだとけなしている。

(83) B
㊾直接的な悪口。

（あなたの）関節を肋骨に折りたたんでやりたい。
要让你的关节和肋骨叠压在一起.

(84) A
dzɿə　la　ho　na na　zi si
関節　（助）肋骨　たたむ　ならば
关节　（介）肋骨　重叠　的话
もし関節を肋骨にたためば、
如果关节和肋骨叠压在一起,

ma　kʰɯ kʰɯ　lu　gu　kʰɯ bi
ない 手をゆるめる（助）〜になる　させる
不　放松　（介）成　要让~这样做
（互いに）手をゆるめることはできなくなる。
就会互不相让.

(85) B
ma　tsʰa la　la　ma　tsʰa la
ない　話す　（助）ない　話す
不　说话　（介）不　说话
（あなたとは）話さないよ、話さない、
不说话呀不说话,

tʰa ɲi bʊ　la　ma　tʂʰa la
タニブ　（助）ない　話す
踏你布　（介）不　说话
タニブ（のようなあなた）とは話さない。
不跟你这种"踏你布"一样的人说话.

(86) B
no　kʰæ kʰɯ　la　ɲia　i tsʰua
あなた 屁　ひる　（助）私　覚める
你　屁　放　（介）我　睡醒

(84) A
㊳直接的な悪口をそのまま受けて直接的に返す。

(85) B
㊴[tʰa ɲi bʊ]は動物名だが、歌い手もよく知らないという。
㊵(39)と同じく掛け合いを終わらせる方向性をもち、ここで掛け合いは途切れる。次歌もBによって歌われる。
㊶(39)。ジャシ・スガ資料(39)。

(86) B
㊷歌い始めて笑い出し、何度も中断。「屁をひる」はきわめて恥ずかしい行為である。モソ社会において異性キョウダ

第3章　歌掛け持続の論理　309

あなたが屁をひって、私は目が覚めた、
你放屁我就醒来,

no	do	ɲia	gə	ho	ɲi gu
あなた	見える	私	驚く	〜のようだ	〜のようだ
你	见	我	吓	象	一样

あなたが見えて私はびっくりした。
见到你就象我会被你吓住一样.

イの前で「屁をひる」のは、行為としても言葉としてもとても恥ずべき行為として忌まれている。当該歌は辛らつな悪口というより、次歌のパロディとして笑いを誘うのであろう。(87) 参照。

(87) A

a hua	a ȵia	i	mu	kʰua
昨晩	アシャ	眠る	夢	見る
昨晩	阿夏	睡	梦	做

夕べ夢でアシャを見た。
昨天晚上梦见阿夏,

so	tʂʰa tʂʰa	la	dʑia	ma	do
三	探る	(助)	しかし	ない	見える
三	摸	(介)	却	不	见

三回手探りをしても見えない。
摸了三下却看不见.

(87) A

㊸リジャズ資料 (125) に「夕べ夢でアドゥを見た、今朝起きると(アドゥは)いない」、同 (126) に「夕べ夢でアドゥを見た、今朝(自分が)杉林で寝ている(のに気づいた)」とある。その際の説明として、(125) はアドゥが遠い旅に出ている際などに女が柴刈りなどの労働のときに歌う、(126) は女が旅(薬草採りなど)に出ている時に歌うという。当該歌もまた男が旅に出ている際などに歌う偲ぶ歌である。ここでは前歌のパロディのばらしとして掛け合いを持続させていく。
㊸(参考 8)。リジャズ資料 (125)、(126)、(142)。

(88) B

ua kʰuə	li	la	ua	dʑia	do
山あい	見る	(助)	山	良い	見える
山沟	看	(介)	山	好	见

山あいを見ると良い山が見えた、
看山沟前的时候看见好山,

kə li kʰə		gu	ma	ʂu du
手間が掛かる		はずだ	ない	思う
费力		会	不	想念

(88) B

㊸見た目には立派な男だったのに、実は家族がいなくて、彼の生活を助けてあげなければならないことになった。自分は損をした。
㊸リジャズ資料 (133) に「山あいはとても明るく見える、私のアドゥは見えない」という偲ぶ歌がある。「〜は見えるのに恋人は見えない(会えない)」という構造を持つ。これは (51) ㊸にあげたような「郭公の鳴き声は聞こえるのに、恋人の声は聞こえない(会えない)」と

（こんなに）手間がかかるとは思わなかった。
却没想到会这样费力.

(89) B

ua	ṣua	le	guə	go	da	kʰu
山	高い	(助)	回る		終わる	このようだ
山	高	(介)	转		完	这样

高い山を回り終わってから、
把高山都转完，

le uo	a ma	tṣa iu	bi
帰る	母	世話をする	つもりだ
回去	阿妈	服侍	要

帰って母の世話をする。
然后再回来服侍阿妈.

同様である。当該歌もまた「山は見えるのに恋人には会えない」という構造で見るならば、「良い山は見えるのに、アドゥにはなかなか会えない」という偲ぶ歌と見ることができる。前歌が偲ぶ歌であればなおさらそう読める。しかし⑲は、(44)、(45)などと同じく「一見良く見えるが実はない」の構造によって当該歌を解していることを示している。即ち、「一見良い山(男)と見えたが、実は貧乏だった」などという悪口歌である。後句の「手間がかかる」という語が多義性をもつということなのだが、それは構造を伴っての多義性だ。その構造に則っているから、「手間がかかる」は「実がない」ことを比喩することになり、それは⑲のような「家族がいなくて、彼の生活を助けてあげなければならない」でも、あるいは浮気性でも、器量が悪いでも、そういうすべての意味を含むことができる。前歌の旅を素材とした歌からの連想で、当該歌以後は旅を素材とする。
㊷リジャズ資料 (91)、(133)、(141)、(161)、(162)、(190)。

(89) B
⑲私はたくさんのアドゥとつきあってから、帰って母の世話をする。
㊳(1)、(2)、(4)、(5)、(79)などと同じ自慢歌。
㊷リジャズ資料 (21)。ダシブチ資料 (51)。

(90) B	(90) B
guə hɯ guə nɯ guə lo do 回る さらに 回る （助） 回る 事 見える 转 越 转 （介） 转 事 见 回れば回るほど、回る事情が見える、 越转越见转的事,	㊵世間は見れば見るほど知らないことが多くなる。世間を見ないで何をするのか。 ㊶自慢歌ではあるが、恋だけでなくさまざまなことを含み得る。 ㊷ (79)。

ua ṣua ma guə a dzo bi
山 高い ない 回る 何 つもりだ
山 高 不 转 什么 要
高い山を回らないで、何をするのか。
不转高山做什么.

(91) A	(91) A
æ tʰa ṣɯ tʰa le go tʰa 銅器 鉄器 （助） 腐る はずだ 铜器 铁器 （介） 烂 会 銅の器も鉄の器も腐食するはずだ、 铜器铁器都会腐蚀完,	㊸「女が多くの男と付き合ったことがあることを揶揄している」という。(89)、(90)の「数多くの男とツマドイする」というBの自慢を逆手にとって、相手を節操のない女として切り返している。「あなたの」は直接性器を指している。ここで笑いが生じた。

a ɕia no pʊ go ma tʰa
アシャ あなた の 腐る ない できる
阿夏 你 的 烂 不 会
アシャよ、あなたのはいつまでも古くならないでいられる。
阿夏, 你的却永远也不会旧.

(92) A	(92) A
dʑi ṣua ua ṣua le mu pʰæ 水 深い 山 高い （助） 忘れる 水 深 山 高 （介） 忘记 深い水も高い山も忘れてしまったが、 高山深水都已忘记了,	㊹ジャタダシは永寧に実在した女の名前で、若い時はとても美しいと評判であったと言う。 ㊺ (参考１)に「深い水も高い山も忘れてしまったが、アドゥのことは忘れていない」という偲ぶ歌があり、当該歌はそのパロディだろう。ジャタダシは評判の

dʑia tʰa dæ ʂɪ　ma　mu pʰæ ジャタダシ　　ない　忘れる 加它旦史　　　不　　忘记 ジャタダシのことは忘れていない。 而"加它旦史"却不能忘记.	美女であるが、前歌とのつながりからすれば単に美しいだけでなく多くのツマドイ相手を持っていたという形で用いられているだろう。(104)やトディ資料 (26) に「セダ家の駿馬はとてもいいが、劣った母馬の子だ」とあり、トディは「相手をからかうとき、直接その名を歌えないので、この仮の名前で相手を意味させる」といっている。当該歌も同様に、相手を節操のない女という意味でジャタダシとしてからかっているのであろう。「忘れていない」も、ジャタダシがすばらしい女だから忘れられないのではないだろう。(10)「足を大きく上げ上を見て歩く、あなたを知らない人はきっといないだろう」や (58)「高い山があればどこへでも焼香に行く、歩くとき（人に多く）噂されるだろう」は、前句で相手の傲慢さや節操のなさを提示し、後句でそれは誰でも知っており噂になっていることだといってからかう構造を持っている。当該歌も同様に、それほど多くの男とツマドイして噂になったというくらいの「忘れていない」なのだろう。多くの男とツマドイする女というのは、自慢の素材とも、けなしの素材ともなるわけだ。
	古代日本には、下総国葛飾郡（現千葉県市川市）に真間娘子（真間手児名）という有名な美女がいた。複数の男性に求愛されて入水自殺してしまったのであるが、赤人や虫麻呂はそれを悲劇として長歌で歌い上げている。一方、東歌には「葛飾の真間の手児名をまことかもわれに寄すとふ真間の手児名を」(3384)、「葛飾の真間の手児名がありしばか真間の磯辺に波もとどろに」(3385) とある。評判の美女真間

第3章　歌掛け持続の論理　　313

の手児名と自分の中が噂されている(3384)、真間手児名がいたら男達は大騒ぎしたろうに(3385)といった意味。こちらの真間手児名は悲劇の主人公というよりは、ジャタダシに近く、美女であるだけでなく多くのツマドイ相手をもつ女として、良い意味にも悪い意味にも解釈されたのだろう。上総国周淮(すゑ)郡(現千葉県君津郡)には珠名(たまな)娘子がいた。やはり美女で多くの男から求愛されているのだが、虫麻呂は「人皆のかく迷へれば容艶(かほよ)きによりてそ妹はたはれてありける」(9―1738)、つまり、男達がこんなに心を惑わしたので、美貌にかまけて珠名(たまな)娘子はうつつを抜かしていたということだよ、と歌われている。虫麻呂としては、多くの男に求愛され入水した真間手児名と、同じく求愛されうつつを抜かしている珠名(たまな)娘子とを対比的に長歌に仕立てているのだが、その素材としての評判の美人は、当該歌のジャタダシのように、美人とも多くのツマドイ相手をもつ無節操な女とも意味づけられて歌われていたのであろう。

(93) B

ua	ṣua	go bo	$t^{h}i$	ua	zi
山	高い	郭公	もう	鳴く	た
山	高	布谷鸟	已	叫	了

高い山で郭公が鳴いている、
高山上的布谷鸟在鸣叫了,

di	dʑia	ba ba	ba	i zi
土地	良い	花	咲く	はずだ
地方	好	花朵	开	会这样

(93) B
[遠](51)[遠]に示したように、多義性をもつ一首である。当該歌に歌い手がどういう意味づけをして歌ったかは、明確に答えてもらえなかったが、前後の関係からすれば相手の節操のないツマドイ関係を比喩させてからかっていると考えられる。とすれば歌い手自身の「昔、梅毒のひどい患者が、春と夏になると花が咲くように発作が起こる(つまり吐血する)ことをからかっているのだ」ダシブチ資料(20)という意味づけがなされてい

良い盆地ではきっと花が咲くだろう。 坪坝上会盛开花朵了.	たのだろう。むろん梅毒が節操のない関係の結果である。 ㊮（51）、（111）。リジャズ資料（199）。ダシブチ資料（20）。
（94）　B di　dʑia　t^{h}i tʂ^{h}ɯ tʂ^{h}ɯ　dɯ　nɯ 土地　良い　荒れる　一　日 地方　好　荒　一　天 良い土地が目の前で荒れているその日、 好地摆在前面的那一天, ia k^{h}a　lʊ　na　t^{h}i　p^{h}o　hu 苦蕎麦　種　黒い　今にも　蒔く　行く 苦荞　籽　黑　要　播种　去 黒い苦蕎麦の種を蒔きに行く。 去种下黑色的苦荞种.	（94）　B ㊍あなたはもともといい男だったが、だんだん浮気で節操のない男になってしまった。だからあなたの所にたくさんの女が通ってくるのだ。 ㊟苦蕎麦はあれた土地でも育つから、一首は「良い土地が荒れたら苦蕎麦を蒔く」という道理を歌っている。苦蕎麦の種は小さくてたくさん蒔くのだろう。だからたくさんの女の比喩となっている。当該歌について、トディが「ふつう男が女をからかって歌う」といっている。これは男のもとに女が通ってくるという言い方を不自然と考えているからであろう。この不自然さは、歌世界に実生活のツマドイのあり方を反映させたときに生ずるのであろうが、歌世界においては、男のもとにたくさんの女が通ってきていいのである。
（95）　A a ɕia　dza mo　t^{h}ɯ u　k^{h}ɯ アシャ　あまり良くない　この　に 阿夏　较差　这个　上 あまりきれいでないこのアシャに、 不怎么漂亮的这个阿夏上, ma　si　dɯ bi　t^{h}i　si　zi ない　終わる　ある程度　もう　終わる　た 不　完　一些　已　完　了 終わらなくてもほとんど終わった。	（95）　A ㊍あまりきれいではないあなたのために、お金をほとんど使ってしまった。 ㊟何が「ほとんど終わった」のかは具体的ではない。㊍はそれを「お金」としているが、悪口歌の文脈としては相手が欲深いことをからかうのであるから、それを端的に表すものが「お金」なのだ。その中にはアシャの家での労働なども含まれるだろう。

不完也完了一些.	
(96) B tɕʰa go kʰɯ ma ua go læ 千 個 行く (助) 万 個 来る 千 个 去 (介) 万 个 来 千人行っても、万人が来る、 千个去吗，万个来， tsa do no bi ma ɕi ua 雑種 あなた を ない 望む 杂种 你 上 不 希望 「雑種」のあなたをあてにはしない。 杂种你上不希望.	(96) B [歌]私に求愛する男は多いから、あなたを頼りに生きていこうとは思わない。 [遠]後句「あてにはしない」は、前歌との関連からすれば、具体的には、お金や労働力などを指すことになる。 [類]リジャズ資料（79)、(80)、(188)。
(97) A dʑio la po iu po iu tsɪ ある (助) 持つ 来る 持つ 来る 言う 有 (介) 带 来 带 来 说 あれば、持って来い、持って来いと言う、 说有了就带来带来， so dʑi do kʰo ʂu ma tʰa 水甕 穴 満たす ない できる 水桶 坑凹 满 不 会 あの大きな水がめを満たすことはできない。 总是填不满那个大水桶.	(97) A [歌]自分のアシャは欲張りで満足することを知らない。 [遠]（95）と同趣旨。「大きな水甕」は相手の欲深い心の比喩。
(98) B dʑio bi tʰi uə uə ma gu ある 言う できる 積み重なる ない できる 有 说 会 堆积 不 会 (財産が)あるといっても、積み重ねられない、	(98) B [歌]財産はあるといっても積み重ねられない、ただ稼いだり使ったりするのだ。 [語]［kʰæ ɕio］は、「使い切る(花費)」という意味の中国語雲南方言「开消(kāi xiao)」の訛音。 [遠]道理であり「だから自分のところに持

说有并不会象山一样堆起来,

tʰi	ʂɯ	tʰi	kʰæ ɕio	hi	ɲi
一方で	稼ぐ	一方で	使う	の	だ
边	找	边	开消	的	是

ただ稼いだり使ったりするのだ。
只是边找边开消而已.

(99) A

so dʑi	do kʰo	tʰɯ lə	go
水がめ	穴	この	中
水桶	坑凹	这个	里

この大きな水がめの穴に、
这个大水桶里,

ma	si	dɯ bi	si	hi	ɲi
ない	終わる	ほとんど	終わる	の	だ
不	完	一些	完	的	是

終わらなくてもほとんど終わった。
不完也完了一些.

(100) B

si	kʰu bi	bi	a mu	tsʰɿ
終わる	～させる	言う	かどうか	来る
完	要让~这样	说	是否	来

終わらせようと思って来るべきだ。
应该是知道会花费财物才来的吧,

ma	dʑio	ɲi	nɯ	no	ua ʂɯ
ない	ある	誰も	(助)	あなた	誘う
不	有	哪一个	(介)	你	邀请

なければ、だれもあなたを誘わない。
没有的话, 谁请你来和我走婚.

って来い」というように、開き直りによる笑いが意図されている。

(99) A
㊚自分のアシャの、大勢の家族のために、お金はほとんど使ってしまった。
㊟(95) 後句と (97) 後句を合わせたようにして作られている。「水がめ」は(97) では「欲深い心」と解されていたのに対し、ここでは「大勢の家族」と解されている。つまり「水がめ」によって伝えたいことは、相手が欲深いということであり、それが具体的には欲深い心とも大家族とも多義に意味づけられている。

(100) B
㊚お金を終わらせようと思って来るべきだ、お金がなければだれもお前などツマドイに誘わない。
㊟(98) と同じく、自己をことさら欲深い女に仕立てることで逆に相手をこきおろすという悪口歌。

第3章 歌掛け持続の論理

(101)　A
ia tɕʰia　dzɿ bo　i　dzʐæ　ʂæ
お金　　財布　　腰　あいだ　かける
洋钱　　钱包　　腰　间　　　挂
お金を入れてある財布は腰にかけてある、
装钱的钱包缠在腰上,

ki　　lo　　ma　　ʂu　　ma　　ki　　ɲi
くれる　行い　ない　ようだ　ない　くれる　だ
给　　　样子　不　　象　　　不　　给　　是
行為をしてくれなければ、やらない。
你不给我好脸色, 我不会给你钱.

(102)　B
a du　　go　hi　tʰɯ u　si
アドゥ　好き　の　この　（助）
阿珠　　喜欢　的　这个　（介）
（私が）好きなこのアドゥが、
我真心喜欢的这个阿珠,

ki　　la　　ma　　ki　　li　　ma　　bi
くれる　或いは　ない　くれる　見る　ない　つもりだ
给　　　或　　　不　　给　　　看　　不　　　要
（お金を）くれるかどうか、（私は）気にしない。
他给不给我钱, 不会计较.

(103)　A
ɲia　　du　　go　　hi　　tʂʰɿ u　　si
私　　アドゥ　好きだ　の　　この　　（助）
我　　阿珠　　喜欢　　的　　这个　　（介）
私を好きなこのアドゥは、
喜欢我的这个阿珠,

(101)　A
㊀［ia tɕʰia］は中国語「洋钱 yáng qián」の訛音。お金のこと。
㊁私を尊敬しないなら、お金はやらない。
㊂「行為」はさまざまな行為を含む言葉であるが、㊁はそれを「私を尊敬」する行為としている。むろんそれは具体的にツマドイの生活上の注意を与えるといった類いのものではなく、悪口歌の掛け合いの流れに沿って、「私に悪口歌を歌ってけなすようなお前には」というくらいだろう。

(102)　B
㊃前歌までお金をやるやらないをめぐる悪口歌に終始していたため、当該歌は前歌を切り返すことによって偲ぶ歌とし、掛け合いを持続させようとしていると思われる。

(103)　A
㊄私を好きなアドゥは私をもちあげるので、人の前でとても晴れ晴れしく気持がよい。
㊅前歌の偲ぶ歌が、掛け合いを持続させるためのものであることを、A も承知しているのだが、その上で、前歌をあたかも B の本心のように決めつけ、茶化

dʑi	nuu	tṣʰua	gə tɕʰi	ɲi gu
水	（助）	船	持ち上げる	〜のようだ
水	（介）	船	抬起	一样

水が船を持ち上げるようだ。
就象水把船抬起来一样.

(104) B

si da	z̺ua	uo	kʰa	dʑia dʑia
セダ	馬	駿	とても	良い
森达	马	骏	非常	好

セダ家の駿馬はとても良いが、
森达家的骏马非常好,

z̺ua	mi	ŋuə ha	zo	la	ɲi
馬	母	劣る	息子	（助）	だ
马	母	欠差	儿子	（介）	是

劣った母馬の子だ。
却只不过是欠差的母马的儿子.

(105) A

dʑi	go	ɲi	ʂɯ	ma	bi	bi
水	中	魚	探す	ない	つもりだ	言う
水	里	鱼	找	不	要	说

もともと水の中で魚を捕ろうとは思わなかったのに、
说不去水里找鱼,

ɲi	zo	ɲia lə	hæ	le	i
魚	息子	目	金	（助）	ある
鱼	儿子	眼睛	金	（介）	有

している。

(104) B

㊚男はいくら優秀でも、私たち女が産んだ子にすぎない。
㊙ワラビ村にセダ家は実在はしない。昔ワラビ村にあったという噂もあるが不明。トディ資料（26）に同歌があり、トディは「相手をからかうとき、直接相手の名を歌えないので、この仮の名前で相手を意味させる」といっている。㊚において「劣った母馬」が自分を含めた「私たち女」となる点がおかしい。本来「劣った母馬」は相手の男の母を軽蔑している言葉であり、悪口歌としてはそのほうが良い。それを㊚が「私たち女」と解釈しているのは、この悪口が遊びであること、歌い手も我々もＡの母を良く知っていることが影響したためと考えられる。
㊥トディ資料（26）。

(105) A

㊚私はあなたに通うつもりはなかったが、あなたの誘惑に負けたのだ。
㊙「魚の目に金がある」について歌い手は「魚の目がきらきら光ることから、金があると言う」という。
㊙前句「魚を捕る」は、「魚を捕った後、良い池が見えた」（107）という例とともに、ツマドイの比喩となっている。㊚の「私はあなたに通うつもりはなかった」は、(72) 前句「私は新しい溝を掘りに行かない、水が溝の後からついてくる」

第３章　歌掛け持続の論理

魚の目には金がある。
但鱼的眼睛里却有金子.

と等しく「わたしは通うつもりはなかったのにa、お前が先に通ってきたb」を構成しようとする。前句が出た時点で聞き手はbを予想しているだろう。ところが後句は、「見た目は良かったがc、実はなかったd」という（44）、（45）と等しい構造のcとして読める。つまり「金があるように見えたが、実はなかった」ということだ。従って構造上、当該歌は分裂しているということになる。しかし㊹は後句を「あなたの誘惑に負けたのだ」と解釈する。これは単に「お前が先に通ってきたb」だけではなく、そこに「見た目は良かったc」のニュアンスを加味した解釈だ。つまり㊹は構造的には、a―cによってa―b、c―dを複合的にイメージさせようとしている。

では聞き手BはどこまでAの㊹を理解したのだろうか。次歌はまさに「見た目は良かったがc、実はなかったd」の構造による悪口歌である。するとBはcを聞いて、a―bを無視してc―dをイメージしていることになる。

(106) B
sɿ dʑia ma dʑia la kʰa dʑia
木 良い ない 良い 白樺 良い
树 好 不 好 白桦树 好
木は良いも悪いも白樺が良い（が）、
树好不好白桦树好，

la kʰa go lo bʊ nɯ dzɯ
白樺 中 虫 (助) 食う
白桦树 里面 虫 (介) 吃
白樺は、中は虫に食われている。
但白桦树里面却被虫蛀了.

(106) B
㊹見た目にとてもいい男が、能力が必ずしもあるとは言えない。
㊵前歌㊹参照。（44）、（45）と等しく、「見た目は良かったがc、実はなかったd」の構造による悪口歌である。つまり歌い手は前句の前句を無視しているのである。
㊿ジャシ・スガ資料（46）。リジャズ資料（51）、（52）。

(107)　A
ua　ṣua　se　nɯ　ua　dʑia　do
山　高い　歩く　(助)　山　良い　見える
山　高　走　(介)　山　好　見
高い山を歩いたら良い山が見えた
走山的時候看見好的山,

ɲi　ṣɯ　si　no　dua　dʑia　do
魚　探す　〜てしまう　(助)　池　良い　見える
魚　找　完　(介)　水塘　好　見
魚を捕った後良い池が見えた。
捕过鱼之后才看见有好鱼的水塘.

(108)　B
sɿ　dza　ma　dza　tʰo　dzɿ　dza
木　悪い　ない　悪い　松　樹　悪い
樹　坏　不　坏　松　樹　坏
木は劣るも劣らないも松が劣る(が)、
树差不差松树差,

(107)　A
㊌自分はアシャができた後、きれいな娘に出会った。
㊙「良い山が見える」は語句の上では(88)前句と等しい。しかし(88)㊙で述べたように「良い山が見える」自体は「一見良く見える(が、実はなかった)」とも「良い山は見える(が、恋人は見えない＝会えない)」とも解釈されうる多義性を持つ。従って「良い山が見える」を含む前句は、一首の構造つまり後句とのかかわりの中で意味が限定されることになる。もし後句が、例えば「実際には禿山であった」とか「しかしアドゥは見えない」であれば、前述の二つの解のどちらかに意味づけされていくだろう。歌い手Bは「良い山が見える」を「一見良く見える(が、実はなかった)」と解釈していると思われる。それは前歌がそういう構造の歌だからだ。後句は前句と同構造なのであるが、歌い手Aは「魚を捕る」で「ツマドイする」を比喩させることにより、一首の意味を㊌のように限定させようとする。その発想は(105)前句と等しい。前歌を聞いたAは(105)の前句が完全に無視されたことを知って、その部分を繰り返して強調しているのだろう。果たしてこの発想が今度はBに通じるのだろうか。

(108)　B
㊌見た目に良くない女は心が黄金のように輝いている。
㊙松脂が金色をしているので黄金があるという。
㊙BにAの意味づけはやはり通じなかったようだ。前歌㊙に述べたように、Bは「一見良く見える(が、実はなかっ

tʰo	dzɿ	go lo	hæ	tʰi	i
松樹	中	金	きっと	ある	
松树	里面	金	会	有	

松の中には黄金がある。
但松树里面却含有黄金.

(109) A

ua	ʂua	tʰo	la	ʐɿ	dʐæ dʐæ
山	高い	松	と	杉	あいだ
山	高	松树	和	杉树	間

高い山の松と杉のあいだで、
在高山上松树和杉树之间,

ʐɿ pʰu	kʰa da	la	kʰɯ bi
ジプ	ハダ	揺れる	させる
日普	哈达	飘动	要让~这样做

ジプをハダのように揺らしたい。
要让"日普"象"哈达"一样飘动.

た)」という(106)の構造が頭を占めていて、「良い山が見える」をこの構造のもとに聞いていると思われる。従ってそれを切り返すために、やはり同構造の歌を創っている。(105)と(106)の連結で起きた誤解による切り返しが、再び(107)と当該歌の連結に際して起きているのである。それは両者の頭にある構造のとり方の違いによっている。このような根本的なすれ違いを有していながら、しかしBは「松の中には黄金がある」と歌う。むろん先ほど無視した(105)の前句「魚の目には金がある」と表現上は対応している。Bの理解した「一見良く見える(が、実はなかった)」構造の中に「魚の目には金がある」への対応を組み込んだために、Bはこの構造を全く逆から言ってみせたのであろう。

(109) A

㊚人の前であなたを辱めて、恥ずかしがらせたい。
㊥ジプ、ハダについては(52)参照。
㊥(52)に「高山のジプがハダのように揺れている、まるでアドゥが(私を)手招いているようだ」とあり、歌い手は偲ぶ歌と解釈していた。当該歌もまた偲ぶ歌として理解される可能性が高い。しかし歌い手は㊚のように悪口歌として意味づけしようとしている。なぜこうした正反対の意味づけが可能になるのか。「風が吹く」は(35)、(46)、リジャズ資料(53)では相手とツマドイする意であり、(66)やリジャズ資料(63)では別の異性とツマドイする意であり、また(36)、(37)では相手を辱め攻撃する意であった。こうした「風が吹く」の多義性は、そのまま風が吹いた結果としての「波が

出る」(35、66、リジャズ資料63)、「崖・草・木の葉・ジプが揺れる」(36、37、46、52、リジャズ資料53) の多義性に持ち越されていた。即ち、「相手とツマドイする」を原因として「子ができ」、また「別の異性とツマドイする」や「辱め攻撃する」を原因として「仲が悪くなる」となる。さて当該歌の場合、「ジプが揺れる」にはその原因として「風が吹く」が道理としてある。「ジプが揺れる」が (52) のように偲ぶ歌と解釈される場合には、その原因としての「風が吹く」を「相手とツマドイする」の比喩とする感覚が含まれているわけだ。一方で「風が吹く」を「別の異性とツマドイする」や「辱め攻撃する」とした場合には、その結果としての「ジプが揺れる」は「辱める、喧嘩する」の比喩となるのである。当該歌㊙は後者であるが、果たしてBにどう伝達されたのか。
㊙ (52)、(109)。ジャシ・スガ資料 (48)。リジャズ資料 (107)、(168)。

(110) B
㊙自分はアドゥともう何の関係もないから、ツマドイを続ける必要はない。
㊙松と杉は何の関係もないという理屈を、自分と男には何の関係もないことの比喩としている。前歌の主張は後句にあるが、当該歌は前歌前句をとっている。前歌を悪口歌として理解はしたものの、おそらく「辱めたい」という線までは理解できなかったものと思われる。

(110) B
ua ʂua tʰo la ʐɿ dʑia dʑia
山 高い 松 と 杉 良い 良い
山 高 松樹 和 杉樹 好 好
高山の松と杉はとても良い（が）、
在高山上松樹和杉樹都很好,

a du ŋu lo ma ɲia ɲia
アドゥ 私たち ない くっつく
阿珠 我们 不 粘連
アドゥよ、私たちはくっついていない。
阿珠，我们之间没有粘连.

(111) A

ua	ṣua	go bo	go bo	tsɪ
山	高い	郭公	ゴブ	鳴く
山	高	布谷鸟	谷布	鸣叫

高山の郭公がゴブと鳴く、
高山上的布谷鸟"谷布谷布"地鸣叫,

ɲia	du	ɲia	ua	ɲi gu	zi
私	アドゥ	私	呼ぶ	〜のようだ	(助)
我	阿珠	我	喊	一样	(介)

私のアドゥが私を呼んでいるようだ。
就象我的阿珠在叫我一样.

(112) B

ɲi mi	tsʰɪ	nɯ	mu	le	ga
太陽	暑い	(助)	娘	(助)	(日に)あたる
太阳	热	(介)	女儿	(介)	晒

私は暑い太陽にあたって、
炙热的太阳光烘晒着我.

ma	dʑia	mu	tʰi	ia	ho	zi
ない	欠点	娘	もう	溶ける	だろう	(助)
不	缺点	女儿	已	融化	要	(介)

欠点のない私も溶けてしまいそうだ。
快要把我这个没有缺点的女儿晒化了.

(111) A

㊟アドゥは女がツマドイ関係にある男を呼ぶ呼称である。しかし本来アドゥは友人を呼ぶ呼称であり、男恋人に対しても女恋人に対しても用いられたといわれる。現在は男が女恋人を呼ぶ際にはアシャが一般的に用いられるが、歌い手Aは普段からアドゥを用いることがある。
㊟歌い手は当該歌を、偲ぶ歌であるという。なぜここで偲ぶ歌がでてきたのか。(52)に「高山のジプがハダのように揺れている、まるでアドゥが(私を)手招いているようだ」とあった。当該歌は後句の大部分と一首の構造において共通する。歌い手Aは(109)の後句「ジプをハダのように揺らしたい」を歌っている中で(52)を連想したため、構造的にも表現的にも似通った歌を歌ったということだろう。その偲ぶ歌によって掛け合いを持続させていく。
㊟(52)、(93)、(109)。ジャシ・スガ資料(48)。リジャズ資料(107)、(168)。

(112) B

㊟歌い手は、当該歌は普通の歌であり、自分の労作の苦しみを歌っているという。前歌を掛け合いの主題を変える機能を持つ偲ぶ歌と解釈し、悪口から少し離れて、旅や労作の際に歌う一般的な歌を歌ったのだろう。
「溶けてしまう」は心が大変惨めで悲しい様子をあらわすという。ダシブチ資料に「往事を思い出さなければ心は落ち着いているが、思い出すと溶けてしまうようだ」(59)、「高い山の白い雪と同じように、往事を思い出したら(私は)溶けてしまうだろう」(60)とある。悲しい

(113) A
se   hu   se   nu   sæ   hu   sæ
歩く さらに 歩く (助) 長い さらに 長い
走　 越　 走　 (介) 长　 越　 长
歩けば歩くほど道は遠くなる、
路越走却越远,

ʐə tʂə   le uo   bi   ɲi gu
道の途中 帰る つもりだ 〜のようだ
路途　 回去　 要　 一样
道の途中まで行くと、戻りたくなる。
到了半路想折回去.

(114) B
se   hu   se   nu   sæ   hu   sæ
歩く さらに 歩く (助) 長い さらに 長い
走　 越　 走　 (介) 长　 越　 长
歩けば歩くほど道は遠くなる、
路越走却越远,

ʐə tʂə   tʰi tɕʰi   gu   ma   i
道の途中 捨てる 〜になる ない できる
路途　 抛弃　 成　 不　 会
道の途中を捨てることはできない。
但把路程抛弃是不可能的.

 こととは亡くなった母のこととか労働の辛さとかさまざまに想像されるという。
㊙ (63)。ジャシ・スガ資料 (30)、(43)。

(113) A
㊙ツマドイに行く道が遠くて、途中まで行くと帰りたくなる。あなたとツマドイしたくない。
㊙旅を素材とした (111)、労作の苦しみを歌う (112) を受け、以後掛け合いの流れは旅や労作を素材とする。
[se] は「歩く」という意味であるが、「ツマドイする」との意味もある。ここでは「ツマドイする」という意味で使われている。
㊙ (114)。ジャシ・スガ資料 (10)。リジャズ資料 (72)、(73)、(127)、(194)。

(114) B
㊙通いに行く道はとても遠いが、それを途中で捨てることはできない。だからあなたとツマドイしたくない。
㊙リジャズ資料 (73) に「歩けば歩くほど道は遠くなる、道の途中を巻きつけることはできない」、ジャシ・スガ資料 (10) に「歩けば歩くほど遠くなる、道の途中を巻きつけてしまいたい」とある。㊙はいずれも、道を巻きつけることは不可能だからツマドイしたくないという解釈がされる。
前歌と当該歌は、リジャズ資料 (72)、(73) においても連続して歌われており、両歌の近さが考えられる。
㊙ (113) 参照。

第3章 歌掛け持続の論理　　325

(115) A

se	hɯ	se	nɯ	ʂæ	hɯ	ʂæ
歩く	さらに	歩く	(助)	長い	さらに	長い
走	越	走	(介)	长	越	长

歩けば歩くほど道は遠くなる、

路越走却越远，

ʐə	tʂə	tsʰa	bo	la	dzo	i
道の途中		休む		必要だ		はずだ
路途		歇脚		需		会

きっと途中で休む必要があるはずだ。

需要在半路上歇脚休息.

(116) B

dʑi	nɯ	ma	dzo	ua	nɯ	dzo
水	(助)	ない	隔てる	山	(助)	隔てる
水	(介)	不	阻隔	山	(介)	阻隔

河は隔てないが、山は隔てる、

水不阻隔，山阻隔，

dzɪ	dzo	do	do	lo	ha	zi
影	しかし	会う		難しい		た
身影	却	见面		很难		了

あなたに会うのは難しい。

身影见面很难了.

(115) A

㊗道が遠いので、私はあなたとツマドイするのが難しい。
㊙(113)、(114)に引き続き前句を繰り返し、道が遠いからツマドイしたくないとする。後句について歌い手Aは、「休む」とは遠い旅に出る際、昼食をすることで、道が遠いことを誇張しているという。(62)に「たとえ高い山の頂上にいても、川辺に休みに来よう」とあり、㊗は「たとえ私はあなたと遠く離れていても、あなたのもとに通うつもりだ」と解釈しているから、当該歌も(114)と同じく、偲ぶ歌としても解釈可能である。
㊙(113)参照。

(116) B

㊗私たちはいろいろなことに邪魔されて、なかなか会えない。
㊙歌い手Bは前歌を偲ぶ歌として解釈したようだ。当該歌はダシブチ資料(3)と同歌であるが、それは「旅に出たような男を待つ女の歌」を依頼したものである。ダシブチはこうした歌は旅に出た男を思いながら野外で労働するときなどに多く歌うのだといっている。Bはこのような偲ぶ歌として当該歌を歌ったのであるが、Aの頭にはまだ悪口歌かもしれないという気分があるだろう。とすれば当該歌は前歌と同じように「あなたに会うのは難しい」ほど遠くにいるのだからツマドイしたくないという意味にも解釈し得るであろう。どう伝わったのだろうか。
㊙ダシブチ資料(3)。

(117)　A liə　nɯ　dɯ kɯ　tʰo　zi si 運命　(助)　一緒に　意気投合する　ならば 命运　(介)　一起　投合　的话 私たちに縁があり意気投合するならば、 只要我俩缘分相合的话, ma　tʰa　ʂɯ ʂɯ　dzo　ma　i ない　必要だ　求める　必要だ　ない　はずだ 不　需　追求　需　不　会 きっと一生懸命に求め合う必要はないだろう。 是不需要费力地寻找的.	(117)　A [歌]私たちは縁がありさえすれば、一緒にいるのは簡単だ。 [遠]この[歌]そのものが多義的である。前歌「あなたに会うのは難しい」を受けて、縁があるのだからすぐ会えるとも、会えないのは縁がないからだともとれるレベルだ。そのように踏み込んだ解釈がされないところに、歌い手の判断のつかなさが表れているように思う。相手がどういう意味で歌っているのかを判断するための歌のようだ。 [類]（49）。
(118)　B a du　go　hi　tʂɪ u　kɯ アドゥ　好き　の　この　(助) 阿珠　喜欢　的　这个　(介) 私が好きなこのアドゥに、 我喜欢的这个阿珠, kə na　kʰua　fe　bi　ȵi gu 鷹　たより　伝える　送る　同じだ 老鹰　消息　传　想　一样 鷹（に頼んで）たよりを伝え送ろう。 想让老鹰给他带去消息.	(118)　B [遠]ダシブチ資料（1）に同歌があるが、それは「旅に出たような男を待つ女の歌」を依頼した際のものである。類歌にリジャズ（93）「高い山と遠い道（に隔てられた）アドゥに、よいたよりを一言いってくれ」とあり、いずれも旅などに出た男を偲ぶ歌である。Aの多義性の迷いに対してBは「私が好きなこのアドゥ」と歌うことによって限定を与える。掛け合いが多義性の中に迷い込んだとき、「私が好きなこのアドゥ」という直接的な表現が用いられたのであり、これは（3）、（8）と同じ機能である。 [類]リジャズ資料（93）、（143）、（144）。ダシブチ資料（1）。
(119)　A mu lɚ　pʰa ba　dʑi sɪ ba 木里　贈り物　チーズかす 木里　礼物　酸奶渣 木里から持ってきた贈り物のチーズかす、 木里的礼物酸奶渣,	(119)　A [歌]アドゥが深く感動するようなとてもいい贈り物をあげるつもりだ。 [語]「木里」はチベット自治州の地名、薬草やきのこ採り、砂金掘りなどで当地のモソ人がよく旅をする場所。「チーズか

a du	uo	dʑi dʑi	i zi
アドゥ	頭	揺れる	はずだ
阿珠	头	摇摆	会这样

アドゥが(食べると酸っぱくて)きっと頭を振るだろう。
会酸得阿夏直摇头.

す」はヤクの乳からチーズを作った際の残りかすによって作られた発酵食品。すっぱいほど上等とされる。
⑲前歌の直接的な表現を経て、当該歌において旅における偲ぶ歌の掛け合いが成立した。
注：当該歌以後、三首偲ぶ歌（参考12～14）が掛け合わされた。

(120) A

dʑia na	le	da	so	kʰɯ	dʑio
腰帯 (助)	織る	三	本	ある	
腰帯 (介)	织	三	条	有	

織りあがった腰帯は三本ある、
织好的腰带有三条，

ʂæ	tsʰɿ	bi	nɯ	dʐæ	tsʰɿ	bi
長い	切る	行く	或は	短い	切る	つもりだ
长	裁	去	或	短	裁	要

長く切るか短く切るか？
裁成长的还是裁成短的？

(120) A
㊾私はだめな男ではなく、あなたが欲しいものは何でも私が持っている。
㊿モソの女性は長いスカート状のものを、麻糸や毛糸で織った長く比較的幅のある腰帯で留める。男性も民俗衣装では同様の腰帯が必要となる。正式にツマドイ関係を始めるときには、男女ともに腰帯を相手の家に届けることになっている。従って、「腰帯」はツマドイの比喩となる場合が多い。
㊿当該歌は有名な歌である。ジャシ・スガ資料（15）に類歌があり、その㊿では「昔あなたは私に通ってきたが、今では私を棄てようとしている。関係を切るも切らぬもお前次第だ」と解釈され、ダシブチ資料（41）の同歌㊿でもほぼ同様に解釈されている。ジャシ・スガ資料（15）は「おばさんよ、おばさん、私たち二人の尻尾をどうしよう」（同資料14）という歌への切り返しだが、この掛け合いによって悪口歌が開始されている。当該歌もまた偲ぶ歌の掛け合いが一区切れついたところで、再び悪口歌の掛け合いが始まるところで歌われている。
㊿は後句を全く解釈しない特殊なものであるが、悪口の歌掛けを開始する歌として機能している。
ジャシ・スガ資料（15）。ダシブチ資料

(121)　B

sa　tsɿ　kʰɯ　la　sa　ni　ɲi
麻　糸の束　(助)　麻　同じだ
麻　线团　(介)　麻　一样
麻糸の束と麻は同じものだ、
麻线团和麻是一样的,

dʑia　na　le　da　ma　ni　ɲi
腰帯　(助)　織る　ない　同じだ
腰帯　(介)　织　不　一样
腰帯に織ったあとは同じではない。
织成腰带后就不一样.

(122)　B

dʑi　dʑia　æ　bi　tʰo　liə　tsɿ
水　良い　山の崖　に　頼る　(助)　言う
水　好　山崖　上　靠　(介)　说
良い水は山の崖に沿って流れてくるという (が)、
说好的水依着山崖流过来了,

æ　dze　dʑi　go　dʑia　tʰa　kʰɯ
山の崖　崩れる　水　中　落ちる　〜するな　こう
山崖　塌　水　里　落　不要　这样
山の崖が崩れて水の中に落ないように (気をつけろ)。
希望山崖不要塌下来掉在水里.

(41)。

(121)　B

㊌あなたも他の男も人間は同じなのに、私のアドゥはあなたより立派だ。
㊙腰帯からの連想である。当該歌も有名な一首である。麻糸はどれも同じだが、織りあがった腰帯は違うという道理である。そこにさまざまな意味づけがされる。当該歌は女の立場で男をからかう。類歌であるトディ資料 (33) では男の立場で女をからかっており、㊌は「あなたも他の女も人間は同じなのに、わたしのアシャはあなたよりすばらしい」である。またジャシ・スガ資料 (6) では、男の自慢歌となっており、㊌は「私も他の男も人間は同じなのに、女はみんな私が好きだ」である。
㊙ジャシ・スガ資料 (6)。トディ資料 (33)。

(122)　B

㊌あなたは自分に良いアシャができたと自慢しているが、その良いアシャに棄てられないように気をつけろ。
㊙ (72)、(73) では「水が溝に沿って流れる」ことがツマドイの比喩となっていた。当該歌は「水が山の崖に沿って流れる」がツマドイの比喩になっている。「山の崖が崩れる」ことはそのツマドイがだめになることを比喩することになるだろう。
㊙リジャズ資料 (204)。

(123) A

dʑi	dʑia	æ	bi	tʰo	lia	tsʰi
水	良い	山の崖	上	頼る	(助)	言う
水	好	山崖	上	輩	(介)	说

良い水は山の崖に沿って流れてくるという（が）、
说好的水依着山崖流过来了，

dʑi	du	tsʰo bo	dze	ɲi gu
水	漲る	土手 崩れる	～のようだ	
水	长	土坝 塌	一样	

水が漲り、土手は崩れてしまった。
水涨时却象河岸倒塌一样．

(124) B

sa	kʰo	dzo	uo	se	ma	du
麻	茎	橋	を	歩く	ない	できる
麻	干	桥	走	走	不	会

麻の茎で架けた橋を渡ることはできない、
麻干搭的桥上不能走，

so	la la	la	liə	kʰæ	gu
三	揺れる	(助)	(助)	切れる	はずだ
三	摇晃	(介)	(介)	断	会

三回揺れるときっと切れてしまうだろう。
摇三下就会断了．

(125) B

kʰi	go	dua	dʑi	tʰɯ	tʰə	si
門	中	濁る	水	この	僅か	(助)
門	里	浊	水	这	点	(介)

(123) A
⑳私はいいアシャを持っているが、いつも彼女を手伝ってあげてとても疲れてしまった。
㊗前歌の前句をそのまま繰り返す。前歌が「山の崖が崩れる」でツマドイがだめになることを比喩しているのを受け、当該歌は「土手は崩れてしまった」とする。つまりツマドイはだめになったということだが、その原因を「水が漲る」こととして逆に相手をからかっているのだろう。「水が漲る」は洪水のようなものだろうが、⑳は「いつも彼女を手伝ってあげて」としている。要するに洪水のように荒々しく、たいして働きもしない無精な女としているのであろう。
㊗トディ資料（25）。

(124) B
⑳ふらふらした男とはツマドイをしてはいけない。しばらく通うと男は必ず女を棄てるからだ。
㊗（26）参照。
㊗（26）。リジャズ資料（19）。ダシブチ資料（6）。
注：以下、今までに歌われた歌が繰り返される。掛け合いの集中力が切れたようだ。あまり連結にこだわっていないように見える。

(125) B
⑳私は側にいるこのよくない男は、私の足を洗う水のようだ。
㊗（22）参照。

門の中の濁ったこの僅かな水は、
门里的这一点浊水,

mu	pʊ	kʰɯ tsʰe	tsʰæ	dʑi	ɲi
娘	の	足	洗う	水	だ
女儿	的	脚	洗	水	是

私が足を洗う水だ。
是我的洗脚水.

(126) A

sɿ	la	dɯ	ɡo	sɿ	ma	ɲi
木	(助)	一	山の斜面	木	ない	だ
树	(介)	一	坡	树	不	是

木は同じ山の斜面の木ではない(から)、
树不是同一山坡上的树,

sɿ	ɲia	hua	hua	lo	ma	dʑio
枝		交わる	事	ない	ある	
枝		交错	事	不	有	

木の枝が絡みつくことはない。
树枝互相不会交错.

(127) B

ua	ʂua	ɡuə zə	tɕʰu dʑi	zo
山	高い	分かれ道	〜に従う	(助)
山	高	岔路	跟随	(介)

高い山の分かれ道に沿って歩く、
经常循着高山的岔路走,

di	ɡo	da ʐə	mu pʰæ	ɡo
平地	中	正しい道	忘れる	〜のようだ
平坝	里	正路	忘记	象

㊟ (21)、(22)、(53)。リジャズ資料 (78)。ダシブチ資料 (13)、(14)。

(126) A
㊌私たちは同じ所の人ではないのだから、ツマドイしてもつまらない。
㊟ (34) 参照

(127) B
㊌私はいつも新しい男と付き合っているから、もとの悪いアドゥ(あなた)を忘れてしまう。
㊟「平地での正しい道」が㊌で「もとの悪いアドゥ」とされるところに違和感がある。しかし (5)、(6) に見られるように「高い山」はすばらしさを含んでいるのであり、とすれば「平地での」は「悪い」と感じられるのだろう。

平地での正しい道を忘れてしまう。
所以平坝上的正路要忘记了.

(128) B
tsa do	zi	tʰʊ	zi	ha ʂua
雜種	どこ	至る	どこ	楽しい
杂种	哪里	到	哪里	好耍

雜種はどこに行っても楽しい、
杂种到那里都好耍,

ȵia	lə	kʰi	dʑi	bo	tʰa	iu
私	家	門	隙間	口づけする	〜するな	来る
我家		门	缝	亲吻	不要	来

わが家の門の隙間にキスしに来るな。
不要来亲吻我的门缝.

(128) B
㊌恥知らずのおまえは至る所にアシャがいる。私のもとに通いにくるな。
㊙前句は「俺は高山の雄ヤクだ、ヤズのある所へならどこへでも行く」(5) に見られるように、自慢歌のものである。ところが当該歌は「ヤク」(5) の代わりに、男をけなす「雜種」を入れることにより、悪口歌としている。
㊐(54)。ジャシ・スガ資料(22)。

(129) A
zo	si	zi	tʰʊ	zi	ha ʂua
息子	(助)	どこ	到る	どこ	楽しい
儿子	(介)	哪里	到	哪里	好耍

私はどこに行っても楽しい、
我到哪里都好耍,

tʂʰæ	mi	no	do	ma	ha ʂua
鹿	母	あなた	見える	ない	楽しい
鹿	母	你	见	不	好耍

あなたに会うと楽しくない。
见到你就不好耍.

(129) A
㊌私はどこへ行ってもアシャを作って楽しい。ただ、あなたに会うとつまらなくなる。
㊙前歌の前句を受けて、自慢歌としている。その上で後句にてけなす。
㊐(7)。リジャズ資料(56)、(57)。トディ資料(36)。

(130) B
uə	go	a du	tɕi	ma	du
村	中	アドゥ	置く	ない	できる
村里		阿珠	放	不	会

(130) B
㊙実際にはほぼ半数が村の中で妻問いをしている。

村の中でアドゥを持つことはできない、
不能結交村里的阿珠,

so	hua	kʰi bə	tsa	iu	gu
三	晩	敷居	蹴る	来る	はずだ
三	晩	門檻	踢	来	会

きっと三晩もたたないうちに敷居を蹴りに来るだろう。
不过三晩就会来踢门槛.

(131) B

uə	go	a du	tçi	sɿ	gə
村	中	アドゥ	置く	(助)	(助)
村	里	阿珠	放	(介)	(介)

村の中でアジュを持つより、
与其在自己村里结交阿珠,

ma	tçi	ha ʂua	gə	le	hi
ない	置く	楽しい	値打ち	(助)	の
不	放	好耍	値	(介)	的

持たないほうが値打ちもあり楽しい。
不如不结交跟好耍.

(131) B
㊌ (130) を言い換えている。
注：掛け合いはここで終わる。
なお、取材ではこの後、「噂に関する歌」
(参考 15〜17) などを依頼して歌ってもらい、終了。

参考
偲ぶ歌の掛け合い [(11) 以下 5 首]

(参考1) B

dʑi	ʂua	ua	ʂua	le	mu pʰæ
水	深い	山	高い	(助)	忘れる
水	高	山	高	(介)	忘記

深い水も高い山も忘れてしまった、
高山深水都已忘记了,

(参考1) B
㊌つらいことは全て忘れてしまったが、自分を愛しているアドゥのことは忘れていない。
㊌ (11) 注参照。
㊌ジャシ・スガ資料 (8)。

第 3 章　歌掛け持続の論理　　333

a du　　go　　hi　　ma　　mu pʰæ アドゥ　好き　の　ない　忘れる 阿珠　喜欢　的　不　忘记 私を愛しているアドゥのことは忘れていない。 却没有忘记喜欢自己的阿珠.	
（参考2）　A a çia　　ɲia　　kɯ　　ṣu　　ma　　dzo アシャ　私　後ろ　思う　ない　必要だ 阿夏　我　后面　想　不　需 アシャよ、私の(行った)後のことを気にする必要はない、 阿夏, 不需要在我后面想念我, go go　　uo mæ　　tsʰo i　　lu 子供　世話する　用心深い　（助） 孩子　照看　小心　（介） ただ用心深く(私たちの)子供の世話をしろ。 照看好我们的孩子就好了.	（参考2）　A ㊿歌い手Aは偲ぶ歌として歌うという。しかし後句にはからかいの気分がありそうだ。歌い手Bには実際一人の子がおり、それは（14）や（68）など悪口歌の素材となっているからだ。前歌の後句を切り返し、「お前はもう子持ちだから」といったニュアンスでけなしているとも意味づけ可能。
（参考3）　B no　　kɯ　　ma　　ṣu　　tʰa　　bi　　ka あなた　後ろ　ない　思う　～するな　言う　どうか 你　后面　不　想　不要　说　帮忙 どうかあなたを(恋しく)思っていないと言わないでくれ、 不要说我没有想念你, tʰe di　　no　　kɯ　　ṣu　　hi　　ɲi 一心に　あなた　後ろ　思う　の　だ 一心一意　你　后面　想　的　是 一心にあなたのことを思っている。 而是一心一意地在想念你.	（参考3）　B ㊿偲ぶ歌。

（参考４） A ɲia　çia　go　hi　t^{h}ɯ u　si 私　アシャ　好き　の　この　(助) 我　阿夏　喜欢　的　这个　（介） 私を好きなこのアシャは、 喜欢我的这个阿夏, dʑi　hu　bi　la　nua　ki　gu 水　渇く　言う　(助)　ミルク　くれる　はずだ 水　渴　说　（介）　奶　给　会 (私が) 喉が渇いたと言えば、ミルクをくれるはずだ。 我说口渴，她会给我奶喝.	（参考４） A [歌]心から私を愛しているアシャはよく私の世話をしてくれる。 [類]ジャシ・スガ資料 (5)。リジャズ資料 (129)。
（参考５） A ɲia　çia　go　hi　t^{h}ɯ u　si 私　アシャ　好き　の　この　(助) 我　阿夏　喜欢　的　这个　（介） 私を好きなこのアシャは、 喜欢我的这个阿夏, uo　gu　bi　la　li　ki　gu 頭　痛い　言う　(助)　茶　くれる　はずだ 头　痛　说　（介）　茶　给　会 (私が) 頭が痛いと言えば、お茶をくれるはずだ。 我说头痛，她会给我浓茶喝.	（参考５） A [歌]私を愛しているアシャはよく私の世話をしてくれる。 [語]濃いお茶を飲むと、頭痛が治り疲労が取れるという。 [遠]（参考４）の言い換え。

依頼による「女は誘い、男は断る」掛け合い［(30) 以下４首］

（参考６） B so　hua　ma　do do　bi la 三　晩　ない　会う　たとえ〜としても 三　晚　不　见面　就算	（参考６） B [歌]アドゥとのツマドイ関係はいつまでも続けられるだろう。 [遠]歌い手は「三晩」は「三年」が正しいという。トディ資料 (1) に類歌があり、

たとえ三晩会わなくても、 就算三晩没有见面了, so kʰuə kə tṣi dʑio hi ɲi 三　句　約束　ある　の　だ 三　句　诺言　有　的　是 三句の約束はある。 却是有三句诺言的.	「多くアドゥが遠方に旅に出ている際などに独唱として歌う。そういう時、歌い手はアドゥの友人や自分の友人の前で歌い、こうした人々を介して自分がアドゥを思っていることを間接的にアドゥに知らせようとする」と説明されている。 ㊿リジャズ資料 (25)、(117)、(118)、(208)。トディ資料 (1)。 注：「女は誘い、男は断る」という掛け合いを依頼して掛け合ってもらったもの。ただし、後からわかったことだが、実際には男女合一へ収束する流れでのこういう掛け合いは存在しない。従ってこの掛け合いは掛け合いを始める機能を持つ誘い歌が切り返されて悪口歌の掛け合いが開始される部分を再現してくれたということになる。
（参考7）　A so kuə kə tṣi dʑio bi la 三　句　約束　ある　たとえ〜しても 三　句　诺言　有　就算 たとえ（三句）約束があるとしても、 就算有过三句诺言, so tʰʊ bi dʑio da hi ɲi 三　步　外側　避ける　の　だ 三　步　外边　让　的　是 三歩外側に退いてもいいのだ。 也可以向外面退三步.	（参考7）　A ㊿たとえ約束があったとしても、私はそれを守る必要がない。 ㊿前句にて前歌後句を繰り返し、後句にてそれを否定する構造。
（参考8）　B so tʰʊ dʑio la so dze pʰu 三　寝返りをする　（助）　三　転げ回る 三　翻过来　（介）　三　转过去	（参考8）　B ㊿私はアドゥを待っているのになかなか来ない。 ㊿ (87) 参照。偲ぶ歌。こういう抒情的な歌も簡単に切り返される。

(あちこち)寝返りを打って(寝つかれない)、 翻来覆去不能入眠， a du pʰæ do ga ma hi アドゥ 顔 会う しかし ない できる 阿珠 脸 见面 却 不 会 しかしアドゥには会えない。 却总看不到阿珠的身影．	
(参考9) A hi na le li dæ do tʰa 湖 大きい (助) 見る 底 見える できる 湖 大 (介) 看 底 见 会 (いくら深い)湖でもその底は見える、 大湖的湖底可以看得见， a çia ɲi mi no ma tʰa アシャ 心臓 知る ない できる 阿夏 心脏 知道 不 会 アシャの心が分からない。 阿夏的心思却不能知道．	(参考9) A ㊙アシャが私を本当に待っているかどうかは分からない。 ㊙自然と人事を対応させる序詞的な構造。

依頼による「三角関係における女二人の悪口歌」の掛け合い［(59)以下2首］

(参考10) A no du ɲia du i ma dzo あなた アドゥ 私 アドゥ する ない 必要だ 你 阿珠 我 阿珠 做 不 需 あなたのアドゥか私のアドゥか、言い争う必要はない、 不用争论是你的阿珠或是我的阿珠，	(参考10) A ㊙当該歌は男をけなす歌のようにも読めそうだが、不明。 注：歌い手A（トディ）が10年前に出会ったという三角関係における女二人の悪口歌の掛け合い（71ページ事例⑤）を再現してもらったが、うまくいかなかった。

第3章 歌掛け持続の論理　337

da ho dɯ du i tʰa ɲi 一緒に 一 アドゥ する できる だ 一起 一 阿珠 做 能 是 私たち二人でひとりのアドゥを持てる。 做我俩共同的阿珠好了.	
(参考11) B ɲia nu ma nɯ tʰɯ u si 私 （助） ない 必要だ これ （助） 我 （介） 不 需 这个 （介） 私の要らないこの人を、 我不要的那个人, no nɯ gə i a mi ze あなた （助） 持ち上げる ありがとう 你 （介） 上拿 谢谢 あなたは持ち上げてくれて有り難う。 你把他拿起来了, 谢谢你.	(参考11) B ⑩私が要らないあの男を、あなたは自分のアドゥにしてくれてありがとう。 ⑳女をからかう悪口歌だろうか。

偲ぶ歌の掛け合い［(119) 以下3首］

(参考12) B a du no nɯ ɲia tʰi tɕʰi アドゥ あなた （助） 私 棄てる 阿珠 你 （介） 我 抛弃 アドゥのあなたが私を棄てるのは、 阿珠你抛弃我, hua zo hua mi tɕʰi ɲi gu 猫 子 猫 母 捨てる 〜のようだ 猫 儿 猫 母 抛弃 一样 子猫が母猫を捨てるのと同じだ。 就象猫儿抛弃猫母一样.	(参考12) B ⑩漢族民謡をモソ語で歌った流行歌の一部をとってアハバラとした例。この流行歌はトディ資料（46）参照。 ⑳トディ資料（46）。

| (参考13)　A
a du　　no　　uo pʊ　　zi si
アドゥ　あなた　会う　ならば
阿珠　　你　　遇着　　的话
アドゥに会うならば、
如果遇见阿珠你的话，

bo　kʰo　ma　mæ　æ　kʰo　bi
豚　殺す　ない　間に合う　鶏　殺す　つもりだ
猪　杀　　不　　及　　鸡　杀　要
豚を殺してご馳走するが、間に合わなければ鶏を殺してご馳走する。
来不及宰猪就杀鸡. | (参考13)　A |
| (参考14)　B
a du　　no　　nu　　ȵia　　kɯ　　ʂu
アドゥ　あなた　(助)　私　後ろ　思う
阿珠　　你　　(介)　我　后面　想
アドゥが私の後ろで私を恋しく思うのは、
阿珠你在后面想念我，

hua　zo　hua　mi　　ʂu　　ȵi gu
猫　子　猫　母　思う　～のようだ
猫　儿　猫　母　想　　一样
子猫が母猫を思うのと同じだ。
就象猫儿想念母猫一样. | (参考14)　B
㊟参考12と同じく流行歌の一部がアハバラに入った例。 |

依頼による「噂に関する歌」[(131)]の掛け合い終了後

| (参考15)　B
hi　　nu　　dɯ　　ʑue　　le　　ma　　lu
他人　(助)　一　言う　(助)　ない　こう
别人　(介)　一　说　　(介)　不　这样 | (参考15)　B
㊌ほかの人がうわさをしなければ、私たちのツマドイ関係は分からないのだ。
㊟掛け合い終了後、「女は待ち、男は言い訳する」という設定での掛け合いを依 |

第3章　歌掛け持続の論理　　339

他人が話さなければ、
别人不谈论一下的话,

a	dʑio	ma	dʑio	na	no no
ある	ない	ある	ない	わかる	
有	不	有	不	知道	

あるかないかわからない。
有或没有也不知道.

(参考16)　B

a	du	go	hi	tʰɯ u	si
アドゥ	好き	の	これ	（助）	
阿珠	喜欢	的	这个	（介）	

私を愛するこのアドゥよ、
喜欢我的这个阿珠,

hi	nɯ	ʐuə	hi	dua	ma	gu
他人	（助）	言う	の	恐い	ない	はずだ
别人	（介）	说	的	怕	不	会

私は他の人の言うことは恐れない。
就不会怕别人说闲话.

頼してみたが歌い手に伝わらなかった。そもそも実際に妻問い関係にある男女間で、待ったり言い訳したりする掛け合いは存在しないからだろう。結局遠藤が、女が恨み言をいい、男が例えば噂がうるさくて来られなかったのだなどという具体的な例を言ってしまったため、それに合わせて4首歌ってくれたが、資料的な価値はない。そのため当資料からは削除した。当該歌は噂がうるさくて来られなかったという歌を切り返したものである。

注：以下2首は噂に関する歌という依頼で歌ってもらった。

(参考16)　B

㊳実際に噂は恐れられるものである。当該歌は「噂を恐れない」と歌うのであるが、それはこの掛け合いが冗談の掛け合いと認識されているからこそ、歌えるのである。

古代日本でも人の噂（「人言(ひとごと)」）を恐れる歌がある。人言が激しいから逢えないという歌は多いのだが、なかには「人言は夏野の草の繁くとも妹とわれとし携はり寝ば」(1983)、「人言はまこと言痛(こちた)くなりぬとも彼処(そこ)に障らむわれにあらなくに」(2886)のように、人の噂を恐れないというものもある。こういう歌は、実際に恋し合う男女がその思いを披露したという表現上の意味の裏に、その関係が遊びのレベルにあることを表明しているのだろう。

(参考17)　A	(参考17)　A
ʐuə　　bi　　çi　　la　　tʰɯ　　i zi 言う　（助）　舌　（助）　疲れる　はずだ 说　　（介）　舌　（介）　累　　会这样 噂は言うときっと舌が疲れるだろう、 说只会说累了舌头， li　　bi　　ɲia　　la　　gu　　i zi 見る　（助）　目　（助）　痛い　はずだ 看　　（介）　眼　（介）　痛　　会这样 見るときっと目が痛くなるだろう。 看的话只会看痛眼睛.	🎵ほかの人がいくらくだらぬ話をしても、私は恐くない。 ㊟「見ると…」は、噂のもとになる状況（例えばツマドイの実際）を指す。 注：以下3首Bが旅に関わる歌を歌った。噂の恐さが主に旅に出たときに意識されるためであろう。（参考15）に記した依頼が、まだBの頭にあるようなので、当資料からは削除した。

第3章第1節付録　噂封じの呪文

　モソ人は良きにつけ悪しきにつけ、噂を恐れる。それは悪霊が良い噂を聞くと妬んでその人に取りつき、悪い噂はそれが実現してしまうと考えているからである。特に噂の恐怖が自覚されるのは旅に出るときで、噂をされると道中の怪我などに結びつくのだといわれる。旅で怪我をした人が特にダパに頼んで呪文を唱えてもらっている場面に遭遇したこともある。ここで紹介するのは、ダパ（アウォ＝トディ）に噂封じの呪文を依頼して唱えてもらったものの日本語訳である（口絵3、ビデオ編参照）。この呪文は峠の特定の場所で唱える。取材を行った場所はワラビ村とその外側の世界との境界であり、分かれ道に大きな石が置いてある。我々が普段ワラビ村からリジャズ村に行く場合にも、リジャズ村に入る境界でそういう場所を通りかかると、その石に向かって唾を吐いたり、馬の鞭としてそこまで持ってきた木の枝を投げ捨てる。またそこには病人の衣服や靴なども置いてある。

取材記録
2000年2月10日　pm1：55〜　ワラビ村からチベット方面への道の境界にて
呪文を唱えるダパ：アウォ＝トディ（男、子年生まれ28歳、寧蒗県永寧郷温泉村在住、農業、ダパ）
通訳、翻訳（モソ語→中国語）：アウォ＝ジパ
写真：遠藤見和
取材、記録、翻訳（中国語→日本語）、整理：遠藤耕太郎

噂封じの呪文（本文）

今年は龍年の番になり、今日は正月六日だ。
今　私は言う、遠い旅に出るので、
'アル'[1]に、私、イシトディ[2]、子年生まれの男が遠い旅に出ると言う。
良いことを言わず悪いことを言う。

分かれ道

少し劣ることを言わず悪いことを言う。
うしろで舌をゆらす。前で手をゆらす。
良いことを言わず悪いことを言う。
こういうものは'アル'の下で押さえつけられるだろう。
良いことは言わず悪いことを言う。
前で手をゆらす。
うしろで舌をゆらす。
すべて'アル'あなたの下に押さえつけられるだろう。
良いことを言う。悪いことを言う。
消えうせきれないもの、防ぎきれないものは、すべてあなたの下に行け。
太陽の出る方向は'ガツスムルジスガ'神がふせいでいる。
北のほうは'スルムグアルジムグ'神がふせいでいる。
太陽の落ちるほうは'ナサチアルチャナラホ'神がふせいでいる。
南方は'ドシェガムポミミス'神がふせいでいる。
'ポミ'神がダダをもって、'ポミ'神が（不明）をもって。

第3章　歌掛け持続の論理

良いことを言わずに悪いことを言う。
消えうせきれないもの、防ぎきれないものも
'アル'のところで消え失せなければならない。
遠い旅の安全、稼ぎを加護してください。
良いことを言わずに悪いことを言う。
すべて'アル'あなたの下に押さえつけられるだろう。
ヤカヤ、パジロ、ヨ、ヤカヤ、ヤカヤ、パジロ、パジロ。

注
1) 境界に置いてある大きな石。
2) アウォ＝トディの正式な名は、アウォ＝イシトディ。
3) よいうわさも悪いうわさをする。
4) 私が行くのを阻む。
5) 天と地の間の空中に、'ソマ'神がいる。道を通るものは'アル'を通り過ぎるとき'ヤカヤ'と唱える。'ソマ'神はそれを聞き、世は太平だ、人々は安全だなどと思う。だから特に何もない時、そこで例えば「アヘィヘィ」と叫ぶと、'ソマ'神が聞き、世の中は太平でなく、戦争や喧嘩が起こっていると思い、人々に罰を与えようということで、大雨や雹、洪水などを起こす。だから、「ヤカヤ……」は、'ソマ'神に聞かせ、世の中が平安であると思わせるという意味である。

第3章第2節　歌意の多義性を楽しむ——歌掛け持続の具体相1

　本節ではトディ・ダシブチ資料（本章第1節）に現われたいくつかの歌の連結の仕方を確認することによって、歌掛けにおいて、歌の多義的な性格がどう働いているのかを考察しようと思う。なお、本節中の歌番号は明記したものを除き、トディ・ダシブチ資料の歌番号である。引用歌の歌詞を「　」で示し、その歌についての歌い手自身の解釈（資料本文で㋕と示してある部分）を［　］で示した。

主題の多義性を楽しむ（1〜10）
　掛け合いの冒頭、トディは「雄鹿が山の坂を次々と越えていったら、雌鹿は急な坂の下できっと泣くだろう」(1)と歌う。この歌をトディは［私が別のとてもきれいなアシャとツマドイしたら、私のもとのアシャは私の後ろで泣くだろう］と意味づけている。「雌鹿」は「もとのアシャ」の比喩とされているのだが、「もとのアシャ」とは歌掛けの相手なのだろうか。トディにこの解釈を聞いたときに尋ねると、これは歌掛けの相手の女（この場合はダシブチ）を指しているのではないとのことだった。これとほぼ同趣旨のトディの歌が(7)にある。「私はどこに行っても楽しい、私を頼っている（あのアシャは）かわいそうだ」(7)というものだが、トディは［私はどこへ行ってもそこでアシャをつくる。私に一途に思い焦がれて待っているアシャは本当にかわいそうだ］と解釈し、旅に出た際に野外で仲間に聞かせる歌だといっている。つまり、(7)は自分がいかに女にもてるかを自慢する自慢歌なのである。とすれば(1)の「もとのアシャ」も、(7)の「思い焦がれて待っているアシャ」と同じく誰でもいいのであり、だからトディは特に歌掛けの相手の女（ダシブチ）を指しているわけではないといったのだろう。
　ところが(1)を聞いたダシブチは［アドゥが別のとてもきれいなアシャとツマドイしても、私は言い争ってつきまとうことはしない］という意味づけで「雄鹿が山の坂を次々と越えていっても、鹿の後ろで犬を放つことはしないはずだ」(2)と歌っている。ここでダシブチが［私は］としているということは、彼女が(1)の「雌鹿」を自分のことと意味づけたからだろう。そこに

［あなたなど少しも値打ちはないからだ］(2) [歌]という悪口が意味された。

しかし、このようなダシブチの意味づけはトディに伝わってはいない。［私は］という解釈が直接表現されていないからだ。おそらくトディは、猟犬を放たないというその主体を、(1) と同じく誰でもいい「もとのアシャ」と受け取っているだろう。とすればトディにとって (2) は、(1) の自慢を否定した歌として理解される。だからトディはさらに「俺は村の中の花だ、村の人は（村を離れた）俺の後ろできっと悩み煩うだろう」(3) という自慢歌を歌う。つまり (2) が猟犬を放たない（相手にしない）といったのを受けて、悩み煩うはずだと反論しているのだ。トディにとって (1) の「雌鹿」も、この「村の人」も自分がもてることを証明する誰でもいい存在として同じ意味合いで使われている。

トディにとって「村の人」は「雌鹿」と同じくだれでもいい存在であるのだが、ここでトディは具体的に「村の人」と歌っている。ダシブチは「雌鹿」を自分のことと意味づけていたのだから、ここで「村の人」が突然出てきたことは小さな驚きだろう。トディは自分自身（ダシブチ）をけなしていたのではなく、自慢歌を歌っているだけだったことに気づいただろうからである。そこでダシブチは「私は高山の鷹だ、峰の高い所であればどこでも飛び回る」(4)、［私はきれいな娘だから、能力のある男がいればいつでもツマドイしたい］と歌う。ダシブチは、相手をけなす悪口から自慢へと、歌の主題を変化させたわけだが、それをもたらしたのが「村の人」というトディの具体的な語であったということだ。そしておそらくトディは、ダシブチの施した変化に気づいていない。トディの次歌 (5) は、(4) と素材だけを入れ替えた同構造の歌であり、掛け合いは自慢歌のそれとして一時的に安定した。

次のダシブチの「高山のヤズの花は、山神の前で咲いている」(6) も (4)、(5) に引き続き自慢歌であるのだが、ここでのダシブチの意味づけは［きれいな女はハンサムで有能な男とツマドイする。お前のような男とはツマドイしない］とされる。その前半部は自慢なのだが、後半部には相手をけなす悪口の響きがある。それはダシブチが「高山に咲くこのヤズの花は、腐った柴の前で咲いている」（ダシブチ資料 19）という悪口歌を連想しているためであろう。「山神」と「腐った柴」が対比的にすばらしい男と劣った男の差を強調する。つまり、ダシブチは自慢歌のつもりで「山神の前で咲いている」を歌ったものの、

類似歌を連想したためにそこに悪口的な意味づけが付加されたということだ。(4)、(5) で一時的に安定した自慢歌の掛け合いは、早くも悪口歌へと傾斜していく。

　しかし、悪口的な意味づけはトディには通じていない。トディは (1) と同趣旨の自慢歌「私はどこに行っても楽しい、私を頼っている（あのアシャは）かわいそうだ」(7) を歌う。トディにしてみれば、今までずっと自慢歌の掛け合いが続いてきており、(6) の歌詞から読み取れるところを自慢歌と解釈するのは自然であり、従って (1) と同趣旨の自慢歌を歌ったということだろう。ところがダシブチは「一方で蹴っても一方で積み重なる、あなたに望むことはない」(8) という悪口歌を返す。ダシブチは (7)、(8) の掛け合いに、待っているアシャ (7) と「あなた」(8) による、つまりダシブチ自身とトディによる互いに相手をからかう悪口歌の掛け合いという意味づけをしている。

　ここでダシブチが「あなたに」という語を使っていることは注目される。先程ダシブチは、トディによる (3) の「村の人」という具体的な語に反応し、歌の主題を変化させトディに合わせていたのだが、今度は逆にダシブチが「あなた」という具体的な語を提示したのである。そこで今度はトディが、(7) は自身の意味づけた自慢歌とは異なる悪口歌として理解されていたことに気づくことになる。そして「おばさん、あなたは（自分の）娘は良いと言うが、三顆針の刺に引っかからないように気を付けろ」(9) という相手を直接けなす歌を歌い始めるのである。今度はトディが歌の意味づけを変化させることになったわけだ。そしてダシブチにより「足を大きく上げて上を見て歩く、あなたを知らない人はきっといないだろう」(10) というこれも直接的に相手をけなす悪口歌が歌われ、掛け合いは直接相手をけなす悪口歌の掛け合いとして一時的に安定する。

　この掛け合いの連結の仕方は、意味上の主題の安定に絶対的な価値を置いているわけではない。むしろ主題としては自慢歌とも悪口歌ともとれる曖昧な歌の掛け合いを通して、そこに表れる互いの意味づけの相違を楽しんでいるように思われる。そこに偶然にせよ、意識的にせよ具体的な動作の主体（「村の人」）や対象（「あなた」）が提示されることによって、歌掛けは一時的に意味上の安定を取り戻し、持続していく。この提示は自分の意味づけを相手に強要することになるのだが、その意味づけもまたすぐに多義的に意味づけられること

第3章　歌掛け持続の論理

になる。

比喩の多義性を楽しむ（34〜38、65〜69）
　ダシブチの「私たちは同じ山の斜面の木ではないから、木の枝が絡みつくことはない」(34)は、性格が合わないからあなたとはツマドイはしないという意味であり、それに対してトディは「私たちは同じ川の水ではないから、波が相打つことはない」(35)と素材を入れ替えての同構造の歌によって切り返している。その際トディは「波が相打つ」を、「木の枝が絡みつく」と同じく「相手とツマドイする」ことの比喩として意味づけている。ところが、次にダシブチは「波しぶきが山の崖に跳ね上がっても、山の崖は揺れない」(36)と歌い、［あなたが人前でどのように私を辱めても、私は少しも動揺しない］と解釈している。語句としては(35)の「波が相打つ」を受けて「波しぶきが跳ね上がる」としているのだが、その意味づけは全く異なっている。即ち、「波が出ること」を前者は「相手とツマドイする」と意味づけるのに対して、後者は「辱める」と意味づけているのだ。
　この「波が出る」という比喩表現は、モソの歌文化において、波の原因である「風が吹く」を含みこんだ形で多義的に意味づけられている。まずその多義性を、［　］で示した歌い手の解釈によって分類整理しておこう。波線によって比喩表現との対応を示した。

「風が吹く」の比喩
①相手とツマドイする
　○白樺の葉はとても薄い、風が吹かないのに揺れるな (46)
　　［あなたはとても口が軽いが、私とツマドイしたこともないのに、人前でツマドイしたなどとデマを飛ばさないでくれ］
　○白樺の葉はとても薄い、風は吹いていないのに揺れる（リジャズ 53)
　　［男は口が軽い、まだ私に通ったことがないのに、人に、私とツマドイしたと言いふらす］
②別の異性とツマドイする
　○湖にはもともと波が出るはずはない、風が湖面を吹くから（波が出るの)だ（リジャズ 63)

［私たちはもともと仲良かったが、あなたが他のアシャを見つけてから悪くなったのだ（歌い手自身が二とおりの解釈を示したうちの一つ）］
③相手を辱める
　　○山の坂に風が吹くと草は揺れる、俺に風が吹いても（俺は）揺れない（37）
　　　［あなたが人前でどのように私を辱めても、私は少しも動揺しない］

「波が出る」の比喩
①相手とツマドイする、子ができる（「風が吹く」①による）
　　○私たちは同じ川の水ではないから、波が相打つことはない（35）
　　　［私たちは同じ所の人ではないのだから、ツマドイしてもつまらない］
　　○湖にはもともと波が出るはずはない、風が湖面を吹くから（波が出るの）だ（リジャズ63）
　　　［私はこんなに早く子どもを産みたくはなかったが、あなたが催促するので産んだのだ（歌い手自身が二とおりの解釈を示したうちの一つ）］
　　○大きい湖に波が出るその日、カモはきっと岸辺に近寄るだろう（68）
　　　［私たちのあいだに子どもができたら、私はあなたと別れてしまう］
②辱める、仲が悪くなる、喧嘩する（「風が吹く」②、③による）
　　○波しぶきが山の崖に跳ね上がっても、山の崖は揺れない（36）
　　　［あなたが人前でどのように私を辱めても、私は少しも動揺しない］
　　○大きい湖に波が打つことはできないはずだ、大きい湖自身が悪さをしたのだ（66）
　　　［私たちはもともと仲が良くトラブルは起こるはずがなかったが、あなたが他のアドゥを見つけたから仲が悪くなったのだ］
　　○大きい湖に波が出るその日、カモが飛ぶ距離はきっと長いはずだ（69）
　　　［私があなたを見下げて喧嘩になったら、あなたは遠くにアシャを探しに行くだろう］

　さて、(35)は(34)と同構造であるから、ダシブチも「波が相打つ」を「相手とツマドイする」と受け取っているだろう。しかし彼女はそこに「辱める、仲が悪くなる、喧嘩する」という意味づけの可能なことも知っており、そこで「波が出る」という同一素材を用いつつ、異なる意味づけをして歌い出し

第3章　歌掛け持続の論理　　349

たのだと思われる。そのため (34)、(35) の、ツマドイを拒むという主題は、自慢歌へと飛躍する。そしてトディ (37) はダシブチの挑戦を理解し、「山の坂に風が吹くと草は揺れる、俺に風が吹いても（俺は）揺れない」［あなたが人前でどのように私を辱めても、私は少しも動揺しない］と連結した。トディは「波が出る」を「辱める、仲が悪くなる、喧嘩する」と意味づけ、しかもそれをそのまま返すのではなくて、「波が出る」の原因としての「風が吹く」によって「辱める」を意味させ、前歌と同構造の自慢歌に仕立てている。ここには比喩表現の多義性をいかにうまく使いこなすかという点での挑戦と応戦があり、それが楽しみとなって歌が連結され、掛け合いの主題が飛躍していく様子が見られる。

　「風が吹く」、「波が出る」の多義性による連結を示す掛け合いがもう一つある。ダシブチが (65) で「大きい湖の歌をたくさん歌うより、ガム山の歌を一曲歌ったほうが値打ちがある」、［たくさんの良くないアドゥとツマドイするより、心から私を愛している一人のアジュとツマドイするほうがよっぽどいい］という自慢歌を歌う。その「大きい湖」という語句をそのまま受けて、トディは「大きい湖には波が打つことはできないはずだ、大きい湖自身が悪さをしたのだ」(66) と歌う。トディの解釈は［私たちはもともと仲が良くトラブルは起こるはずがなかったが、あなたが他のアシャを見つけたから仲が悪くなったのだ］というもので、「波が打つ」を、②「辱める、仲が悪くなる、喧嘩する」と意味づけている。

　ところがダシブチは「宝石には虫の眼がある、価格もいいが、私はまだ（糸を）通したこともない」(67)、［私はとてもきれいで評判がいいが、まだアドゥとツマドイしていない。子供がいてもいなくてもきれいなのだ］と切り返している。ダシブチはトディの歌った「波が打つ」を①「子ができる」と意味づけており、それは、ダシブチの意味づけとして、前歌は、「お前はもう子持ちだ、それもお前（湖）自身がやたらといろんな男とツマドイ（悪さ）をしていたからだ」というような悪口歌となり、その切り返しとしての［子供がいてもいなくてもきれいなのだ］となったのだと思われる。ここでダシブチは「宝石に糸を通す」というセックスを明瞭に示す比喩を使っている。それが意識的にかどうかはわからないが、トディはそれを聞いて自身の歌った「波が出る」がダシブチによって「子ができる」と新たに意味づけられたことを知った。その

ため、トディは「大きい湖に波が出るその日、カモはきっと岸辺に近寄るだろう」(68)と歌い、［私たちの間に子どもができたら、私はあなたと別れてしまう］と意味づけているのだ。ここでは意味づけの摺り寄せによる掛け合いの一時的安定化が行われている。

ところが、次にダシブチは「大きい湖に波が出るその日、カモが飛ぶ距離はきっと長いはずだ」(69)と歌い、［私があなたを見下げて喧嘩になったら、あなたは遠くにアシャを探しに行くだろう］と解釈する。ダシブチにとって(66)、(67)は「子ができる」を主体とした解釈として連続しているから、前歌でトディが「波が出る」のもう一つの意味づけをして挑戦してきたと考えたのかもしれない。あるいはダシブチ自身がここで挑戦したのかもしれない。いずれにせよ、掛け合いの安定化を絶対的な価値あるものとするのではなく、多義的な比喩に相手と異なる意味づけをして楽しみ、歌掛けを持続させていく様子がここにもみられる。なお、比喩表現が多義性を含みこみつつ、どのように歌掛けを持続していくかについては、さらに第3章にて詳しく追求するつもりである。

本歌取り的手法による多義性を楽しむ（105〜108）

まずトディが「もともと水の中で魚を捕ろうとは思わなかったのに、魚の目には金がある」(105)と歌った。トディの意味づけは［私はあなたに通うつもりはなかったが、あなたの誘惑に負けたのだ］というものである。この歌は、前句と後句がそれぞれ異なる歌を連想させる。前句は、「私は新しい溝を掘りに行かない、水が溝の後からついてくる」(72)、［私があなたのもとに通ったのではなくて、あなたが勝手に通いにきたのだ］の前句と等しく、〈私は通うつもりはなかったのにa、お前が先に通ってきたb〉を構成するaの部分である。「魚を捕る」、「溝を掘る」が、ともにツマドイすることを比喩している。だから、この前句が出た時点で、聞き手のダシブチはbに相当する歌詞（例えば、魚が勝手に網に入ったなどといったもの）を予想しているだろう。ところが、後句は「歌はうまいも下手も蚊がうまい、蚊の腹には血がない」(44)、［見た目が良い人が、必ずしも心が良いとは言えない］という〈見た目は良かったがc、実はなかったd〉の前句cとして解釈されうる。つまり、金があるように見えたが、実はなかったというような意味づけである。トディはこのように二

つの異なる歌を連想させる前句と後句を連結し、後句を「あなたの誘惑に負けたのだ」と意味づける。これは単に「お前が先に通ってきたb」だけではなく、そこに〈見た目は良かったがc、実はなかったd〉という複合的な意味を持たせようとしているのである。[あなたの誘惑]とは、お前の方から実があるような振りをして誘ったというようなニュアンスを表わそうとしているのだろう。しかし、異なる歌を連想させる前句と後句を一首に用いる複合的な意味づけは、そのまま意味づけの多義性を呼び込むことになる。ダシブチはこれをどう意味づけるのか。

　これを受けてダシブチは「木は良いも悪いも白樺が良いが、白樺は、中は虫に食われている」(106)、[見た目にとてもいい男が、能力が必ずしもあるとは言えない]と返している。ダシブチはトディの後句から連想される〈見た目は良かったがc、実はなかったd〉という構造を選択したことになる。つまりトディの前句は無視されたということだ。

　ここでトディは「高い山を歩いたら良い山が見えた、魚を捕った後良い池が見えた」(107)と歌う。トディはダシブチに無視された前句にこだわっているようだ。前句は「山あいを見ると良い山が見えた、(こんなに)手間がかかるとは思わなかった」(88)、[見た目には立派な男だったのに、実は家族がいなくて、彼の生活を助けてあげなければならないことになった。自分は損をした]の前句と類似する。つまりこの解釈によるならば、「良い山が見えた」は〈見た目は良かったがc、実はなかったd〉とも解釈できるわけで、ダシブチとしては後句として、〈実がなかったd〉に相当する歌詞を予想するだろう。ところがトディは後句で、もう一度同じ構造の「魚を捕った後良い池が見えた」を重ねる。「魚を捕る」は(105)の前句、先ほどダシブチに無視された部分でツマドイすることを比喩している。

　ここでダシブチは「木は劣るも劣らないも松が劣る、松の中には黄金がある」(108)と切り返す。彼女は、それが意識的にか無意識的にかはわからないが、あくまで〈見た目は良かったがc、実はなかったd〉の構造にこだわっている。(105)をそう意味づけた自身の選択を押し通そうというわけだ。しかも、単にそれを押し通すだけではなく、(105)の「魚の目には金がある」の素材を生かし、「松の中には黄金がある」としている。そのため〈見た目は良かったがc、実はなかったd〉の構造は全く逆側から、〈見た目は悪いが、実は

352

ある〉として用いられることになった。ダシブチの（106）と（108）は一見すると、トディの悪口歌をうまく切り返しているとは思えない。しかしここには、他の歌を連想させることにより生ずる多義的な意味づけの提示とその選択というところに歌い手の主張があり、掛け合いのスリルがある。

　歌意の多義性を楽しむ恋歌と男女分立の恋愛観
　ところで白族（ペー）の歌掛けにおいては、男女の愛情を確かめたり賛美したりする歌にしても悪口歌にしても、歌の意味づけは非常に限定されている。例えば、1999年9月7日に工藤隆、岡部隆志の取材した「男が娘を侮辱する歌垣」（工藤・岡部『中国少数民族歌垣調査全記録1998』、大修館書店、2000）の悪口歌の部分は、

（31 男）あなたは理由を作っていますね。たぶんおなかが空いたので食事がしたいのではありませんか？〈愛情に飢えて愛人を求めている意〉（周囲、笑う）
　　　あなたがそんなに愛情に飢えている人なら〈「あなたは、どんなに男がいてもけっして満足することがないほど男好きで、いつも愛情に飢えている」という意〉、私もあなたを要りません（周囲、笑う）
　　　あなたのような女性なら、歌わなくても、手を振っただけで男は随（つ）いて来ますよ
　　　わたしもはっきり言います。もうこれでいいと言うのなら、これで終わりにします
（32 女）あなたは肉のついていない、骨だけの人間です
　　　あなたは三世代もの長いあいだ、女性に会ったことがない男でしょう（連れの女たち、笑う）
　　　互いに出会って歌い合うのですから、良いことだけを歌えばいいのです。
　　　相手を侮辱するのはよくないことですが、あなたが言うので私も言い返すのです
　　　やはり縁起のいいことを歌いましょう。そんなに人を侮辱する言葉はやめましょう

と、まるで会話のように行われている。女性は掛け合いのベクトルを悪口から男女合一へと引き戻そうとしているが、男はこの後、さらに「あなたの性格の悪さ」、「村中の人があなたを恐がる」などと悪口を続け、結局女性が逃げてしまい、歌掛けは終わってしまう。

「おなかが空いたので食事がしたいのではありませんか」は比喩であるが、それを次句で、「あなたがそんなに愛情に飢えている人なら」と意味づけている。つまり女には既にこの比喩に多義的な解釈をする余地は残されていない。モソの歌にもありそうな悪口ではあるが、しかしここには意味の多義性は排除されている。白族におけるこの多義性の排除のされ方は、悪口歌に限らず、男女合一に収束する次のような掛け合いにも共通する。工藤隆の1995年8月23日取材の歌掛け(「現地調査報告・中国雲南省剣川白族の歌垣(1)」「大東文化大学紀要」35号、1997・3)より、白語表記と日本語訳を引用する。

3［女］
Jinl zou sangl gout gap mel hhe,（また新たに胸のうちを話してくれる、と言うのですね。）
Ngal yon zil ngal hul no ze,（私は花を大切にしまっておきます。）
Yangl we sal gao no cal cil,（愛のためになら心の奥底のことを歌いますので、）
Suel zvt dat donf me.（［私は？］むやみやたらに歌で答えるなんてことはしません。）

4［男］
Let cil zi lif qif xiaot le,（妹［あなた］は歌がなんて上手なんでしょう。）
Xiangt yon goul nout cangl duit ke,（ぜひあなたと一緒に歌を歌いたい。）
Xiangt yon goul nout zal benl ngant,（ぜひあなたと一緒に歩きたい。）
Yon ti nout dal me,（それが許されるかどうかはわかりませんが。）
Sal gaot at mia son jiat xil,（親密になろうとするのなら、偽りの気持ちがあってはなりません。）
At mia xil gal qi zzt nout,（かたくなな気持ちになってはいけません。）
Wut ga xil gal qi zzt nout,（私はあなたに真心を差し出します。）
Niu ti nout dal mo?（妹よ、私の気持ちがわかるでしょうか。）

5［女］

Zout qif gou,（いとしい兄よ！）
Cal zou al sit qif yal du,（私の歌うことの意味をはっきりと聞きとってください。）
Gou ti gail gai dui cel,（兄［あなた］と妹［私］は少し遠くはなれていますので、）
Yat lif qif yal du,（あるいは私の言っていることが聞き取れなかったかもしれません。）
Wut yont let cil gat lel mel,（私はもう一度私の気持ちをはっきりお話しますから、）
Nut mia qif zout ke.（あなたは決して聞き間違えないで下さい。）

　約1時間20分にわたる歌掛けの最初の部分であるが、歌の多義性はほとんど排除されているばかりか、「私の歌うことの意味をはっきりと聞きとってください」というように、お互いが意味を一義的に認識していくことに価値が置かれている。つまり男女間で歌意は通じるものだという前提に立って、歌掛けが行われている。
　こうした白族の歌掛けに対して、トディとダシブチの悪口歌の掛け合いは、述べたように歌意の多義性を楽しむところに価値を置いている。白族の歌文化とモソの歌文化は第2章で述べた歌掛けの流れだけでなく、歌意認識においても対照的である。白族は歌意が通じることを装うのに対して、モソでは歌意は通じないことを装って歌掛けを行っているのである。それは、両者ともに愛情に関わる歌の掛け合いは、男女の性差に基づくものであるため、そこにはそれぞれの社会が理想とする恋愛観が自ずと重ね合わされることになるからではないだろうか。つまり、白族にあっては男女による歌意の一義的認識に価値を置く歌掛けのあり方に、男女は通じ合える存在であり、男女合一に収束する存在であるという恋愛観が重ね合わされる。一方モソにあっては、男女による歌意の多義的認識に価値を置く歌掛けのあり方に、男女は通じ合えない存在であり、男女分立に収束する存在であるという恋愛観が重ね合わされる。
　むろんモソは母系妻問い社会だから歌意が多義的であるということではない。本来ことばの意味は多義的であるのだが、白族の場合、それを一義的なものだと思いこめるところに、男女は合一するものだという男女合一の恋愛観が重ね合わされているということである。モソの場合、男女分立の恋愛観を持っているために、男女の性差に基づく恋歌に関しては、歌意を一義的なものだと

思いこむことはできないということだ。モソの歌掛けにおいて男女は悪口歌の意味が通じないことを装いそれを楽しむ中で、男女分立の恋愛観を確認しているということになるだろう。

　前章では、男女分立の恋愛観に収束するモソの歌掛けの流れは、男女に安定した恋などなく、男女は一時的に子を生産するために合一するだけだという男女分立の恋愛観を、演技し確認するものであることを述べたのであるが、多義性を楽しむという歌意認識の様式としても男女は意味が通じ合う存在ではないという男女分立の恋愛観を装い、確認しているということになるだろう。それは第1章で述べたような、母系妻問いによる子の生産様式とも相互補完的である。

第3章第3節　比喩表現による歌掛けの持続——歌掛け持続の具体相2

　序説にて述べたように、独唱が主に尻取り式に歌を連結し、比喩表現をほとんど用いないのに対し、歌掛けにおいては、繰り返しによる連結、同一構造による連結、既存の有名な歌を念頭においての連結（本歌取り的連結）、前句の場や景物のほんの一部の連想による連結、尻取り式連結などさまざまな連結方式が用いられているのだが、その中心の一つに、比喩表現によって歌を連結するという方法がある。本節では比喩表現による連結のいくつかの方法による歌掛け持続の実際例をリジャズ資料（第2章第2節）より取り上げ、比喩表現がどのように歌掛けを持続していくのか、その楽しさとは何なのかといったことを考察してみたい。

(49)　B
sɿ　i　du̱　kɯ　ma　i　bi,　sɿ　uo　du　kɯ　dʐua　kʰu bi
木　生える　一緒に　ない　生える　(助)、　梢　一緒に　接する　〜させる
木は同じ所に生えていないが、梢の枝は一緒に接するだろう。
㊌私たちは同じ所の人ではないが、ツマドイはできるだろう。

(50)　A
sɿ uo　le　lo lo　bi la,　sɿ　kʰu　ma　lo lo　hi　ɲi
梢　(助)　絡みつく　たとえ〜ても、　木　根　ない　絡みつく　の　だ
たとえ梢の枝は絡みつくとしても、木の根は絡みついてはいない。
㊌私たちは同じ所の人だけれど、ツマドイはしない。

(51)　A
sɿ　dʑia　ma　dʑia　la kʰa　dʑia,　la kʰa　go lo　go pʰa　gu
木　良い　ない　良い　白樺　良い、　白樺　中　腐る　はずだ
木は良いも悪いも白樺が良いが、白樺の中身はきっと腐っている。
㊌容貌がきれいに見える男は心が必ずしも良いとはいえない。

(52)　B
sɿ　zi　ma　zi　la kʰa　zi,　la kʰa　go lo　go bə　gu
木　真っ直ぐ　ない　真っ直ぐ　白樺　真っ直ぐ、　白樺　中　空っぽ　はずだ

木は真っ直ぐもそうでないも白樺が真っ直ぐだが、白樺の中はきっと空っぽだ。
㊌容貌がきれいに見える男は、心が必ずしも良いとはいえない。

(53) A

la kʰa sɿ tsʰe bi liə liə, ʂæ ma tʰʊ nɯ tʰi tɕi tɕi
白樺 木 葉 薄い とても、 風 ない 吹く (助) (助) 揺れる
白樺の葉はとても薄い、風は吹いていないのに揺れる。
㊌男は口が軽い。まだ通ったことがないのに、人に、私とツマドイしたと言いふらす。

(54) B

sɿ uo æ gæ ɕi dʑia gu, le gæ no kɯ tɕʰu ma bi
梢 オウム 舌 良い できる、 機嫌をとる あなた 後ろ と ない 行く
木の梢にいるオウムはよくしゃべることができる、あなたがどんなに私の機嫌をとっても、ついて行かない。
㊌男は口がうまく、いつも女を騙すから、私はあなたの話を信じていないし、ついても行かない。

(55) A

æ gæ sɿ ɕia ɯ hi ɲi, sɿ nɯ dzi do ɕia ma gu
オウム 木 試す 精通する のだ、 木 老いる 本 〜を 試す ない はずだ
オウムは木を見る目に精通している、枯れ木を体験してみることはまさかないだろう。
㊌女を見るなら、私は玄人だ。私は年をとった女とつきあうはずはない。

　前章に述べたような、誘い歌から始まり悪口歌に収束する歌掛けの流れという観点からみると、リジャズ資料の掛け合い部は14サイクルよりなっている。その第5サイクル冒頭が掲載した(49)である。(49)は誘い歌であり歌掛けに誘う機能を持つ。

　(50)は、(49)を受けて、[dɯ kɯ] (一緒に) と [lo lo] (絡みつく) の表現の違いはあるものの、梢の枝が接するという同一比喩素材を、同じようにツマドイすると解釈している。その上で接することもあれば接しないこともあるという自然の道理に従って切り返している。連結方法としては最も単純でわかり

やすいもののひとつである。

　(51) は、(50) の素材である [sɿ uo] (梢) の一部、[sɿ] (木) を取り出して付けている。素材の一部をとって軽く付ける方法であるが、その身軽さゆえ (51) の拒む歌を男への悪口歌へと転換している。[la kʰa] (白樺) は日本の白樺とは異なるが、山の木々の中でうっすらと白く幹が真っ直ぐな大木である。実際その幹は虫に食われていることが多く、薪にはしないのだという。

　(52) は同一比喩素材を同じように意味づけし、さらに構造も同じという形で付けており、つまり言い換えである。連結方法としては最も単純でわかりやすいもののひとつである。なお [go pʰa] (腐る) と [go bə] (空っぽ) は意味が異なり、しかも音が似ているという同音異義的な語が選ばれているが、モソ歌謡における同音意義を利用する修辞の有無については現在調査中である。

　(53) は [la kʰa] (白樺) という同一比喩素材の異なる属性による新たな意味づけによって連結されている。すなわち、(51)、(52) においては [la kʰa] (白樺) の真っ直ぐで姿は良いが虫に食われていることが多いという属性が、見かけの良い男の心がそれほどは良くないと意味づけられていたのに対して、(53) においては [la kʰa] (白樺) の葉が極めて薄いという属性から、「風が吹かないのに揺れる (＝口が軽い)」と全く異なる意味づけがなされているのである。

　(54) は、(53) の [la kʰa sɿ tsʰe] (白樺の葉) によって表わされた「口が軽い」を、[æ gæ] (オウム) のよくしゃべるという属性によって表わしている。つまり同一意味内容を別の新たな比喩によって表わすという連結である。

　(55) は、[æ gæ] (オウム) がよくしゃべることを「男は口がうまく、いつも女を騙す (から私はあなたの話を信じていない…)」と意味づける (54) に対して、男の立場に立って、「オウムは木を見る目に精通している、枯れ木を体験してみることはまさかないだろう」とし、「女を見るなら、私は玄人だ。私は年をとった女とつきあうはずはない」と切り返す。[æ gæ] (オウム) という同一素材の異なる属性 (木を見る目に精通している) によって新たな意味づけをし、(54) を無化してしまおうとする。ここで笑いが起こるのであるが、これは A の歌の技術の高さを示すものだろう。

　(53)、(55) は同一比喩素材の異なる属性による新たな意味づけの方法、(54) は同一意味内容を異なる比喩で表現する方法であり、両者は対照的であ

る。このような対照的な連結方法が入り組んで掛け合いを持続させていくのであるが、そのような例をもう一例あげる。

(45) C

dʑi dɯ sɿ dʑio dzo ʂua gu, dzo tʰæ le hu kʰɯ ma bi
水　漲る　ならば(助)　橋　高い　はずだ、橋　下　(助)　低い　そのままにする　ない　だろう
川の水が漲れば、橋は高いはずだ、水は橋より低いわけではない。
㊌私はあなたより劣ることはない。あなたより立派な男と付き合いたい。

(46) A

mu uo kə dzi dʐa bi bi, tɕi pʰʊ dzo dzo hi ma gu
天　頭　星　明るい　摘む　行く　言う、雲　白い　橋　架ける　よろしい　ない　できる
明るい星を摘みに天に行くと言うが、白雲で橋を架けることはできない。
㊌あなたはとてもきれいな女と付き合いたいというが、白雲で橋は架けられないように、見つけられるはずがない。

(47) B

mu uo kə pʰʊ kə so lə, so lə ɲi ɲi gu kʰɯ bi
天　頭　星　白い　星　三個、三個　同じ　なる　～させる
天で一番明るい三つの星、その三つの星を同じく明るくさせたい。
㊌私たち三人を同じくきれいにさせたい。

(48) A

mu uo ɕi pʰʊ pʰo bi bi, dʑi na do do iu ma ho
天　頭　稲　白い　栽培する　行く　言う、水　流れる　急な坂　登る　来る　ない　つもりだ
天へ白い稲を栽培に行くと言うが、川の水は急な坂を登って流れようとは思わない。
㊌あなたはとてもきれいな娘と付き合いたいと言うが、川の水が急な坂を登ることができないように、見つけられるはずがない。

(45)では、水が橋を越えることもあるという、その[dzo](橋)が男の比喩になっており、「私はあなたより劣ることはない」と意味づけられている。

(46)は、女の立場で男をからかった歌。「白雲で橋は架けられない」が「きれいな女を見つけられない」ことの比喩となっている。前歌の[dzo](橋)を

用いながら、前歌の漲った水（＝すばらしい女）の上にある橋（＝あなたより立派な男）という、水の上にある橋という属性とは異なる、掛け橋としての属性により、それを天の明るい星（＝きれいな女性）のもとに行くための手段として意味づけしなおしている。この同一比喩素材の異なる属性による新たな意味づけによって前歌の意図は無化されてしまう、あるいは天上の橋よりも高い水（＝大変すばらしい女）としての意味が新たに更新されていく。

（47）は「天の星」を「きれいな女」の比喩とする意味づけを、そのまま継承し、それを自分たち三人のことだと新たに意味づけることによって、男をからかう歌を自慢歌に転換した。

（48）は（46）と連結されている。（46）の「きれいな女を見つけられない」という同一意味内容を、「天の星を摘みに行く」＝「天へ白い稲を栽培に行く」、「白雲で橋は架けられない」＝「川の水が急な坂を登ることができない」というように、同一意味内容を異なる比喩によって表現し連結している。

ところで第1章第3節にて、男女分立の恋愛観から逸脱する個的感情は悪口歌の掛け合いによって再び共同性に掬い上げられるのだろうと述べた。その際、老人への聞き書き資料を掲載したのだが、そのいくつかをもう一度掲載する。

事例⑧
　昔、女が男に棄てられても、喧嘩や殴り合いはしませんでした。ただ相手をけなす歌をうたい、腹の虫がおさまればそれで終わりでした。……今の裁判所が婚姻関係のトラブルを仲裁するようなものです。……アハバラで相手を貶すと、心にある憤怒の情が消えてしまいます。【ブジャ＝ユマ】

事例⑨
　今でも意味深い悪口歌で誰々をけなして気持ちがよかったなどと自慢話をする人がいます。【ゴブ＝ラツォ】

事例⑩
　喧嘩の言葉は汚い言葉で聞くに耐えませんし、すぐに殴り合うようになります。ところが、比喩を使った意味深い歌でけなすと、見ていて面白く聞きごたえがあるのです。【アウォ＝ドゥジマ】

悪口歌の掛け合いが、比喩の楽しさによって相手をいかにやり込めるかという点に置かれていることがはっきりとわかる。では、以上考察したような比喩表現による歌の持続はどのような楽しさによっているのだろうか。
　(53)、(55)、(46)に見られた同一比喩素材の異なる属性による新たな意味づけの方法とは、前歌の用いた素材の新たな意味を発見し付加する楽しさであり、結果的に前歌の意味は多義的になったり、逆に無化されたりする。認識とは対象の意味づけにほかならないが、とすればこの方法は、前歌の認識範疇＝世界を破壊・更新する楽しさということができよう。一方、(54)、(48)に見られた同一意味内容を異なる比喩によって表現する方法とは、前歌の意味づけを尊重し、そういう視点で見ればこの素材も同類だという発見の楽しさである。この方法は、前歌の認識範疇＝世界を敷衍・拡大する楽しさということになるだろう。
　こうした比喩表現の楽しさ、つまり認識の楽しさによって、人々は歌掛けに参加し歌掛けは持続するのである。その持続を通して、既述したように共同体的規範（男女分立の恋愛観）から逸脱した個的感情は再び共同性に掬い上げられ、歌掛けの流れに従って共同体的規範へと収束することになる。前掲の事例⑨、⑩に「意味深い悪口歌で誰々をけなして気持ちがよかった」と自慢する人がいることや、「比喩を使った意味深い歌でけなすと、見ていて面白く聞きごたえがある」との主張があるが、こういう感覚は、このように安定した、つまり緊密な共同体的システムによって支えられた比喩表現への信頼なのであろう。

第3章第4節　日本古代和歌の生態論

　前節ではモソの歌掛けがどのように持続していくのかを、歌意の多義性、比喩表現のあり方という視点から考察したのであるが、本節では同様の視点から日本古代和歌を考察してみようと思う。筆者は現代のモソ人の歌文化と古代日本の歌文化が、歴史的に直接関係していると考えているわけではない。にもかかわらず、日本古代和歌をモソの歌掛け文化との比較によって論じる方法を有効と考えるのは、それが日本古代和歌の特質を、口誦文学をも含めた詩歌という普遍性のレベルで相対化するという大きな課題の一部分になり得るのではないかと考えるからである。

　比喩の多義性を楽しむ
　本章第2節にてモソ人の歌掛け歌における比喩の多義性を述べたなかで、「風が吹く」の多義性に触れた。モソの歌文化において「風が吹く」には、①相手とツマドイする、②別の異性とツマドイする、③相手を辱めるという多義的な意味があり、それと連動して「波が出る」には、子ができる、(ツマドイしてないのに)ツマドイしたとデマを飛ばす、喧嘩するなどが、また「草や葉が揺れる」にも、手招く、辱める、仲が悪くなる、喧嘩するなどが意味づけられていた。
　これに似た比喩の多義性は日本古代和歌にも見られる。古事記に次のような歌謡が載っている。([　]内は直訳。番号は岩波古典文学大系『古代歌謡集』による。)

　　狭井川よ　雲立ちわたり　畝傍山　木の葉さやぎぬ　風吹かむとす(古事記歌謡20)
　　　[狭井川から雲が立ち渡って、畝傍山は木の葉がざわめいた。風が吹こうとしている]
　　畝傍山　昼は雲とゐ　夕されば　風吹かむとそ　木の葉さやげる(古事記歌謡21)
　　　[畝傍山は昼は雲が揺れ動き、夕方になると風が吹こうとして、木の葉がざわ

めいている〕

　一首目は雲がこちらに湧いて来て、木の葉がざわめいたという自然現象から、風が吹くだろうとの予測をしている。二首目は木の葉がざわめいていることの原因として、雲が揺れ動いたり風が吹いたりすることを提示している。雲が揺れ動いたり、木の葉がざわめくのは、結局は風が少しずつ吹き始めたからであり、両首とも自然現象の道理をそのまま歌っているに過ぎない。
　このような自然現象の道理が歌になっているため、そこにさまざまな意味づけが可能となる。古事記においては、「狭井川よ」と「畝傍山」の歌謡は次のような物語（神武天皇条）のなかに記されている。
　神武天皇には嫡妻イスケヨリヒメとの間に日子八井の命、神八井耳の命、神沼河耳の命という三皇子がいた。また嫡妻を娶る以前、神武が日向にいたころ、土地のアヒラヒメとの間にできた子、タギシミミがいた。タギシミミは傍流であるため皇位継承権はない。さて神武天皇が亡くなったあと、タギシミミは神武の嫡妻であったイスケヨリヒメを妻にして、神武の嫡流の三皇子を殺そうとする謀反事件を起こそうとした。イスケヨリヒメはタギシミミの妻となり、この謀反計画を知った。そして我が子である三皇子を「患へ苦しみ」て、歌によってこの危機を知らせようとした。その歌が話題にしてきた「狭井河よ」と「畝傍山」の歌謡だというのである。これを聞いた神沼河耳の命らは謀反を知ることができタギシミミを殺し、結局神沼河耳の命が即位する。
　さてこの物語に即してみると、二つの歌謡はタギシミミの謀反を寓意しているとして読まれることになる。「狭井河よ」の歌謡（20）は、「風吹かむとす」を「当芸志美々の命があなたを殺そうとする」を寓意していることになり、その結果、狭井川から立ち渡って来る雲、ざわつく木の葉が、「悪霊の活動」（土橋寛『古代歌謡全注釈　古事記編』）などと謀反の前兆として読まれることになる。「畝傍山」の歌謡（21）は、「雲とゐ」がよくわからない語で、万葉集の「とゐ波」（220、3335）の「とゐ」と同じく、揺れ動く意の動詞だろうとして、「雲とゐ」（雲が揺れ動き）とする解釈や、「雲と居」（雲と一つにいる）という解釈がある。「雲とゐ」（揺れ動く）とすればタギシミミの謀反の予兆として解されることになる。「雲と居」とすれば「畝傍山（当芸志美々命）が……そこに懸っている雲と一つになって、昼間はじっと静まり返っているが、夕方になると

その本性を現して、活動（謀反）をはじめようとする」（日本古典集成『古事記』）などと解釈されることになるが、やはりタギシミミの謀反の予兆に他ならない。いずれにせよ、両歌謡とも「風が吹く」をタギシミミの謀反と意味づければ、「雲」や「木の葉」はそれに従って謀反の予兆として意味づけられることになる。

ところで「風が吹く」や「雲が湧く」にはもともと善悪の区別はない。「風が吹く」は「風のむた寄せ来る波に漁する海人をとめらが裳の裾濡れぬ」（万葉15―3661）など、寄せ来る波を運んで来るものとしても歌われているし、「雲が立つ」もヤマトタケルの望郷歌「はしけやし我家の方ゆ雲居立ち来も」では家郷から沸いてくるよい霊魂の象徴となっている。

都倉義孝は物語と離れた独立歌謡として、狭井川から立ち上る雲を大物主神、畝傍山を田の神などの女神とみて、「狭井川よ」歌謡は大物主神が狭井川を通って畝傍の女神のもとにやってきたことを歌っているのではないかと意味づけている。狭井河は大神神社の摂社である狭井神社の北側を流れる川であり、大神神社の祭神大物主神と関わりの深い地である。また日本書紀（崇神天皇10年9月条）には、三輪の大物主神がヤマトトトビモモソヒメを妻として通ったが、明け方に蛇の正体で櫛筍に入っていたのをモモソヒメに見驚かれ、恥ずかしく思い、「大虚を践みて、御諸山に登ります」[大空を踏んで御諸山（三輪山）にお登りになった] という三輪山伝説があり、立ちわたる雲を大物主神の象徴とすることもできる。一方、畝傍山は「香久山は畝傍ををしと耳成と相争ひき……」[香具山は畝傍山を「ををし」と思って耳成山と妻争いをした]（万葉1―14）という歌や、日本書紀允恭42年11月条に、新羅人がウネビハヤ[（私の愛でた）畝傍山はどうしただろう] と畝傍山を褒めたのをウネメハヤ[（私の愛でた）釆女はどうしただろう] と訛ってひと騒動あったという説話からすれば、畝傍山を女性と感じる見方もあったのだろう。（以上は、平成7、8年度早稲田大学大学院文学研究科における都倉義孝の講義による。）この歌謡がイスケヨリヒメという巫女性をもつ女性によって歌われることからすれば、「狭井川よ」歌謡をそのような神婚を歌った神事歌謡と意味づけることも可能であろう。

さらに、当該歌謡と類似する歌が、我が国では民謡として採集されている。土橋寛は、

　　雨が降るやら夕立来るやら　山の木の葉が裏返す　（岐阜県、草刈り歌）

第3章　歌掛け持続の論理　365

雨が降ろとて仏生さん山の　御山銀杏の葉が裏返す（香川県、田植歌）

をあげている。草刈りや田植え、麦打ちなどの農作業に歌われたようだ。農作業において「風が吹く」ことは農耕の障りと意味づけられるだろうから、当該歌が農作業で歌われる歌謡として、農耕の障りである風を警告するという意味づけで歌われていた可能性も充分ある。むろんこういう歌が恋歌的なニュアンスをもって宴会で歌われる場合もあるはずで、そこではまた違った意味づけになるだろう。

　このように当該歌は古事記の物語に沿ってタギシミミが謀反を起こそうとしているとも意味づけられるし、また大物主神と畝傍山の神婚を歌った神事歌謡とも、また農作業で農耕の障りである風を警戒しているとの意味づけも可能だということになる。

　ここで古事記の物語にもどると、この物語の要点は、神沼河耳命がこのような多義的な解釈をもつ「風が吹く」を、タギシミミが謀反を起こそうとしていると意味づけることができ、その結果皇位を継承できたという点にある。歌の意味づけが正確にできることが皇位継承の重要な条件のひとつであったということだ。つまり神沼河耳命がイスケヨリヒメの意味づけを誤解なく理解できたかどうかに作り手や読者の期待や関心は集まり、そこに物語としての楽しさが生じている。こうした楽しさは、物語の作者や読者が当該歌謡の意味づけは多義的に可能であることを知っていなければ成立しない。さらに、そうした歌の多義性を単に頭の中だけで知っているだけでなく、その多義性は容易に誤解を引き起こし、そこに駆け引きや主題の飛躍が生じるというスリルを楽しんでしまうような感覚が経験的に蓄積されている必要があるだろう。それは歌垣などにおいて蓄積されてきたものであろう。古事記の歌謡物語は、歌謡を物語のなかにおくことによって、その多義的な意味をある程度限定しようとするのだが、それが同時に歌の多義性のひとつの楽しみ方になっている。歌のもつたくさんの意味づけのうちの多くが、誤解であったということを物語が露見させる役目を果たすわけである。歌の掛け合いにおいては、第2節で述べたように偶然具体的な主体や対象が歌われたり、掛け合いの表情や歌い方といった身体的な要素が誤解を露見させるのであった。歌謡物語はその役目を物語が担っているのであるが、両者に共通しているのはその誤解を楽しむという感性なのであり、それを支えるのが歌垣などにおける歌掛け文化であったのではないだろう

か。

　万葉集においても「風が吹く」や「波が出る」にはさまざまな意味づけがありうる。いくつか例をあげておこう。

　　相手とツマドイする意味
　　　われも思ふ人もな忘れおほなわに浦吹く風の止む時なかれ（4―606）
　　　息の緒にわれは思へど人目多みこそ吹く風にあらばしばし逢ふべきものを（11―2359）
　　　風吹かぬ浦に波立ちあらぬ名をわれは負へるか逢ふとはなしに（11―2726）
　　別の異性が邪魔をする意味
　　　あど思へかあじくま山のゆづる葉の含まる時に風吹かずかも（14―3572）
　　　島廻すと磯に見し花風吹きて波は寄すとも取らずは止まじ（7―1117）
　　相手を攻撃する意味
　　　……渡会の いつきの宮ゆ 神風に い吹き惑はし……（1―199）
　　噂が立つ意味
　　　はしきやし吹かぬ風ゆゑ玉くしげ開けてさ寝にしわれぞ悔しき（11―2678）

　これらの多義的な意味づけのあり方は述べてきたモソ歌謡と通じるものがある。ここで、有名な柿本人麻呂の石見相聞歌第一長歌（人麻呂が石見の国から妻に別れて上京する時の歌という題詞をもつ）の第二反歌に目を向けてみよう。

　　笹の葉はみ山もさやにさやげども我は妹思ふ別れ来ぬれば
　　［笹の葉は山全体にざわざわとさやいでいるが、私は妹を思う。別れて来たのだから。］

　第3句「さやげども」は原文が「乱友」となっていて「サヤゲドモ」のほか「ミダルトモ」「ミダレドモ」「サワゲドモ」などの読み方がある。上三句が笹の葉が山中にざわざわとさやいでいる情景、下二句が妹への思慕ということになるのだが、上三句をどう読むかは難しい。ここにも「笹の葉がさやぐ」という「風が吹く」と連動した多義的な意味づけが可能だからだ。［笹の葉は気持

ち良さそうにそよいでいる(「そよいでいる」は伊藤博『萬葉集釋注』の訳による)──しかし私は妹を思う。別れてきたのだから]と意味づけることもできるだろう。また、「笹葉に打つや霰のたしだしに率寝てむ後は人は離ゆとも」(古事記歌謡79)、「うるはしとさ寝しさ寝てば刈薦の乱れば乱れさ寝しさ寝てば」(古事記歌謡80)を継承するものとして(この解釈は上野理『人麻呂の作歌活動』、汲古書院、2000による)、[笹の葉が乱れるように将来はどうなっても──私は妹に逢いたい。別れてきたのだから]と意味づけることも可能だろう。さらに、「風が吹く」の多義性に注目すれば、「風が吹く」を別の異性が邪魔をするとして「石見から都までにはさまざまな女性がいて私を誘うのだが──私は妹を思う。別れてきたのだから」とも解釈できるし、相手を攻撃するとして「旅人を邪魔する山の神が、妹に別れてきた心の弱みに付け込んで私を誘うが──私は妹を思う。別れてきたのだから」とも解釈可能だ(この解釈は都倉義孝前掲講義による)。

　この第二反歌は、これらのどれか一つの解釈への限定を求めるのではなくて、このような「風が吹く」の多義性をそのまま含み込んで発せられているのではないだろうか。トディとダシブチの掛け合いに、多義性を含みこんだまま相手に投げかけ、相手がいかに理解するかを楽しむという楽しみ方があった。もし言われるように石見相聞歌が持統後宮サロンなどにおいての発表の機会を持ったとすれば、そこには聞き手に多義性を含みこんだまま投げかけ、それぞれの聞き手の理解を楽しむという歌のあり方が考えられるのではなかろうか。もしそうであれば、そこには歌垣などにおける歌掛け文化の存在が想定される。人麻呂作歌の特徴として古くから言われる「混沌」、また歌謡との繋がりというものの一面が、こうした比喩の多義性をさまざまに楽しむという感性だったのではないだろうか。

　　見えない相手との歌掛け──比喩表現のあり方

　本章第3節にて考察したように、モソ人の歌掛けは歌掛け持続の方法として比喩表現を多用するのであるが、翻って、古代日本の和歌もまた比喩表現を極めて多用する句作りをしている。

明日香川川淀さらず立つ霧の思ひ過ぐべき君にあらなくに（3-325・山部赤人）
朝に日に色づく山の白雲の思ひ過ぐべき君にあらなくに（4-668・厚見王）
石上布留の山なる杉群の思ひ過ぐべき君にあらなくに（3-422・丹生王）

　画一的とも言える下の句からすれば、これらが個的感情をそのまま表現しようとした作品であるとは思われず、古く高木市之介『古文芸の論』（岩波書店、1952）が万葉の類歌性を社会の「ホモジニアス」な性格に求めたように、何らかの形で共同性というような性格が想定されてきたのは、その方向性として認められてよいだろう。
　鈴木日出男『古代和歌史論』（東京大学出版会、1990）、『古代和歌の世界』（ちくま新書、1999）は上掲の序歌などを用例として、下の句の画一性を「他者も言っている類同的な言葉を選ぶことで、集団のなかの一員であることが証され、また言い方としては客観性を帯びて説得力がある」という意味における歌の共同性と捉え、それを「作歌の手がかり」、「表現のための型」として「そこに具体的詳細さを付加し、個別的豊かさをうみだす」序詞を付加するのが古代和歌の基本的な構造（心物対応構造）であると主張する。（引用は『古代和歌の世界』による。）　この構造の把握自体に異論があるわけではないが、ただ鈴木の言う「個別的豊かさ」がどういう性格のものであるのかは、必ずしも明確な指摘がなされているとは思われない。この場合の「個別的豊かさ」を、下の句の抒情に完結して個的感情を表現するというように理解することはできないだろう。下の句の画一性はこういう理解を妨げる。
　一首を単位とする和歌の画一的な下の句は何をもたらすのであろうか。当然ながらその画一性によって他の同じ下の句を持つ歌が想起されるはずである。一首が創作されるときにも、そこに他の一首とつながろうという意図をみることは可能であろう。とすれば、上の句の比喩部分の個別性も他の一首との関わりにおいての個別性であり、一首としての「個別的豊かさ」もまた、一首完結して個別的な抒情に収束するのではなく、共同性に向けて開かれた「個別的豊かさ」と見るべきものであろう。
　具体的表現に即して見て行こう。325歌は「霧が川淀を過ぎ去って行くこと

のない」状態が、下の句によって「思い過ぎることのできない」状態として意味づけられている。また 668 歌では「朝に日に色づく山の白雲が過ぎ去ることはない」という状態が、同じように「思い過ぎることのできない」状態として意味づけられている。むろん両首はそれぞれ別個に歌われたものであるが、下の句の画一性は必然的に両者をつなげてしまう。モソの歌謡レベルにこの二首を当てはめてみれば、おそらく「川に立つ霧は川淀を過ぎ去ることはない」という一首に「山の白雲は過ぎ去ることはない」という一首が、「思い過ぎることなくあなたを思う」という同一意味内容を異なる比喩で表現するという方法で連結されるということになるだろう。そこには前歌の認識＝世界を敷衍・拡大する楽しさがある。万葉和歌が下の句の画一性によって必然的につなげられてしまうとすれば、そこにモソの歌掛けと共通する認識の楽しさが働いていると見ることができよう。その状態は比喩的に言えば、相手の見えない歌掛けをしているということであり、相手が見えないからこそ、そこに両者を必然的に結びつける画一的表現が必要とされるということではないだろうか。

　　　春されば垂り柳のとををにも妹は心に乗りにけるかも（10-1896・人麻呂歌集歌）
　　　宇治川の瀬瀬のしき波しくしくに妹は心に乗りにけるかも（11-2427）
　　　大船に葦荷刈り摘みしみみにも妹は心に乗りにけるかも（11-2748）
　　　駅路に引船渡し直乗に妹は心に乗りにけるかも（11-2749）

　巻 11、12 は冒頭に人麻呂歌集歌を置き、それをひとつの規範として作られていると考えられているが、2427 以下の歌々などは、「妹は心に乗りにけるかも」という画一的表現によって、1896 歌、つまり目に見えない人麻呂との歌掛けをしているのであろう。
　モソ歌謡の場合には、同一意味内容を異なる比喩によって表現する場合、同音異義語を利用することはないようだ（ただ、この件に関してはさらに調査が必要と考えている）が、万葉和歌の場合には 422 歌のように「杉」＝「過ぎ」と同一意味内容（画一的表現部分）を掛詞によっても表現しようとする。ただ 422 歌の場合には、掛詞によるだけでなく、「何千年も布留の社にある杉群」を「思い過ぎることができない」状態と意味づけているのであり、そこに掛詞に

よる同音異義の音の楽しさが乗りかかっているということだろう。仮に325歌と相手の見えない歌掛けをしているのだとすれば、422歌は「思い過ぎることなくあなたを思う」という同一意味内容を、「布留の社にある杉群」という異なる比喩で表現し、さらにスギの音による楽しさを付け加えて、前歌の認識＝世界を敷衍・拡大しているということになるだろう。

　　秋されば雁飛び越ゆる龍田山立ちても居ても君をしぞ思ふ（10-2294）
　　春柳葛城山に立つ雲の立ちても居ても君をしぞ思ふ（11-2453）

　2294歌は、秋になると雁はやってくるが、あなたはやって来ず、私は立っても座ってもじりじりとあなたを思っているというような歌であるが、この場合、「立ちても居ても君をしぞ思ふ」によって、上の句は「雁は帰ってくるのに帰ってこないあなた」と意味づけられることになる。と同時に、「龍田山」＝「立つ」という同音異義の楽しさが乗りかかっている。仮に2453歌がその画一的下の句によって相手の見えない歌掛けとして連結されるとしたら、そこには「立つ」ことも「居る」こともある雲も同様に意味づけされうるというように、2294歌の世界を敷衍・拡大していくことになるだろう。
　こうした前歌の認識＝世界を敷衍・拡大する連結に対して、モソ歌謡には、同一比喩素材の異なる属性による新たな意味づけ、つまり前歌の認識＝世界を破壊・更新する楽しさがあった。

　　あぶら火の光に見ゆるわが蘰さ百合の花の咲まはしきかも（18-4086・大伴家持）
　　あぶら火の光に見ゆるさ百合花後も逢はむと思ひそめてき（18-4087・内蔵伊美吉縄麿）

　天平感宝元年（＝749年）9月に官人らが少目秦伊美吉石竹の宅に集って宴会をした。この時、主人の石竹が百合の花蘰を三枚作って食器の上に重ねて置き、客たちにさし上げた。各自がこの蘰を賦して作った歌三首、という題詞を持つ宴の歌の二首である。4086歌は「その蘰のほほえましいことよ」と蘰を褒めると同時に主人を褒めるのであるが、次の4087歌は「あぶら火の光

第3章　歌掛け持続の論理

に見ゆるさ百合花」と同素材を用いながらも、掛詞によって「さ百合花」の異なる属性＝後を発見し、さらなる宴の開催を願っての恋歌仕立ての一首としている。

　　青山の嶺の白雲朝に日に常に見れどもめづらしわが君（3 -377 湯原王）
　　青山を横切る雲のいちしろく我と咲まして人に知らゆな（4 -688 大伴坂上郎女）

　377歌は湯原王の宴席の歌。「白雲がいつもそこに居る」という状態が「常に見る」と意味づけられている。一方坂上郎女の688歌は、青山の白雲という同一比喩素材を用いながらも、その鮮烈な対比に着目し、そこに「いちしろし」の掛詞を重ねて、人目につくような性急な誘いと意味づけている。青山の白雲というのは極めて印象的な情景であるゆえ、両歌は必然的に結びつけられてしまうのであるが、仮に377歌に688歌が相手の見えない掛け合いとして連結されたとすれば、688歌は同一比喩素材の異なる属性により377歌の「恋人を常に見たい」という意味内容を破壊し、「ことさら人目につくような性急な誘いはしないでね」と意味内容を更新して切り返すことになっているのであり、そこにモソの歌掛けと共通するような、前歌の認識を破壊・更新する楽しみを見出すことができるだろう。

　　何ど思へか阿自久麻山のゆづる葉の含まる時に風吹かずかも（14-3572）
　　愛しきやし吹かぬ風ゆゑ玉匣開けてさ寝にしわれぞ悔しき（11-2678）

　モソ歌謡においても「風が吹く」は既述のように多義的な意味を持っていたが、万葉和歌においてもそれは、①相手とツマドイする、②別の異性とツマドイする、③噂が立つのように多義的である。3572歌の「風吹かずかも」は②の例と意味づけることができそうで、とすれば、女が未だ未成熟なうちに別な男が通わないとは言えようかと女へのからかいとなる。一方2678歌は③の例として、噂の立たないことをいいことに人目を憚らずに寝ていたら噂が立ってしまったという意味づけが可能である。両歌が相手の見えない歌掛けであったとすれば、3572歌は、「まだ若く別の男など通わせないと思っていたら、実は

大勢の男を通わせていた」などという女へのからかい、2678歌は「噂が立たないからいいと思って寝ていたら、知られてしまったわ」というくらいの、女の立場での切り返しということもできなくはない。ここにもまた「風が吹く」の多義性を利用して前歌の認識＝世界を破壊・更新する歌掛けの楽しさが息づいている。

玉匣（たまくしげおほ）覆ふを安（やすあ）み開けていなば君が名はあれどわが名し惜しも（2-93・鏡王女（かがみのおほきみ））

玉匣みむまど山（三室戸山（みむろと））のさなかづらさ寝ずはつひにありかつましじ（2-94・藤原鎌足）

　藤原鎌足と鏡王女の贈答であるが、素材である「玉匣」の異なる属性がそれぞれの序詞となっている。93歌では「玉匣」を、「玉匣は蓋をするのが簡単なので開けたまま出ていく」から、掛詞によって「夜が開けてから出ていく」男へのからかいと展開し、一方94歌は同じ「玉匣」を、その中身からみむまど山（三室戸山）、その山に生えるさなかづら、そこからさ寝、寝なければいられないと掛詞を駆使して女を誘う歌と展開する。ここにも「玉匣」の異なる属性による新たな意味づけが発見されているのであり、94歌の意味づけによって前歌（93歌）の「夜が開けて帰ったらあなたの名はどうでもいいけれど、私の名は惜しいですよ」というからかいは無化されてしまう。その前歌の認識の破壊・更新による切り返しにこの歌のうまさがあるのだろう。

　こうして見ると、相手の見えない歌掛けを持続する方法として、多義的な比喩の異なる属性が利用されるのと同じように、多義的な音の異なる属性が利用されていることがわかる。近藤信義『音喩論』（おうふう、1997）は掛詞による序詞を、音の多義性に依拠して意義へ転換していく表現の構造であるとし、それを音喩と呼んでいる。近藤はこのような音の多義性に依拠して意義へ転換していく表現の構造を、「音喩」と呼び、そこに神に憑依された者の発する意味不明な言葉が、審神者（さにわ）の意味づけによって人の世界へもたらされるという構造をみ、それは「古代の人々の異界を捉え、感受する方法の一つである」と発生論として捉える。これを生態論的に捉えるならば、その多義性に依拠するのは、見えない相手との歌掛けを持続するためであったということではなかっ

のだろうか。

　述べてきたように万葉和歌において、一首は同一意味内容を表わす画一的表現（類句）や様々な同一比喩素材を契機として、他の一首と結びつけられてしまうが、そこに同一意味内容を異なる比喩で表現する方法や同一比喩素材の異なる属性による新たな意味づけ方法といった、モソの歌掛け持続の論理と共通する方法が見出されるのである。それらが歌掛け持続の方法であることから、比喩的に万葉和歌は相手の見えない歌掛けを行っていると捉えてきたわけである。見えない相手とは集積された歌々、和歌の伝統とでも言えるものであり、それらを念頭に置きながら個別に和歌が創作される状態を相手の見えない歌掛けと呼んでいる。その掛け合いはモソの歌掛けと共通する、認識をめぐる楽しみ（前歌の認識＝世界を敷衍・拡大する楽しみ、前歌の認識＝世界を破壊・更新する楽しみ）として普遍化できるのではなかろうか。

　さて、モソの歌掛けが認識の楽しみによって歌掛けを持続するなかで、最終的には男女分立の恋愛観に収束するという流れに、その恋愛観から逸脱するような個的感情を掬い上げてしまうということは既述した。万葉恋歌に一定の流れがあることは既に古橋信孝『古代の恋愛生活』（NHKブックス、1987）や辰巳正明『万葉集と比較詩学』（おうふう、1997）などに指摘がある。古代日本にモソ社会のような男女分立の恋愛観が全く存在しなかったとは思わないが、万葉恋歌の中心はやはり指摘されているように男女合一に収束する、いわば男女合一の恋愛観であろう。それは妻問いといいつつも一夫一婦多妾制に近い万葉貴族の結婚制度と相互補完的な関係にあるだろう。万葉恋歌が述べてきたような方法により相手の見えない歌掛けを持続しているのであれば、それは必然的に男女合一の恋愛観に収束することになるだろうが、そういう大きな流れの中で男女合一の恋愛観から逸脱するような個的感情は、再び共同性にゆるやかに掬い上げられていったのであろう。

　一首が一首として完結し、個的抒情を表現したものが詩歌であるというような、我々になじみの詩歌観を近代的な詩歌観とするならば、述べたような万葉和歌の特質は古代的な詩歌観ということができるだろう。古代性とは我々が持っている一種の思考の方法や感じ方であって、遅れているとか克服されるべきものという意味合いは全くない。むしろ現代の我々は古代性をことさら求めているのではないか。

ここまで比喩表現を極めて多用するという万葉和歌の特質を、目に見えない相手との歌掛けとして考察し、そこにモソの歌掛けと共通するような認識をめぐる楽しさを抽出してきたのであるが、目に見える相手との歌掛け（つまり実際の歌掛け）と目に見えない相手との歌掛けの差は、実は大きい。
　まず、モソ歌謡には比喩のみで一首が成り立っているものが多く、その意味内容が人事として意味づけられる場合は少ないのに対して、万葉和歌には比喩とそれを意味づける画一的な表現が結びついて一首をなしている序歌が多い。この点には既に触れてきたところであるが、相手との距離の近さないし遠さが多分に影響しているだろう。実際の歌掛けにおいては、歌掛けのリアルな流れ、相手の口吻や身振り、見物する聴衆の反応などさまざまな情報によって意味内容は表現せずとも伝わる確率が大きいだろう。またそこには緊密な共同体的システムが働いてもいる。それを共同体の束縛と言い換えることもできるだろう。ところが見えない相手、即ち歌々の集積や和歌の伝統というものに対しては、このようなリアルタイムの情報が全くないわけで、あきらかにどの一首と掛け合うのかを自ら選択し、その歌とつながるために意味内容を画一的な表現で表明せざるを得ない。そこには既に緊密な共同体的システムはなく、個が自らそのシステムを仮構していく、あるいは自ら共同体的束縛を求めるような極めてゆるやかなシステムが存在している。
　次に、モソ歌謡の比喩が自然対象の属性のみをストレートに表現するのに対して、万葉和歌の比喩部分では、特に季節の移ろいに関する自然の変化などが、より繊細に表現されている。

　　秋されば雁（かり）飛び越ゆる龍田山立ちても居（ゐ）ても君をしぞ思ふ（10-2294）
　　春されば垂（しだ）り柳のとををにも妹は心に乗りにけるかも（11-1896）

　既に例示した和歌の比喩部分にも、春や秋になるという季節の移ろいが表現されている。2294歌において雁の訪れをことさら「秋されば」と表現しているが、同じ渡り鳥でもモソ歌謡であれば「梢にいる郭公がゴブゴブと鳴く、アドゥが戻ったと思った」（リジャズ資料178）という程度で、特に季節の到来を表現することはない。

明日香川川淀さらず立つ霧の思ひ過ぐべき君にあらなくに（3-325・山部赤人）
朝に日に色づく山の白雲の思ひ過ぐべき君にあらなくに（4-668・厚見王）

　先にこの二首をモソ歌謡レベルの掛け合いとすれば、「川に立つ霧は川淀を過ぎ去ることはない」という一首に、「山の白雲は過ぎ去ることはない」という一首が、「思い過ぎることなくあなたを思う」という同一意味内容を異なる比喩で表現する方法で連結されるだろうと述べた。実際の掛け合いでは川霧と山雲がともに過ぎ去ることがないという意味づけが可能であるところにこの掛け合いの楽しさはあるのであり、「朝に日に色づく山」はその掛け合いレベルとは異なるレベルの表現である。そこには豊かな色彩感を見ることができるが、

青山の嶺の白雲朝に日に常に見れどもめづらしわが君（3-377湯原王）
青山を横切る雲のいちしろく我と咲まして人に知らゆな（4-688坂上郎女）

に見られる「青山の白雲」もまた色彩の鮮やかな序詞である。このような色彩の鮮やかさも、実際の掛け合いのレベルでは直接的には必要とされない。
　「青山の白雲」には、

春過ぎて夏来たるらし白栲の衣乾したり天の香具山（1-28・持統天皇）

と共通する色彩感があるのだが、こうした万葉の季節歌は天武・持統朝に導入された中国の四時思想によっており、暦を司る天皇の治世を称えるものであると考えられている。四時思想や暦による新たな季節感の導入によって、季節の微妙な推移とそれを表現することへの関心が高まったことは充分に考えられるのだが、さらに本稿の立場からは以下のような説明が可能であろう。すなわち、実際の歌掛けにおいて比喩は既述したように歌掛けを持続するための方法であり、リアルタイムでの前歌あるいは後歌との緊張した関係性に興味の中心

が置かれていた。そのためそこに微妙な季節の推移は表現する必要がなかった。それに対して、相手の見えない歌掛けの場合にはその緊張が緩み、関係性が弱くなる。そのため比喩への興味は歌掛けの方法としてゆるやかに機能しつつも、そこに自然の微妙な移ろいを感じ、表現する余裕が生まれたのではないかと。その意味では万葉和歌は豊かな表現を持っているのであるが、それは相対的に歌の古代的な豊かさから遠ざかったところに成立する当時の近代的な豊かさであった。

巻末補足資料

　以下、ジャシ・スガ資料（第2章第1節）、リジャズ資料（第2章第3節）、トディ・ダシブチ資料（第3章第1節）の解釈のために、比較材料として用いたトディ資料、ダシブチ資料、ダシ・ルゾ資料を簡易な形で掲載する。

1、トディ資料

　［歌い手］
　アウォ＝トディ（男性、27歳、寧蒗県永寧郷温泉ワラビ村在住、農業、民間宗教者ダパ）
　［取材］
　1999年2月14日、ワラビ村ウォクカロにて。歌い手に愛情に関わる歌を独唱で歌ってもらったもの。
　［取材者］
　遠藤耕太郎、遠藤見和、アウォ＝ジパ（通訳）。
　［資料作成］
　国際音声記号：李国文（雲南民族学院教授）
　翻訳（モソ語→中国語）：アウォ＝ジパ（ワラビ村在住）
　翻訳（中国語→日本語）：張正軍（雲南大学助教授）、遠藤耕太郎
　写真：遠藤見和
　整理、解釈等：遠藤耕太郎
　［資料作成過程］
　① 取取材当日の録音をアウォ＝ジパが漢字音にてテープを起こし、中国語に翻訳。
　② ①をもとに、遠藤、アウォ＝ジパが、歌い手に会って歌い手の解釈㋕を聞く。
　③ ①の漢字音をもとにアウォ＝ジパにモソ語発音してもらい、李国文が国際音声記号を付す。
　④ 以上①〜③をまとめた国際音声記号付中国語資料を、張正軍が日本語に翻訳する。
　⑤ 遠藤耕太郎が④の日本語整理、モソ語との確認を行った後、②などで聞いたことを補足説明として㋕を施す。

凡例
(音)国際音声記号。
(意)日本語による歌意大意。
(歌)歌い手による解釈。
(解)補足説明。
(語)モソ語の特殊な意味の解説。
(類)類似する歌。

（1）
(音) a du o zɪ kə tʂi tʂi so kʰuə, so kʰʊ ma do do bi la, so kʰuə kə tʂi dʑio hi ɲi.
(意)アドゥよ、私たちの三句の約束/たとえ三年会わなくても/三句の約束はある。
(歌)アドゥとのツマドイはいつまでも続けられるだろう。
(解)多くアドゥが遠方に旅に出ている際などに独唱として歌われる。歌い手はアドゥの友人や自己の友人の前で歌い、こうした人々を介して自己がアドゥを思っていることを間接的にアドゥに知らせようとする。9、7、7音三句はアハバラの中では特殊な歌形だが、こうした歌い方もある歌い手は言う。
(類)リジャズ資料（25)、(117)、(118)、(208)。トディ・ダシブチ資料（参考6）。

（2）
(音) o zɪ kə tʂi tʂɪ so kʰuə, uo gu ma ɲi no ma i.
(意)私たちの間に約束した三句の約束は/枕でなければ知ることはできない。
(歌)たとえあなたが私たちの間に約束したことを忘れたとしても、枕が覚えているので、あなたは自分勝手に悪いことをしてはいけない。
(解)「悪いこと」とは、例えば別の恋人を作ることだという。
(類)ジャシ・スガ資料（9)、リジャズ資料（109)。

（3）
(音) a du o zɪ dʑi nɯ ma dzo æ nɯ dzo, a du o zɪ do ma tʰa.
(意)アドゥよ、私たちは山川によってさえぎられているので/アドゥよ、私たちはなかなか会えない。
(歌)色々のことに邪魔されるので、私たちはなかなか会えない。
(解)第一句が11音となっており、始めの4音「アドゥ、私たち二人」は第二句と共通し、ダシブチ資料（2）には第一句の後ろの7音が独立して第一句を形成している。

即興で歌を組み立てて行く際、歌い直すということも当然出てくる。

(4)
音 bi mi gə tʰʊ ma bi bi, do mo no nɯ ɲia ʐə da.
意 斧を取り出したくはないが/腐った木に道を遮られた。
歌 私はあなたと言い争いたくはないが、あなたがうるさく付きまとう。
解 歌の掛け合いでは歌うが、一人では歌わないという。

(5)
音 dʑi ua kʰo la tʰi mu dʑio, dʑi mæ mu dʑio tʂua ma tsʰɪ.
意 流れる水の音が聞こえるが/流れる水が落ちるのは見えない。
歌 あなたは私にツマドイがしたいと聞いたが、全くあなたはやってこない。
解 女の立場で歌っている。男が口だけでちっともやって来ないことを、女が詰っている。
料 ジャシ・スガ資料（11）。トディ・ダシブチ資料（20）。

(6)
音 dʑi mæ mu dʑio tʂua ma tsʰɪ, kʰæ kʰuə u bi da hi ɲi.
意 流れる水が落ちないのは/水口が硬いからだ。
歌 私が通わないのはあなたが凶暴（すぐ男に嚙みつく）だからだ。
解 「水口」とは灌漑用水を田に流す入り口。この歌は（5）に対して男の立場で歌う。

(7)
音 zo nɯ kʰuə sɪ da ma kʰɯ, dʑi nɯ kʰuə kɯ tɕʰu le tsʰɪ.
意 私は新しい溝を堀りに行かない。/水が溝の後ろからついてくる。
歌 私があなたのもとに通ったのではなく、あなたが勝手についてきたのだ。

(8)
音 dʑi go ɲi ʂɯ ma bi bi, ɲi zo ɲia lə hæ liə i.
意 もともと水の中で魚を捕ろうとは思わなかったのに/魚の目に金があるからだ。
歌 私はあなたに通うつもりはなかったが、あなたの誘惑に負けただけだ。
解 「魚の目」がきらきら光ることから「金」があるとされ、それが誘惑の比喩となっている。

[類]トディ・ダシブチ資料（105）。

（9）

[音]mo sɪ ba du ɲia kʰɯ da, dʑia io ɲi bi gə i zi.

[意]ツツジの瘤を私にくれたが/良い模様だと言って持ち上げている。

[歌]私のアシャはそれほどきれいではないが私はきれいだと言って、彼女のもとに通っている。

[解]「ツツジの瘤」はきれいでない娘をからかっている。「良い模様」は歌ではきれいな娘を指す。模様が美しい瘤は上等な材木とされ、モソ人はそれで茶碗などを作る。

（10）

[音]zo si ua ʂua bə dʑi tʰɯ, di go dua dʑi tʰɯ ma tʰa.

[意]私は高い山にある泉の水を飲む。/地面の濁った水は飲めない。

[歌]私はきれいで純潔な娘にツマドイをしたい。あなたのようなきれいでない娘のもとには通いたくない。

（11）

[音]ua ʂua bə dʑi ɲi tsɪ zo, ua ʂua sɪ tsʰe lʊ tsʰe tsɯ dʑi ɲi.

[意]高い山に涌く（清い）泉だというが/腐った木の葉や枝で浸っている水だ。

[歌]自分ではとても純潔な娘だと言っているが、実はたくさんの男がツマドイをしたことがある。

（12）

[音]zo si sɪ bʊ dʑia ma i, le na dʑi tʰa bi ma i.

[意]私は乾いた薪で欠点がない。/いくら押さえても水の底には沈まない。

[歌]私には全く欠点はないのだから、あなたにいくらからかわれても、あなたに劣ることはない。

（13）

[音]dʑi dɯ mu uo hu bi la, ma la dzo tʰa hæ ma dʑio.

[意]水はたとえ天まで漲るとしても/橋の下を流れないわけがない。

[歌]娘はいくらきれいであっても、いつかきっと男のアシャになるはずだ。

(14)

[音] dʑi dʑia dʑi tɕ^{h}io bi t^{h}ɯ nɯ, dʑi dua t^{h}i mu ʂu i zi.

[意]良い水が水について流れて行く日/濁った水はきっと所在なく思うだろう。

[歌]私が素晴らしいアドゥを持ったら、あなたはきっと所在なく思うだろう。

(15)

[音] ts^{h}e so k^{h}ʊ la iə iu do, iə iu hi t^{h}a sɪ ma di.

[意]私は 13 歳にはじゃがいもの栽培ができた/じゃがいも（の生産高）が人より低いことは死んでもなかった。

[歌]私は 13 歳から娘のもとに通ってきた。私は能力において人より劣ることは決してない。

(16)

[音] a du o zɪ le tɕ^{h}io tɕ^{h}io, ua ʂua ɲi k^{h}ʊ guə a bi.

[意]アドゥよ、私たち二人は一緒に/高山にある神聖な洞窟へ回りに行きませんか？

[歌]私たちの間で子どもを作りませんか？

[解]「神聖な洞窟」[ɲi k^{h}ʊ] は、ヘディガム（女神）山に数個、屋脚のラジェ山などにある。男も女も子供ができない場合には、その洞窟へ拝みに行き神様から生育の能力をもらうと、子供ができると考えられている（384 ページ写真参照）。

(17)

[音] ua ʂua go bo go bo tsɪ, a du ɲia ua ɲi gu zi.

[意]高い山で郭公がゴブゴブと鳴いている/アドゥが私をアドゥと呼んでいるようだ。

[歌]郭公が鳴くとアドゥのことを思い出す。

[解]「ゴブ」とは、郭公の鳴き声の擬音語であり、ここではアドゥの呼び声と聞きなしている。

(18)

[音] hi k^{h}uə dzɪ hi bæ hu mi, ua ʂua ɕia kʊ uo ma i.

[意]湖にいるあの赤いカモは/高い山での苦労にきっと耐えられないだろう。

[歌]苦労を知らないあなたは、私たちの大変な労働には耐えられないから、私には相応しくない。

[語]「赤いカモ」というが、実際には黄色がかった色。

ガムニコ（獅子山の洞窟）内面

子を授かる祈りの跡（女性の腕輪が掛けてある）

㊟トディ・ダシブチ資料（70）。

(19)
㊐ dʑi bi le li dzo tsʰi bi, æ bi le li ʐ̩ə da bi.
㊋水の流量を見てから橋を架ける。/崖の形を見てから道を造る。
㊌まずあなたの人柄や容貌をみてから通うかどうか考えよう。
㊟トディ・ダシブチ資料（23）、（55）、（56）。ダシブチ資料（7）。リジャズ資料（45）。

(20)
㊐ a dzo ma ɲɪ ga ga tʰa, go tsʰɪ ga ga i ma hi.
㊋何でも共にすることができる。/病気だけは共に分担することはできない。

(21)
㊐ a hua a du i mu kʰua, so tʂʰa tʂʰa la dʑo ma do.
㊋夕べ眠ったら夢でアドゥを見た。/三回手探りしても見えない。
㊌アドゥを恋しく思っているが、アドゥは通いに来ない。
㊕アドゥが遠い旅に出ている時など、女がひとりで歌う。また女同士の掛け合いにおいても歌いうる。

(22)
㊐ a hua a du i mu kʰua, so tʂʰa tʂʰa la tʰi ma dʑo.
㊋夕べ眠ったら夢でアドゥを見た。/三回手探りしてもいない。
㊌同（21）

(23)
㊐ o zɪ kə tʂi tʂʰɪ so kʰuə, tʰi tɕʰi bi nu gə i bi.
㊋私たちの約束したこの三句の言葉を/捨ててしまおうか、持ち上げようか？
㊌私たちのツマドイ関係の縁を切るか続けるかはあなた次第だ。

(24)
㊐ a so i ɲi ia ia hu, i no ʐua ɲi tsa tsa lu.
㊋さっきまで牛のように互いに体の毛を嘗めたのに/今は馬のように（互いに）蹴り合っている。

巻末補足資料　385

[歌]さっきまで仲良く親しんでいたのに、今は仲が悪くなり互いにけんかばかりする。
[類]トディ・ダシブチ資料（41)。

(25)
[音]dʑi dʑia æ bi t^{h}o lia ts^{h}ɪ, dʑi dɯ ts^{h}o bo dze ɲi gu.
[意]良い水は山の崖に沿って流れてくるが/水が漲り、土手は流れてしまった。
[歌]私は良いアシャを持っているが、いつも彼女を手伝ってあげるから、とても疲れてしまった。
[類]（59)。トディ・ダシブチ資料（123)。

(26)
[音]sɪ da ʐua uo k^{h}a dʑia dʑia, ʐua mi ŋuə ha zo la ɲi.
[意]セダ家の駿馬はとてもいいが/劣った母馬の子だ。
[歌]男はいくら優秀でも、私たち女が産んだ子にすぎない。
[解]セダは実在する家名ではない。歌い手はこの歌で相手をからかう時、直接に相手の名前が呼べないので、この仮の名前で相手のことを意味する。これは女が男をけなす歌。
[類]トディ・ダシブチ資料（104)。

(27)
[音]a ia no mu dʑia la tsɪ, ʂu ʂu tɕ^{h}i uo tso t^{h}a k^{h}ɯ.
[意]おばさん、あなたは娘は良いと言うが/三顆針の刺に引っ掛からないように気をつけろ。
[歌]おばさん、あなたは自分の娘がきれいだと自慢しているが私に劣る男と付き合わないよう気をつけろ。
[解]歌詞としては、男がある娘の所に通いたいのだが、娘の母が同意しない場合に直接娘の母に歌いかける内容である。しかし実際にそういう情況は少なく、自分の通いたい或いはけなしたい相手に対して歌う場合が多いとのことである。
[語]「三顆針」は、黄連といわれる三本の鋭刺のある草。
[類]（52)。ジャシ・スガ資料（14)、(19)。トディ・ダシブチ資料（9)、(12)。

(28)
[音]k^{h}i go dua dʑi t^{h}ɯ k^{h}ua si, ma t^{h}ɯ dɯ k^{h}ua t^{h}ɯ zo i.

㊥家の前の茶碗にあるこの濁った水は/飲みたくなくても一碗飲む必要がある。
㊗私の側にいるこの器量の良くない女のもとには通いたくもないが、一回ぐらいは通ってあげてもいい。
㊉トディ・ダシブチ資料（74）。

(29)
㊀a du go hi tʂɿ u kʰɯ, dʑi hu bi la nua ki gu.
㊥私を好きなこのアドゥは/（私が）喉が渇いたと言えばミルクをくれるはずだ
㊗心から私を好きなこのアドゥは、とても私を気にかけている。
㊉男の自慢歌。ここでいうアドゥは歌い手の癖で、女を指す。もともとアドゥとは友達の意で、男女共に指したが、現在一般的には男をアドゥ、女をアシャと呼称する。

(30)
㊀a du go hi tʰɯ u kʰɯ, uo gu bi la li ki gu.
㊥私を好きなこのアドゥは/（私が）頭が痛いといえば、お茶をくれるはずだ。
㊗アドゥは心より私を愛していて、何から何まで世話をしてくれる。
㊉モソ人は濃いお茶と苦いお茶（茶を小さな土瓶で煮て、塩をいれて飲む）が好きだ。濃いお茶で頭痛や疲労がとれるという。
㊉トディ・ダシブチ資料（参考5）。ダシブチ資料（1）。

(31)
㊀dʑi nɯ kʰuə kɯ tɕʰio lia tsʰɿ, zo nɯ kʰuə ʂɿ da ma kʰɯ.
㊥水が溝に沿って流れてきた。/私は新しい溝を堀に行かない。
㊗私がわざわざあなたのもとに通ったのではなく、あなたが勝手についてきたのだ。

(32)
㊀dʑi dʑia dʑi tɕʰu bi tʰɯ nɯ, dʑi dua tʰi ma ʂu i zi.
㊥良い水が水についていく日/濁った水はきっと悩み煩うだろう。
㊗私が素晴らしいアシャを持ったら、たいしてきれいでないあなたはきっと所在なく思うだろう。
㊉（14）と同じ。

(33)

㊥ sa tsɿ tsɿ la sa ȵɿ ȵɿ, dʑia na ma ȵɿ ȵɿ i zi.
㊥ 麻糸の束と麻糸は同じものだ。/（織りあがった）腰帯はきっと同じでないだろう。
㊌ あなたもほかの女も人間は同じなのに、私のアシャはあなたよりすばらしい。
㊗ ジャシ・スガ資料（6）。トディ・ダシブチ資料（121）。

(34)
㊥ a du bi zo du ma gu, tsɿ go dɯ du du la ȵi.
㊥ （私の）アドゥだというけれど、（必ずしも）アドゥだとは言えない。/ちょっと知り合っただけだ。
㊌ ちょっとあなたのもとに通っただけで、あなたのアドゥだとは言えないだろう。

(35)
㊥ a ɕia bi la ɕia ma ȵi, tsɿ go dɯ du ɕia la ȵi.
㊥ （私の）アシャだというけれど、（必ずしも）アシャだとは言えない。/ちょっと寝ただけた。
㊌ ちょっとあなたのもとに通っただけで、あなたのアシャだとは言えないだろう。
㊙ 女が男をけなして歌う。(34) と対応。

(36)
㊥ zo si zi tʰʊ zi ha ʂua, zo bi tɕʰio hi tsɿ ma da.
㊥ 俺はどこへ行っても楽しい。/俺と一緒にいるあのアシャはかわいそうだ。
㊌ 私はどこへ行っても、そこでアシャを作る。私に一途に思い焦がれて待っているあのアシャは本当に可哀想だ。
㊙ 遠い旅に出た際、野外で仲間に聞かせ、自慢する歌。
㊗ リジャズ資料（56）、（57）。トディ・ダシブチ資料（7）、（129）。

(37)
㊥ ua ʂua zə ʂæ a mu la, fu la le uo pʊ iʊ gu.
㊥ 兄よ、山は高く、道は遠いが/好きなら、いつか会えるでしょう。
㊌ この歌は客を送る歌だという。また恋の歌とすれば、男が旅の空で仲良くした女が、帰る男に対して歌うこともあるという。
㊙ モソ人はあまり知り合っていない男女間では、相手をアドゥと呼ばず、アム（お兄さん・お姉さん）と呼ぶ。

(38)

[音] sɪ la dɯ go sɪ ma ɲi, sɪ ɲia hua hua lo ma dʑio.

[意]木は同じ山の斜面の木ではないから/枝が交わることはない。

[解]私たちは同じ所の人ではないから、ツマドイはできない。

(39)

[音] dʑi tsɪ go bi mu le gæ, sɪ tʂʰi le si no kʰi tʰʊ.

[意]ジズのある山の斜面は火に焼かれてしまった。/積み重ねた薪も使い終わったのであなたに至った

[歌]ほかの女が皆アドゥを持っていたので、私はあなたとツマドイをしただけだ。

[類]ジャシ・スガ資料（38）。トディ・ダシブチ資料（50）。

(40)

[音] a so ma ia bi hi ɲi, tʂɪ ɲi gu gu bi hi ɲi.

[意]こうしてはいけないと前に言った。/こうなるはずだと前に言った。

[歌]私はあなたに以前、あなたとはツマドイはしたくないと言ったのに、聞いてくれなかったので、私たち二人はいつもケンカしている。

[解]女の立場で歌うという。

[類]トディ・ダシブチ資料（40）。

(41)

[音] a ma zo çi le gə zi, zo si zo se se hi ɲi.

[意]母が育てた立派な俺だ。/俺が恋愛をしてとても風流だ。

[歌]私はたくさんのアシャと付き合う風流な男だ。

[解]「風流」はたくさんの恋人と付き合うような恋愛上手を表わすという。自慢歌。

(42)

[音] zo se se hi tʂɪ go dʑio, mu se se hi dʑia ma do.

[意]風流な俺はここにいるが/風流な女は見えない。

[歌]私はハンサムで風流な男なのに、きれいで風流な娘が見つからない。

(43)

[音] æ go kə mo ɲia kʰua nɯ, tsʰe go pa zo dʑia bi ʂu.

⑬山の崖にいる目の縁（が垂れた）老いた鷹が/沼地にいる蛙を捕まえようとしている。
⑭とても平凡な年よりが、若くてきれいな娘とツマドイしようとしている。
㊟「目が垂れた」とは老いたことを意味する蔑称。女の立場で歌う。

(44)
⑫ zɿ na çi go u dzi lu, dzi hɯ dzi nʊ ha ʂua lu.
⑬杉林にいる鳥は/飛べば飛ぶほど（楽しく）遊ぶ。
⑭私は自由自在な男で、年を取れば取るほど楽しく遊ぶ。

(45)
⑫ zo si ua ʂua bʊ tsʰe tʰa, ia tsɿ zi dʑia zi le bi.
⑬私は高い山の雄ヤクだ。/ヤズのある所であればどこへでも行く。
⑭私は自由自在な男だから、きれいな娘がいればどこへでもツマドイに行く。
㊟ジャシ・スガ資料 (32)。リジャズ資料 (20)、(59)。トディ・ダシブチ資料 (4)、(5)。ダシブチ資料 (4)。

(46)
⑫ a mu la o zɿ, hi la dɯ bæ ma ɲi. o zɿ pʊ gæ tʂʰi, hi pʊ gæ tʂʰi dɯ bæ ma ɲi.
⑬兄よ、私たち二人は/ほかの人とは違う。私たち二人の愛は/ほかの人の愛とは違う。
⑫ no nɯ ɲia ki ʂu, hua zo la hua mi ʂu ɲi gu.
⑬あなたが私を思うのは/子猫が母猫を思うようだ。
⑫ ɲia nɯ no kɯ ʂu, æ uo nɯ æ tʰa la ɲi gu.
⑬私があなたを思うのは/山頂から崖底に落ちたようだ。
㊟当該歌は、漢族民謡をモソ語に入れ替えたもので、内容、メロディともに元歌に同じ。1997・8年頃、モソ人のある女子大生が即興的にモソ語で歌ったものが流行したと伝えられる。

(47)
⑫ ua ʂua uo do çia kʊ kʰɯ, kə na ma ɲi do ma i.
⑬高い山の頂上へ労作に行く。/鷹でなければ見ることができない。
㊟労作の苦労を歌う歌。愛情に関わらない普通の歌。

(48)

[音] a çia ɲia kɯ ʂu ma zo, gu gu uo mæ tsʰo i lu.

[意] アシャよ、私の（行った）後のことを気にする必要はない。/ただ用心深く（私たちの）子供の世話をしろ。

[解] 遠くへ旅などに行く際、仲間に対して歌うという。

(49)

[音] ua ʂua go bo go bo tsɪ, a çia ɲia ua ɲi gu zi.

[意] 高山の上にいる郭公がゴブゴブと鳴く。/アシャが私をアドゥと呼んでいるようだ。

[類] (17)

(50)

[音] zo si tʂɪ di zo ma ɲi, tʂɪ di çia kʊ tʂʰɪ la ɲi.

[意] 私はこの地方の男ではない。/ここには遠い旅の途中で来たのだ。

[解] 愛情に関わらない普通の歌だという。「çia kʰʊ」は、漢語「辛苦（xīn kǔ）」の訛音であるが、出稼ぎなどで遠い旅に出ることや、労働を意味する。また、恋歌のニュアンスとして「女のもとに通う」とも解釈できるという。

(51)

[音] a ha ba la tʂɪ so dʐu, zo pʊ mu ʂu pu di ɲi.

[意] アハバラというこの三曲の歌は、私の悩みや煩いを消し去ってくれる。

[解] 掛け合いの冒頭の歌。「三」は「たくさんの」という意味。

(52)

[音] a ia no mu dzi dʐi dzi pa, ʂu ʂu tɕʰi uo tso tʰa kʰɯ.

[意] おばさん、あなたの娘は目に余るほど傲慢だ。/三顆針の刺にひっかからないように気をつけろ。

[歌] おばさん、あなたの娘は（自分がきれいだからと）たいそう傲慢だ。しかし私に劣る男と付き合うことにならないように気をつけろ。

[解] (53) と対応。(27) 参照。

[類] (27)。ジャシ・スガ資料 (14)、(19)。トディ・ダシブチ資料 (9)、(12)。

(53)

㊊ s̪u s̪u tɕʰi uo tso zi si, so gə gə zo bi i zi.
㊋ もし三顆針にひっかかったら、私は三回（尻を）叩いて行ってしまうだろう。
㊌ もし私に劣る男と付き合ったら、私はお尻を三回叩いてさっさと別れてしまおう。
㊍ お尻を叩くとは失礼な行為。(52) と対になっている。

(54)
㊊ a ia no mu dʑia la tsɪ, kə na ma ɲi do ma i.
㊋ おばさん、あなたは（自分の）娘はよいというが/鷹でなければ見ることはできない。
㊌ おばさん、あなたは自分の娘がきれいだと自慢しているが、それは私にしか分からない。
㊎ (27)、(47)。

(55)
㊊ ua s̪ua uo do ʑi na dzɪ, tsʰe ma tsua zo lʊ tʰʊ ɲi.
㊋ 高山の頂上にある大きな杉は/木の葉は落ちていないが、実がなった。
㊌ 私は年が若いのに、あなたのせいでもう子どもが生まれた。

(56)
㊊ dʑia na le da so kʰɯ dʑio, s̪æ tsʰɪ bi nʊ dʑæ tʂʰɪ bi ?
㊋ 織りあがった腰帯は三本ある。/長く切るか、短く切るか？
㊌ 私たちのツマドイ関係の縁を切るか、続けるかは、あなた次第だ。

(57)
㊊ hi na hi pʰʊ tʰʊ dɯ nɯ, bæ zo hi kʰi da i zi.
㊋ 湖に波が出るその日/カモはきっと近寄るだろう
㊌ 私たちの間にトラブルが起こったら、私はその責任を逃げてしまう。
㊍ 男の立場の歌という。
㊎ リジャズ資料 (65)。トディ・ダシブチ資料 (68)、(69)。

(58)
㊊ hi na hi pʰu tʰʊ ma kʊ, hi pʰu dʑia ma dʑio hi ɲi.
㊋ 湖にはもともと波は出ない。/ただ波がいたずらなだけだ。

[歌]私たちはもともと仲がよく、トラブルが起こるはずはなかったが、あなたが他のアシャを見つけたから、仲が悪くなったのだ。
[解]女の立場の歌という。(57) と対応。

(59)
[音] dʑi dʑia æ bi tʰo le tsʰɪ, dʑi dɯ tsʰo bo dze ɲi gu.
[意]良い水が山の崖に沿って流れてきた。/土手は洪水に押し流されて崩れてしまった。
[解]私はいいアシャを持っているが、いつも手伝ってあげるから、とても疲れている。
[類] (25)。トディ・ダシブチ資料 (123)。

(60)
[音] hi na hi pʰu tʰʊ dɯ nɯ, ʐu gu le tsa bi ma gu.
[意]湖に波が出るその日/豚の餌箱船を湖に漕いで出られない。
[歌]私たちの間に子どもができたら、あなたは私を棄てられない。
[解]女の立場で歌う。
[語]豚の餌箱船は一人乗りの細長い舟。形が豚の餌箱に似ているため、こう呼ばれる。

(61)
[音] hi kʰuə dzɪ hi bæ hu mi, ua ʂua ɕia kʊ uo ma i.
[意]海辺に住んでいるこの赤いアヒルは/高山をよじ登る苦労に耐えられないだろう。
[歌]苦しさを嘗めたことのないあなたは、大変苦しい労作には耐えられなくて、私には相応しくない。
[類] (18)

(62)
[音] ua ʂua ɕia kʊ kʰɯ dɯ nɯ, kə na ma ɲi do ma i.
[意]高い山に労作に行くその日/鷹でなければ見ることはできない。
[類] (47)

(63)
[音] ɕi ʂi dʑia hi kʰi go tʰʊ, uə hua ma gu ma gə zi.
[意]よい社会の情勢が門に入ってきたが、文化が分からなく、残念だ。
[解]愛情とは関わらない普通の歌。

(64)

[音]mu lɚ pʰa ba dʑi sɪ ba, a du uo dʐ̩i dʐ̩i i zi.

[意]木里から持ってきた贈り物のチーズかす/アドゥが（食べたら酸っぱくて）頭を振るだろう。

[歌]私はアドゥが深く感動するような、とてもいい贈り物をあげるつもりだ。

[語]「木里」は四川省木里県のこと。「チーズかす」はヤクの乳を煮てチーズを作った残りを、さらに煮詰めた固形のチーズかすでとても酸っぱい。

[解]遠い旅などから戻る際に男女ともに歌う。

(65)

[音]ɕia kʊ dɯ tɕio gu hi tʂɪ, a ma dɯ kɯ ɕi bi da.

[意]私たちは一緒に生活し、働く。/それは母が一緒に育ててくれたからだ。

[解]愛情に関わらない普通の歌。旅などで歌う。

(66)

[音]ɕia kʊ dɯ tɕio gu hi tʰɯ, so tʂʰæ dɯ liə ɲi i zi.

[意]私たちは一緒に生活し、働く。/きっと祖先からの縁だ。

[解]（65）。

(67)

[音]a hua a du i mu kʰua, so tʂʰa tʂʰa la dʑia ma do.

[意]夕べ夢でアドゥを見た。/三回手探りしても見えない。

[歌]私は遠くへ行っているアドゥを恋しく思っているが、アドゥが私のもとに通いに戻らない。

[類]（21）。

(68)

[音]a du ɲia gə tɕʰi tʂɪ si, dʑi nɯ tʂʰua gə tɕʰi ɲi gu.

[意]アドゥは私をもちあげる。/水が船をもちあげるようだ。

[歌]アドゥが私をもちあげるので、人の前でとても晴れ晴れしく気持ちがよい。

[解]自慢歌。

(69)

[音] a hua ma tsʰɪ tʰa bi ka, bi mi gu zo iu ma tʰa.
[意]どうか夕べ来なかったと言わないでくれ。/腹が痛くて来られなかったのだ。
[解]男の立場で歌う。(21)、(67) などと対応。

(70)
[音] dʑi dzɪ ɕɪ go u dzi lʊ, tʰi ua tɕi kʰɯ bi ɲi gu.
[意]ジズの林の中にいる鳥よ/続けて鳴いて欲しい。
[歌]きれいな娘に出会って、毎日会いたい。

(71)
[音] ua ʂua uo do u dzi lʊ, dzi hɯ dzi nʊ ʂua hɯ ʂua.
[意]高山の頂上にいる鳥は、飛べば飛ぶほど高くなる。
[解]リジャズ資料 (173) 以下の、民謡の一節をアハバラ曲調で歌ったもの。

(72)
[音] bu kʰɯ tɕie bʊ le tɕʰi hɯ, mu ʐɯ hi na le uo tsʰɪ.
[意]豚の干し足はなくなった。/夏の大雨がまた帰ってきた。
[歌]冬はもう去り、夏がまもなく来る。
[解]毎年 10 月中に豚を殺して豚の干物を作るが (ボコツプ)、そのときに豚の足に赤身肉と塩を入れ干して豚の干し足を作る。それを食べ終わる頃夏がまもなく来る。旧 11 月 12 日はルァタといって、放牧をする子どもに豚の足をあげる。夏に牛を放牧するのが大変だと放牧の子どもがこのように歌っていたという。

(73)
[音] ua ʂua uo do ɕia kʊ kʰɯ, ʐə tʂa le uo bi ɲi gu.
[意]高い山へ労作に行く。/道の途中まで歩くと帰りたくなる。
[歌]私は遠くへ旅に出る時、自分のアシャを恋しく思うから、途中まで行くと帰りたくなる。
[解]遠くへ旅に出た際などに歌うという。
[類]ジャシ・スガ資料 (10)。リジャズ資料 (72)、(73)、(127)、(194)。トディ・ダシブチ資料 (113)、(114)。

(74)

㊗ a ma zo çi le huə zi, se se hi kɯ ma ma zi.
㊥ 母が私を産んだのは遅かったので/風流なことについては人に追いつかない。
㊗ 母が私を育てたのは遅かったので、私は風流な恋愛においては人に遅れている。
㊙ 誠実な男という意味での自慢歌だろうか。(41)参照。

(75)

㊗ a ma zo çi kə pa la, se se zo dʐu i lʊ kʰɯ.
㊥ 母が私を育てて、教えた。風流事は自分で決めさせてくれ。
㊗ 母は私を育てて、教えてくれたが、風流な恋愛については私自身に決めさせて欲しい。
㊙ 一人でも掛け合いでも歌いうるが、母と面と向かって歌うことはないという。

(76)

㊗ çi hi kʰo bə tʂɪ lu go, ma dʐio le tɕʰi gu ma i.
㊥ (私を)育ててくれたこの家を、何もないと捨てることはできない。
㊙ 愛情に関わらない普通の歌。

(77)

㊗ dʐio zi tʰɯ uə uə ma gu, tʰi ʂu tʰi kʰæ ɕio la ɲi.
㊥ (財産が)あっても積み重ねられない。/ただもうけたり使ったりするのだ。
㊙ 愛情に関わらない普通の歌。

(78)

㊗ tɕi pʰʊ dzo dzo hi gu si, mu uo kə dʐa bi i zi.
㊥ もし天の白雲で橋が架けられれば/天へ星を摘みに行くはずだ。
㊗ とてもきれいな娘とツマドイをしたいが、白雲で橋は架けられないようになかなか実現できない。それで仕方なくあなたとツマドイするのだ。

(79)

㊗ ua ʂua uo do tʰo dʐə dʐə, dʐa dɯ le tɕʰi gu ma i.
㊥ 高山の頂上で切り分けた松の丸太を/切り残して棄てることはできない。
㊗ 私はツマドイを始めたら、しばらく通った後、棄てるなどということはしない。
㊙ 丸太を切る際には、全て一回に切ってしまうのではなく2、3日かけて適当な大き

さに切っては運ぶ。切り始めたら途中でそれをやめることはできないということ。男の自慢歌だろう。

(80)
㋐ bi mi gə tʰʊ ma bi bi, dɯ mo no nɯ ɲia ʐə da.
㋑ 斧を取り出したくはないが/腐った木に道を遮られた。
㋒ 私はあなたと言い争いたくはないが、あなたがうるさくつきまとう。
㋓ (4) と同じ。

(81)
㋐ sɿ zi ma zi la kʰa zi, la kʰa go lo bʊ le i.
㋑ 木は良いも悪いも白樺がよいが、白樺の中には虫がいる。
㋒ 容貌がきれいに見える女は心が必ずしも良いとは言えない。

(82)
㋐ zo si dɯ go dʐæ nɯ dʐæ go do, ia tɕʰia dzɿ bo i dʐæ hæ.
㋑ 俺が山の坂一つを越えると、坂がもう一つみえる。/（お金を入れてある）財布は腰にかけている。
㋒ 一人また一人と娘に出会うが、私を尊敬しないなら通わない。

(83)
㋐ ua ʂua uo do ɕia kʊ kʰɯ, kə na ma ɲi do ma i.
㋑ 高山の頂上へ勤勉に労作に行く。/鷹でなければ見ることはできない。
㋓ (47) と同じ、(62) と類歌。

(84)
㋐ sɿ da ʐua uo kʰa dʑia dʑia, ʐua mi ɲuə ha zo la ɲi.
㋑ セダ家の駿馬は非常に良い。/劣った牝馬の子にすぎない。
㋒ 男がいくら優秀でも、私たち女が産んだ子にすぎない。
㋓ (26) と同じ。

(85)
㋐ gə mu æ tʰa ɕi bə iə, dɯ zɿ tʰi bə ia i zi.

[意]ガム山の崖の下に生えるモチノキは/一生きっと（地面に）へばりついているだろう。
[歌]あなたは良い男を見つけることはないだろう。
[解]「ガム」とは女神の名であり、ヘディガム（獅子山）のこと。
[類]トディ・ダシブチ資料（16）。ダシブチ資料（22）。

(86)
[音]gə mu æ uo tse ti dzɪ, ma gæ sɪ nɯ ɕia bu nʊ.
[意]ガム山の頂上のヒノキは、まだ火をつけないのに香りがにおってくる。
[歌]①私はとてもきれいな娘で、その評判は村中に伝わっている。②あなたの腋臭はそうとうくさい。
[解]歌い手が上記の二通りの解釈を示している。
[類]トディ・ダシブチ資料（17）。

(87)
[音]○○○○○, no lə i mi hi po dʑio, ɲia kʰɯ dɯ po ki a bi.
[意]○○○○○　あなたの家には母牛が二頭いる。/私に一頭くれないか？
[歌]○○○○○、あなたの家には娘が二人いるが、私に一人くれないか？
[解]○○○○○とは昔ワラビ村にいた人の名前。なぜ彼の名になったのかなどは不明。ジャッツォ（集団舞）の笛のメロディに載せて歌う。

2、ダシブチ資料

［歌い手］
ゴブ・ダシブチ（女性、28歳、寧蒗県永寧郷温泉ワラビ村在住、農業）
［取材］
1999年2月20日、ワラビ村ゼミヅィキにて。歌い手に愛情に関わる歌を独唱で歌ってもらったもの。
［取材者］
遠藤耕太郎、遠藤見和、アウォ＝ジパ（通訳）。
［資料作成］
国際音声記号：李国文（雲南民族学院教授）
翻訳（モソ語→中国語）：アウォ＝ジパ（ワラビ村在住）

翻訳（中国語→日本語）：張正軍（雲南大学助教授）、遠藤耕太郎
写真：遠藤見和
整理、解釈等：遠藤耕太郎
［資料作成過程］
① 取材当日の録音をアウォ＝ジパが漢字音にてテープを起こし、中国語に翻訳。
② ①をもとに、遠藤、アウォ＝ジパが、歌い手に会って歌い手の解釈㊗を聞く。
③ ①の漢字音をもとにアウォ＝ジパにモソ語発音してもらい、李国文が国際音声記号を付す。
④ 以上①～③をまとめた国際音声記号付中国語資料を、張正軍が日本語に翻訳する。
⑤ 遠藤耕太郎が④の日本語整理、モソ語との確認を行った後、②などで聞いたことを補足説明として㊗を施す。

凡例
㊗国際音声記号。
㊗日本語による歌意大意。
㊗歌い手による解釈。
㊗補足説明。
㊗モソ語の特殊な意味の解説。
㊗類似する歌。

（1）
㊗ a dɯ go hi tʂɪ u kɯ, kə na kʰua fe bi ɲi gu.
㊗ 私が好きなこのアドゥに/鷹に（頼んで）たよりを伝えたい。
㊗ (1)～(3) は、遠藤の依頼で、なかなか逢えない男を、女が一人で思っているという内容のものを歌ってもらったもの。歌い手によれば、これらの歌は一人で歌うことも、また歌の掛け合いの際に歌うこともできると言う。偲ぶ歌として旅などの際に歌われたり、掛け合いにおいては歌掛け持続のために歌われたりする。
㊗ トディ・ダシブチ資料（118）。リジャズ資料（93）、（143）、（144）。

（2）
㊗ dʑi nʊ ma dzo ua nɯ dzo, no kɯ ma ʂu pʰæ dɯ zi.
㊗ 河はへだてないが、山はへだてるので／あなたは私が恋しく思う気持ちがわからな

いようだ。
㊙気持ちがわからないからツマドイはしないとも解釈できる多義的な歌。

（3）
㊙dʑi nɯ ma dzo ua nɯɯ dzo, dzɪ dʑio do do lo ha zi.
㊙河はへだてないが、山がへだてるので/私たちは会うのがとても難しい。
㊙（2）と同じく、難しいからツマドイしないとも解釈できる多義的な歌。
㊙トディ・ダシブチ資料（116）。

（4）
㊙mu la ua ʂua kə na ɲi, zi go ʂua la u le bi.
㊙私は高山の鷹だ。/山の坂の高い所であればどこへでも行く。
㊙私はきれいな娘だから、能力のある男がいればいつでもツマドイしたい。女の自慢歌。
㊙ジャシ・スガ資料（32）。リジャズ資料（20）、（59）。トディ・ダシブチ資料（4）、（5）。トディ資料（45）。

（5）
㊙hi na le li tʰa do tʰa, hi dʑia ɲi mi do ma tʰa.
㊙いくら深い湖でもその底は見える。/良い人の心は見えない。
㊙私のアドゥが本当に私を好きかどうかは分からない。「良い人の心」とは、良い人そのものの心を指すだけでなく、男がいいか悪いか分かりにくいこと、男の心が測り知れないことを意味するという。

（6）
㊙sa kʰo dzo uo se ma du, so la la la le kʰæ gu.
㊙麻の茎で架けた橋を渡ることはできない。/三回揺れるときっと切れてしまうだろう。
㊙ふらふらした男とツマドイをしてはいけない。しばらく通うと男は必ず女を棄てるからだ。
㊙リジャズ資料（19）。トディ・ダシブチ資料（26）、（124）。

（7）

[音] dʑi bi le li dzo ts^{h}i bi, æ bi le li ʐə da bi.
[意]水の流量を見てから橋を架ける。/崖の形を見てから道を造る。
[歌]若者の容貌と性格を見てはじめてツマドイを決める。
[解]トディ資料（19）と歌詞は同じだが、ここでは女の立場で歌う。
[類]トディ・ダシブチ資料（23）、(55)、(56)。リジャズ資料（45)。トディ資料（19)。

（8）
[音] no kɯ ma ʂu t^{h}a bi ka, t^{h}i ts^{h}e no ʂu du hi ɲi.
[意]どうかあなたを（恋しく）思っていないとは言わないでくれ。/一心にあなたのことを思っている。

（9）
[音] hi nɯ dʑia k^{h}uə ʐuə ma gu, a du hi k^{h}uə t^{h}a ɲi lʊ.
[意]他人はあなたに良い言葉をいうはずがない。/アドゥよ、人の噂を聞くな。
[歌]アドゥよ、他人は愛情を傷つける良くないうわさを言うものだからそれを聞かないでくれ。
[解]男女関係に限らず悪いうわさをロタチャとよび、それを祓うため、遠い旅に出る際やケンカをした時ニャムチ儀礼を行う場合がある。

（10）
[音] a du fu hi t^{h}ɯ u si, dʑi hu bi la nua ki gu.
[意]私を好きなこのアドゥは/喉が渇いたと言えば、きっとミルクを飲ませてくれるだろう。
[解]トディ資料（29）と歌詞はほぼ同じだが、それが男の立場での自慢の歌だったのに対して、ここは女の立場での自慢歌。

（11）
[音] ua ʂua uo do ɕia kʊ k^{h}ɯ, kə na ma ɲi do ma i.
[意]高い山の頂上へ労作に行く。/鷹でなければ見ることはできない。
[解]トディ資料（47）と同じ。

（12）
[音] ua ʂua ia tsɪ ba t^{h}ɯ ba, ɲi p^{h}ʊ so so zi ma i.

㊥高山に咲いているこのヤズ花は/（三日間の）朝の寒い霜には耐えられず（枯れてしまう）。
㊗いくらきれいな娘でも子どもを産むと老いてしまう。
㊐ヤズは花の咲く小草。女性を譬える。
㊍男の立場で女をからかう歌。なお、彼女には実際に一人の子がいる。

(13)

㊥ uo ʂua bə dʑi tʰɯ tʰə si, sɿ uo sɿ tsʰe dɯ dʑi ɲi.
㊥高い山に涌くこの僅かな（清い）泉の水は/木の枝や木の葉を浸すのだ。
㊗自分ではとても純潔な娘だと言っているが、実はたくさんの男がツマドイをしたことがある。
㊍男の立場で女をからかう歌。(14) と対応。
㊐ (14)。リジャズ資料 (78)。トディ・ダシブチ資料 (21)、(22)、(53)、(125)。

(14)

㊥ kʰi go dua dʑi tʰɯ tʰə si, mu pʊ kʰɯ tsʰe tʂʰæ dʑi ɲi.
㊥門の中の濁ったこの僅かな水は/私が足を洗う水だ。
㊗私のそばにいるこのよくない男は、私の足を洗う水のようだ。
㊐ (13) 参照。

(15)

㊥ ua ʂua sɿ mu dzɯ ɕi so, kʰæ la hua kʰæ ʂɯ i zi.
㊥いつも高山のスムの実を食べるから/屎をすれば猫の屎が出るだろう。
㊗私はいつもハンサムな男とツマドイをしているから、生まれた子もきっとハンサムだろう。
㊍スムは高山に生えている低木で、その実は食べられる。

(16)

㊥ æ go kə mo ɲia kʰo nɯ, tsʰe go pa zo dʐa iu ho.
㊥崖の上にいる目縁（の垂れている）老いた鷹は/沼地にいる蛙を捕まえようとする。
㊗ごく普通の年老いた男が若くていい女とツマドイしたがる。
㊐トディ資料 (43) と近似。

(17)
[音]tʂ^{h}æ mi go ts^{h}i go dʐæ hu, tʂ^{h}æ p^{h}ʊ lo k^{h}uə ŋu i zi.
[意]雌鹿が山の坂を越えて行ったら/雄鹿は山あいできっと泣くだろう。
[歌]私が能力のある男とツマドイしたら、私の元のアドゥは私の後ろで泣くだろう。

(18)
[音]ʐə k^{h}i di hi na da dzɪ, gə se mu se mu t^{h}a hua.
[意]道端に生えるバラの木よ/私が上へ行ったり下へ来たりする際ひっかけないでくれ。
[歌]私の嫌いな男よ、私につきまとわないでくれ。

(19)
[音]ua ʂua ia tsɪ ba t^{h}ɯ ba, do mo uo da ba hi ɲi.
[意]高山に咲くこのヤズの花は/腐った柴の前で咲いている。
[歌]きれいな娘がたいしてよくないアドゥとツマドイしている。

(20)
[音]ua ʂua go bo t^{h}i ua zi, di dʑia ba ba ba i zi.
[意]高山で郭公が鳴くと/盆地ではきっと花が咲くだろう。
[解]歌い手の話では、他の人によると、この歌は昔梅毒のひどい患者が春と夏になると花が咲くように発作が起きることをからかっていたそうだ。しかし、歌い手の母（ゴブ＝ラツォ）は普通の歌だといい、子どもができるという解釈もあるという。
[類]トディ・ダシブチ資料（51）、（111）。リジャズ資料（199）。

(21)
[音]dʑi ua k^{h}o la t^{h}i mu dʑio, dʑi mæ mu dʑio tʂua ma ts^{h}ɪ.
[意]流れる水の音は聞こえるが/その流れる水は落ちてこない。
[歌]あなたは私とツマドイしたいと聞いているが、なかなか通ってこない。
[類]トディ資料（5）と同じ。

(22)
[音]ua ʂua uo do ɕi bə ia, zɪ nɯ tʂ^{h}æ nɯ t^{h}i bə ia.
[意]高い山の頂上に生えるシバヤは/一生（地面に）へばりついている。
[歌]あなたは一生よい男を見つけることはない。

㊗女が男をけなしたり、二人の女が互いにけなしあったりする際に歌うという。
㊿トディ・ダシブチ資料（16）。トディ資料（85）。

(23)
㊗hi na so dʐu guə tʰɯ guə, gə mu dɯ dʐu guə le gə.
㊗大きい湖の歌を三曲歌うよりも／ガム山の歌を一曲歌ったほうが値打ちがある。
㊗たくさんのよくないアドゥとツマドイするより、心から私を愛している一人のアドゥとツマドイするほうがよっぽどいい。
㊗「大きい湖」は具体的には濾沽湖をさす。ガムとは女神の名であり獅子山（ヘディガム）のこと。

(24)
㊗ua ʂua uo do dʑio bi la, dʑi kʰi tsʰa bo la iu bi.
㊗たとえ高い山の頂上にいても／河辺へ休みに来る必要がある。
㊗たとえ私はアシャと遠く離れていても、彼女のもとに通うつもりだ。
㊗男の立場の歌。

(25)
㊗lʊ na dʑi tʰa i hi nɯ, le tɚ dʑi uo i ma i.
㊗水の底に沈んだ石は／引き上げても水面には浮かぶことはない。
㊗もともとだめな人はいくら助けてあげても、よくなることはない。
㊗相手をけなす歌。

(26)
㊗sɿ bʊ dʑi uo tsɯ hi tʰɯ, le na dʑi tʰa bi ma i.
㊗乾いた薪は水の上に浮かぶものだ。／いくら押さえても水の底には浮かばない。
㊗私はもともといい女だから、あなたがどんなに悪口を言っても、またどんな悪いうわさを立てても、悪くはならない。

(27)
㊗bu bi hæ tʰʊ dʑi la la, mu bi hæ tʰʊ ma la la.
㊗土手を風が吹くと草は揺れるが／私に風が吹いても揺れない。
㊗人が悪いうわさをたてても無視して、私の心は動揺しない。

㊗風が吹くと草が揺れるが、わたしは簡単に男の求愛に身を任せない。または、アドゥとのツマドイは不動のものだ、などという解釈もできるという。

(28)
㊞ dʑi so bu nɯ æ bi dua, æ dʊ ma la la hi ɲi.
㊥波しぶきは崖に打ちつけるが/崖は揺れない。
㊌人が悪いうわさをたてても無視して、私の心は動揺しない。
㊗多義的解釈も含めて（27）と同じ解釈ができるという。

(29)
㊞ so kʰʊ ma do do bi la, so kʰuə kə tʂi dʑio hi ɲi.
㊥たとえ三年会わなくても/三句の約束の言葉はある。
㊗トディ資料（1）

(30)
㊞ a mu gu mi kʰo go ɲi, dɯ ə ma da kʰɯ ma bi.
㊥（私には）姉妹が六人いる。/（そのうちの）誰一人として苦しい目には遭わせません。
㊗愛情に関わらない普通の歌。歌い手は実際に六人姉妹。

(31)
㊞ a ma tʰi dʑio tʰɯ nɯ si, ba ba ɕi go tʰʊ ɲi gu.
㊥母がまだこの世にいる日/花々の中にいるようだ。
㊌母が生きているうちは、私はとても幸せだ。
㊗普通の歌。モソ人は男女に関わらず、母を思う歌を歌う。彼女の母は元気に生きている。

(32)
㊞ a ma pʰʊ ʂi pʰa na na, kə pa la lo ɲi ɕi gu.
㊥母はぼろぼろの服（を着ているが）/私たちをよく教えてくれる。

(33)
㊞ a ma tʰi dʑio tʰi ha ʂua, ma dʑio ha ʂua uo ma i.

[意]母がいるうちは、私たちはとても楽しい。/母がいなくなったら、きっと私たちは楽しくないだろう。

(34)

[音]çia kʊ dʑɯ di li gə ɲi, dzɪ dʑia ɲia ma uo da ɲi.
[意]（私が）苦労するのは世間（当たり前の）ことだ。/私の体は母の前にいる。
[歌]私が苦労するのは世間では当たり前のことで、ほかの人と同じ労働をする。しかしおしゃれをした時は母に見せる。

(35)

[音]a ma le çi dɯ bæ ɲi, çia kʊ dɯ ə dɯ liə ɲi.
[意]母は同じように私たちを育てたが/人生で苦労するかどうかは自分の運命で決めるのだ。

(36)

[音]ua ʂua ba ba ba ma ɲi, a mu gu mi ba ba ɲi.
[意]高山の花は花とは言えない。/私たち姉妹こそ花だ。
[歌]私たち姉妹はとても仲良い。
[解]女同士が仲の良さを自慢する歌。

(37)

[音]dʑi na t^{h}o dʑio hi ma gu, mu gu le t^{h}o dʑio hi ɲi.
[意]大きい山はきっと向きを変えることはできないだろう。/私の体は向きを変えることができる。
[歌]私は自分の間違いを直すことができる。
[解]普通の歌として歌う。恋の歌としてみれば、自分がよくないアドゥとツマドイをしてしまったが、アドゥを変えることはできるという意味で自分の元のアドゥをけなす歌と解釈できるという。
[類]トディ・ダシブチ資料（80）。

(38)

[音]ŋu u dzi la hæ u dzi, dʑi t^{h}ɯ dɯ tɕ^{h}io i a bi.
[意]銀の鳥と金の鳥は/一緒に水を飲みに行くか？

[歌]私たちはツマドイしようか？
[解]歌掛けを始める歌。

(39)
[音]dʑi t^{h}ɯ dɯ tɕ^{h}io i zi si, dʑi uo no ki t^{h}ɯ k^{h}ɯ bi.
[意]もし一緒に水を飲みに行けば/きれいな水をあなたに飲ませよう。
[歌]もし私たちがツマドイするなら、あなたをとても気にかけよう。
[解]歌掛け開始に同意する歌。

(40)
[音]sa tsɪ k^{h}ɯ la sa ɲɪ ɲɪ, dʑia na le da so bo dʑio.
[意]麻糸の束と麻糸は同じだ。/織りあがった腰帯は三本ある。
[歌]第二句は本来（41）の第一句でここでは「腰帯に織りあがったら違う」と歌うと、歌い手本人が後日訂正した。即興で組み合わせる中で、混同が起きることもある。

(41)
[音]dʑia na le da so bo dʑio, ʂæ i bi nɯ dʐæ i bi？
[意]織りあがった腰帯は三本ある。/長くするか、短くするか？
[歌]私たちのツマドイを続けるかはあなた次第だ。
[解]歌掛けを始める歌。
[類]ジャシ・スガ資料（15)。トディ・ダシブチ資料（120)。

(42)
[音]a du go hi t^{h}ɯ ə si, ŋu ʂu bi la dʑi ki gu.
[意]私が愛するこのアドゥが/気持ちが悪いと言ったら、私はきっと水を飲ませよう。
[歌]私は心から好きなこのアドゥをとても気にかけている。
[解]歌掛け開始に同意する歌。

(43)
[音]t^{h}i ts^{h}e ɲia ʂu du zi si, t^{h}i ts^{h}e no uo pʊ iu bi.
[意]もし一心に私を思うなら/わざわざあなたに会いに来よう。
[歌]本当に心から私を愛してくれれば、私はあなたの求愛に同意しよう。
[解]歌掛け開始に同意する歌。

(44)

[音] ua ʂua uo do bʊ tsʰe tʰa, ia tsɪ zi di zi ua hu.

[意]高山の頂上にいる雄ヤクは/ヤズの生える所ならどこへでも鳴いて行く。

[歌]私はきれいな娘だから能力のある男がいればいつでもツマドイをしたい。

(45)

[音] tʂʰæ pʰʊ go tsʰi go dʐæ hu, tʂʰæ kɯ kʰu kʰɯ tʰa ma i.

[意]雄鹿が山の峰を次々に越えて行ったとしても/鹿の後ろで猟犬を放つことはきっとないだろう。

[歌]たとえアドゥが私を棄てても、言い争ってつきまとうことはしない。あなたなど少しも値打ちはないからだ。

(46)

[音] mu la tʂɪ di mu ma ɲi, di dʑia li li tsʰɪ la ɲi.

[意]私はこの地方の女ではない。/この辺がいいかどうか見に来たのだ。

[歌]私はただ遠い旅の途中でよっただけだ。(或いは) 気の合う男がいるかどうか見に来ただけだ。

(47)

[音] tsʰe mu tsʰe di le ɡuə si, hi dʑia uo pʊ ɡa ma hi.

[意]たくさんのところを回ってきたが/全くいい人には出会えない。

[歌]私はたくさんのところを回ったが、全く好きな男に出会わない。

(48)

[音] a ma ɲia kɯ di dʑia tsɪ, di dʑia mu zɪ bu ma i.

[意]母がこの地方はいいと言ったが/私はここで一生を送ることはできない。

[歌]母はこの男がいいと教えてくれたが、その男と一生連れ添えるかどうか私には分からない。

[解]男をけなす歌という。

(49)

[音] a ma ɲia kʰɯ kə pa la, so ma ŋa hi tʰa so tsɪ.

[意]母は私にこう教えた。/学べないことは学ぶなと言った。

[歌]人徳や行いが悪い男とはツマドイするなと母が教えてくれた。
[解]男をけなす歌という。

(50)
[音]tsa do pæ kʰua hu le tʰʊ, ɲia lə kʰi dʑi bo tʰa iu.
[意]「雑種」の顔は毛だらけだ。/わが家の門の隙間にキスするほど顔をくっつけて中をのぞくな。
[歌]あなたは動物のような恥知らずの男だ。私のもとに来るな。
[語]「雑種」は男を罵る言葉。「顔は毛だらけ」とは恥知らずと言う意味。

(51)
[音]ua ʂua kuə liə lʊ ma gu, a ma tʂa liə lʊ ma gu.
[意]高山を一生遊びまわっても、きっと充分ではないだろう/(一生)母の世話をしてもきっと充分ではないだろう。
[解]愛情に関わらない普通の歌という。
[類]リジャズ資料(21)。トディ・ダシブチ資料(89)。

(52)
[音]mu la zi tʰʊ zi ha ʂua, a ma ɲia kɯ ʂu i zi.
[意]私はどこへ行っても楽しい。/母は私のことをきっと(心配に)思うだろう。
[解]愛情に関わらない普通の歌という。

(53)
[音]tʰi ɕia kʊ la tʰi ua kʊ, dɯ nɯ dɯ liə le iu gu.
[意]勤勉に働きさえすれば/いつかきっと(良い縁が来て)よくなるだろう。

(54)
[音]tʂʰɪ ɲi ti gu dʑi zi si, dɯ liə dɯ nbie ma ɲi zi.
[意]もし今の状態が続くならば/よい縁ができて(暮らしが良くなることは)要らない。

(55)
[音]a ma tʰi dʑio tʰɯ nɯ si, dɯ uo ma za kʰɯ ma i.
[意]母がまだ(この世に)いる日/彼女は私のことに気を使ってくれるだろう。

(56)
[音] a mu gu mi le tɕ^{h}io tɕ^{h}io, ba ba k^{h}ua go t^{h}ʊ ɲi gu.
[意]姉妹が共にいるとき/花々の中にいるようだ

(57)
[音] ɕia kʊ dʑɯ bi li gə ɲi, dzɪ dʑia ɲia ma li gə ɲi.
[意]世間で勤勉に働くのは当然のことだ/私を大人に育てた母の面影（は忘れない）。

(58)
[音] ua ʂua do bi t^{h}i do la, a ha ba la ɲi mi t^{h}ʊ.
[意]高い山の急な坂を登るとき/アハバラを思い出す。

(59)
[音] ma ʂu du la t^{h}i gu dʑio, ʂu la le ia ho ɲi gu.
[意]往事を思い出さなければ心は落ち着いているが/思い出すと融けてしまうようだ。
[解]「融けてしまう」とは心が大変惨めで、悲しい様子をあらわす。普通の歌とすれば、亡くなった母のことや自分の悲しい往事を思い出して、心が悲しくなるという。恋の歌とすれば、歌に出ている「往事」とは昔のアドゥを指すことになる。恋の歌の場合でも、歌掛けではなく一人で歌うという。

(60)
[音] ua ʂua bi p^{h}ʊ ɲi gu si, ʂu la le ia bi i zi.
[意]高い山の白い雪と同じように/往事を思い出したら（私は）融けてしまうだろう。
[類]（59）。

3、ダシ・ルゾ資料

［歌い手］
A ヴォワ＝ダシ（男、31歳、寧蒗県永寧郷扎史（ジャシ）村在住、農業）
B ダシ＝ルゾ（男、37歳、同）
［取材］
1999年2月17日、ジャシ村、何正明（ヴォワ＝ゴンガ）家上手の空き地にて。1999年の春節二日目。歌い手に愛情に関わる歌を依頼し掛け合ってもらったが、春節で

あり歌い手が酔っていたことから、そのほとんどは翻訳不可能となった。当資料は、そのうち注目されるものだけを抜粋したものである。従って歌われたままの順序にはなっていない。

［取材者］

遠藤耕太郎、遠藤見和、アウォ＝ジパ（通訳）。ヴォワ＝ゴンガ（案内）。

［資料作成］

国際音声記号：李国文（雲南民族学院教授）

翻訳（モソ語→中国語）：アウォ＝ジパ（ワラビ村在住）

翻訳（中国語→日本語）：遠藤耕太郎

写真：遠藤見和

整理、解釈等：遠藤耕太郎

［資料作成過程］

① 取材当日の録音をアウォ＝ジパが漢字音にてテープを起こし、中国語に翻訳。
② ①をもとに、遠藤、アウォ＝ジパが、歌い手に会って歌い手の解釈[歌]を聞く。
③ ①の漢字音をもとにアウォ＝ジパにモソ語発音してもらい、李国文が国際音声記号を付す。
④ 以上①〜③をまとめた国際音声記号付中国語資料を、遠藤耕太郎が日本語に翻訳する。
⑤ 遠藤耕太郎が④のモソ語との確認を行った後、②などで聞いたことを補足説明として[解]を施す。

凡例

[音]国際音声記号。

[意]日本語による歌意大意。

[歌]歌い手による解釈。

[解]補足説明。

[語]モソ語の特殊な意味の解説。

[類]類似する歌。

（1） A

[音] sɪ nɯ dɯ go sɪ ma ɲi, sɪ uo le hua hua iu gu.

[意]木は一つの山の木ではないが/梢は互いにきっとからみつくだろう。

[歌]私たちは同じ所の人ではないが、ツマドイはきっとできるだろう。

歌を掛け合うダシ(右)とルゾ(左)

[解]歌掛けに誘う歌だろう。

注：（1）～（7）は一連の掛け合い。

（2） B

[音]sɪ nɯ dɯ go sɪ ma ɲi, sɪ ɲia hua hua lo ma dʑio.

[意]木は一つの山の木ではないから/木の枝がからみつくことはない。

[歌]私たちは同じ所の人ではないのだから、ツマドイしてもつまらない。

[解]（1）を否定する。

（3） A

[音]dʑi kʰo dɯ kɯ bə ma gu, dʑi mæ le tɕʰio tɕʰio iu gu.

[意]泉は一緒に湧くことはないだろうが/きっと水流は合流して流れるだろう。

[歌]私たちは同じ所の人ではないが、ツマドイはきっとできるだろう。

[解]歌掛けに誘う歌だろう。

（4） B

[音]dʑi mæ tɕʰio tɕʰio ʂu du ɲi, dʑi bə dɯ kɯ ma bə ɲi.

㊞水流は合流して流れると思うが/（やはり）水は一緒に湧くわけではない。
㊌私もあなたとツマドイをしたいが、残念なことに私たちは住む所が違う。あなたとはツマドイはできない。
㊟再び（3）を否定する。

（5）A
㊞sɿ uo gu so æ bi di, li na tʂʰɿ dʑi di ma di.
㊋全ての木は山の崖の上に生える/ただこの茶の木だけが生えない。
㊌すべての娘がここにいるが、ただ私の好きなあのアシャだけはいない。
㊟「九」は数多いことを表わす。

（6）A
㊞dʑi dʑia dʑi tɕʰio bi i zi, sɿ dʑia æ bi la i zi.
㊋よい水はきっと水と一緒に行くだろう/よい木（の枝や葉）はきっと山の崖の上に落ちるだろう。
㊌よい男はよい娘をきっと探しあてるだろうし、よい娘はきっとよい男を探しあてるだろう。

（7）B
㊞dʑi dʑia dʑi tɕʰio bi zi si, do gə liə nɯ tʰe ma di.
㊋よい水が水と一緒に行くとしても/しかし額の縁はない。
㊌あなたがきれいな娘とツマドイしたいとしても、残念ながらそういう縁はない。
㊟「縁」と言う際には慣習としてその前に「額の」をつけて言う。

（8）A
㊞lo ʂu hi go ɲia tʰi tʰʊ, si uo ɚ si di tsʰɯ ma gu.
㊋私は瀘沽湖に行ったことがある/自分の故郷にはとてもかなわない。
㊟土地褒めの歌。
注：（8）～（11）は一連の掛け合い。

（9）B
㊞lo ʂu hi go tʰi tʰʊ gu, hi na hi bə do ma dʑio.
㊋瀘沽湖には行ったことがあるが/湖の水が湧く所は見たことがない。

㊹まだツマドイする相手がいない。

(10)　A
㊗ hi na hi bə do ma dʑio, zi dɯ nɯ nɯ do i zi ?
㊥湖の水が湧く所は見たことがない/いつの日に見ることができるのだろうか？
㊹いつツマドイができるだろうか。

(11)　B
㊗ hi na hi bə do dʑi si, hi na hi bə ʂæ ma i.
㊥もし湖の水が湧く所が見えたならば/湖の水が湧く所はきっとそう遠くはないだろう
㊹私たちの間ではきっとツマドイをすることができるだろう。

(12)　B
㊗ zo si zo la tʰɯ la ɲi, ua ʂua tʂʰæ kɯ tɕʰio bi zi.
㊥私は平凡な男だが/高い山の鹿を追っていきたい
㊹私は平凡な男だけれど、きれいな娘とツマドイをしたい。
注：(12)～(17)は一連の掛け合い。

(13)　A
㊗ ɲia si zo gu zo la ɲi si, ua ʂua tʂʰæ kɯ tɕʰio zo ɲi.
㊥私はただ独身の男なので/高い山の鹿を追っていかなければならない。
㊹私は独身なのでアシャを探すのだ。

(14)　B
㊗ ua ʂua tʂʰæ kɯ tʰiə tɕʰio ho, ua ʂua tʂʰæ la kʰo pʰʊ ɲi.
㊥（あなた）高い山の鹿を追って行けよ/（でも）高い山の鹿は角が抜け落ちた鹿だ。
㊹あなたは高い山に娘を探しに行けよ、でも残念ながら高い山の娘はきれいではないよ。

(15)　A
㊗ ua ʂua tʂʰæ pʰʊ dza dʑa ɲi, tsʰɪ la ʐɯ pʰʊ tʂʰə hi ɲi.

㊗高い山の雄鹿を劣るとみなすな/雄鹿は夏と冬を見分けることができる。
㊗高い山の娘をよくないとみなすな、彼女たちはとても能力があるのだ。
㊟鹿は夏と冬で毛が変わるため「夏と冬を見分ける」能力があるとされる。

(16)　B
㊙ua ʂua tʂʰæ nɯ ua ʂua tʂʰæ, ua ʂua tʂʰæ la ma tse ɲi.
㊗高い山の鹿よ、高い山の鹿/高い山の鹿よ、だめだ。
㊗高い山の娘は、だめだ。
㊟歌詞を思いつかず掛け合いにうまく応えられなかったようだ。

(17)　A
㊙ɲia kʰuə ɲia kʰɯ le guə tsɿ si, guə di tʂə bʊ ɲia kɯ dʑio.
㊗相手は私に（早く）歌えと言う/歌の歌本は私にある。
㊟むろんモソの歌に歌本（テキスト）はなく、「歌本は私にある」は自分の歌の能力があることを表わしている。歌のうまさを競う歌詞になる。

(18)　B
㊙a ha ba la tʰɯ so dʐu, dʐɯ go tʂʰæ go guə hi ɲi.
㊗アハバラ、この三曲は/代々歌うのだ。
㊟歌掛けの冒頭歌という。
注：(18)、(19) は一連の掛け合い。

(19)　A
㊙a ha ba la tʂʰɿ so dʐu si, guə uo ɲu mi ɲi i zi.
㊗アハバラ、この三曲は/きっと冒頭の歌の幹であるだろう。
㊟歌掛けの冒頭歌という。

(20)　A
㊙guə ɯ ma ɯ no ɯ zi si, guə ɯ tʂə bʊ no kɯ dʑio.
㊗もし（あなたが）うまく歌を歌えるのなら/うまく歌える歌本はあなたの所にある。
㊟歌のうまさを競う。
注：(20) 〜 (23) は一連の掛け合い。

巻末補足資料　415

(21)　B
🎵 guə ɯ tʂə bʊ ɲia ma dʑio, no ki dɯ kʰuə ʐa dza ɲi.
📖 うまく歌える歌本は私の所にはない/あなたに一句譲りましょう。

(22)　A
🎵 le guə le guə le guə dzɿ si, guə ɯ tʂə bʊ ɲia kɯ dʑio.
📖 歌え、歌え、早く歌えと言う/うまく歌える歌本は私の所にある。
📝 歌の掛け合いに勝ったという意味という。

(23)　B
🎵 guə ɯ tʂə bʊ no kʰɯ dʑio, ɲia nɯ ma tʂʰu mia hi ɲi.
📖 うまく歌える歌本はあなたの所にある/ただ私は表に出さないだけだ。
📝 あなたがうまく歌えるというのなら、私も劣らずうまく歌えるのだ。

(24)　A
🎵 a ma ma dʑio zo tʂʰɿ lu si, ma da dɯ lu tʰi ma se.
📖 母さんのいないこの私だが/誰も苦しい生活は送っていない。
📝 以下、母を思う歌。男女に関係なくよく歌われる。
注：(24)〜(29)は一連の掛け合い。

(25)　B
🎵 a ma ma dʑio tʰa bi ka, o zɿ dɯ pʰæ ɲi la ɲi.
📖 どうか母さんがいないと言わないでくれ/私たちは同年齢（の友達）ではないか。
📝 (24)を慰める歌。

(26)　A
🎵 a ma ma dʑio no kʰɯ ʐuə si, no kʰɯ ŋo le da i lu.
📖 母さんがいないことを言うならば/あなたは苦しかった（昔の生活のこと）を言うべきだ。

(27)　B
🎵 ŋo ʐuə da ʐuə tʰa bi lu, a ma ma dʑio bi hi ɲi.
📖 苦しかった（昔の生活のこと）を言うな/母さんがいないと言えばいいのだ。

[解]（26）を切り返す歌。

（28） A

[音] a ma ma dʑio zo tʂʰɪ lu si, ʂu du le ma si hi ɲi.

[意]母さんのいないこの私には/悩みきれないほどの思い（心配ごと）がある。

（29） B

[音] a ma ma dʑio bi tsæ ɲi, zo la dɯ bæ tsæ hi ɲi.

[意]あなたは母さんがいないといっても構わないが/でも男はみな同じだ。

[解]（28）を慰める歌。

おわりに

　私が中国少数民族の人々の村を初めて訪れたのは、1988年であった。当時日本文学専攻の学部生であった私は中国上海に語学留学しており、歌垣を行っている少数民族の人々がいることを知って、貴州省の苗族の村を訪れたのであった。右も左もわからず、当時はまだ外国人への未開放地区もあり、外事弁公室の方を大いに煩わせ、外国人に見せてもよいと当局に判断された民族文化の表面を見せていただいた。また内部出版の多くの歌謡資料を文連で見せていただいたり、著者にいただいたり、また依頼による男女の恋歌の掛け合いを録音したりした。内田るり子氏「照葉樹林文化圏における歌垣と歌掛け」（『文学』1984―12）が1984年に出ており、内田氏の紹介する壮族の歌掛けのプロセス（初めて出会った歌から男女の合一に収束するという流れ）と苗族のそれ（現地で見せていただいた文献資料の、編纂を経ての流れ）が似ていること、苗族の歌謡（これも文献資料を日本語に訳した）と万葉和歌の発想法が似ていることなどを論じて卒論とした。大学院に進学してからも基本的には中国側の文献資料によって想像した歌垣と日本古代文学の対比を考えていた。指導教授であった上野理先生は中国語訳された和歌はもとの和歌と全く違うという言い方で、その文献資料がどれほど信頼できるものなのかと常に指摘していてくださっていたのだが、私は対比の方法にばかり熱中していたように思う。

　そういう中で、1997年、日文協の大会で古代日本文学研究の工藤隆氏が雲南省の歌垣の現地調査を踏まえての発表を行った。氏はその第一次資料をいかに日本古代文学の問題として論じていくのかを考えていた。その後工藤氏と少数民族文化研究会を始め、工藤氏や岡部隆志氏らとの交流の中で、文献資料に依拠していた私の方法の前提を再び考えされられた。1997年夏に、工藤氏に怒江沿いのリス、ヌー、ドゥールン族の調査に連れていっていただき、雲南大学の李子賢先生、張正軍先生を紹介いただき、また調査の方法（技術的なことだけでなく基本的な態度）、発表の方法など実に多くのことを学んだ。

　1998年から日本学術振興会特別研究員という身分で、約2年間、雲南大学大学院の李子賢先生の研究室に籍を置き、断続的にモソ人、イ族の村に入りフィールドワーク（文部省平成10～12年度科研費特別研究員奨励費使用）を行った。本書の資料の中心となるのはこの際のフィールドワークで得た資料であ

る。

　2000年に帰国後、少数民族文化研究会（現アジア民族文化学会）、古代の会を通じて、その資料をいかにまとめ、論理づけ、古代日本文学と対比していくかという方法論を考えていった。こうした中で工藤氏や岡部氏には一方ならぬ教えをいただいている。本書にもお二方の概念、用語を始め多くの成果をとり込ませていただいた。また資料作成には翻訳を中心として張正軍氏の援助をいただいた。

　今のところ、私はまず第一次資料を丁寧に作成するところからしか始まらないと思っている。作ってみないとわからないという感じだ。（本書では作成の中から見えてきたモソ歌謡の、比喩に重心を置く歌掛け持続の論理から、万葉和歌の比喩表現の特質を相手の見えない歌掛けと捉えてみたのだがどうだろうか。）現在モソ人の葬儀、新築儀礼、イ族の葬儀の第一次資料作成を行っている。中国少数民族の言語表現に関わる第一次資料が、アジア民族文化学会会誌や大修館書店刊行の工藤隆、岡部隆志著『中国少数民族歌垣調査全記録1998』、手塚恵子著『中国広西壮族歌垣調査記録』など、文学や文化人類学の分野からどんどん出始めている。そういう資料が多く集まることにより、普遍的なオーラルな文学のモデルが作られることになれば、日本古代文学との対比研究もより精度を増すことになるであろう。

　ここで、私の調査で通訳を務めてくれたアウォ＝ジパ（阿翁＝吉覇）に感謝を述べておきたい。彼は、私が初めてリジャズ村へ向かう際、馬を引いてくれた若者である。中学卒で普通語が通じる。その後、私はいつも彼と共に調査を行った。地元に密着した調査ができるのは言うまでもないが、彼がエリートではない点を私は重く見ている。本文でも述べたが、少数民族エリートは漢文化的な視点から自民族の文化を語ろうとする。その点、彼は的確に私の意図を読み取り通訳してくれる。彼の存在がなければこの資料はできあがらなかった。なお、本書資料に中国語（簡体字）、国際音声記号を付したのは、いずれジパのようなモソ人自らがこの資料を使って、理念的ではない現場に即した自らの文化論を作ってくれることを期待しているからである。また、私は彼の家に住みこんで調査をしたのだが、取材の対象となってくれたり、生活のめんどうを見てくれたり、体の心配をしてくれたりと、家族同様に全てにおいてお気遣いいただいたアウォ新家（阿翁新家）、アウォ家（阿翁家）の人々にも感謝申し上

げる。
　最後に、なかなか完成原稿にたどり着けない本書の編集を引き受けてくださり、常に温かく見守ってくださった大修館書店編集部の玉木輝一氏にもお礼申し上げたい。
　なお、本書は平成14年度文部科学省科学研究費補助金（研究成果公開促進費）を利用した。

2002年12月19日　　遠藤耕太郎

遠藤耕太郎（えんどう　こうたろう）

1966年、長野県生まれ。1998年、早稲田大学大学院文学研究科博士後期課程単位取得退学。1998年〜2001年、日本学術振興会特別研究員。その間、中国雲南大学高級進修生（民族学専攻）。専攻は日本古代文学、中国少数民族の文化。

【論文】
「万葉集相聞歌の表現にみる歌垣歌的性格―中国西南少数民族の歌垣歌との比較を通して―」・「古代研究」（早稲田大）・1992年1月・第24号。「歌垣歌における独り寝の嘆き―風土記歌謡二 三の機能の考察―」・「鎌倉女子大学紀要」・1994年3月・第1号。「久米歌『宇陀の高城に』にみる豊饒予祝の論理―何故前妻は退けられたか―」・「古代研究」（早稲田大）・1995年1月・第28号。「志毘物語の考察―王権の様式としての歌垣想定のために―」・「国文学研究」（早稲田大）・1995年10月・第117号。「歌垣の文学史的考察―神話伝承の場としての歌垣―」・「古代研究」（早稲田大）・1998年1月・第31号。「民衆世界の抒情詩」・戸谷高明編『古代文学の思想と表現』・新典社・2000年1月。「擺脱自我苦悩的方式之一」・「思想戦線　中国雲南大学人文社会科学学報」・2000年第2期26巻。「海灯会［此碧湖歌会］に関する報告と考察」・工藤隆・岡部隆志著『中国少数民族歌垣調査全記録1998』・大修館書店・2000年6月。「中国雲南省小涼山彝族の「松明祭り」起源神話および「イチヒェ儀礼」」・共立女子短期大学文科紀要・第44号・2001年1月。「海柘榴市での闘の歌垣―モソ人の悪口歌の掛け合いをモデルとして―」・「古代研究」（早稲田大）・2001年1月・第34号。「モソ人の歌掛けと万葉和歌―古代和歌における比喩表現の生態論的考察―」・工藤隆編『声の古代　古層の歌の現場から』古代文学会叢書2・武蔵野書院 2002年11月。その他。

モソ人母系社会の歌世界　調査記録
（じんぼけいしゃかい　うたせかいちょうき　きろく）

© Kotaro Endo 2003

NDC 382　438p　天地 215 mm

初版第1刷――――2003年2月25日

著者――――遠藤耕太郎（えんどうこうたろう）
発行者――――鈴木一行
発行所――――株式会社大修館書店
　　　　　　〒101-8466 東京都千代田区神田錦町3-24
　　　　　　電話03-3295-6231（販売部）03-3294-2353（編集部）
　　　　　　振替00190-7-40504
　　　　　　［出版情報］http://www.taishukan.co.jp
装丁者――――井之上聖子
印刷所――――壮光舎印刷
製本所――――三水舎

ISBN4-469-29086-6　　　Printed in Japan

Ⓡ本書の全部または一部を無断で複写複製（コピー）することは、著作権法上での例外を除き禁じられています。

本書と同時発売！
本書の内容がライブ映像で確認できる別売ビデオ！

ビデオ編
モソ人母系社会の歌世界調査記録

(VHS ステレオ・92 分　税抜価格 3,000 円)

監　修　　遠藤耕太郎
撮　影　　遠藤耕太郎（撮影時期：1998〜2000 年）
編　集　　遠藤耕太郎・斉藤健太
制作・発売　大修館書店

◎このビデオは本書『モソ人母系社会の歌世界調査記録』の映像編である。実際の歌掛けを中心とした本書収録の主要な場面が鑑賞できる。

◎ビデオ映像の各場面は本書の内容と関連づけてあるので、本書を参照した上で効果的に視聴できる。

主な収録映像

瀘沽湖畔の村素描　モソ歌謡を歌う女性。結婚式と踊り（第 1 章序説参照）

ワラビ村素描　農作業・正月準備（第 1 章序説参照）。轉山節での共食・祝詞奏上（第 2 章序説参照）。ボコツプの全過程（第 1 章序説参照）。噂封じの呪文（第 3 章第 1 節参照）。

炉と柱をめぐる習俗　葬式・新築儀礼・年末の祖先祭祀・若水供え・成年式（第 1 章序説参照）。

母系社会の歌世界　柴刈りでの歌掛け・歌占い（第 1 章第 3 節参照）/ジャシ・スガ資料（第 2 章第 1 節参照）/リジャズ資料（第 2 章第 2 節参照）/トディ・ダシブチ資料（第 3 章第 1 節参照）。

大修館書店　(2003 年 2 月現在)